LA LOI AQUILIA

EN DROIT ROMAIN

DES CAUSES

D'ATTÉNUATION DES PEINES

DANS LE DROIT CRIMINEL FRANÇAIS

ET D'APRÈS

LES PRINCIPALES LÉGISLATIONS ÉTRANGÈRES DE L'EUROPE

THÈSE POUR LE DOCTORAT

PAR

Charles DUVERGER

SUBSTITUT DU PROCUREUR DE LA RÉPUBLIQUE

AUX SABLES-D'OLONNE (VENDÉE)

POITIERS

IMPRIMERIE TOLMER ET Cie

RUE DE LA PRÉFECTURE

1883

DE

LA LOI AQUILIA

EN DROIT ROMAIN

DES CAUSES

D'ATTÉNUATION DES PEINES

DANS LE DROIT CRIMINEL FRANÇAIS

ET D'APRÈS

LES PRINCIPALES LÉGISLATIONS ÉTRANGÈRES DE L'EUROPE

THÈSE POUR LE DOCTORAT

PRÉSENTÉE A LA FACULTÉ DE DROIT DE POITIERS

Et soutenue le samedi 10 mars 1883

DANS LA SALLE DES ACTES PUBLICS DE LA FACULTÉ

PAR

Charles DUVERGER

SUBSTITUT DU PROCUREUR DE LA RÉPUBLIQUE

AUX SABLES-D'OLONNE (VENDÉE)

POITIERS

IMPRIMERIE TOLMER ET Cie

RUE DE LA PRÉFECTURE

—

1883

FACULTÉ DE DROIT DE POITIERS.

MM. THÉZARD (A ✤), *Doyen, professeur de Code civil.*

DUCROCQ (✳] ✤), *Doyen honoraire, professeur de Droit administratif et d'Économie politique, correspondant de l'Institut.*

MARTIAL PERVINQUIÈRE (✳] ✤), *professeur honoraire et Doyen honoraire.*

ARNAULT DE LA MÉNARDIÈRE (] ✤), *professeur de Code civil.*

LE COURTOIS (] ✤), *professeur de Code civil.*

NORMAND (A ✤), *professeur de Droit criminel.*

PARENTEAU-DUBEUGNON (A ✤), *professeur de Procédure civile.*

ARTHUYS, *professeur de Droit commercial.*

BONNET, *professeur de Droit romain.*

PETIT, *professeur de Droit romain.*

BARRILLEAU, *agrégé, chargé du cours d'Histoire générale du Droit français public et privé.*

ARTUR, *agrégé, chargé du cours de Droit international privé.*

MOUCHET, *docteur en droit, chargé des fonctions d'agrégé.*

M. COULON (A ✤), *secrétaire agent comptable.*

COMMISSION :

PRÉSIDENT,   M. PETIT, Professeur.

SUFFRAGANTS :
- M. THÉZARD, doyen,
- M. LE COURTOIS,
- M. NORMAND.
- M. ARTUR,

Professeurs.

Agrégé.

A MA FAMILLE

DROIT ROMAIN

DE LA LOI AQUILIA

INSTITUTES DE JUSTINIEN, *De lege Aquilia*, L. IV, TIT. III ;
DIGESTE, *Ad legem Aquiliam*, L. IX, TIT. II.

INTRODUCTION.

Quiconque cause injustement un dommage à quelqu'un dans
ses biens doit le réparer. Le droit romain n'a pas d'abord admis
ce principe général : il l'avait seulement appliqué dans des
cas spécialement déterminés ; mais peu à peu, par analogie, on
en arriva à l'application générale du principe.

La loi des Douze-Tables et d'autres lois subséquentes contenaient, à propos de ce dommage (*damnum injuria datum*), certaines dispositions mal connues (1). Ulpien nous apprend que
toutes ces dispositions furent abrogées par la loi Aquilia, qui
qui y substitua une nouvelle législation sur la matière (2) ;
aussi les jurisconsultes ne nous les ont-ils pas conservées.

Cette loi est un plébiscite qui fut voté sur la proposition du
tribun Aquilius, vers l'année 367 ou l'année 468 de Rome, si
l'on s'en rapporte à la paraphrase de Théophile, qui en reporte
la date à l'époque des dissensions civiles, et d'une retraite des
plébéiens ; suivant l'opinion généralement admise, elle aurait
été votée en l'an 468 de Rome ; elle serait donc un des premiers
plébiscites votés après la loi Hortensia, qui est de la même
époque (468) et qui donnait force obligatoire aux plébiscites.

Avant de commencer l'étude du *damnum injuria datum*, délit

---

(1) On sait cependant qu'il y avait dans la loi des Douze-Tables une dispo-
sition relative à ceux qui faisaient paître leurs troupeaux sur le fonds d'autrui.
·L. 11, § 3, Dig., *De præscriptis verbis ;* L. 6, Code, *De leg. Aquilia*).—(2) L. 1,
Dig., *Ad legem Aquiliam*, IX, 2.

1

DROIT ROMAIN

DE LA LOI AQUILIA

INSTITUTES DE JUSTINIEN, *De lege Aquilia*, L. IV, TIT. III ;
DIGESTE, *Ad legem Aquiliam*, L. IX, TIT. II.

INTRODUCTION.

Quiconque cause injustement un dommage à quelqu'un dans ses biens doit le réparer. Le droit romain n'a pas d'abord admis ce principe général : il l'avait seulement appliqué dans des cas spécialement déterminés ; mais peu à peu, par analogie, on en arriva à l'application générale du principe.

La loi des Douze-Tables et d'autres lois subséquentes contenaient, à propos de ce dommage (*damnum injuria datum*), certaines dispositions mal connues (1). Ulpien nous apprend que toutes ces dispositions furent abrogées par la loi Aquilia, qui qui y substitua une nouvelle législation sur la matière (2) ; aussi les jurisconsultes ne nous les ont-ils pas conservées.

Cette loi est un plébiscite qui fut voté sur la proposition du tribun Aquilius, vers l'année 367 ou l'année 468 de Rome, si l'on s'en rapporte à la paraphrase de Théophile, qui en reporte la date à l'époque des dissensions civiles, et d'une retraite des plébéiens ; suivant l'opinion généralement admise, elle aurait été votée en l'an 468 de Rome ; elle serait donc un des premiers plébiscites votés après la loi Hortensia, qui est de la même époque (468) et qui donnait force obligatoire aux plébiscites.

Avant de commencer l'étude du *damnum injuria datum*, délit

---

(1) On sait cependant qu'il y avait dans la loi des Douze-Tables une disposition relative à ceux qui faisaient paître leurs troupeaux sur le fonds d'autrui. (L. 11, § 3, Dig., *De præscriptis verbis* ; L. 6, Code, *De leg. Aquilia*).—(2) L. 1, Dig., *Ad legem Aquiliam*, IX, 2.

1

prévu par la loi Aquilia, il importe de faire quelques observations préliminaires sur la législation romaine, quant aux délits, aux quasi-délits et à leurs suites.

Ces mots « délit » et « quasi-délit » avaient à Rome un sens qui n'a point été conservé dans la législation française.

En droit français, le délit est tout acte illicite par lequel une personne lèse sciemment et méchamment les droits d'autrui ; le quasi-délit est un fait illicite et dommageable commis sans intention de nuire. Mais, pour définir à Rome le délit et le quasi-délit, il faut partir d'une tout autre idée ; ce n'est plus l'intention de nuire qui va séparer le délit du quasi-délit. Le fait dommageable a-t-il été prévu par l'ancienne législation civile, ce sera un délit ; on en trouve, en droit romain, quatre qui sont spécialement déterminés : le *furtum*, la *rapina*, le *damnum injuria datum*, l'*injuria*.

En dehors de cette liste restreinte et fermée, un certain nombre de faits dommageables seront encore productifs d'obligations, mais ils ne constitueront plus des délits, et les obligations qu'ils produiront naîtront *quasi ex delicto*.

Ce n'est pas dans l'intention de nuire qu'il faudra chercher le critérium qui permettra de distinguer le délit du quasi-délit. Ceci n'a jamais été discuté ; mais cependant, si l'on en voulait une preuve, on la trouverait dans les textes mêmes que nous allons étudier ; il suffirait de citer la loi 5, § 1, de notre titre, dans laquelle Ulpien emploie ces expressions si nettes : « *Injuriam hic damnum accipiemus culpa datum, etiam ab eo qui nocere noluit.* » Mais si l'intention de nuire ne se rencontre pas forcément dans le délit de la loi Aquilia, du moins un des éléments constitutifs de ce délit sera la *culpa* ou la faute de la part du délinquant. Nous reviendrons plus tard sur les caractères de cette *culpa ;* nous voulons seulement dire ici que ce que l'on appelle « *la théorie des fautes* » est absolument étranger à ce sujet. Il ne s'agit pas ici de cette faute qui suppose un contrat préexistant, entraînant à la charge des parties certaines obligations de prévoyance ou de diligence, dont l'infraction comporte, suivant les contrats, une responsabilité plus ou moins lourde.

Pour étudier les conditions constitutives de notre action, nous mettrons en présence deux personnes libres de tout lien antérieur, indépendantes entre elles, dont l'une, lésée dans ses intérêts par un fait délictueux, viendra demander à l'autre la réparation due.

Nous pourrons ainsi apprécier la gravité de la faute, indépendamment de tout lien contractuel entre les parties. Toutefois nous devons ici faire cette restriction très importante, sur laquelle il nous faudra revenir. Il peut arriver fréquemment, qu'au temps du délit les deux parties se trouvent liées par un contrat, et alors s'élèvera cette question : les règles de la responsabilité aquilienne devront-elles s'effacer devant la responsabilité contractuelle, qui est devenue la nouvelle loi des parties? ou bien devrons-nous appliquer les principes de notre action sans nous occuper du contrat intervenu entre les parties ? Nous réservons complètement cette question.

Ajoutons encore cette observation avant d'aborder l'étude détaillée du *damnum injuria datum*. L'action de la loi Aquilia, dont nous aurons à étudier avec soin le caractère, est, disons-nous pour le moment, une action pénale privée, par laquelle une personne lésée dans ses intérêts réclame une réparation pécuniaire au délinquant; nous n'avons donc pas à examiner ici l'action publique, qui, dans un intérêt, non plus privé, mais social, peut être ouverte contre le coupable. Toutefois, comme le fait qui a causé le *damnum injuria datum* peut engendrer concurremment ces deux sortes d'actions, nous examinerons si l'exercice de l'une de ces actions peut avoir quelque influence sur l'exercice de l'autre.

Remarquons que, même dans le dernier état du droit, le *damnum injuria datum* n'encourt pas d'une manière générale une répression par la voie criminelle, comme le *furtum* et l'*injuria*; c'est pourquoi nous disons que le fait qui a causé le *damnum injuria datum* peut engendrer une action publique, et non que le *damnum* peut lui-même être puni d'une peine publique.

En effet, il appartient, par la nature des choses, au droit civil, tandis que le vol et l'injure sont véritablement des matières de droit criminel, que les Romains ont eu le tort de traiter comme des matières de droit civil (1).

Nous allons successivement nous demander quelle est l'économie générale de la loi Aquilia, quels sont les caractères constitutifs du *damnum injuria datum*, quelle est sa sanction, c'est-à-dire quelle indemnité doit être payée par le délinquant; quelle est la nature et quels sont les effets de l'action Aquilienne, qui peut l'exercer, contre qui elle peut être exercée; ce qui arrive quand elle se trouve en concours avec d'autres

(1) Accarias, *Précis de droit romain*, t. II, p. 645.

actions ; enfin, en dernier lieu, nous étudierons les extensions données par la jurisprudence romaine au système de la loi Aquilia.

Notre but est d'exposer, le plus clairement qu'il nous sera possible, les principes qui président à l'application de la loi Aquilia, mais non de passer en revue tous les textes que nous possédons sur la matière, ce qui serait du reste impossible, étant données les limites restreintes de ce travail, et surtout n'offrirait pas toujours un très grand intérêt.

CHAPITRE I.

ÉCONOMIE GÉNÉRALE DE LA LOI AQUILIA.

La loi Aquilia devait contenir de nombreuses dispositions quant au droit privé, mais nous n'en connaissons que trois chefs.

Le premier et le troisième chef embrassent les atteintes portées à la propriété matérielle d'autrui. Le second, dont la désuétude est constatée par Justinien, qui ne nous en dit rien de plus que ceci : « *Caput secundum legis Aquiliæ in usu non est,* » n'est connu que depuis la découverte, en 1816, du manuscrit des Institutes de Gaïus. Elle vint réduire à néant les suppositions des jurisconsultes, qui avaient prétendu, comme Cujas, que le second chef avait trait au cas où l'on enlève à quelqu'un les moyens de se servir de sa chose, sans lui causer aucun dommage ; ou, comme d'autres, qu'il traitait de la corruption des esclaves.

Voyons immédiatement en peu de mots, et pour n'y plus revenir, ce que disait ce second chef de la loi Aquilia. Gaïus (*Comm.*, III, §§ 215 et 216) nous fait connaître son objet ; il avait trait à l'*adstipulator*.

L'*adstipulator* était une personne qui s'adjoint à un stipulant principal, et stipule du même débiteur le même objet. L'*adstipulatio* était donc un contrat verbal accessoire.

L'utilité de l'*adstipulatio* tenait à la vieille règle romaine « *nemo alieno nomine lege agere potest* ».

Dans la prévision d'un voyage, d'une absence, d'une gêne quelconque, ou désireux de ne pas intenter lui-même l'action née de la stipulation, un stipulant voulait se décharger sur un tiers du soin d'exiger le paiement à sa place ; mais comme il ne pouvait confier la poursuite à un tiers, parce qu'il ne pouvait plaider par procureur, il tournait la difficulté en faisant intervenir dans la stipulation un *adstipulator*, qui participait à la créance, agissait de son propre chef, mais devait rendre compte comme un mandataire, et pouvait être poursuivi par l'action *mandati directa*.

De plus, comme il était interdit de stipuler *post mortem suam*, celui qui voulait stipuler au profit de ses héritiers était obligé de s'adjoindre un *adstipulator*, qui, étant personnellement obligé, poursuivait le paiement de la créance et en faisait bénéficier les héritiers du stipulant principal. C'était encore un des avantages de l'*adstipulatio*.

Mais il y avait un danger : l'*adstipulator*, étant maître de la créance, pouvait faire au débiteur remise de sa dettte. La loi Aquilia, dans notre deuxième chef, remédiait à ce danger.

L'*adstipulator* qui, abusant de sa position de créancier, a fait, en fraude des droits du créancier principal, remise de la dette au débiteur par acceptilation, sera tenu de réparer le préjudice causé au créancier principal, qui pourra exercer contre lui l'action de la loi Aquilia. Mais pourquoi donner cette nouvelle action au créancier, qui avait déjà contre l'*adstipulator* l'action *mandati directa?* Gaïus indique l'avantage qu'il y aura à se servir de l'action de la loi Aquilia : c'est qu'en cas de dénégation de la part de l'*adstipulator*, elle croît au double, ce qui n'a pas lieu pour l'action *mandati*.

Quoi qu'il en soit, comme il devint permis, sous le système formulaire, de plaider par procureur, et que Justinien permit même de stipuler *post mortem suam*, l'*adstipulatio* disparut avec ses deux raisons d'être, et on s'explique dès lors pourquoi Justinien ne parle plus des *adstipulatores*, et néglige de rapporter les textes dans lesquels il était question d'eux.

Nous arrivons aux premier et troisième chefs de la loi Aquilia, qui ont encore une grande importance sous Justinien, et seront maintenant le seul sujet de notre étude.

Le premier chef de la loi Aquilia était ainsi conçu, d'après Gaïus : « *Qui servum servamve, alienum alienamve, quadrupedem vel pecudem, injuria occiderit, quanti in eo anno plurimi fuerit, tantum æs dare domino damnas esto* (1). »

Ce chef n'a donc pas une portée générale ; il n'a trait qu'aux

(1) L. 2, Dig., *hoc tit.*

esclaves d'autrui et à certains animaux. En ce qui concerne les
animaux, le texte rapporté par Gaïus semble comprendre non
seulement ceux qui vivent en troupeaux, mais encore tous les
quadrupèdes, même ceux qui ne vivent pas en troupeaux ; tandis
que Justinien dit formellement (1) que la loi ne parle pas en
général des quadrupèdes, mais de ceux-là seulement qui vivent
en troupeaux.

Noodt, Vinnius et la plupart des commentateurs concilient les
textes que nous venons de citer, en corrigeant ainsi le texte de
Gaïus : « *quadrupedemve pecudem.* » Cette correction est si
simple et les termes des Instituts de Justinien sont si formels,
qu'elle est généralement admise.

Quels sont maintenant les animaux qui devront rentrer dans
cette catégorie des quadrupèdes *quæ pecudum numero haberi
solent ?* Cette question a amené des discussions entre les jurisconsultes, mais nous la croyons trop peu importante pour nous
y arrêter. Nous dirons seulement qu'il semble résulter des
textes que les animaux dont il est question dans notre premier
chef étaient en général les herbivores utiles à l'agriculture,
qui, au moment où fut rendu le plébiscite, était encore une des
principales sources de richesse des Romains. Le texte des Institutes exclut formellement les animaux sauvages et les chiens,
et indique au contraire, comme étant de ceux dont la mort ou
les blessures peuvent causer un préjudice, prévu par le premier chef de la loi Aquilia : les chevaux, les mulets, les bœufs,
les moutons, les chèvres et les porcs.

Pour tomber sous l'application du premier chef, il fallait
avoir tué certain quadrupède appartenant à autrui ; mais les
les exemples cités par les textes montrent qu'il faut prendre ici
le mot « *occidere* » dans un sens large ; peu importe la manière dont la mort a été causée, peu importe aussi que la mort
ait été ou non la suite instantanée des blessures, pourvu qu'elle
en ait bien été la conséquence directe (2).

L'action, dans ce cas, aura pour but la condamnation de l'auteur du dommage à la plus haute valeur que l'esclave ou le quadrupède a eue dans l'année qui a précédé la mort.

Remarquons, dès à présent, que le demandeur pourra, par
suite de cette manière de calculer, sur laquelle nous aurons à
revenir, obtenir bien plus que la réparation exacte du préjudice

(1) Inst., princip., et § 1 *hoc tit.*— (2) L 51 et 52, pr., Dig., *hoc tit.*

éprouvé, ce qui communiquera souvent le caractère pénal à l'action de la loi Aquilia.

Nous ne pouvons terminer ces notions générales sur le premier chef de la loi Aquilia, sans faire observer, pour l'honneur de la législation romaine, que le meurtre d'un esclave, qui se trouve ici traité comme celui d'une bête de somme, en était cependant distingué par le *judicium publicum* qu'il engendrait depuis la loi Cornélia, et qui se cumulait avec l'action en indemnité de la loi Aquilia.

L'action de la loi Aquilia était relative à l'indemnité civile seulement, mais le maître de l'esclave avait aussi contre le meurtrier l'action criminelle de la loi Cornélia, qui punit le meurtre d'une peine publique.

Il est dit, en effet, dans un rescrit de l'empereur Gordien : « *Ex morte ancillæ, quam cæsam conquestus es, tam legis Aquiliæ damni sarciendi gratia actionem, quam criminalem accusationem adversus obnoxium competere tibi posse non ambigitur* (1). »

Le troisième chef de la loi Aquilia est beaucoup plus général ; il complète le premier, qui ne prévoyait que le cas de meurtre. Ses termes sont ainsi rapportés par Ulpien (2) : « *Cæterarum rerum præter hominem vel pecudem occisos, si quis alteri damnum facit, quod usserit, fregerit, ruperit injuria, quanti ea res erit in diebus triginta proximis, tantum æs domino dare damnas esto.* »

Dans ces expressions, qui comportent une très grande généralité, rentrent les simples blessures faites aux esclaves et aux quadrupèdes dont parle le premier chef, et les blessures ou la mort causées à tous autres animaux, enfin la destruction ou la détérioration de tous objets appartenant à autrui (3).

L'objet de l'action provenant du troisième chef diffère de celui de l'action du premier chef, en ce qu'il n'embrasse plus que la plus haute valeur de l'esclave, de l'animal ou de la chose pendant les trente jours qui ont précédé le délit.

Il faut remarquer que la loi Aquilia, dans son troisième chef, ne disait pas que l'on devait tenir compte de *la plus haute valeur* ; mais les jurisconsultes avaient admis que, cela se trouvant dans le premier chef, on devait le considérer comme sous-entendu dans le troisième (4).

Il pouvait arrriver que, dans certains cas, on fût obligé de

<hr/>

(1) L. 3, Code, 3, 35, *De lege Aquilia.* — (2 L. 27, § 5, Dig., *hoc tit.* — (3) Inst., § 13, *hoc tit.*; Dig., L. 27, §§ 13 et suiv., *hoc tit.* —(4) Inst. de Just., § 13; Gaius, Comment. III, § 218.

combiner ces deux chefs de la loi Aquilia ; mais cette combinaison n'était pas toujours facile, et des lois insérées dans notre titre semblent même donner des solutions contradictoires. Nous voulons parler de la loi 51 et de la loi 11, § 3. Examinons d'abord ces deux lois séparément.

Dans la loi 51, Julien suppose qu'un esclave, déjà blessé mortellement, a été institué héritier ; postérieurement, il reçoit d'un autre une blessure également mortelle, et meurt. La question est de savoir si les deux meurtriers pourront être poursuivis par l'action de la loi Aquilia, et, en cas de réponse affirmative, si l'action intentée contre le premier meurtrier rentre dans le premier ou le troisième chef de la loi.

Julien décide que l'action devra être accordée contre les deux meurtriers, parce que la loi a employé le mot *occidisse*, qui signifie « frapper un coup qui suffirait à entraîner la mort », et que tous deux devront payer la plus haute valeur de l'esclave dans l'année qui a précédé leur acte coupable. Seulement il y aura entre eux cette différence, que le point de départ d'où l'on partira pour remonter une année en arrière sera, pour le premier, la blessure qu'il a faite, et, pour le second, la mort de l'esclave ; le second se trouvera ainsi obligé de payer, outre le prix de l'esclave, la valeur de la succession pour laquelle il avait été institué héritier, entre les deux blessures.

On agira donc comme si les deux personnes avaient tué chacune un esclave dans des circonstances particulières ; et la raison de la différence, c'est que, au moment de la blessure du premier meurtrier, l'esclave n'était pas héritier, tandis qu'il l'était au moment où il a reçu la seconde blessure.

Et Julien, pour justifier sa solution, ajoute que l'on ne peut pas dire que cette décision soit absurde, car il serait encore plus ridicule qu'aucun des deux meurtriers ou un seul fût sujet à l'action Aquilienne, puisqu'un pareil délit ne doit pas rester impuni, et qu'il n'y a pas plus de raison pour accorder l'action contre l'un que contre l'autre.

L'intérêt public a dicté cette solution, comme bien d'autres, dont un esprit tourné à la dispute pourrait ne pas être satisfait.

Cette solution de Julien semble donc bien rationnelle, et cependant la loi 11, § 3, dans une hypothèse qui paraît analogue, décide, d'après Ulpien, Celsus et Marcellus, que le second meurtrier sera seul tenu de l'action du premier chef, et que l'autre ne sera puni, en vertu du troisième chef, que comme ayant fait subir un simple dommage.

Mais si l'on examine avec soin les deux hypothèses prévues par ces textes, on verra qu'elles ne sont pas absolument identiques, comme l'a très bien remarqué M. de Wangerow (1), et, dès lors, il n'y aura plus rien d'étrange à ce qu'elles aient donné lieu à deux solutions différentes.

C'est qu'en effet, dans l'hypothèse de la loi 51, aucune des deux blessures, qui étaient également mortelles, n'a amené la mort immédiate; les deux codélinquants ont donc une situation absolument semblable, et on les traite de la même façon.

D'après la loi 11, § 3, au contraire, la seconde personne qui a frappé a certainement déterminé la mort (*alius postea exanimaverit*).

L'esclave n'était pas encore mort de sa première blessure, quoiqu'elle fût mortelle ; on peut dire que le premier qui l'a frappé l'a seulement blessé *(vulneravit)*, tandis que le second l'a tué *(occidit)*. Les situations des deux codélinquants ne sont donc plus ici identiques.

Avant de terminer ces observations générales sur la loi Aquilia, nous devons remarquer qu'il n'y est question que d'esclaves, d'animaux ou d'objets, dont la perte ou la détérioration cause un préjudice à leur propriétaire, qui alors, si l'on se trouve dans les conditions que nous aurons à examiner plus loin en détail, obtiendra réparation par l'action Aquilienne. Mais l'homme libre qui aura souffert un dommage dans son propre corps ne pourra jamais intenter cette action. Le préteur lui donnera seulement une action utile (2).

Maintenant que nous savons d'une manière générale ce que c'est que le *damnum legis Aquiliæ*, nous allons examiner en détail quels sont ces caractères constitutifs.

CHAPITRE II.

CARACTÈRES CONSTITUTIFS DU *DAMNUM INJURIA DATUM*.

La loi Aquilia ne recevait son application que lorsque la faute, le dommage, réunissaient certaines conditions que nous étudierons dans ce chapitre.

(1) Lehrbuch der Pandecten, t. III, § 681. — (2) L. 13, Dig., pr., *hoc tit.*

Mais tout d'abord faisons remarquer que l'action ne pourra être intentée que lorsque le dommage subi par la partie lésée sera appréciable en argent. Notre loi ne s'occupe pas, en effet, nous l'avons déjà dit, de l'intention du délinquant ; son but est seulement de faire réparer le préjudice cause ; aussi, quel que soit le mal que le délinquant ait eu l'intention de produire, quelque criminels que soient les motifs qui l'ont fait agir, on ne pourra le poursuivre en vertu de la loi Aquilia, s'il n'est pas résulté, de son fait, pour la partie lésée, une perte pécuniaire.

Des textes nombreux, à notre titre au Digeste, démontrent l'exactitude de cette proposition.

C'est ainsi que la loi 27, §§ 25, 26 et 27, décide que, si l'action de la loi Aquilia peut bien être intentée contre un individu qui a arraché des récoltes d'un fonds dont il n'était pas propriétaire, avant la maturité, parce qu'il a ainsi fait perdre la récolte, on ne pourrait, au contraire, intenter notre action contre celui qui, n'étant pas propriétaire d'un fonds, en aurait arraché la récolte alors qu'elle était mûre, parce que, dit Ulpien, il n'y a pas dommage, au contraire, puisque le tiers a épargné au propriétaire la dépense qu'il aurait faite pour la récolte.

Mais si, après avoir cueilli les fruits, ou coupé ou élagué des arbres appartenant à autrui, alors que le moment en était venu, on les emportait, alors le propriétaire aurait, suivant les cas, contre le voleur, les actions *furti* ou *arborum furtim cæsarum ;* mais il n'aurait pas encore l'action Aquilienne, parce que le préjudice résulte de ce fait que les récoltes au les arbres ont été transportés hors de sa propriété, fait qui n'est pas puni par la loi Aquilia.

De même (1), si l'on a châtré un de vos esclaves, et qu'il ait ainsi acquis une plus grande valeur vénale, puisque sa voix est devenue plus belle, vous pouvez bien poursuivre celui qui l'a mutilé par l'*actio injuriarum*, mais non par l'action Aquilienne.

La destruction d'un titre de créance conditionnelle donne ouverture à l'action de la loi Aquilia, mais la condamnation ne sera exécutoire qui si la condition se réalise ; si elle vient à défaillir, la condamnation demeure sans effet (loi 40).

Nous pourrions encore étudier deux lois de notre titre au Digeste ; nous nous contenterons seulement de les citer, pour ne pas prolonger outre mesure ces développements : ce sont les lois 45, § 5, et 51.

(1) L. 27, § 28, Dig., *hoc tit.*

Ainsi donc il faut, avant tout, qu'un dommage appréciable en argent ait été subi; mais, de plus, il faut, sous l'empire de la loi Aquilia, que ce dommage ait été causé dans certaines conditions qui constituent à proprement parler les caractères constitutifs du. *damnum injuria datum.*

Ces caractères ont été énumérés de différentes manières; pour nous, nous dirons que l'on peut en trouver quatre.

Le *damnum* doit procéder :

1° D'un fait actif de l'homme *(damnum datum)*;

2° D'une participation directe de l'auteur du délit *(corpore datum)*;

3° D'une atteinte portée à un corps *(corpori datum)*;

4° D'un fait illicite *(injuria datum)*.

Ces caractères sont communs aux faits prévus par le premier et le troisième chef de la loi Aquilia.

SECTION I.

LE *DAMNUM* DOIT PROCÉDER D'UN FAIT ACTIF DE L'HOMME.

Le *damnum* doit procéder d'un fait actif de l'homme, c'est-à-dire qu'ici on ne prendra pas en considération, comme cela arrivait dans les relations contractuelles, la faute *in omittendo*; mais que seule la faute *in committendo* donnera ouverture contre le délinquant à l'action de la loi Aquilia. Cette règle est absolument certaine. Sans doute, l'inaction peut être blâmable, la conscience et la morale peuvent la réprouver comme un acte d'égoïsme ou de lâcheté; mais, en définitive, aucun lien de droit n'oblige à en sortir au profit d'une autre personne, en dehors des relations contractuelles, et c'est pourquoi la loi romaine ne trouvait pas là un fait susceptible de faire encourir la condamnation de la loi Aquilia.

Il ne faut pas cependant se méprendre sur la portée de la règle que nous venons de poser, à savoir, que la faute *in committendo* seule donnait naissance à notre action; en effet, nous aurons occasion de voir des cas où, un fait licite et en lui-même inoffensif étant suivi d'une négligence qui aboutit à le rendre dommageable pour autrui, cette négligence devient un délit (1).

(1) L. 30, § 3 Dig., *hoc tit.*; Inst., § 6, *hoc tit.*

Le nom même du délit de la loi Aquilia fournit une preuve de ce que nous avançons : « *damnum datum injuria;* » et même un texte important, la loi 13, § 2, au titre *De l'usufruit* (Dig., liv. VII, tit. i), démontre complètement la nécessité de cette condition que nous étudions.

Ulpien avait été consulté sur la question de savoir à quoi sert la caution que doit donner l'usufruitier, puisque s'il détériore les choses soumises à son usufruit, il est déjà tenu de l'action Aquilienne; et il répondit que l'utilité de la caution existera quand on ne pourra exercer l'action Aquilienne, par exemple lorsque l'usufruitier aura negligé de labourer les champs, de tailler les vignes ou de déboucher les conduites d'eau. Mais pourquoi dans ces cas n'aura-t-on pas l'action Aquilienne ?

La réponse est évidemment commandée per le texte : c'est parce qu'il ne s'agit point d'actes positifs. L'usufruitier a commis une faute, mais une faute d'inaction ; or la faute d'inaction n'engendre pas la responsabilité Aquilienne.

Nous n'insisterons pas plus longtemps sur cette première condition de l'existence du *damnum injuria datum;* sa nécessité sera mieux prouvée encore quand nous étudierons notre deuxième condition, à savoir : que le *damnum* doit être causé *corpore.*

SECTION II.

LE *DAMNUM* DOIT ÊTRE CAUSÉ *CORPORE.*

Non seulement le *damnum*, pour tomber sous le coup de la loi Aquilia, doit consister dans un fait actif de l'homme, mais encore il faut qu'il ait été causé par le contact du corps même de l'auteur du délit, ou par une arme ou un objet tenu ou lancé par une partie du corps de l'auteur du délit, et qui vient frapper la victime.

Le § 16 des Institutes nous indique cette condition : « *Cæterum ita placuit directam ex hac lege actionem esse si quis præcipue corpore suo damnum dederit.* »

La loi 7 d'Ulpien, à notre titre au Digeste, pose aussi très nettement le principe. Le jurisconsulte, reproduisant Celse, dit : « *Multum interesse, occiderit, an mortis causam præstiterit, ut qui mortis causam præstiterit, non Aquilia sed in factum actione teneatur.* » Nous pouvons rapprocher de ce § 6 de la loi 7 son § 1, qui énumère les cas dans lesquels, en matière de meurtre, on sera passible de l'action Aquilienne : « *Occisum autem accipere debemus,*

*sive gladio, sive etiam fuste, vel alio telo, vel manibus, si forte stran-
gulavit eum, vel calce petiit, vel capite, vel qualiter qualiter. »*

Dans toutes ces hypothèses, la mort a bien été causée directement *corpore*.

On trouve chez les jurisconsultes de nombreux exemples
dans lesquels, cette participation directe et immédiate de l'auteur du délit faisant défaut, il n'y aura pas possibilité d'employer
contre l'auteur du délit l'action Aquilienne.

C'est ainsi, pour ne citer que les exemples les plus frappants,
que l'on ne pourrait invoquer l'action de la loi Aquilia dans les
cas suivants :

Vous avez enfermé un esclave, un troupeau, un animal, de
manière à le faire mourir de faim ; vous avez persuadé à l'esclave d'autrui de monter sur un arbre ou de descendre dans un
puits, et, en montant ou en descendant, l'esclave s'est tué ou
blessé (1).

Vous avez donné du poison à quelqu'un pour remède salutaire, mais vous ne l'avez pas administré vous-même ; c'est le
malade qui l'a pris lui-même (2).

Vous avez effarouché le cheval que montait un esclave, et l'esclave, dans sa chute, a été précipité dans un fleuve ; ou bien
vous avez entraîné un esclave dans un piège où il a trouvé la
mort (3).

On pourrait citer encore bien d'autres exemples dans lesquels
la loi Aquilia ne s'applique pas, mais ceux-ci suffisent pour
prouver que le *damnum* prévu par le droit civil romain, le seul
qui engendrait l'action directe de la loi Aquilia, c'était le *damnum*
dont l'auteur avait été l'agent directe et immédiat.

Cette règle stricte amenait souvent les jurisconsultes à
adopter des solutions bizarres. Ainsi une personne en pousse
une autre qui perd l'équilibre et cause un dommage en tombant :
aucun des deux ne sera tenu de réparer le dommage, ni celui
qui a poussé, car il n'est pas l'auteur direct et immédiat du dommage, ce n'est pas son *corpus* qui a causé le mal ; ni celui qui est
tombé, car il en est l'auteur involontaire, et par conséquent n'a
pas agi *injuria*.

Nous ne rechercherons pas si cette règle, que le dommage
devait être causé *corpore*, était bien fondée ; dans tous les cas,
elle obligeait souvent à se décider d'après des nuances si sub-

(1) § 16, Inst. de Just., *hoc tit.* — (2) L. 7, § 6, Dig., *hoc tit.* — (3) L. 9, § 3,
Dig., *hoc tit.*

tiles que les jurisconsultes n'étaient pas toujours d'accord (1).

Nous verrons plus tard que la rigueur et le formalisme des anciens principes furent corrigés par le droit honoraire, et que le préteur vint mettre à coté de l'ancien droit une jurisprudence plus accommodée aux nécessités de la pratique et aux exigences de l'équité.

Mais on n'en respecta pas moins le vieux droit civil, et l'action directe Aquilienne ne fut donnée que lorsqu'il y avait vraiment *damnum corpore datum*; dans les autres cas, le préteur n'accordait que des actions utiles ou *in factum*.

Nous aurons à traiter spécialement ces points.

SECTION III.

LE *DAMNUM* DOIT ÊTRE *CORPORI DATUM*.

Le troisième caractère constitutif du *damnum legis Aquiliæ*, c'est qu'il doit avoir atteint directement le corps ou la chose : de là les expressions *damnum corpori datum, si corpus læsum fuerit*. Il faut donc qu'il y ait eu destruction matérielle, altération de la substance entraînant un dommage pécuniaire.

Nous allons procéder, pour expliquer ce caractère du *damnum*, comme pour le précédent, en citant des cas prévus par les Institutes ou le Digeste, dans lesquels, la condition dont nous nous occupons faisant défaut, la loi Aquilia ne trouvera pas son application.

Le § 16 *in fine*, aux Institutes, *hoc tit.*, nous offre un premier exemple. Vous avez enchaîné votre esclave; ému de compassion, je l'ai délivré de ses fers, et votre esclave a pris la fuite.

Il y a bien évidemment un dommage; mais comme il n'y a eu ni destruction, ni mutilation d'un corps, la loi Aquilia n'est pas applicable. Nous verrons que plus tard le préteur donnera une action *in factum* au maitre de l'esclave.

De même (2), vous avez semé de l'ivraie dans la moisson d'autrui; le propriétaire subira un dommage, car le blé sera plus difficile à récolter; mais comme, en définitive, les épis sont restés les mêmes, qu'ils n'ont pas subi de changement matériel, on n'aura pas l'action Aquilienne contre vous.

Et, de même (3), vous avez jeté de la terre dans mon tas de

___

(1) L. 11, § 5, Dig., *hoc tit.* — (2) L. 27, § 14, Dig., *hoc tit.* — (3) L. 27, § 20, Dig., *hoc tit.*

blé; vous me causez ainsi un dommage, car je suis obligé de faire nettoyer mon blé, mais cependant je n'aurais pas contre vous l'action Aquilienne, car les grains de blé sont restés les mêmes, aucun d'eux n'a été détruit. Ulpien dit bien que je pourrai agir contre vous, *quasi de corrupto;* mais ces mots ne font pas allusion à l'action Aquilienne, ils se rapportent à l'action *in factum* donnée par le préteur.

Vous m'avez secoué le bras et vous avez fait tomber des pièces de monnaie que je tenais à la main; ces pièces sont tombées dans un fleuve, dans la mer, dans un endroit où on ne pourra les retrouver : l'action Aquilienne est applicable. il y a destructruction matérielle, les pièces n'existent plus pour personne. Mais si, en me poussant, vous avez été le complice d'un voleur, ce ne sera plus l'action Aquilienne, ce sera l'action dérivant du *furtum* qui recevra son application. Le motif, c'est que les pièces n'ont point été altérées ou détruites dans leur substance; elles restent ce qu'elles étaient, elles n'ont fait que changer de main (1).

Nous pourrions encore citer, dans le même sens, la loi 17, §§ 25 et 26, Dig., *hoc tit.*, dont nous avons déjà eu occasion de parler.

SECTION IV.

LE *DAMNUM* DOIT ÊTRE *INJURIA DATUM.*

La dernière condition nécessaire pour que l'action de la loi Aquilia puisse être exercée, c'est que le *damnum* soit causé *injuria*.

Le mot *injuria* ne signifie pas ici « insulte », comme dans le délit particulier qui donne naissance à *l'actio injuriarum;* il est pris dans un sens étymologique et signifie « absence de droit » (*in* privatif et *jus*). Cette idée est nettement exprimée par Ulpien (2): « *Injuriam autem hic accipere nos oportet, non quemadmodum circa injuriarum actionem, contumeliam quamdam : sed quod non jure factum est, hoc est contra jus, id est si culpa quis occiderit.* »

Il faut que l'on ait fait quelque chose sans droit, et que de plus il y ait, de la part du délinquant, dol ou faute; nous avons donc à nous demander dans ce chapitre ce qu'il faut entendre par la faute exigée par la loi Aquilia, pour que l'on puisse se servir

(1) L. 27, § 21, Dig., *hoc tit.* — (2) L. 5, § 1, Dig., *hoc tit.*

de l'action *legis Aquiliæ*, en apportant des exemples à l'appui de la théorie. Nous verrons ensuite qu'il est des cas dans lesquels la situation du délinquant ne permettra pas de le condamner, quoiqu'il ait causé un préjudice *injuria*, parce qu'on ne pourra pas dire qu'il ait commis une *culpa*.

Nous avons déjà dit que nous n'avions pas à nous occuper de la faute d'une façon générale, à présenter une théorie des fautes comme si nous nous trouvions en matiere de contrat.

La faute Aquilienne diffère en effet, sous deux aspects, de la faute contractuelle. D'abord, et nous l'avons déjà dit, la faute Aquilienne ne peut jamais être qu'une *culpa in committendo*, tandis que la faute contractuelle peut être *in omittendo*. En second lieu, la faute contractuelle, entre personnes liées par un rapport d'obligation, admettra des appréciations diverses, suivant la nature du contrat, tandis que la faute Aquilienne, entre personnes non obligées, n'admet pas de degré.

Faire un acte contraire au droit, sortir du cercle des actes autorisés par la loi, et, par suite, empiéter sur le droit d'autrui, voilà qui suffit à constituer la faute Aquilienne, et le degré de la faute n'est point à considérer : « *in lege Aquilia et levissima culpa venit* (1). » Cette solution est confirmée par les Institutes (§ 14 *hoc tit.*) qui mettent sur la même ligne le dol et la faute : « *Illud palam est, sicut primo capite ita demum quisque tenetur, si dolo aut culpa ejus, homo aut quadrupes occisus occisave fuerit, ita hoc capite ex dolo aut culpa de cetero damno quemque teneri.* » Nous rappelons ici que, dans la faute Aquilienne, il n'y a pas à tenir compte de l'intention criminelle ou du défaut d'intention criminelle du délinquant.

Ceci dit, recherchons quels sont les éléments qui peuvent se rencontrer dans la faute Aquilienne. Il est évident qu'ils sont nombreux, et nous ne cherchons qu'à citer les principaux.

La faute Aquilienne peut résulter d'un defaut *de prévoyance* ou d'*une imprudence*.

Un barbier rase un esclave sur la voie publique, dans le voisinage d'un jeu de paume ; une balle vient lui frapper la main et il blesse l'esclave avec son rasoir : le barbier sera passible de l'action Aquilienne, parce qu'il a ete imprévoyant, et que son imprévoyance constitue une faute (2).

Un individu a creusé une fosse pour prendre des ours ou des

(1) L. 44, Dig., *hoc tit.* — (2) L. 11, pr., Dig., *hoc tit*

cerfs, près d'un chemin public ; un esclave y tombe et se blesse.
Cet individu aurait dû prévoir le danger qu'il y avait à creuser
des fosses dans un endroit fréquenté ; il sera soumis à l'action
Aquilienne (1).

Vous voulez détruire de mauvaises herbes, et vous y mettez
le feu ; vous n'avez pas pris les précautions voulues en pareil
cas, et le feu, poussé par le vent, gagne les récoltes et la vigne
du voisin : vous êtes responsable de votre défaut de prévoyance ;
cela constitue une *culpa* (2).

Sera encore coupable d'imprévoyance et d'imprudence, celui
qui s'exercera à lancer le javelot pour se divertir, dans un lieu
qui n'est pas destiné à cet exercice : « *Nam lusus quoque noxius
in culpa est* (3). »

La faute Aquilienne pourra encore résulter d'un défaut de
capacité ou de force physique, qui, ne permettant pas de mener
à bien une entreprise commencée, en fait rejaillir sur autrui
les suites dommageables. Voyons quelques exemples :

Vous vous êtes chargé d'un fardeau qui excédait vos forces,
vous avez dû le rejeter, et en tombant il tue un esclave : vous
êtes responsable (4).

Un muletier, par suite de son incapacité ou de son défaut de
force, n'a pu retenir ses mules qui ont, dans leur course, causé
un dommage : il répond de cette incapacité ou de cette faiblesse (5).

Nous trouvons dans la loi 29, § 4, un exemple analogue : il
s'agit d'un pilote qui, par défaut d'habileté, n'a pas empêché le
navire qu'il conduisait d'aller en frapper un autre, qu'il a endommagé.

Un ouvrier inhabile brise un objet qu'on lui avait donné pour
le travailler : il est responsable de son impéritie (6).

Sera aussi responsable le médecin incapable qui tue ou
blesse par son inhabileté un esclave qu'il opérait. Si le médecin,
après avoir opéré l'esclave, a négligé de le soigner, sa négligence constitue une faute qui le rend passible de la loi Aquilia.

L'exemple suivant nous fournira encore un des éléments qui
peuvent constituer la *culpa*. Un cordonnier, pour corriger son
apprenti, lui lance sa forme à la tête et lui crève un œil : il sera

(1) L. 28, pr., Dig., *hoc tit.* — (2) L. 30, § 3, Dig., *hoc tit.* — (3) L. 9, § 4, et
L. 10, Dig., *hoc tit.* — (4) L. 7, § 2, Dig., *hoc tit.* — (5) L. 8, § 1, Dig., *hoc
tit.* — (6) L. 27, § 29, Dig., *hoc tit*

2

tenu, parce qu'il a dépassé les bornes de la *levis castigatio quæ docenti concedi soletur* (1).

Ces exemples suffisent, croyons-nous, pour démontrer ce que nous avons avancé, à savoir : qu'il n'y a pas lieu, dans notre matière, de distinguer entre les différents degrés de la *culpa;* que la faute la plus legère, qu'une simple imprévoyance rendent passible de l'action Aquilienne, et que l'intention de nuire n'est pas nécessaire pour constituer la responsabilité.

La faute entrainant l'application de la loi Aquilia peut, nous venons de le voir, être très légère; mais si l'on ne peut en imputer aucune à celui qui a causé le préjudice, alors celui qui a souffert le dommage ne pourra pas se servir de l'action Aquilienne. En d'autres termes, il suffit d'une faute légère, mais il faut absolument une faute.

Nous allons le démontrer en examinant maintenant diverses hypothèses prévues par les textes, où, bien que le dommage existe, la loi Aquilia ne recevra pas son application.

Le dommage, quoique causé *injuria*, si on le considère *in abstracto*, peut n'être point imputable à l'agent, comme n'étant pas produit par une volonté libre ; ou bien les circonstances qui ont amené le *damnum* lui font perdre son caractère illicite, la *culpa* n'existe plus.

Doneau, dans son Commentaire, s'exprime ainsi : « *An quis culpa non fecerit duabus ex rebus æstimandum est : ex persona facientis, si nullum judicium personæ fuit; ex facto*, etc. »

Nous pouvons adopter, dans l'examen des textes, cette division des causes d'irresponsabilité en deux groupes.

I. — *Irresponsabilité dérivant « ex persona facientis ».*

Pour qu'il y ait responsabilité, il faut que l'agent, cause du dommage, ait agi avec discernement; il faut que le *damnum* procède d'une cause intelligente et libre. La loi 5, § 2, Dig., *hoc tit.*, tient compte de cette condition dans les deux cas d'irresponsabilité qu'elle énumère.

Le *furiosus* qui a commis un dommage ne pourra pas être poursuivi par l'action Aquilienne, parce qu'on ne peut imputer une faute à celui dont l'esprit est aliéné ; il n'est pas plus responsable qu'un animal, ou que la tuile qui, en tombant d'une maison, aurait blessé quelqu'un.

De même, l'âge décharge quelquefois l'auteur du *damnum* de toute responsabilité. Sans entrer dans la controverse soulevée

---

(1) L. 5, § 3, Dig., *hoc tit.*

par l'interprétation du mot *infans*, on peut dire que, d'après les textes romains, ni l'*infans*, ni l'*infantiæ proximus* ne sont responsables. En ce qui concerne le *pubertati proximus*, Labéon le déclare responsable ; mais Ulpien, tout en acceptant cette solution en principe, y apporte une restriction : l'impubère, pour être responsable, devra être *injuriæ capax* ; il y aura donc, pour ce dernier, à examiner la question de savoir s'il a agi avec discernement.

Nous voyons, dans la loi 37, Dig., *hoc tit.*, que celui qui donne l'ordre à un homme libre de commettre un *damnum*, en est responsable s'il avait le droit de lui commander. Il en résulte que celui qui n'a fait qu'exécuter un ordre venant d'une personne à laquelle il était tenu d'obéir, n'est pas responsable, et cela est juste, puisqu'il n'a pas agi librement.

II. — *Irresponsabilité dérivant « ex facto ».*

Les textes énumèrent de nombreux exemples dans lesquels' la responsabilité de l'auteur du dommage disparait par suite des circonstances dans lesquelles se produit l'acte préjudiciable.

On peut diviser ces exemples en trois groupes :

1° *L'auteur du dommage est irresponsable, parce que ce dommage résulte de circonstances fortuites qu'il était impossible de prévoir.*

C'est ainsi que le militaire qui s'exerçait à lancer le javelot dans le champ de Mars, ou dans un endroit destiné à cet exercice, ne sera pas responsable de la blessure qu'il fait à un esclave qui vient à passer. Il n'est pas, en effet, en faute ; c'est, au contraire, l'esclave, qui n'aurait pas dû s'aventurer dans cet endroit, où il devait savoir que l'on pouvait courir un danger (1).

De même, en jetant du bois du haut d'un arbre, un bûcheron a tué un esclave qui passait : sera-t-il responsable ? Oui, si l'arbre était sur la voie publique, et si le bûcheron a négligé de crier pour avertir les passants. Mais s'il a crié gare, il est hors de faute : c'était à l'esclave à s'éloigner, puisqu'il était averti. Si même l'arbre était au milieu d'un champ, au lieu d'être sur la voie publique, le bûcheron sera toujours irresponsable de la mort de l'esclave, car il ne pouvait prévoir qu'il viendrait dans un lieu où il n'avait pas le droit de passer (2).

(1) § 4, Inst., *hoc tit.* — (2) § 5, Inst., *hoc tit*

2° *L'auteur du dommage a obéi à une véritable nécessité maté-rielle.*

Dans cet ordre d'idées, nous trouvons, tout d'abord, que la légitime défense ne peut donner naissance à l'action, puisque, si elle implique l'idée d'une faute, c'est plutôt chez celui à qui on résiste.

Toutes les législations ont permis de repousser la force par la force, et même de tuer, quand le meurtre est causé par la nécessité impérieuse de se défendre, et ne provient pas de la vengeance (1). Mais si, en résistant à une agression, je blesse ou tue une autre personne, parfaitement inoffensive, je ré-pondrai de ce fait. Si, même, je tue celui que je pourrais me contenter de réduire à l'impuissance, je pourrai être pour-suivi (2).

La légitime défense s'appliquera même à la propriété ; celui qui, pour arrêter un incendie, pratique une brèche dans les murs de la maison voisine, au moment où le feu va se com-muniquer à la sienne, ne commet pas d'*injuria* (3). Non plus que des nautonniers qui, lorsque leur navire, poussé par la violence des vents, s'est engagé dans les câbles d'un autre na-vire, ou dans les filets d'un pêcheur, coupent ces câbles et ces filets pour échapper au péril (4). Remarquons bien que, dans tous ses cas, le danger doit être sérieux, car personne ne peut être tenu de supporter les suites dommageables des actes com-mis en vue d'éviter un danger chimérique.

La loi 29, § 1, établit nettement la portée du principe qui résulte de la loi 49, § 1. Sans doute, nous l'avons vu, on peut endommager la chose d'autrui qui nous menace, pour protéger la sienne, mais on n'évite l'action qu'autant qu'on n'avait pas d'autre moyen pour se préserver. C'est ainsi que celui qui se rend justice à soi-même, au lieu de recourir au magistrat, sera tenu de l'action. Ulpien rapporte une décision contraire, rendue par Sévère ; il s'agissait d'un aqueduc construit pour affirmer injustement une servitude sur le fonds d'autrui : l'empereur permit au propriétaire du fonds de démolir lui-même la construction. Mais c'est que, comme le fait re-marquer Ulpien, autre chose est de remettre sa propriété en état, ou de léser celle d'autrui.

---

(1) L. 45, § 4, Dig., *hoc tit.* — (2) L. 5, pr., Dig., *hoc tit.*; § 2, Inst., *hoc tit.* — (3) L. 49, § 1, Dig., *hoc tit.* — (4) L. 29, § 3, Dig., *hoc tit.*

3° *L'auteur du dommage est irresponsable, parce que, bien qu'il eût pu ne pas le causer, la loi l'autorisait à agir comme il l'a fait.*

Dans ce cas, c'est la toute-puissnce de la loi qui vous relève de votre responsabilite. Or la loi 151, Dig., *De regulis juris*, pose ce principe que : *Nemo damnum facit, nisi qui id fecit, quod facere jus non habet.*

C'est ainsi que celui qui tue un voleur, de jour, ne commet pas de faute, si toutefois ces deux conditions se rencontrent : il faut d'abord que le voleur resiste, puis que la victime du vol ait appele au secours. Quant au voleur de nuit, celui qui l'a tué sera decharge de toute responsabilité s'il a appelé au secours (1).

De même, il est permis de donner la mort à l'esclave surpris en flagrant délit d'adultère (2).

Citons un dernier cas qui est absolument étranger à notre législation : Si un lutteur, dans un exercice public, en tue un autre, il n'y a point lieu à l'action de la loi Aquilia : « *Quia gloriæ causa et virtutis non injuriæ gratia videtur damnum datum.* »

Ulpien fait remarquer que cette loi ne peut s'appliquer aux esclaves, parce qu'ils ne combattent pas en public, cette lutte étant réservée aux hommes libres, et qu'il faut supposer qu'ici c'est un fils de famille qui a été blessé. Mais alors il nous semble qu'il etait inutile de dire qu'on ne pourrait pas ici exercer l'action de la loi Aquilia, puisqu'elle ne prévoit pas le cas des blessures faites à un homme libre. Pour que la loi Aquilia devienne applicable, il faut que, le combat n'ayant pas été public, l'adversaire blessé ait pu être un esclave : alors le maitre de l'esclave, si toutefois il ne l'a pas spécialement prêté pour la lutte, aura l'action Aquilienne contre l'auteur des blessures.

Nous savons maintenant, exactement, ce que c'est que la faute Aquilienne; nous avons dit plus haut les différences qui la distinguaient de la faute contractuelle ; ceci nous permettra d'etudier une question fort importante, que nous avions posée sans pouvoir la résoudre, au début de cette thèse, et qui vient tout naturellement completer notre étude des cas dans lesquels la loi Aquilia recevra ou ne recevra pas d'application.

Jusqu'ici nous avons raisonné dans l'hypothèse où la loi Aquilia viendrait à atteindre un delinquant sans rapport d'obligation avec la partie lésée. Mais il peut se faire, et le cas sera assez fréquent, que le fait délictueux intervienne entre personnes déjà obligées. Prenons un exemple : un contrat de

---

(1) L. 4, Dig, *hoc tit.* — (2) L. 30, pr., Dig., *hoc tit.*

dépôt étant intervenu entre Primus et Secundus, le dépositaire Secundus, dans un déménagement, brise par mégarde
l'objet qui lui était confié. Le fait d'avoir brisé un objet tombe
sous le troisième chef de la loi Aquilia, et cela quand même le
dépositaire ne serait coupable que de la « *culpa levissima* ».
Mais, d'un autre côté, si l'on se reporte aux règles qui régissent les rapports du dépositaire, la seule faute qui puisse
engager la responsabilité du dépositaire est la *culpa* « *lata* ».
Alors cette question se pose : Suffit-il que le fait rentre dans
les conditions prévues par la loi Aquilia, pour donner naissance à l'action de cette loi? ou ne devrait-on pas considérer
qu'à la loi habituelle de responsabilité entre personnes non
obligées s'est substituée la loi du contrat, définissant et réglant
à nouveau les règles de responsabilité régissant les rapports
des contractants?

Cette question n'est pas sans intérêt. En effet, nous avons
constaté des différences entre la faute Aquilienne et la faute
contractuelle. Si nous adoptons la première solution, nous dirons que, dans l'espèce ci-dessus, le dépositaire sera passible
de l'action Aquilienne, alors même que la *culpa levissima* lui
serait seule reprochable. Si nous nous rangeons à la seconde
opinion, nous dirons que le dépositaire ne peut être passible
de l'action Aquilienne qu'autant qu'il se sera rendu coupable
de la *culpa lata*.

On maintient, dans un premier système, l'application de la
loi Aquilia dans les relations contractuelles, pour réprimer le
damnum injuria datum, nonobstant les règles spéciales au contrat. Ce dernier dommage, a-t-on dit, doit toujours être réparé,
il tombe sous le coup de la loi Aquilia; il n'y a donc pas à considérer la gravité de la faute par laquelle il a été commis : on
en répond dans tous les contrats indistinctement, dans ceux où
l'on est tenu de la faute légère, comme dans ceux où l'on n'est
tenu que de la faute lourde. Il y a toujours lieu à l'action de la
loi Aquilia, alors même que, d'après les règles de responsabilité
spéciales au contrat, l'action dérivant de ce contrat ne peut
prendre naissance.

Ce système a été présenté par M. Hasse, professeur à Kœnigs-
berg; il a été reproduit par M. d'Hautuille, dans la *Revue de législation*. « On ne voit pas, lit-on dans l'étude que nous citons,
comment un fait qui me serait imputé, étant commis envers une
personne à laquelle je ne devrais rien, cesserait d'être imputable à raison d'une obligation que j'aurais contractée. »

Nous ne partageons pas cette manière de voir, et nous adoptons la solution contraire. Nous croyons qu'au moins, lorsque le fait qui amène la perte de la chose se rattache à l'obligation du contrat, les règles générales de la responsabilité Aquilienne doivent s'effacer devant la convention des parties, pour faire place à la responsabilité spéciale édictée par la loi du contrat.

En effet, le but de la convention n'est-il pas précisément de modifier les règles qui régissent les rapports de droit habituels existant entre deux personnes, quant à un objet donné ? Et, si nous nous reportons plus spécialement à la loi Aquilia, l'obligation nouvelle pourra être tantôt plus sévère, en édictant la responsabilité de la *culpa in omittendo*, tantôt moins sévère, en ce que des fautes imputables au débiteur, d'après les règles générales de respons bilite, cesseront de lui être imputables parce que le contrat amènera l'application de règles spéciales.

Le raisonnement sur lequel on a cherché à étayer le premier système ne nous semble donc pas fondé. On comprend très bien, quoi qu'on en ait dit, qu'un fait qui me serait imputable à raison des règles générales de responsabilité cesse de l'être à cause de l'existence d'une convention.

Revenons maintenant à notre exemple. Lorsqu'un propriétaire me remet une chose en dépôt, n'est-il pas de toute justice de supposer qu'il s'est volontairement soumis aux règles de la responsabilité spéciales au contrat ? Pourquoi une pareille convention ne pourrait-elle pas déroger à une règle générale ne visant point un tel état de droit, et en quoi cela peut-il blesser l'ordre public ?

J'ajoute que, si la convention fait la loi des parties, on en peut plus dire du *damnum* qu'il est *injuria*, « *hoc est contra jus datum.* » Cette solution nous semble imposée par les principes géneraux.

On invoque contre notre système des textes qui ne sont pas le moins du monde concluants. C'est ainsi qu'on veut tirer argument, en faveur du premier système, de la loi 18, § 1, Dig., *Commodati vel contra*. Mais cette loi est absolument en dehors de notre hypothèse, puisqu'elle donne le choix entre les deux actions Aquilienne et *Commodati*, ce qui suppose que la faute du dépositaire pouvait entraîner l'exercice de deux actions ; or, dans ce cas, la question n'a plus le moindre intérêt, et ce n'est pas ainsi que nous l'avons formulée. Nous avons suppose une faute entraînant bien la responsabilité Aquilienne, mais non la responsabilite contractuelle, et nous nous sommes demandé si cette absence de responsabilité contractuelle faisait disparaître la responsabilité Aquilienne. Ce n'est pas le cas prévu par la loi 18, § 1; il n'y a donc pas d'argument à tirer de ce texte.

De même, dans les autres textes invoqués contre nous, on suppose toujours le choix possible entre l'action Aquilienne et l'action du contrat, c'est-à-dire une hypothèse qui est absolument en dehors de notre controverse. La vérité, c'est qu'il n'y a pas de textes tranchant la question telle que nous l'avons formulée, et que, dès lors, nous avions bien le droit de la résoudre d'après les principes qui nous ont paru les plus rationnels et les plus juridiques.

Notre solution admet pourtant un tempérament commandé par les raisons mêmes qui nous l'ont fait adopter. Si nous supposons qu'au lieu de nous trouver en présence d'un fait qui se rattache à l'obligation contractée, il s'agisse d'un acte indépendant du contrat, alors les règles du contrat ne seraient plus applicables, et l'on retomberait sous l'empire de la responsabilité Aquilienne. La volonté des parties n'a pu être que de modifier le droit commun, dans les limites tracées par le contrat; mais il reprend sa force habituelle dès qu'on sort de ces limites.

CHAPITRE III.

DU MONTANT DE L'INDEMNITÉ.

Après avoir déterminé la nature du *damnum injuria datum* et les cas où il sera imputable au délinquant, nous devons rechercher quels seront les pouvoirs du juge lorsqu'on poursuivra devant lui la réparation du *damnum* par l'action *legis Aquiliæ*, ou, en d'autres termes, quel sera le montant de la condamnation.

Nous avons déjà dit, dans notre premier chapitre, que la condamnation devait égaler la plus haute valeur qu'avait pu atteindre l'esclave, l'animal, ou la chose, pendant l'année ou les trente jours qui avaient précédé le délit, suivant que le fait tombait sous l'application du premier ou du troisième chef de la loi Aquilia.

Au cas de destruction partielle, la condamnation sera basée sur la différence entre la plus haute valeur dans les trente jours et la valeur au jour du délit.

Recherchons tout d'abord quel sera le point de départ que
l'on devra prendre pour remonter en arrière, jusqu'à un an ou
trente jours.

Il n'y a pas de difficultés lorsqu'il s'agit d'une mort immediate;
pour faire le calcul de l'indemnité, on remonte en arrière d'une
annee à dater du moment de la mort, et on prend la plus haute
valeur que l'animal ou l'esclave a pu atteindre pendant cet espace
de temps.

Mais supposons qu'un esclave ait eté blessé mortellement et
que le décès n'ait eu lieu que longtemps après la blessure: faudra-
t-il se placer au moment de la mort, ou au jour de la blessure qui
l'a occasionnée, pour compter l'année?

D'après Celsus, il fallait se placer au jour de la mort de l'esclave;
son opinion n'etait pas unanimement adoptée. Julien. notamment, faisait commencer l'annee du jour de la blessure. Dans la
loi 21, § 1, Ulpien se range à l'avis de ce jurisconsulte, et sa décision est admise par Justinien. Ulpien prévoit le cas spécial
où il serait impossible de faire le calcul, comme, par exemple,
s'il s'agissait d'un jeune esclave de six mois, et decide que l'on
compterait à partir de sa mort jusqu'à sa naissance (1).

En ce qui concerne le troisieme chef de la loi Aquilia, on
prendra toujours,'pour point de depart des trente jours, le jour du
délit.

Quel sera exactement le montant de la condamnation? Que
faut-il entendre par la plus haute valeur dans l'année ou les
trente jours qui ont précédé le delit?

Les Romains n'avaient pas admis, ce qui aurait pu s'expliquer
en législation, que la condamnation serait égale à la valeur de
l'esclave ou de la chose au moment du délit ou de la condamnation ; on prendra, en quelque sorte, une valeur fictive, qui peut-
être n'existera plus, qui peut-être est fort au-dessus de la valeur
contemporaine du delit ou du jugement.

C'est ainsi qu'Ulpien nous rapporte cette decision de Julien :
Un esclave qui peignait parfaitement a eu le pouce coupé, et
dans la même année il a ete tué : son maitre intentera l'action
de la loi Aquilia, et obtiendra la plus grande valeur de cet esclave
eu egard au temps où, ayant encore son pouce, il pouvait peindre
et procurer de grands bénefices, grâce à son talent (2).

Comment justifier cette solution? C'est que nous nous trouvons ici en presence d'un delit, intentionnel ou non intention-

(1) L. 23, § 7, Dig., hoc tit. — (2) L. 23, § 3, Dig., hoc tit.

nel, il est vrai, mais toujours imputable à une faute du delinquant. Or la législation romaine a cherche la réparation des délits moins par la rigueur des peines publiques que par la sévérité des peines privees, et c'etait en même temps un excellent moyen d'obliger les citoyens à faire tous leurs efforts pour éviter de commettre des fautes.

Ce système se developpera plus tard, et prendra, lors de l'établissement des Germains en Gaule, une telle extension, qu'il absorbera en entier presque tout le système des peines, sous le nom de « *compositions* ».

On s'explique donc que la condamnation à laquelle aboutira l'exercice de l'action Aquilienne comprenne, non seulement la valeur de la chose, mais aussi, le plus souvent, des dommages et intérêts.

Dans le texte de la loi, on ne parle pas expressement de ces dommages et intérêts. Sans doute les mots *quanti res est,* qui se retrouvent dans les deux chefs, peuvent bien signifier la représentation de l'interêt qu'avait le maitre à ne pas être dépouillé ; mais il faut reconnaître, avec l'ecole allemande, que, dans la terminologie romaine, les mots *quanti interest* se réfèrent toujours à la valeur exacte de la chose, à sa représentation en argent, en un mot à sa valeur vénale.

C'est probablement ainsi que l'on entendait les mots *quanti res est* à l'époque où la loi Aquilia fut rendue; mais, dans un but d'équité facile à comprendre, les jurisconsultes étendirent le sens de cette expression, et la firent rapporter, non seulement à la valeur venale de la chose, mais, de plus, *ad id quod interest*, à l'*utilitas*, c'est-à-dire aux dommages et interêts. Ce sens est parfaitement fixé à l'époque de Justinien, ainsi que cela semble résulter du § 10 des Institutes à notre titre, et la question ne faisait pas de doute pour Ulpien, qui disait : « *et hoc jure utimur, ut ejus quod interest, fiat æstimatio* (1). »

Si nous passons maintenant à l'application du principe d'Ulpien, nous pouvons citer de nombreux exemples. Nous n'examinerons que les plus importants, et le plus rapidement possible. Cet examen n'est pas, du reste, sans utilite, car il nous fera voir jusqu'où allaient les Romains dans l'appreciation des dommages et intérêts.

Dans la loi 22, *hoc tit.*, Paul nous dit : « *proinde si servum occidisti, quem sub pœna tradendum promisi, utilitas venit in hoc*

(1) L. 21, § 2, Dig., *hoc tit.*

judicium. » J'avais promis de livrer un esclave, et le stipulant avait exigé la garantie d'une clause pénale, pour le cas où, pour un motif quelconque, je ne serais pas en mesure d'accomplir mon obligation. Si l'impossibilité où je me trouve de satisfaire mon créancier provient de ce que vous avez tué mon esclave, le montant de la condamnation comprendra, non pas la valeur vénale de l'esclave promis, mais le *id quod interest*, c'est-à-dire la somme stipulée comme *pœna ;* ce que Paul exprime par ce mot : « *utilitas.* »

Et dans la suite de cette même loi 22, nous apprenons qu'on fait aussi entrer dans l'estimation les qualités qui peuvent augmenter la valeur réelle de l'esclave. Par exemple, si vous tuez un esclave dont je me servais comme comédien ou comme musicien, ou l'un des esclaves jumeaux dont j'étais propriétaire ; si vous tuez un des quatre chevaux qui formaient mon attelage, ou une mule dont j'ai la pareille, alors on aura égard, non seulement à la valeur réelle de l'esclave ou de l'animal qui a été tué, mais aussi à la diminution des autres, qui restent depareillés.

Un esclave avait commis, à mon préjudice, des détournements considérables ; il est tué avant que j'aie pu le faire mettre à la question pour connaître ses complices. J'obtiendrai, par l'action Aquilienne, la valeur de mon esclave et la compensation du dommage que me cause sa mort, qui me prive de pouvoir le forcer à révéler le nom de ses complices (1).

Un quadrupède qui avait causé un dommage, à la suite duquel une action avait pris naissance contre le propriétaire, a été tué par un tiers. Celui-ci enlève par là au maitre la faculté de faire abandon noxal, en sorte qu'il est condamné à payer tout le dégât. Il pourra se faire indemniser du préjudice que lui a fait éprouver l'impossibilité d'abandonner l'animal (2).

J'ai promis Stichus ou Pamphile à Titius ; Stichus vaut dix mille sesterces, Pamphile en vaut vingt mille : si Titius tue Stichus avant que je sois en demeure? Paul décide que Titius sera traité comme un étranger qui aurait fait mourir cet esclave. J'obtiendrai donc la valeur vénale de Stichus et l'équivalent de l'intérêt que j'aurais eu à le payer plutôt que Pamphile. Mais si Pamphile venait à mourir *sine mora,* les principes veulent que je conserve le droit de demander vingt mille sesterces pour le meurtre de Stichus ; car, d'après la loi, pour apprécier le dom-

_____

(1) L. 23, § 4, Dig., *hoc tit.* — (2) L. 37, § 1, Dig., *hoc tit.*

mage que me cause le meurtre de Stichus, il faut se placer au moment même où le meurtre a été commis, ou dans l'année qui a précédé (1). De là une conséquence remarquable : supposons que, Pamphile étant mort, Stichus ; soit tue dans l'annee qui suit la mort de Pamphile : j'aurai l'action de la loi Aquilia pour vingt mille, pour la valeur de Pamphile : « *etiam si post mortem Pamphili, intra annum Stichus occidatur, pluris videbitur fuisse.* »

En effet, plaçons-nous quelques instants avant la mort de Pamphile, ce qui nous est permis, puisque nous serons encore *intra annum antequam Stichus occidatur* ; alors l'interêt que j'ai à ce que Stichus ne soit pas tué est précisement egal à la valeur de Pamphile. (M. Demangeat.)

Citons enfin un dernier exemple. Je suis institué heritier à la condition d'affranchir Stichus ; *Stichus est tué après la mort du testateur :* Ulpien decide que je pourrai réclamer la valeur de l'heredité par l'action Aquilienne ; le meurtre de l'esclave m'a empêche de remplir la condition sous laquelle j'etais institue (2).

Nous devons faire remarquer qu'on ne doit point aller jusqu'à faire entrer dans l'estimation, des valeurs incertaines ou l'interêt d'affection.

Ulpien nous le dit précisément dans cette même loi 23, § 2, que nous venons de citer. J'ai été institué héritier à la condition d'affranchir Stichus ; *Stichus est tué avant la mort du testateur :* l'action Aquilienne ne comprendra pas la valeur de l'hérédité. C'est là, en effet, une valeur incertaine, que le changement de volonté du testateur suffisait à faire evanouir, et qui ne peut entrer dans l'appreciation que le juge aura à faire.

De même pour l'intérêt d'affection ; n'est-ce point là, d'ailleurs, quelque chose d'inappréciable, et quelle base solide pourrait-on donner à une pareille estimation ? Le juge devra donc s'en tenir à la valeur d'intérêt. Telle est la decision de Paul : « *Si servum meum occidisti, non affectiones æstimandas esse puto, sed quanti omnibus valeret; Sextus quoque Pedius ait, pretia rerum non affectione, sed utilitate singulorum, sed communiter fungi.... In lege Aquilia damnum consequimur et amisisse dicemur, quod aut consequi potuimus, aut erogare cogimur* (3). »

Ces citations me semblent suffisantes pour démontrer que la condamnation à prononcer par le juge comprenait toute la

(1) L. 55, Dig., *hoc tit* — (2 L. 23, § 2, Dig, *hoc tit.* — (3) L. 33, pr., Dig., *hoc tit.*

valeur d'intérêt qu'avait la chose pour le demandeur, mais rien que cette valeur.

Il nous reste, pour terminer ce chapitre, à parler de cette particularité que présentait la condamnation de la loi Aquilia, de croître au double en cas de dénégation du délinquant.

Les lois romaines semblent avoir considéré la dénégation de certains faits ou de certains actes qui peuvent porter atteinte aux bases de la justice sociale, comme un délit susceptible de peines privées. Ils punissaient d'une condamnation s'élevant au double de la condamnation ordinaire, l'auteur d'un mensonge qui n'avait point craint de chercher, en pareil cas, à egarer la justice : « *Adversus inficiantem lis crescit in duplum* (1). »

L'action *judicati*, au cas de dénégation d'une condamnation judiciaire, était le type de ces sortes d'actions, dont faisait notamment partie l'action de la loi Aquilia : « *Hæc actio, adversus confitentem competit in simplum, adversus negantem in duplum.* »

Nous pouvons supposer maintenant, et c'est l'hypothèse contraire, que le défendeur a, par erreur, avancé devant le magistrat un fait tombant sous le coup de la loi Aquilia : sera-t-il relevé de son erreur par la *restitutio in integrum* qu'accorde le préteur à celui qui a vu sa condamnation basée sur une erreur de fait? Il faudrait résoudre la question par l'affirmative, si nous nous en tenions aux principes généraux.

La loi 4, Dig., *De confessis*, déclare qu'il ne faut point appliquer ici la règle que l'on trouve au même titre, dans la loi 2 : « *non fatetur qui errat.* » La loi 1 est, en effet, ainsi conçue : « *Si is cum quo lege Aquilia agitur, confessus est servum occidisse, licet non occiderit, si tamen occisus sit homo, ex confesso tenetur.* »

Ainsi l'aveu, même erroné, fait au magistrat, entraîne une condamnation qui ne sera point susceptible de restitution; pourquoi cette solution si rigoureuse? Le motif en est dans le caractere d'accroissement au double, en cas de dénégation, que nous venons de rencontrer dans la loi Aquilienne.

« La raison s'en trouve, dit M. de Savigny, dans le caractère de transaction imprimé à l'aveu, qui protège le défendeur contre le risque d'être condamné à une double réparation. » Mais nous devons ajouter que l'aveu ne suffirait pas pour permettre l'application de la loi Aquilia, si le fait n'avait point eu lieu, si, par

---

(1) Gaius, Comment. IV, §§ 9 et 171

exemple, l'esclave dont le defendeur avait avoué la mort était vivant ; car alors on ne comprendrait plus un aveu provoqué par la crainte d'être regardé comme l'auteur ou le complice d'un delit qui n'a jamais existé, et ne pouvait, par suite, entraîner une condamnation au double, ni même au simple.

CHAPITRE IV.

NATURE ET EFFETS DE L'ACTION AQUILIENNE.
CONCOURS DES ACTIONS.

Pour plus de clarté, nous diviserons ce chapitre en deux sections.

Dans la première, nous traiterons de la nature et des effets de l'action Aquilienne.

Dans la seconde, qui sera elle-même divisée en trois paragraphes, nous rechercherons ce qui arrivera en cas de concours de l'action Aquilienne avec :

1° Des actions *rei persecutoriæ ;*
2° Des actions *pœnæ persecutoriæ ;*
3° Des actions pénales publiques.

SECTION I.

NATURE ET EFFETS DE L'ACTION AQUILIENNE.

D'après le § 16 des Institutes de Justinien, au livre IV, titre VI, et le § 6 du Commentaire IV de Gaïus, on peut diviser les actions en persécutoires de la chose, persécutoires de la peine et mixtes : « *Quædam actiones rei persequendæ causa comparatæ sunt, quædam pœnæ persequendæ, quædam mixtæ sunt* (1). »

On entend par actions persécutoires de la chose, celles qui ont pour but le retablissement du patrimoine des deux parties dans leur état normal, c'est-à-dire dans l'état où ils se trouveraient si la violation du droit n'avait pas été commise.

---

(1) Instit. de Just., § 16, liv. IV, tit. VI.

L'action persécutoire de la peine est celle par laquelle le demandeur poursuit, non plus la réparation du préjudice causé, mais le paiement d'une somme d'argent qui aura pour effet, d'une part, de l'enrichir; d'autre part, d'appauvrir le défendeur, pour qui cela constitue une *pœna*.

Enfin, l'action est mixte quand elle est à la fois persécutoire de la peine et persécutoire de la chose; le demandeur réclame à la fois la réparation du préjudice causé et une certaine somme dont il bénéficiera.

A laquelle de ces catégories d'actions appartient notre action Aquilienne? Les Institutes nous la citent comme prenant dans deux cas les caractères de l'action mixte: « *Sed et legis Aquiliæ actio de damno injuriæ mixta est, non solum si adversus inficiantem in duplum agatur, sed interdum et si in simplum quis agit, velut si quis hominem claudem aut luscum occiderit, qui in eo anno integer et magni pretii fuerit : tanti enim damnatur, quanti is homo in eo anno plurimi fuerit, secundum jam traditam divisionem* (1). » Ainsi l'action de la loi Aquilia est mixte dans deux cas: d'abord, quand elle est donnée au double, par suite de la dénégation du défendeur; ensuite, quand l'estimation particulière à notre loi fait accorder au demandeur une indemnité plus considérable que le préjudice qu'il subit. Dans les deux cas, en effet, le patrimoine du demandeur est enrichi, celui du défendeur appauvri; l'action, disent les commentateurs allemands, est pénale bilatérale; ils ajoutent qu'elle est composée, parce que le résultat de l'action amènera une condamnation représentant pour le demandeur deux éléments, l'indemnité et la peine.

Mais si nous envisagions l'action de la loi Aquilia uniquement à ce point de vue, nous n'aurions aperçu qu'un des côtés de la question. Nous l'avons, en effet, considérée comme agissant nécessairement à l'inverse, dans le patrimoine du demandeur et du défendeur, l'enrichissement de l'un étant la suite nécessaire et immédiate de l'appauvrissement de l'autre; considérons-la maintenant dans la personne du défendeur, ou plutôt dans ses résultats quant à son patrimoine. Mettons en dehors les deux cas d'enrichissement du demandeur; et nous verrons l'action prendre alors le caractère d'une indemnité pour le demandeur, et d'une peine *(pœna)* pour le défendeur. Elle sera alors, suivant l'expression des interpretes, *rei persecutoria ex parte actoris, pœnæ persecutoria ex parte rei*. Le deman-

(1) Inst. de Just., § 19, liv. IV, tit. vi.

deur obtiendra la réparation du préjudice causé, son patrimoine ne s'enrichira pas ; le défendeur sera condamné à payer l'indemnité, alors même qu'il ne se sera point enrichi ; ce sera de beaucoup le cas le plus fréquent. Les Allemands disent alors que l'action est pénale unilatérale, exprimant ainsi que l'équilibre ne sera rompu que dans le patrimoine du défendeur.

En empruntant la terminologie allemande, nous pouvons dire, pour nous résumer, que l'action de la loi Aquilia sera pénale bilatérale, en tant que le résultat de l'action amènera un enrichissement du demandeur et un appauvrissement corrélatif du défendeur. Elle sera pénale unilatérale en tant que l'appauvrissement du défendeur ne sera que la réparation du préjudice causé au demandeur.

Des différences importantes séparent les actions *rei persecutoriæ* des actions pénales, ou *pœnæ persecutoriæ;* quelles règles devrons-nous appliquer à l'action Aquilienne ? La difficulté vient de ce qu'elle participe des deux classes, puisque le mode d'estimation que devra suivre le juge aura pour résultat d'accorder, d'abord, une indemnité, ensuite une peine.

Les observations que nous avons présentées jusqu'ici nous amèneraient logiquement à la distinction suivante : en tant que l'action aboutit à la réparation du préjudice causé au demandeur, elle est *rei persecutoriæ;* par suite, nous devrions appliquer, à cette première partie de la condamnation, les règles que suivent ces sortes d'actions : en tant, au contraire, que le demandeur obtient plus que le préjudice causé, l'action est pénale, le résultat de la condamnation constitue une *pœna ex utraque parte,* par rapport à la fois au demandeur et au défendeur, et, par suite, les règles des actions pénales deviendraient applicables. Cette distinction, que l'analyse logique déduit du résultat de l'action Aquilienne, est-elle conforme à la legislation romaine ? Nous pensons qu'il serait difficile de donner une réponse d'une exactitude absolue. Si, d'ailleurs, il importait de donner une réponse générale sur la question que nous venons de poser, nous dirions que la législation romaine n'a point, quant aux effets de l'action de la loi Aquilia, fait la distinction que la logique pouvait conduire à faire; elle l'a prise en bloc et lui a attribué, dans la plupart des cas, les effets des actions pénales proprement dites.

Au reste, comme il importe de préciser le vague de cette réponse, nous examinerons successivement le caractère noxal de l'action Aquilienne, sa transmissibilité active et passive, le concours de cette action avec les actions soit *rei persecutoriæ*, soit pénales. Comme ce sont là les trois caractères distinctifs qui séparent les actions *rei persecutoriæ* des actions pénales, nous aurons donné une réponse précise à la question ci-dessus, ce que nous n'avions pu faire dans une formule générale.

Nous avons déjà dit que le concours des actions ferait l'objet de la seconde section de ce chapitre; nous rechercherons, dans notre prochain chapitre, à qui et contre qui est donnée l'action Aquilienne, ce qui nous fournira l'occasion d'étudier sa transmissibilité active et passive et son caractère noxal.

SECTION II.

CONCOURS DE L'ACTION DE LA LOI AQUILIA AVEC D'AUTRES ACTIONS.

Maintenant que nous connaissons les droits du demandeur qui intente l'action Aquilienne, nous devons nous demander si ces droits seront augmentés lorsqu'il se trouvera en présence de deux ou plusieurs actions qui tendront soit à l'indemniser, soit à lui faire obtenir une *pœna* du défendeur. Pourra-t-il les invoquer toutes successivement, ou aura-t-il un simple choix à faire entre ces différentes actions? Pourra-t-il, après avoir usé d'une première action, en invoquer une seconde en faisant déduction de la condamnation déjà obtenue?

Telles sont les trois questions qui se présentent à l'esprit, quand on étudie cette question, que l'on appelle quelquefois la question du concours des actions.

Nous allons examiner successivement ces questions dans trois paragraphes, comme nous l'avons dit au commencement du chapitre; mais nous faisons remarquer, tout d'abord, qu'il ne faut pas perdre de vue le but de notre action, auquel nous aurons si souvent à faire allusion, à savoir : la réparation d'un préjudice causé, avec certaines considérations de temps, qui permettront au juge de dépasser dans sa condamnation le préjudice éprouvé.

§ I. — Concours de l'action Aquilienne avec des actions *rei persecutoriæ*.

Il arrivera souvent que le défendeur soit exposé, non seulement à l'action de la loi Aquilia, mais aussi, en même temps, à une action *rei persecutoria* dérivant d'un contrat qui le lie au défendeur. Tel sera, par exemple, le cas où un dépositaire aura détruit volontairement la chose qui lui avait été confiée. De cet acte coupable naîtront deux actions : l'une, *rei persecutoria*, aura pour but de faire obtenir au défendeur le *quanti id interest*, apprécié d'une manière invariable au moment de la *litiscontestatio ;* c'est, dans notre exemple, l'action directe de dépôt ; la seconde sera celle qui tendra à lui faire obtenir une somme, calculée suivant les divers taux fixés par la loi Aquilia. Ces deux actions, le déposant pourra les exercer ; mais pourra-t-il le faire simultanément ? Après avoir exercé l'une, pourra-t-il encore exercer l'autre ? Nous distinguerons. Le déposant a-t-il exercé d'abord l'action qui doit aboutir à la condamnation la plus forte, il ne peut rien réclamer, car il a obtenu tout ce à quoi il pouvait avoir droit, tout ce que, dans tous les cas, il eût été juste de lui accorder. A-t-il, au contraire, commencé par exercer celle dont le montant de la condamnation est plus faible, il pourra recourir à l'autre pour obtenir la différence entre les deux condamnations, *quod amplius in altera competit*. Et cette solution est irréprochable, car, d'un côté, il peut se faire que la faculté qu'a eue le demandeur d'exercer les actions lui donne le droit de réclamer plusieurs fois la réparation du préjudice qu'il a dû supporter, et, de l'autre, on ne doit pas le faire souffrir de la précipitation ou du peu de jugement qu'il a montré dans le choix de l'action qu'il a exercée tout d'abord. La chose déposée avait-elle diminué de valeur dans les trente jours qui ont précédé le délit, c'est la plus haute valeur qu'elle a pu atteindre pendant cet espace de temps que le demandeur pourra réclamer et devra obtenir par l'action Aquilienne ; dans le cas contraire, c'est-à-dire si les deux actions devaient donner la même condamnation, le choix qu'il aura fait d'une action lui fera perdre le droit d'exercer l'autre.

Mais non seulement cette théorie est absolument conforme à l'équité, elle est aussi consacrée par de nombreux textes.

C'est ainsi que la loi 18, Dig., *hoc tit.*, nous dit que si un créancier blesse ou tue un esclave qu'il a reçu en gage, il sera soumis à l'action *legis Aquiliæ* et à l'action *pigneratitia*. Mais le demandeur devra opter entre les deux actions et se contenter d'une seule. Cette loi suppose ce premier cas où les deux actions doivent conduire à deux condamnations absolument identiques.

D'autres textes supposent que l'une des actions doit donner une condamnation supérieure à celle de l'autre ; nous y trouverons encore la consécration de nos principes. Si le demandeur a déjà exercé l'action du contrat, l'action Aquilienne peut encore lui être donnée pour le tout, mais ne produira son effet que déduction faite du *quantum* de la première condamnation.

Nous nous contenterons de citer, comme venant à l'appui de notre thèse, les lois 47, § 1; 48, 49, 50, *Pro socio;* la loi 18, § 1, *Commodati;* la loi 9, *Arborum furtim cæsarum;* la loi 7, § 1, *Commodati,* au Digeste.

§ II.— Concours de l'action Aquilienne avec des actions pénales privées.

On conçoit facilement que l'auteur du *damnum injuria datum* puisse se trouver dans une situation telle, qu'il puisse être poursuivi, non seulement par l'action Aquilienne, mais aussi par des actions purement pénales privées. Nous aurons des exemples de cette situation si nous supposons qu'un fait renferme plusieurs délits, ce qui arrivera le plus souvent lorsqu'un de ces délits a été le mobile d'un ou de plusieurs autres. Quelqu'un maltraite un esclave au point d'occasionner sa mort, avec l'intention d'insulter le maître; dans ce cas, il y aura deux délits, une injure et un dommage prévu par la loi Aquilia. Le préjudice souffert par le maître provient d'un seul fait : doit-on en conclure que la réparation sera unique, que le propriétaire ne pourra user que d'une des actions *injuriarum* ou *legis Aquiliæ* nées à son profit, ou pourra-t-il les exercer l'une et l'autre?

Pour répondre à cette question, nous allons établir, tout d'abord, les principes du droit romain en matière de concours d'actions pénales, puis nous ferons l'application de ces principes à notre action Aquilienne.

La question du concours des actions pénales avait, dès le principe, éveillé l'attention des jurisconsultes romains, et ils avaient formulé diverses solutions. Les trois principales sont relatées, au Digeste, au titre *De oblig. et actionibus.*

Modestin (L. 53, pr., Dig., 44, 7) repousse absolument l'admission simultanée de plusieurs actions; dès qu'on a exercé l'une, on ne peut plus exercer les autres : « *Plura delicta in una re admittunt actiones; sed non posse omnibus uti probatum est : nam si ex una obligatione plures nascuntur actiones, una tantummodo, non omnibus utendum est.* »

Paul, faisant un premier pas vers la solution que nous allons voir triompher, admet un concours partiel. Sa solution est celle que nous avons admise en cas de concours de l'action Aquilienne avec une action *rei persecutoria :* on pourra bien exercer deux actions successivement, mais la plus forte ne pourra donner lieu à une condamnation que pour l'excédant, « *quod amplius.* » Dans la loi 34, pr., au Digeste (11, 7), ce jurisconsulte prend précisément comme exemple le cas que nous avons prévu au commencement de cette section, où l'on a blessé un esclave, avec l'intention d'injurier son maître. Il constate que ce fait donne naissance à l'action d'injures et à l'action de la loi Aquilia, puis continue en disant : « Certains jurisconsultes pensent que le choix de l'une emporte la perte de l'autre (nous venons de voir que c'était l'avis de Modestin) ; d'autres pensent que l'action de la loi Aquilia absorbe l'action d'injures, parce qu'il n'est pas équitable de condamner une seconde fois celui qui a déjà fourni la réparation du dommage ; mais ils ajoutent que si c'est l'action d'injures qui a été intentée la première, on pourra encore agir par l'action Aquilienne : cette solution ne saurait être admise qu'à la condition que le préteur ait soin de n'accorder l'action Aquilienne que pour le « *amplius* ». Aussi vaut-il mieux décider que la victime du *damnum* aura l'option entre les deux actions, et qu'après avoir exercé l'une, elle ne pourra obtenir de l'autre que le « *amplius* ».

Dans d'autres textes. Paul applique encore sa théorie ; ainsi, dans la loi 1, Dig., *Arborum furtim cæsarum*, il suppose que l'on puisse actionner le délinquant par l'action Aquilienne et l'action qui dérive de la loi des Douze-Tables, et décide que l'on pourra exercer successivement les deux actions, mais de façon que l'on n'obtienne, par la seconde, qu'une condamnation diminuée de la condamnation qu'a fait obtenir la première action : « *Ita utramque dandam, ut judex in posteriore deducat id quod ex prima consecutus sit, et reliquo condemnet.* »

Nous avons cité cette loi à cause de sa clarté ; nous trouverions la même solution dans bien d'autres textes, dans l'examen desquels nous ne voulons pas entrer ; notons simplement encore la loi 1, § 1, Dig , *De vi bonorum raptorum et de turba.*

Ces solutions de Modestin et de Paul, bien que relatées au Digeste, n'ont pas prévalu. Ce fut celle de Papinien et d'Ulpien, qui disaient , dans les lois 60, Dig., *De oblig. et actionibus*, et 130 , Dig., *De regulis juris* : « *Nunquam pœnales actiones de eadem re concurrentes alia aliam consumit,* » qui fut adoptée en dernier lieu, « *post magnas varietates* (1). » Justinien l'a faite sienne en l'inscrivant à la fin du § 1, aux Instututes, liv. IV, tit. IX. Ainsi,

---

(1) L. 32, Dig., *De oblig. et actionibus.*

deux actions pénales naissant d'un même fait ne s'éteignent pas l'une l'autre, et le demandeur, après avoir invoqué la première, peut invoquer la seconde dans son intégralité.

Notons avec soin que le texte des Institutes, en reproduisant les termes de la loi 130, *De reg. juris,* y ajoute un mot : il parle des actions « *præsertim pœnales* », et semble ainsi comprendre dans cette règle certaines actions qui n'ont pas un caractère absolument pénal. Justinien, à notre avis, a peut-être bien pu viser précisément ces actions, qui, comme la loi Aquilia, sont *rei persecutoriæ ex parte actoris.*

Quoi qu'il en soit, du reste, il est certain que le principe du cumul des actions pénales s'appliquait à l'action Aquilienne, malgré les doutes qu'aurait pu faire naître son caractère d'action mixte.

Des textes probants nous en fournissent la preuve. C'est ainsi que la loi 2, Dig., *De privatis delictis,* qui est d'Ulpien, l'auteur du système du cumul, après avoir posé le principe : « *Nunquam plura delicta concurrentia faciunt, ut illius impunitas detur ; neque enim delictum ob aliud delictum minuit pœnam,* » en fait l'application dans les paragraphes suivants, dans lesquels nous voyons la victime du délit, cumuler l'action de la loi Aquilia et l'action *furti* (§ 1), l'action *furti* et l'action *bonorum vi raptorum* (§ 2), et même les trois actions *furti, injuriarum* et *legis Aquiliæ* (§ 4).

Nous pouvons citer encore la loi 15, § 46, Dig., *De injuriis,* qui pose la règle du concours de l'action Aquilienne avec l'action *injuriarum.* On exercera les deux actions, et chacune d'elles fera obtenir une condamnation que l'autre aura déjà pu faire obtenir, et Ulpien donne la raison : « *Si quis servo verberato injuriarum egerit, deinde postea damni injuriæ agat : Labeo scribit eamdem rem non esse, quia altera actio ad damnum pertineret culpa datum, altera ad contumeliam.* »

Cette sévérité de la loi romaine, que nous trouverions excessive de nos jours, s'explique par ce fait que les Romains comptaient beaucoup sur les peines privées pour la répression des délits, car l'action publique n'existait que dans les *quæstiones perpetuæ,* et bien souvent les citoyens hésitaient à porter une accusation contre d'autres citoyens, à cause des dangers qu'ils pouvaient courir s'ils ne justifiaient pas cette accusation.

Faisons remarquer, du reste, que le cumul complet ne peut s'appliquer qu'à la peine contenue dans chacune des actions, et non à l'indemnité qu'elles peuvent aussi contenir toutes les deux.

Nous avons dit que les jurisconsultes romains avaient eu des

— 42 —

opinions bien tranchées sur la question du concours des actions pénales, et nous sommes d'accord en cela avec la grande majorité des jurisconsultes (1).

Cependant des auteurs ont imaginé des systèmes qui cherchent à concilier les différents textes, inconciliables suivant nous, et arrivent à cette conclusion, que les jurisconsultes romains n'étaient pas aussi divisés que nous l'avons dit.

C'est ainsi que Pothier, se refusant à voir dans les textes plusieurs systèmes successifs, était arrivé à cette distinction : ou bien les actions pénales dérivaient d'un même fait, et alors il admettait la règle que l'une des deux actions devait nécessairement se déduire de l'autre, c'était le système de Paul ; ou bien les actions pénales dérivaient de faits délictueux multiples, et alors il admettait le système d'Ulpien, c'est-à-dire le cumul.

Ce système ne nous semble pas sérieusement soutenable ; les textes que nous avons cités, et sur lesquels nous ne reviendrons pas, répugnent complètement à cette distinction de Pothier, dont le système n'a pas, du reste, de beaucoup survécu à son auteur.

§ III. — Concours de l'action Aquilienne avec une action pénale publique.

Certains faits, en lésant des intérêts privés, peuvent aussi porter atteinte à l'ordre public. Il peut se faire que l'agent du délit ait montré une perversion qui met la société en danger. Ce n'est plus ici seulement l'idée de *damnum* que nous rencontrons, le fait revêt un caractère de criminalité plus grande. Supposons qu'un esclave ait été tué, non pas par imprudence, ce qui eût donné seulement ouverture à l'action de la loi Aquilia, mais dans des circonstances telles qu'on se trouve en présence de ce que nous appelons le crime de meurtre : alors la loi Aquilia sera-t-elle suffisante pour la répression de ce fait ? Assurément non.

Aussi, à côté du système des réparations et des peines privées, la loi romaine avait organisé le système des *judicia publica*, qui faisaient infliger au coupable une peine publique qui tournait au profit de la société. D'abord, le peuple avait administré la justice criminelle dans les comices, puis il avait délégué ses pouvoirs, et chaque *lex* organisait un mode de procédure et de jugement, déterminait la nature du fait et fixait la peine. C'étaient les *quæstiones perpetuæ* instituées pour les

(1) Pellat, *De la propriété*, pages 165 et 166. — De Savigny, *Traité de droit romain*, t. V, § 134.

crimes ordinaires, et ayant entre elles un grand nombre de dispositions communes.

Toute personne pouvait, à Rome, intenter l'action publique.

La question qui se pose est alors celle-ci : supposons le meurtre d'un esclave dans les conditions que nous venons d'indiquer : le maître pourra-t-il exercer, à la fois, et l'action de la loi Aquilia et l'action publique ? Nous répondons qu'il le pourra. La loi Cornélia, *De sicariis*, punissait le meurtre d'une peine publique. C'est en vertu de cette loi que le maître, après avoir intenté l'action de la loi Aquilia, poursuivra le coupable ; car, nous avons déjà eu occasion de le dire, non seulement le meurtre d'un homme libre, mais aussi celui d'un esclave, donnait naissance à une action publique. Ces deux actions ne s'excluent pas, au contraire ; l'accusation publique est destinée à venir corriger ce qu'a de trop doux la peine privée que poursuit la loi Aquilia. Des textes ont spécialement prévu ce cas de concours (1). Gaïus (III, n° 213) semble dire que le demandeur doit, dans tous les cas, se borner à choisir ; mais d'autres textes, et entre autres la loi 23, § 9, *Ad legem Aquiliam*, accordent l'action publique, même après que la loi Aquilia a été intentée. Cette dernière interprétation nous paraît plus juste, nous dirons même qu'elle s'impose, car toute autre personne que le maître pourrait intenter l'action publique, après que ce dernier aurait intenté l'action Aquilienne, et nous ne voyons pas pourquoi il ne pourrait pas le faire lui-même.

D'un autre côté, si l'action publique a été intentée la première, par un étranger, ou même par le maître, nous ne voyons pas pourquoi ce dernier ne pourrait pas encore intenter l'action Aquilienne, puisque ces deux actions aboutissent à des condamnations absolument différentes, et n'ont pas du tout le même but.

CHAPITRE V.

À QUI ET CONTRE QUI EST DONNÉE L'ACTION DE LA LOI AQUILIA.

Nous diviserons ce chapitre en deux sections :

I. À qui compète l'action de la loi Aquilia ;
II. Contre qui est donnée l'action de la loi Aquilia.

(1) L. 3, Code, 3, 35.

Cette seconde section sera elle-même divisée en trois paragraphes :

1° Cas où l'auteur ou les auteurs du délit sont encore vivants ;

2° Cas où l'auteur ou les auteurs du délit sont morts ;

3° Cas où le délit a été commis par des personnes *alieni juris*, et caractère noxal de la loi Aquilia.

SECTION I.

A QUI COMPÈTE L'ACTION DE LA LOI AQUILIA.

En principe, c'est au propriétaire qu'appartient l'action de la loi Aquilia : « *Legis Aquiliæ actio hero competit, hoc est domino* (1) ; » et il est indifférent qu'il détienne ou non la chose. Ainsi, il pourrait intenter l'action contre celui qui aurait blessé un de ses esclaves qui était en fuite.

Lorsque le délit porte sur les biens d'un captif, quoique véritablement il n'en ait pas été le maître pendant sa captivité, cependant il pourra exercer l'action Aquilienne, à son retour, en application des principes relatifs au *postliminium*.

De ce que nous venons de dire il résulte que la loi Aquilia ne peut s'appliquer aux dommages faits à des choses qui n'ont pas de maître, par exemple aux tombeaux ; mais cependant le profanateur ne restera pas impuni, car le préteur accordera contre lui, non seulement au propriétaire, mais à tous ceux qui ont intérêt à la conservation du monument funebre, l'interdit *quod vi aut clam*.

Les Romains appliquaient avec une très grande rigueur cette règle, que l'action n'était donnée qu'au propriétaire, et ils en faisaient cette application bizarre : l'action directe de la loi Aquilia ne sera pas donnée à l'homme libre qui a été blessé, pour faire réparer le dommage dont il est victime, car nul n'est réputé avoir le *dominium membrorum*. Nous verrons que le préteur a apporté remède à cette situation de l'homme libre, qui a à se plaindre d'une blessure qui lui a été faite à lui-même.

En droit romain, les successions vacantes n'étaient pas considérées comme n'ayant pas de maître : l'hérédité, à l'aide d'une fiction, avait une personnalité, et si un des objets de la succession était détruit ou détérioré, l'hérédité acquérait l'action

(1) L. 11, § 6, Dig., *hoc tit.*

Aquilienne pour faire réparer ce dommage; seulement, l'exercice de cette action était suspendu, jusqu'à ce que la succession eût un représentant par l'adition d'hérédité (1).

La question suivante a donné lieu à des difficultés, qui ont été levées par la découverte du manuscrit de Gaïus (2) : Lorsqu'un esclave qui a été légué *per vindicationem* est tué, l'action contre son meurtrier appartient-elle au légataire ou à l'héritier ?

Si l'esclave est tué après l'acceptation du legs, elle appartiendra au légataire ; si, au contraire, le légataire n'accepte le legs qu'après la mort de l'esclave, son acceptation se trouve nulle, faute de cause, et l'action appartient à l'héritier ; ou, s'il y avait un colégataire, à ce dernier, s'il a fait acceptation en temps utile. Le legs, en effet, ne devient la propriété du légataire que par l'acceptation de ce dernier.

Les anciens commentateurs n'attachaient, à tort, aucune importance au fait de l'acceptation du legs, et se refusaient à accepter comme exact le texte de la loi 13 *in fine*, Dig., *hoc tit.* : « *Si non post mortem servi agnovit legatum.* » Ils essayaient de remplacer *non* par *modo*. Ce ne fut que lorsqu'on connut la célèbre dispute des Sabiniens et des Proculéiens sur la question de savoir à quel moment précis le legataire *per vindicationem* acquérait la propriété de l'objet légué, tranchée en faveur de ces derniers par une constitution d'Antonin, qu'on put comprendre ce que la négation signifiait.

Ajoutons que le légataire aura l'action *ex testamento* contre l'héritier, si celui-ci est l'auteur du fait (3).

Si la chose détruite ou endommagée appartenait à plusieurs maîtres, chacun d'eux exercera l'action Aquilienne, proportionnellement à l'étendue de son droit de propriété.

Nous n'avons rien à ajouter, pour le moment, comme reponse à notre question : « Qui peut exercer l'action Aquilienne? »

Telle était la situation sous l'empire de la loi Aquilia ; mais nous verrons, dans le chapitre suivant, en étudiant les extensions données par le préteur à l'ancien droit civil, que l'action Aquilienne fut accordée, sous le nom d'action utile, à d'autres personnes, auxquelles la rigueur des anciens principes l'avait fait refuser.

Nous pouvons cependant, dès à présent, constater que jamais l'action Aquilienne n'a été accordée à celui qui n'avait d'autre titre que celui de créancier.

(1) L. 13, § 2, et L. 31, Dig., *hoc tit.* — (2) Gaius, *Comm.*, II, 195. — (3) L. 14, Dig., *hoc tit.*

Cette solution parait choquante au premier abord, et il semble qu'elle ne soit guère conforme à l'équité.

Si je suis créancier d'une chose qui est détruite, ou gravement endommagée par le fait d'un tiers, n'est-il pas juste que ce soit à moi, qui vais souffrir du préjudice, que l'action en réparation soit accordée, plutôt qu'au débiteur, qui sera quitte vis-à-vis de moi en me donnant la chose dans l'état où elle se trouve? N'est-ce pas renverser les rôles que d'attribuer une indemnité à un débiteur, libéré par une perte fortuite, qui va s'enrichir, tandis que le créancier lésé n'aura pas le moyen d'agir contre le délinquant? Les Romains avaient bien compris qu'il y aurait là une iniquité; aussi ils ont cherché à corriger cette situation. Comment y sont-ils arrivés? Pour répondre à cette question, nous devons examiner séparément deux hypothèses, suivant que les parties sont liées par un contrat engendrant une action de bonne foi, ou un contrat engendrant une action de droit strict.

Le contrat donne naissance à une action de bonne foi.

Supposons que, dans une vente, la livraison n'a point encore été faite : c'est le vendeur qui est encore propriétaire, et l'acheteur n'est que créancier. En cette situation, la chose vendue est détruite par un tiers, qui se rend passible du délit de la loi Aquilia : nous admettons que le vendeur est exempt de dol ou de fraude ; l'acheteur n'en doit pas moins payer le prix, et cependant les principes ne lui permettent pas d'intenter l'action Aquilienne, puisqu'il n'est pas propriétaire de la chose, et ne peut même pas le devenir, puisqu'elle est détruite. On arrivera cependant, par un moyen indirect, à l'indemniser de la perte qu'il subit.

L'action *empti* étant une action de bonne foi, et, par conséquent, le juge ayant dans sa sentence la plus grande latitude pour apprécier les circonstances du fait et rendre un jugement conforme à l'équité, l'acheteur, agissant par cette action, se fera céder par le vendeur l'action de la loi Aquilia. L'équité se trouvera ainsi respectée, et on arrivera à une solution conforme au vœu des parties. En effet, s'il est juste que l'action en indemnité de la chose vendue soit acquise à l'acheteur, il serait inique que le vendeur en fût dépouillé avant que l'acheteur n'eût, de son côté, acquitté son obligation, c'est-à-dire payé son prix. Nous rencontrons cette décision notamment aux Instituts (1), qui s'expriment ainsi : « *Utique tamen vindicationem rei et con-*

dictionem exhibere debebit emptori ; quia sane qui nundum rem emptori tradidit, adhuc rei dominus est. Idem etiam est de furti et de damni injuriæ actione. »

Le contrat donne naissance à une action de droit strict.

Nous nous trouvons, ici, en présence d'une action qui ne permet pas au juge de comprendre dans la dette du débiteur la cession de l'action Aquilienne. Le debiteur ne doit absolument que ce qu'il a promis, et le juge devra l'absoudre s'il remet au creancier l'objet dû, dans l'état où il se trouve, quand bien même il serait très détérioré.

On arrivait à corriger en partie cette situation, dans certains cas, en donnant au creancier lésé l'action de dol contre l'auteur du dommage. Ce procede nous est indiqué par la loi 18, § 5, au Digeste, *De dolo malo : « Si servum quem tu mihi promiseris, alius occiderit, de dolo malo actionem in eum dandam plurique recte putant : quia tu a me liberatus sis ; ideoque legis Aquiliæ actio tibi denegabitur. »*

Mais nous avons dit qu'il n'y avait là qu'une correction partielle de l'injustice, car l'estimation particulière à l'action Aquilienne n'était pas applicable à l'action de dol ; et que cette correction pouvait avoir lieu dans tous les cas, car l'action prétorienne de dol suppose que celui contre qui elle est intentée a use de manœuvres ou machinations frauduleuses. tandis que l'action Aquilienne n'exige même pas l'intention coupable, et des lors on voit que l'action de dol ne pourra pas être exercée dans bien des cas où l'on aurait dû pouvoir exercer l'action Aquilienne.

Donc, en résumé , l'action Aquilienne appartenait au seul propriétaire ; les droits du public se trouvaient indirectement respectés dans les actions de bonne foi, mais pouvaient se trouver compromis par les principes rigoureux qui régissaient les actions de droit strict.

SECTION II.

CONTRE QUI EST DONNÉE L'ACTION DE LA LOI AQUILIA ?

Nous avons dejà dit que l'action Aquilienne tantôt avait un caractère penal « *ex utraque parte* », tantôt n'avait ce caractère que « *ex parte rei* ». C'est surtout dans cette section que nous

(1) Inst., L. 3, tit. xxiii, § 3.

allons la voir prendre, en quelque sorte, un caractère seulement pénal.

Comme nous l'avons annoncé, nous allons étudier notre
question sous trois paragraphes distincts.

§ I. — Cas où l'auteur ou les auteurs sont encore vivants.

Il n'y a pas de difficulté s'il n'y a qu'un seul délinquant : on
exercera contre lui l'action Aquilienne, avec toutes les conséquences de son estimation. Remarquons cependant que, à l'inverse de ce qui se passe ordinairement en matière d'actions
pénales, l'action Aquilienne est donnée à l'un des époux contre
l'autre; ceci est formellement écrit dans les lois 27, § 30, et 51
Dig., *hoc tit.*

Nous avons déjà dit que l'âge, ou les circonstances dans lesquelles le délit s'était produit, pouvaient mettre certains delinquants à l'abri des poursuites; nous ne reviendrons pas sur cette
question, et passons immédiatement au cas où il y a eu plusieurs co-auteurs du délit.

Nous trouvons ici une exception singulière aux principes :
en pareil cas, l'action Aquilienne est donnée, pour le tout, contre
chacun des délinquants; la victime du *damnum* se fera attribuer
le profit de la condamnation, autant de fois qu'il y aura eu de
co-auteurs du dommage. Cette décision est formellement exprimée dans la loi 11, § 2, *in fine*, à notre titre, où nous lisons :
« *Nam ex lege Aquilia, quod alius præstitit, alium non relevat, cum
sit pœna.* » Et cette règle est appliquée dans les §§ 3 et 4 de
cette même loi, qui est d'Ulpien. Julien confirme cette règle
dans la loi 51, § 1, toujours à notre titre : « *Cum a pluribus idem
servus ita vulneratus esset ut non appareret cujus ictu periisset,
omnes lege Aquilia teneri veteres judicaverunt.* »

Nous avons dit qu'il y avait là une dérogation aux principes
habituels, nous devons le montrer.

Supposons un fait unique, constituant un seul délit, mais ce
délit a été commis par plusieurs delinquants : on décidait
alors que l'action pénale bilatérale simple était acquise à la victime contre chacun des co-auteurs du fait delictueux; de telle
sorte que chacun d'eux était contraint au paiement de la *pœna*
aussi strictement que s'il eût été l'unique auteur du délit. Quant
à l'action *rei persecutoria*, la satisfaction une fois acquise, le
préjudice une fois réparé, le demandeur indemnisé ne pouvait
plus agir. Ces principes sont appliqués à l'action *furti* et à la

condictio furtiva, dans une constitution des empereurs Dioclétien et Maximin (1), qui fait bien ressortir cette différence entre les deux sortes d'actions : « *Præses provinciæ, scius furti quidem actione singulos quosque in solidum teneri, condictionis vero nummorum furtim substractorum electionem esse; ac tum demum, si ab uno satisdatum fuerit, cæteros liberari, jure proferre sententiam curabit.* »

Supposons que de ce délit unique, imputable à plusieurs délinquants, dérive une action pénale unilatérale, ou *pœnæ persecutoria ex parte rei*, la règle change. La victime du délit pourra bien s'adresser à l'un quelconque des co-auteurs du délit, mais, comme son action tend à la repartition du préjudice subi, le paiement fait par l'un libérera les autres : « *Si plures dolo fecerint, et unus restituerit, omnes liberantur; quod si unus quanti ea res est præstiterit, puto adhuc cæteros liberari (2).* »

Nous savons maintenant quels sont les principes : si nous les appliquons à notre action, nous savons qu'elle peut se produire tantôt comme action pénale bilatérale composée, comprenant pour le demandeur une indemnité et une peine; tantôt comme action pénale unilatérale, comprenant pour le demandeur une simple indemnité. Or, d'après les solutions que nous avons relevées précédemment dans la loi 11, § 2, nous arrivons à ce résultat, que donne la première hypothèse : la solution des textes est trop générale, puisque le cumul ne devrait être autorisé que pour la partie de la condamnation correspondant à une peine. Dans l'autre hypothèse, la solution que donnent les textes semble encore moins satisfaisante, puisque, prenant alors le caractère d'une action *rei persecutoria*, la condamnation ne devrait jamais pouvoir dépasser le montant du préjudice subi.

La solution de la loi 11 est donc, dans les deux cas, en désaccord avec les principes, puisque, indépendamment de la peine, elle permet au demandeur de multiplier l'indemnité qui lui est accordée par le nombre des délinquants.

M. de Savigny a cherché à expliquer cette dérogation aux principes : « La loi permet à la partie lésée de poursuivre chacun des coupables, comme si l'acte n'avait pas été commis actuellement, mais à une époque quelconque de la dernière année. Cette fiction une fois admise, on arrive, pour chacun des coupables, à un moment où les autres n'agissaient pas de

---

(1) L. 1, Code, 4, 8, *De condictione furtiva.* — (2) L. 17, pr., Dig., *De dolo malo.*

concert avec lui ; c'est pourquoi il doit payer la totalité du dommage (1). »

Cette explication, si ingénieuse qu'elle soit, ne nous semble pas concluante. La règle particulière à la loi Aquilia, qui permet de se reporter à une certaine époque antérieure au *damnum*, a en réalité pour résultat de constituer une peine pour le défendeur ; or, ce n'est point la multiplication de la *pœna* par le nombre de délinquants qui constitue la dérogation aux principes, elle n'en est que l'application.

Ce qui constitue la dérogation aux principes, c'est la multiplication de l'indemnité, c'est-à-dire de la reparation du préjudice causé, par le nombre des délinquants ; or, la réparation d'un préjudice, c'est le *quanti res est*, l'intérêt qu'a le demandeur à ne pas voir sa chose détruite ou endommagée ; cette réparation une fois obtenue, on ne comprend guère qu'on la puisse obtenir une seconde fois, sous peine de dire que ce n'est plus une indemnité, mais bien une peine.

§ II. — Cas où l'auteur ou les auteurs du délit sont morts.

Si le décès a eu lieu après la *litis contestatio*, l'action devient contractuelle, de pénale qu'elle était : « *judiciis quasi contrahimus,*» et, par conséquent, la poursuite est continuée contre les héritiers ; en effet, « *omnes pœnales actiones post litem inchoatam et ad heredes transeunt* (2). »

Mais si le décès a eu lieu avant la *litis contestatio*, les héritiers de l'auteur ou des auteurs du délit sont affranchis de toute obligation vis-à-vis du demandeur. Ils ne sont tenus que dans la mesure de leur enrichissement, si le délit en avait causé un au délinquant dont ils ont hérité ; mais cet enrichissement sera bien rare. Quoi qu'il en soit, cette règle est ainsi formulée par Ulpien : « *In heredem vel cæteros hæc actio non dabitur, cum sit pœnalis ; nisi forte ex damno locupletior heres factus sit* (3).»

Cette solution, qui est absolument juste en matière d'actions pénales bilatérales, car on ne comprendrait pas qu'un législateur fît retomber, sur des personnes qui y sont étrangères, les conséquences purement pénales d'un délit (4), est loin d'être aussi juste si nous l'appliquons aux actions qui, comme la loi

(1) De Savigny, t. V, § 134. — (2) Ulpien, L. 26, Dig., 44, 7. — (3) L. 23, § 8, Dig., *hoc tit.*— (4) Gaius, *Comm.*, IV, § 112.

Aquilia, ont, avant tout, pour but, de la part du demandeur, la recherche d'une somme d'argent qui doit l'indemniser de la perte qu'il a éprouvée.

Notre action est toujours, et avant tout, *rei persecutoria ex parte actoris*, et le caractère pénal qu'elle revêtira souvent n'en est pas moins accidentel ; le demandeur y recherchera une indemnité avant d'y rechercher une *pœna*, qui doit non plus seulement l'indemniser, mais encore l'enrichir.

En présence de cette situation, il eût été logique de dédoubler en quelque sorte les effets de l'action Aquilienne ; les héritiers du defendeur seraient restés dans l'obligation d'indemniser le demandeur, mais non de supporter les conséquences purement penales de l'action.

Telle n'a pas été la décision du législateur, et il semble difficile de le justifier, particulièrement en ce qui concerne l'action Aquilienne. On arrive en effet à ce résultat, que la partie lésée ne peut obtenir la réparation d'un préjudice auquel elle n'a pu se soustraire, tandis que les héritiers du délinquant sont dégagés de toute contribution à la réparation de ce préjudice, dont leur auteur était seul responsable, et dont ils ont recueilli peut-être une riche hérédité.

Le législateur romain a eu tort, suivant nous, de confondre ces deux choses, qui sont absolument distinctes, l'indemnité et la peine. Il avait pourtant evité cette confusion en matière de vol ; la *condictio furtiva* pouvait être intentée contre les héritiers du voleur, tandis que l'action *furti* restait personnelle au voleur ; il est regrettable que cette idée n'ait pas été appliquée à notre loi Aquilia.

§ III. — Cas où le délit a été commis par des personnes *alieni juris*, et caractère noxal de la loi Aquilia.

De tout temps on reconnut à Rome que l'ordre public exigeait que l'on pût agir en indemnité contre le père de famille, en réparation du préjudice causé par une personne *alieni juris* qu'il avait sous sa puissance. Seulement. le père de famille avait un moyen de se dérober à la réparation du dommage, en abandonnant au demandeur l'auteur du fait delictueux. Cette faculté d'abandon noxal n'était que l'application d'une idée generale, que les anciens Romains considéraient comme essentielle à la propriété : ils n'admettaient pas que le propriétaire pût éprouver de force, à l'occasion des choses qui lui appartenaient, un préjudice supérieur à la valeur de ces choses elles-mêmes.

Aussi l'abandon noxal s'appliquait-il, dans le principe, aux fils de famille, aux esclaves, aux animaux, aux objets inanimés.

Sous l'influence des idées chrétiennes, l'abandon noxal disparut d'abord, pour les filles, sous Constantin, et même pour les fils sous Justinien.

Nous n'avons donc plus à nous occuper que du cas où c'est un esclave qui a commis un dommage.

L'esclave qui commet un délit est obligé de le réparer; mais quel sera le moyen de réparation que poursuivra la victime du *damnum*, dans ce cas? Elle agira *noxaliter*, par l'action de la loi Aquilia; en d'autres termes, elle mettra le maître actuel de l'esclave dans cette alternative : ou de l'indemniser, *litis œstimationem solvere*, suivant le procédé d'estimation propre à notre loi; ou de lui abandonner en pleine propriété l'esclave délinquant. Pour arriver à ce résultat, on insérera dans la formule la restriction : « *Nisi ob noxali causa servum dedat,* » ou bien : « *aut noxæ dedere condemna.* »

D'après les Institutes, si l'esclave *noxæ deditus* parvient à désintéresser son nouveau maître en réparant le dommage causé par son délit, il pourra exiger sa liberté. Un tel résultat serait directement contraire aux plus incontestables principes de la *dominica potestas*, et nul autre texte ne le signale.

L'humanité de Justinien innove sans doute, pour étendre aux esclaves une faveur (*auxilium prætoris*) que l'ancien droit réservait aux fils de famille frappés de l'abandon noxal (1).

Nous devons faire remarquer qu'il y aura des cas où l'action sera donnée, non plus *noxaliter*, mais bien directement contre le maître de l'esclave, si c'est le maître qui a donné l'ordre de commettre le délit; et cela en vertu de cette règle générale de Paul : « *Is damnum dat qui jubet dare : ejus vero nulla culpa sit cui parere necesse sit* (2). »

Bien plus, pour que le maître soit directement responsable, il ne sera même pas nécessaire qu'il ait donné l'ordre à son esclave d'accomplir un fait; il suffira qu'il ait simplement toléré l'exécution de l'acte nuisible à autrui : « *Quotiens sciente domino*

---

(1) Inst. de Just., § 3, liv. VI., tit. VIII.—*Collatio legum Mosaicarum*, II, c. III. — (2) L. 169, Dig., *De regulis juris.*

servus vulnerat vel occidit, Aquilia dominus teneri non dubium est (1).»
— « *Scientiam hoc pro patientia accipimus, ut qui prohibere potuit teneatur, si non fecerit* (2). »

On rendait même le maître responsable, par cela seul qu'on pouvait lui imputer comme faute, d'avoir conservé des esclaves d'un naturel malfaisant : « *Si noxios servos habuit, damni cum injuria teneri, cur tales habuit* (3). »

Il y a, sous Justinien, cette différence entre le fils de famille et l'esclave, que l'on peut faire l'abandon noxal de l'esclave, et non celui du fils de famille ; mais si nous nous plaçons à un autre point de vue, nous allons trouver une seconde différence entre eux.

Nous supposerons que plusieurs enfants d'un même père se soient réunis pour commettre un même délit ; alors le demandeur pourra agir contre le père de famille, comme s'il avait souffert de plusieurs délits isolés. Si le *damnum* était, au contraire, le fait de plusieurs esclaves appartenant au même maître, il en serait autrement ; car, la personne de l'esclave se confondant avec celle du maître, c'est le maître qui est censé avoir causé le dommage, qu'il n'a pu commettre qu'une seule fois.

Nous avions dit, à la fin de notre section sur la nature et les effets de la loi Aquilia, qu'elle prenait généralement le caractère pénal : nous croyons avoir justifié ce que nous avancions. Nous l'avons vue, en effet, se donnant *noxaliter* contre le propriétaire de l'esclave délinquant, et enfin nous l'avons vue se cumulant avec les actions pénales.

On peut dire qu'à ces différents points de vue l'action Aquilienne est pénale.

CHAPITRE VI.

EXTENSIONS DONNÉES PAR LA JURISPRUDENCE ROMAINE
AU SYSTÈME DE LA LOI AQUILIA.

Nous avons dû remarquer, en étudiant la répression du *damnum injuria datum*, que la loi Aquilia ne s'appliquait pas

(1) L. 44, Dig., *hoc tit.* — (2) L. 45, Dig., *hoc tit.* — (3) L. 27, § 11, Dig., *hoc tit.*

4

dans des hypothèses où l'équité exigeait cependant la réparation du dommage. Nous avons vu, notamment, que si une autre personne que le propriétaire de la chose éprouvait un préjudice par suite de la destruction ou de la détérioration d'une chose qu'elle detenait à un autre titre qu'à celui de propriétaire, elle ne pouvait, en principe, obtenir la réparation de ce préjudice par l'action Aquilienne, et aussi que la loi Aquilia ne prévoyait que le cas où le préjudice avait été « *corpore et corpori datum* », alors qu'en l'absence de ces conditions il était équitable que le préjudice fût réparé. Nous devons donc dire que la loi Aquilia était imparfaite et incomplète.

Les Romains, dont on admire à juste titre la législation, ne pouvaient manquer de chercher à remédier à cet état de choses. Mais comme un des caractères de ce peuple était le respect absolu des institutions nationales et l'aversion des révolutions juridiques (1), au lieu de substituer brusquement une autre loi à la loi Aquilia, ce qui eût été, du reste, difficile, car la population était devenue trop nombreuse pour qu'on pût la réunir dans le but de lui faire voter une loi nouvelle, ils la conservèrent telle quelle ; et comme le magistrat chargé d'appliquer les règles de la législation civile avait le pouvoir de corriger la loi, de l'approprier aux mœurs de chaque époque, et d'en combler les lacunes, « *adjuvandi, supplendi, corrigendi juris civilis gratia,* » ils laissèrent le préteur remédier aux inconvénients que nous avons signalés. Nous verrons qu'ils eurent raison de compter sur sa vigilance ; mais, avant de le montrer en ce qui concerne spécialement la loi Aquilia, examinons, en peu de mots, les procédés employés par le préteur pour venir au secours des plaideurs qui se trouvaient en dehors des règles strictes du droit civil.

Le préteur use d'abord du procédé de la fiction, supposant à une personne la qualité qui lui manque pour intenter l'action

(1) « Une des raisons du respect des Romains pour l'ancienne loi des Douze-Tables, dit R. von Ihéring, c'est que c'était un bien péniblement acquis. Le souvenir des luttes qu'elle avait causées, du prix dont on l'avait payée, se conservait dans la mémoire des générations qui se succédaient. Ce n'était pas seulement une loi, un ensemble de dispositions juridiques ; ces dispositions étaient en même temps des droits, dans le sens subjectif. Cette loi était la grande charte, le palladium de la plebe. Un interêt, bien plus un honneur de caste en commandaient jalousement le maintien et la garde !»—Ces raisons peuvent s'appliquer à la plupart des anciennes lois romaines, et notamment à la loi Aquilia. (*De l'esprit du droit romain*, par R. von Ihéring, traduction de M. O. de Meulenaère, t. II, p. 63.)

civile, et, lui délivrant la formule, comme si cette qualité existait, il donne alors une action *utilis in jus concepta*, de la classe
des actions fictices.

Si un cas nouveau se présente devant lui, il recherche s'il n'y
-a pas une analogie plus ou moins grande avec un cas prévu
par la loi et garanti par une action; en cas d'affirmative, il
accorde cette action en la qualifiant encore d'utile. Ce procédé
est clairement indiqué par la loi 21, Dig., *De præscriptis verbis :*
« *Quotiens deficit actio vel exceptio, utilis actio vel exceptio
danda est.* »

Dans ce second cas, l'action est rédigée non plus *in jus*, comme
tout à l'heure, mais bien *in factum*.

Enfin, le préteur pouvait encore donner l'action *in factum*
simple, lorsque le fait, s'éloignant par trop des hypothèses
prévues par les lois civiles, il était impossible de donner des
actions utiles.

Nous allons retrouver ces trois actions appliquées dans la loi
Aquilia, dans les sections qui vont suivre et qui auront pour
objet :

1° Les extensions du droit prétorien quant aux personnes
qui peuvent intenter l'action de la loi Aquilia ;

2° Les extensions quant à la nécessité que le *damnum* ait été
corpore datum ;

3° Les extensions quant à la nécessité que le *damnum* ait été
corpori datum.

SECTION I.

EXTENSIONS DU DROIT PRÉTORIEN QUANT AUX PERSONNES QUI PEUVENT INTENTER L'ACTION DE LA LOI AQUILIA.

Le principe est, nous l'avons vu, que seul le propriétaire
avait l'action Aquilienne ; nous avons vu également comment
la loi venait, dans une certaine mesure, au secours du créancier qui avait à se plaindre de la perte ou de la détérioration
de la chose qui lui était due. Voyons maintenant comment le
préteur vient au secours de certaines autres personnes, telles
que les pérégrins, l'usager, l'usufruitier, le possesseur de bonne
foi et le créancier gagiste, qui, d'après le droit civil, ne pouvaient intenter l'action Aquilienne contre celui qui s'était rendu
coupable à leur égard d'un *damnum injuria datum.*

Les pérégrins étant reçus à Rome, il fallait bien faire respecter leur propriété ; aussi leur donna-t-on, dès le principe, l'action *furti utilis*, et aussi, un peu plus tard, l'action *utilis* de la loi Aquilia, si leur seule qualité d'étrangers rendait impossible l'exercice de l'action directe.

En ce qui concerne l'usager, le possesseur de bonne foi et l'usufruitier, Ulpien nous dit qu'ils avaient aussi l'action utile (1).

Quant au créancier gagiste, qui voit son gage endommagé ou totalement détruit entre ses mains, par suite d'un *damnum injuria datum*, il aura également l'action utile, comme propriétaire fictif de l'objet ; seulement, comme il y aurait injustice à ce que le meurtrier fût tenu à la fois envers le propriétaire et le créancier, cette action ne pourra être exercée que si le gagiste y a intérêt et ne peut se faire payer autrement (2).

Enfin, l'homme libre, quoique non propriétaire de son corps, pourra, s'il a été blessé, obtenir l'action utile de la loi Aquilia (3).

L'action que nous rencontrons dans cette section était *utilis fictitia in jus concepta*, c'est-à-dire qu'elle contenait une *intentio in jus*, mais appliquée à une espèce particulière, ne rentrant pas dans les termes rigoureux de la loi Aquilia. C'était, en un mot, une action que le préteur accordait en supposant que telle qualité nécessaire pour la concession de l'action directe existait chez le demandeur.

SECTION II.

EXTENSIONS QUANT A LA NÉCESSITÉ QUE LE *DAMNUM* AIT ÉTÉ *CORPORE DATUM.*

Il pouvait se faire que, dans certains cas, le mode de la fiction, que nous avons vu employer par le préteur, ne fût plus praticable, parce que l'inadmissibilité de l'action tenait à la nature même de l'acte qui causait le dommage, et non à l'absence d'une qualité de droit : par exemple si le dommage était causé *corpori, sed non corpore*. Il s'agissait ici d'une circonstance de fait que la loi n'avait pas prévue, et, en conséquence, l'*intentio* ne pouvait

(1) L. 11, §§ 8 et 10, Dig., *hoc tit.*, et L. 17, § 3, Dig., *De usufructu.*—(2) L. 30, § 1, Dig., *hoc tit.*, et L. 27, Dig., *De pignoribus et hypothecis.* — (3) L. 13, pr., Dig., *hoc tit.*

être *in jus concepta*. Le droit prétorien se servit alors de l'action *utilis in factum*.

Ce qui distingue cette action *utilis in factum* de l'action *utilis fictitia*, c'est que, tandis que dans celle-ci l'*intentio* est rédigée *in jus*, dans la première l'*intentio* et la *demonstratio* se confondent et ne soumettent au juge qu'une simple question de fait Quant à la *condemmatio*, elle donne, pour les deux sortes d'actions utiles, en cas de solution affirmative, les mêmes conséquences qu'aurait eues l'action que le préteur voulait imiter, c'est-à-dire l'action directe.

Nous devons faire remarquer avec soin que l'action *utilis fictitia* et l'action *utilis in factum* produisent toutes deux les mêmes résultats ; le préteur remplaçait quelquefois, dans la pratique, les formules *fictitiæ* par des formules *in factum*, et c'est pourquoi, dans plusieurs textes du Digeste, on confond les deux actions utiles et l'on emploie les expressions d'action *in factum*, quand il eût été plus correct de dire action *utilis*.

Nous n'avons pas à donner ici d'exemples de cas dans lesquels on aura l'action utile *in factum* de la loi Aquilia ; nous avons déjà, en effet, énuméré dans notre chapitre II, section II, des cas dans lesquels, le dommage n'étant pas causé *corpore*, on n'aurait pas l'action directe de la loi Aquilia ; c'est précisément dans ces mêmes cas que l'on aura l'action utile.

SECTION III.

EXTENSIONS QUANT A LA NÉCESSITÉ QUE LE *DAMNUM* AIT ÉTÉ *CORPORI DATUM*.

Dans les deux sections précédentes, nous avons vu le préteur suppléant à l'insuffisance du droit civil, tantôt par des actions fictices, tantôt par des actions *in factum*, et nous avons ajouté, ce qui n'est contesté par aucun auteur, que ces deux actions permettaient au demandeur de se faire attribuer la condamnation dont il bénéficierait, si l'action directe lui compétait. Ainsi, il pourra faire remonter l'évaluation à l'année ou aux trente jours qui précèdent le délit ; ainsi, encore, le défendeur verra sa condamnation croitre au double en cas de dénégation.

Dans l'hypothèse d'un *damnum* qui n'est pas causé *corpori*, les commentateurs sont, au contraire, divisés sur un point important. Ils sont bien d'accord pour reconnaitre que, dans ce cas, il y a une action *in factum* au profit de celui qui a subi un *damnum non corpori datum;* que le dommage résulte de la destruction matérielle, ou qu'il résulte d'une perte dommageable qui ne se traduit pas par une détérioration d'un corps, ils n'en reconnaissent pas moins le droit à l'indemnité. Mais où apparaît la division entre les interprètes, c'est quand il s'agit de préciser le caractère de cette action *in factum.* Constitue-t-elle une nouvelle extension du *damnum injuria datum ?* est-ce encore une action *utilis legis Aquiliæ, ad exemplum legis Aquiliæ?* N'est-ce pas, en contre, une action prétorienne, tout à fait distincte de l'action Aquilienne?

La question offre un grand intérêt. Si nous décidons que cette action est une action utile, il faudra lui appliquer les évaluations arbitraires qui sont le caractère propre de l'action Aquilienne, et dire qu'elle croit au double *adversus inficiantem;* si nous décidons, au contraire, que c'est une action prétorienne, n'ayant rien de commun avec l'action Aquilienne, elle ne donnera lieu qu'à la condamnation ordinaire du *quanti interest.* On voit donc que la question mérite d'être étudiée avec soin.

Nous croyons que, pour que l'on puisse appliquer, au moyen de l'action utile, les règles de la loi Aquilia, il faut que l'on se trouve dans des hypothèses qui rentrent dans ses termes ou tout au moins dans son esprit. Or, notre loi ne prévoit jamais que le cas où une lésion a été faite à un objet appartenant à autrui, où on a causé un dommage par des moyens violents, propres à détériorer un objet. Il faut absolument qu'un corps ait été détruit, dégradé ou endommagé pour que l'on puisse accorder soit l'action directe, soit l'action utile. La loi romaine est restée inflexible sur cette nécessité d'une lésion matérielle de la substance, et, si large qu'ait été l'interprétation donnée par la jurisprudence, jamais on n'a passé sur une condition aussi essentielle. C'eût été d'ailleurs, de la part du préteur, sortir complètement du cadre du vieux droit civil ; et si on l'eût violé pareillement dans son esprit et dans sa lettre, comment eût-on pu faire dériver d'un *damnum non corpori datum* une action utile, c'est-à-dire étendue par analogie d'une action originaire, dont elle aurait perdu tous les caracteres ? Si le dommage n'est pas causé *corpori,* il n'est pas causé selon les conditions de la loi Aquilia ; ce n'est donc pas une action dérivant directement ou indirectement de cette loi, qui devra être employée, mais bien l'action *in factum* proprement dite, qui n'a aucun rapport avec la loi Aquilia, ne tend pas au même résultat, et ne dérive pas même de son esprit. Touché de compassion, vous détachez l'esclave que j'ai enchaîné, lui facilitant ainsi la fuite : vous me causez certainement un préjudice ; mais comme il n'y a pas le *corpus læsum*, je ne pourrai trouver aucun moyen dans la loi Aquilia pour vous poursuivre, et je devrai employer l'action générale *in factum*, en dehors des règles de la loi. On pourra aussi exercer l'action *de dolo*, en cas de dol de la part de l'auteur du préjudice.

Ce raisonnement concorde parfaitement avec les textes.

Dans le § 16 des Instituts à notre titre, Justinien tranche nettement la différence qui sépare le *damnum non corpore datum* du *damnum non corpori datum.*

Dans la première espèce, il accorde l'action utile ; dans la seconde, au contraire, distinguée avec soin de la première, il n'est question que d'une action *in factum*. Voici les termes de ce texte, qui nous semble décisif : « *Si non corpore damnum datum, neque corpus læsum fuerit, sed alio modo damnum alicui contigerit, cum non sufficit neque directa, neque utilis Aquilia, placuit eum qui obnoxius fuerit in factum actione teneri.* »

Notre opinion nous semble encore fortifiée par un autre argument de texte, tiré de la comparaison du § 202 du Commentaire III de Gaïus avec le § 11 des Instituts de Justinien, au titre *De obligationibus ex delicto*. Gaïus avait tenté d'étendre les cas d'application de notre loi Aquilia, et s'était demandé si, en présence d'un *damnum non corpori datum*, l'on ne pourrait pas accorder une action utile de la loi Aquilia, « *cum per legem Aquiliam, quæ de damno lata est, etiam culpa puniatur.* » Mais le jurisconsulte ne répondait pas à la question, et, s'il la posait, c'était probablement sous forme de tentative et pour créer un précédent tendant à élargir le cercle de la loi Aquilia. Quoi qu'il en soit, il est certain que la tentative de Gaïus ne fut pas heureuse, et Justinien, dans le § 11, au titre que nous venons d'indiquer, nous prouve clairement que la question posée par Gaïus avait été résolue dans le sens de la négative ; Justinien, en effet, reproduit, mot pour mot, la phrase interrogative du jurisconsulte, et tranche la difficulté en disant : « *in factum actio dari debet.* » Le texte du § 11 est précis : « *Si quid per lasciviam et non data opera ut furtum admitteretur, factum est, in factum actio dari debet.* » Justinien, on le voit, met, à la place de l'expression « *actio utilis legis Aquiliæ* » employée par Gaïus, le mot général « *actio in factum* ». Il résout une difficulté, et cela dans un titre tout à fait étranger à la loi Aquilia. Or le mot « *actio in factum* » employé ici peut-il avoir une signification différente de celle d'une action prétorienne établie en vue d'un fait qui ne tombait pas, par analogie, sous l'application d'une loi antérieure?

Dans l'opinion contraire, à laquelle se sont ralliés, entre autres, MM. de Savigny et Demangeat, on prétend que, même en cas de *damnum non corpori datum*, il faudra suivre les règles de la loi Aquilia. Les auteurs qui partagent cette opinion se fondent sur la loi 11, Dig., 19, 5, qui, d'après eux, signifierait que toute action *in factum* créée pour suppléer une loi est soumise aux règles de cette loi. Ils s'appuient également sur la loi 33, Dig., *hoc tit*. Ils disent enfin qu'il n'y a pas de différence entre l'action utile et l'action *in factum*, puisque dans différents textes on trouve ces expressions : « *actio utilis* » et « *actio in factum*, » employées comme synonymes et quelquefois prises l'une pour l'autre.

Ces arguments ne nous semblent pas concluants; d'abord ils sont en contradiction avec les principes sur lesquels est fondée l'institution même de la loi Aquilia. Les admettre serait généraliser complètement cette loi et lui enlever le caractère spécial dont elle est empreinte. On ne peut contester que l'action spéciale de la loi Aquilia prévoit spécialement le cas de corruption, c'est-à-dire le dommage violent apporté à la chose, et, cela étant admis, comment peut-on soutenir que le dommage occasionné dans d'autres conditions, *alio modo*, comme dit le texte, pourra être régi par une loi qui a été créée en prévision d'une hypothèse toute différente ?

D'autre part, les textes invoqués par nos adversaires sont-ils aussi formels qu'on veut bien le dire? La loi 11, Dig.(19,5) se place dans l'hypothèse de la loi Aquilia, et c'est dans cette hypothèse particulière que le jurisconsulte dit: pour ajouter à la loi ce qui lui manque, *quod legi deest*, on accorde l'action *in factum*. Mais c'est de l'action utile qu'entend parler Pomponius; car il ne serait jamais venu à sa pensée de dire qu'il faut ajouter à la loi ce qui ne lui manque pas, et appliquer ses règles à une hypothèse qui n'entre ni dans ses termes, ni dans son esprit.

On n'est pas plus heureux en invoquant la loi 33, § 1, Dig., *hoc tit*., car, dans cette loi, Paul parle justement des cas qui échappent aux règles de la loi Aquilia, cas dans lesquels c'est l'action générale *in factum* qui est accordée.

Enfin, ce n'est pas en se fondant sur des textes du Digeste, qui emploient abusivement ou par abréviation les mots *actio in factum*, que l'on peut faire tomber un système qui s'appuie à la fois sur l'esprit de la législation prétorienne, sur les textes les plus clairs des Institutes, c'est-à-dire d'un ouvrage où l'on a voulu résumer la doctrine pour l'enseignement de la jeunesse, et où l'on s'est, par conséquent, attaché, bien plus que dans le Digeste, à n'employer que des expressions absolument exactes.

Si un dernier argument était nécessaire, nous dirions que, conformément aux règles de la loi Aquilia, le *damnum* donne toujours lieu à une action pénale, tout au moins en ce qui concerne le défendeur. Or, soumettre aux dispositions de cette loi le cas du *damnum non corpori datum* qui lui est étranger, ce serait détruire ce principe de justice que les peines ne peuvent être étendues par voie d'interprétation.

Notre action *in factum* est donc une action *in factum* proprement dite, qui contiendra une indemnité exacte du préjudice causé, mais rien de plus, et ne suivra aucune des règles spéciales à l'action de la loi Aquilia (1).

Grâce à ces actions utiles et *in factum* données par le préteur lorsque l'ancien droit civil ne permettait pas d'exercer l'action directe de la loi Aquilia, on en arriva donc, peu à peu, à admettre ce principe général que nous formulions au début de cette thèse, que quiconque cause un préjudice à quelqu'un dans ses biens doit le réparer.

---

(1) Notre opinion est celle de MM. Ortolan, Accarias, Étienne, Ducaurroy, etc.

DROIT CRIMINEL

DES CAUSES D'ATTÉNUATION DES PEINES

PREMIÈRE PARTIE

LÉGISLATION FRANÇAISE

PRINCIPES GÉNÉRAUX ET HISTORIQUE

La société ne peut exister sans des lois qui régissent les rapports sociaux. La nécessité des lois implique la nécessité d'un pouvoir supérieur qui les édicte, et d'une sanction qui leur assure l'obéissance. (*Legis virtus hæc est, imperare, vetare, permittere, punire*; L. 7, Dig., *De legibus.*)

Toutefois, la loi ne doit pas avoir exclusivement pour objectif l'intérêt de la conservation sociale, dans la sanction pénale qu'elle impose à ses prescriptions; elle doit encore se conformer aux principes de la loi morale et au sentiment de la justice absolue. Or, la morale, d'accord avec la vraie justice, exige que la mesure de l'expiation ne dépasse pas la gravité de la faute, et que la peine soit, avant tout, proportionnée à l'infraction, en tenant compte non seulement de la nature et de l'importance de celle-ci, mais encore de l'immoralité de l'intention et de la criminalité du but de celui qui s'en est rendu coupable.

Ce n'est pas que le droit ait le même objet que la morale, bien qu'il doive s'en inspirer. Le fond de la morale, c'est *l'idée du bien et du mal.* La loi morale nous prescrit tous nos devoirs, même ceux qui n'ont pas trait directement à la société, nos devoirs envers nous-mêmes comme envers nos semblables, et elle régit non seulement nos actions, mais encore nos pensées; sa sanction n'est souvent que dans la conscience. Cette loi fon-

damentale, en vertu de laquelle la conscience affirme la distinction entre le bien et le mal, et l'obligation de faire ce qui est
bien et d'éviter le mal, est la loi permanente et nécessaire de la
nature humaine. Elle peut varier dans ses applications, mais
elle est invariable dans son principe.

Le droit social, que beaucoup d'écrivains appellent le droit
naturel, a un autre principe et des exigences spéciales; son fondement, c'est *l'idée du juste et de l'injuste.* Il constitue ce droit
idéal que les législateurs et les sociétés doivent avoir toujours
en vue. Montesquieu a dit que le droit naturel, c'est « *la raison
humaine, en tant qu'elle gouverne tous les peuples de la terre* (1) ».

Pour donner du *droit positif,* c'est-à-dire celui qui est sanc-
tionné par les législations humaines, une définition générale
plus précise, on peut dire que le droit, c'est la règle obligatoire
des rapports sociaux qu'imposent la raison et la justice, et qui
assure, en les conciliant, la liberté de chacun et le respect des
droits de tous.

Nous l'avons dit, comme étant la pensée qui domine tout notre
sujet, pour que la peine soit juste et efficace, il faut qu'elle soit
en rapport avec le délit; sévère et exemplaire quand il le faut,
modérée et indulgente quand les circonstances le permettent.
Cette règle nous a été transmise par la loi romaine : *Pœna debet
commensurari delicto* (L. 2, Dig., *De pœnis*).

La mesure de la pénalité, déterminée à la fois d'après l'importance du devoir social et l'importance du devoir moral, qui
a été violé; la flexibilité des peines selon les nuances de la
culpabilité, et la possibilité de leur modération eu égard aux
circonstances du fait et à la moralité de l'agent : telle est la base
nécessaire d'un bon système pénal.

Il n'en était point ainsi dans l'ancien droit criminel français.
Non seulement on connaissait des peines *extraordinaires* ou
arbitraires (2), les peines étaient encore excessives et souvent
cruelles, parce qu'on voulait, au nom de la vengeance publique,
qu'elles fussent des instruments d'intimidation et de terreur. On
allait même jusqu'à faire le procès au cadavre, qu'on traînait
sur la claie! Enfin les peines étaient inégales, selon la condition des personnes ; dans les crimes de lèse-majesté humaine
au premier chef, et dans les autres « crimes énormes »,les peines

(1) *Esprit des lois,* liv. I, chap. III.
(2) Au xvie siecle, Imbert écrivait dans sa *Pratique judiciaire* « Aujourd hui
les peines sont arbitraires en ce royaume. »

cessaient même d'être personnelles, et atteignaient les descendants, les ascendants et le conjoint du coupable, qui étaient ordinairement frappés du bannissement et de la confiscation.

Nous devons surtout relever que, dans ces derniers crimes, on ne recherchait pas si l'auteur du crime en avait eu conscience ou non ; la démence et le jeune âge succédant à peine à l'enfance ne constituaient ni des causes de justification, ni même des motifs d'excuse.

Ce qui étonne le plus, c'est de trouver des pénalités ayant un semblable caractère de cruauté et de rigueur, sanctionnées dans l'ordonnance de 1670, la première qu'on put décorer du titre de Code criminel. On était pourtant au siècle de Louis XIV. Malheureusement, la voix du premier président de Lamoignon, qui était pénétré des droits de l'humanité et de la sainte mission de la justice, n'avait pu se faire assez écouter dans l'élaboration de cette célèbre ordonnance (1).

A cette époque, il est vrai, on ne trouvait pas encore dans le peuple le ressort moral : il était habitué à la servitude et à la soumission ; aussi procédait-on par la domination et par la menace. Si les mœurs étaient polies dans la classe placée au sommet de la société, et si on voyait briller cette pléiade d'esprits supérieurs et distingués qui furent l'honneur de leur siècle, il n'en était pas ainsi dans la masse du peuple, qui n'était pas encore habituée à ces mœurs publiques réagissant sur les lois criminelles. Les vices et les excès des grands (2), l'ignorance et la grossièreté du peuple, la fréquence des crimes, pourraient donc expliquer la sévérité des lois, mais non légitimer leur cruauté.

Un système pénal empreint de tant de rigueur devait nécessairement amener une réaction.

---

(1) On éprouve le sentiment le plus pénible en lisant dans nos anciens criminalistes, dans Jousse, par exemple, commentateur de l'ordonnance de 1670, dont le traité fut publié en 1771, les peines inhumaines qui étaient encore en usage en France, et qui étaient prodiguées à ce point, que la peine de mort s'appliquait à 115 crimes, et s'exécutait par la potence, la décollation, la roue, le feu, ou l'écartellement, suivant la qualité des coupables ou la nature de leur crime. (Jousse, 1re partie, tit. III. — Voir aussi ordonnance de Philippe-Auguste, de 1181, confirmée par Louis IX ; l'ordonnance de 1539 rédigée par le chancelier Poyet, que Dumoulin qualifie d'impie, et l'ordonnance de Louis XIV, de 1666, qui infligent des mutilations cruelles aux blasphémateurs.)

(2) Les révélations de la Chambre ardente, établie à l'Arsenal par Louis XIV, pour juger les empoisonneurs et venir en aide à la justice ordinaire, dont les rigueurs semblaient ne plus suffire, font connaître d'horribles criminels dans toutes les positions sociales.

Ce fut d'abord, en 1748, la voix puissante de Montesquieu qui se fit entendre dans l'*Esprit des lois* : « Il ne faut point mener les hommes par des moyens extrêmes ; on doit être ménager des moyens que la nature nous donne pour les conduire. Qu'on examine la cause de tous les relâchements, on verra qu'elle vient de l'*impunité* des crimes et non de la *modération des peines* (1). »

Une œuvre inspirée par une âme vive et généreuse, partie de l'Italie et accueillie avec enthousiasme en France, eut une part immense dans le mouvement de réforme pénale : c'était le *Traité des délits et des peines* du marquis de Beccaria, qui parut en 1764.

Beccaria résume ainsi toute sa théorie du système des peines : « Pour qu'un châtiment ne soit pas un acte de violence d'un seul ou de plusieurs contre un citoyen, il doit être public, prompt, nécessaire, fixé par les lois, le moins rigoureux possible, et proportionné au délit (2). »

Les écrits de J.-J. Rousseau, de Filangieri (3), des philosophes et des publicistes de la seconde moitié du dix-huitième siècle, excitaient tous à la réforme des lois pénales. Les magistrats eux-mêmes s'associèrent à ce mouvement réformiste. C'est ainsi que la courageuse et magnifique mercuriale prononcée, en 1766, à la rentrée du Parlement de Grenoble, par l'avocat général Servan, sur l'administration de la justice criminelle, produisit une impression profonde et excita les plus vifs applaudissements.

Le nom du président Dupaty est aussi resté célèbre, à cause de sa chaleur dans cette lutte. Il publia, sur les *vices de nos codes criminels*, un mémoire que le Parlement de Paris fit brûler par

---

(1) *Esprit des lois*, liv. VI, chap. xii : *De la puissance des peines.* — « *Severitas quod maximum remedium habet, assiduitate amittit auctoritatem.* » (Sénèque, *De clement.*, lib. I, cap. xxi.)

(2) Dans le chapitre XV, sur la douceur des peines, Beccaria s'écrie avec une chaleureuse indignation . « Qui ne frissonne d'horreur en voyant tant de tourments affreux et inutiles ! À mesure que les supplices deviennent plus cruels, l'âme, semblable aux fluides, qui se mettent toujours au niveau des objets qui les entourent, s'endurcit par le spectacle renouvelé de la barbarie. »

(3) Filangieri est peut-être l'écrivain qui a le plus contribué à former l'esprit de son siècle. En 1780, il commença à publier, à Naples, son immortel ouvrage *La science de la législation*, et c'est en 1783 qu'il fit paraître le troisième livre, sur les lois criminelles, où il consacre des chapitres éloquents à la *mesure des délits*, la *modération* et la *proportion des peines* (chap. VI, XIV, XV). « Que le législateur sache, dit-il, que les tourments, loin de corriger les hommes, ne font que les soulever contre les lois ; qu'ils excitent la pitié pour le coupable, et non l'horreur pour le crime, et qu'une punition inutile est toujours injuste, parce que l'effet de la loi n'est pas de venger la société, mais de la préserver des maux auxquels l'impunité du coupable pourrait l'exposer. »

la main du bourreau, mais qui fut lu de la France entière (1).

Sous l'influence de ce grand mouvement, la réformation du droit criminel et la confection d'un code pénal furent demandées unanimement dans les cahiers des trois ordres, lorsque fut convoquée l'assemblée des États généraux. Du reste, la déclaration royale de convocation du 23 septembre 1788 exprimait, aussi elle, le vœu de voir la législation criminelle perfectionnée. C'était la branche de notre législation la plus importante, celle dont les vices avaient été le plus énergiquement signalés, celle enfin qui intéressait ce qui est le plus cher à l'homme: l'honneur, la vie, la liberté.

Sans attendre la confection d'un code pénal, des décisions préliminaires donnèrent satisfaction aux nécessités urgentes. Ce fut d'abord la Déclaration des droits de l'homme du 26 août 1789, dans laquelle l'Assemblée constituante posa au frontispice ces grands principes : « Le but de toute association politique est la conservation des droits naturels et imprescriptibles de l'homme, qui sont: *la liberté, la propriété, la sûreté*. La liberté consiste à faire tout ce qui ne nuit pas à autrui ; ainsi l'exercice des droits naturels de chaque homme n'a de bornes que celles qui assurent aux autres membres de la société la jouissance de ces mêmes droits. Ces bornes ne peuvent être déterminées que par la loi. » Après quoi l'Assemblée constituante, pour faire disparaître les peines arbitraires et excessives dans leur rigueur, proclama, dans l'article 8, cet autre principe: « La loi ne peut établir que des peines *strictement* et *évidemment nécessaires*, et nul ne peut être puni qu'en vertu d'une loi établie et promulguée antérieurement au délit et légalement appliquée. »

La loi du 9 octobre 1789 accorda à l'accusé le droit de choisir des conseils, et décréta l'obligation pour le juge de motiver la condamnation.

La loi du 21 janvier 1790, pour faire cesser l'inégalité des peines, proclama, à son tour, le salutaire principe de l'*égalité devant la loi* : « Les délits du même genre seront punis par le même genre de peines, quels que soient le rang et l'état des coupables » (art. 1er). Elle ajoute, pour répondre à un autre abus : « Les délits et les crimes sont *personnels*. Le supplice ou la condamnation d'un coupable ne peut avoir aucune conséquence pour sa famille » (art. 2); « La confiscation des biens des condamnés ne pourra jamais être prononcée en aucun cas »

_____
(1) Ce mémoire est dans la collection du barreau français, t. III.

(art. 3). Enfin, d'après cette même loi, la peine ne survit pas à la mort du coupable, et on ne fera plus le procès au cadavre du supplicié, « qui sera délivré à sa famille » (art. 4).

La Constitution française est publiée le 3 septembre 1791 ; elle prend pour préambule la Déclaration des droits de l'homme, dont elle sanctionne les principes quant à la nature et à l'égalité des peines. De plus, elle place au nombre des garanties constitutionnelles, dans le chapitre V, article 9, la double institution du jury en matière criminelle : le *jury d'accusation*, qui a été remplacé par les chambres d'accusation dans la refonte législative de 1808, et le *jury de jugement*, institution qui a été réglée par la loi du 16 septembre, concernant la police de sûreté et la justice criminelle.

C'est le 25 septembre 1791 que l'Assemblée nationale décréta son Code pénal, qui ne comprenait que les faits qualifiés crimes, à poursuivre devant les jurés, car déjà la loi du 19 juillet 1791 avait déterminé les peines de police correctionnelle et réglé la police municipale (1).

Le Code pénal de 1791 mérite un juste reproche : c'est de n'avoir pas laissé au juge, pour l'application des peines, une latitude suffisante. En effet, il le forçait à prononcer la *peine fixe* édictée par la loi sans pouvoir l'abaisser ou l'élever dans les limites d'un *maximum* et d'un *minimum*, selon les circonstances, et il ne tenait aucun compte des diverses nuances qui peuvent modifier la criminalité de l'action. C'était une réaction naturelle, mais excessive, contre le vice de l'ancienne législation, qui abandonnait la punition de certains délits à l'arbitraire du juge.

Le Code de 1791, en substituant ainsi à l'arbitraire illimité du juge l'*inflexibilité absolue* de la loi, et en ne laissant pas au juge la faculté de choisir le châtiment ou même de le modérer, entraîna, par cette égalité dans la pénalité, une odieuse inégalité de répression.

C'était donc substituer à un mal fort grave un mal non moins grave ; c'était fermer la porte à *un abus* pour l'ouvrir à *une injustice*.

Nous devons cependant faire remarquer, dans le Code pénal

---

(1) La peine de mort, qui s'appliquait à 115 crimes avant 1789, fut réduite à 32 cas, et l'article 2 porte : « La peine de mort consistera dans la simple privation de la vie, sans qu'il puisse être exercé aucune torture envers les condamnés. »

de 1791, que le titre V est consacré à déterminer l'influence de l'âge des condamnés sur la nature et la durée des peines, et qu'il pose, à l'égard des mineurs de 16 ans, les principes et les distinctions qui sont passés dans les articles 66 et 67 du Code de 1810.

La Convention donna aussi son Code pénal, le *Code des délits et des peines* du 3 brumaire an IV (26 octobre 1795), qui contient quelques peines pour les crimes contre la sûreté intérieure et les attentats contre la République, et renvoie, pour les autres crimes et les délits correctionnels, aux codes de 1791.

Enfin, parut notre Code pénal, promulgué le 22 février 1810. Déjà le Code d'instruction criminelle, promulgué le 27 novembre 1808, avait organisé les juridictions et la procédure en matière de répression.

L'idée de l'*utilité sociale* sembla être l'inspiration prédominante du Code pénal de l'Empire, d'après ce qu'avaient révélé ces paroles de Target, membre de la commission de rédaction de ce Code : « *La gravité des crimes se mesure non pas tant sur la perversité qu'ils annoncent, que sur les dangers qu'ils entraînent* (1). »

Néanmoins, le Code de 1810 permit aux juges de faire la part des circonstances du fait, et de la moralité de l'agent. L'amélioration la plus salutaire qu'il a apportée, et qui domine en quelque sorte toutes les autres, parce qu'elle est la proclamation du principe de la proportionnalité des peines, c'est l'établissement d'un *maximum* et d'un *minimum* dans les peines, afin de laisser à la conscience du juge un large espace pour se mouvoir, sans dépasser la mesure exigée par le degré de la culpabilité.

Le Code de 1810 fit plus encore que de permettre au juge de modérer la peine dans les limites d'un maximum et d'un minimum : il détermina, dans le livre deuxième, les personnes *punissables* ou *excusables*, et il posa, dans l'article 463, notre principe, aujourd'hui si large et si bienfaisant, des *circonstances atténuantes*, mais seulement en matière de délits emportant la peine d'emprisonnement, et avec une excessive réserve, puisqu'il fallait que le préjudice résultant du délit n'excédât pas 25 francs.

Cependant, ce Code était encore trop rigoureux ; bientôt il ne concorda plus avec les mœurs et les tendances de l'opinion

(1) Observations de M. Target sur le projet de Code pénal (Locre, t. XXIV, p. 8.)

publique; aussi, dès 1824, la loi du 25 juin, élargissant la place qui avait été faite à l'idée de justice morale, apporta quelques adoucissements à certaines pénalités, et surtout admit, pour un petit nombre de crimes déterminés, le bénéfice des circonstances atténuantes (1), en attribuant toutefois à la Cour, et non au jury, le droit de déclarer leur existence, jusqu'à ce que le système des circonstances atténuantes trouvât, selon l'expression imagée de M. Bertauld, son entier épanouissement dans la loi du 28 avril 1832.

La réforme dominante de cette dernière loi a été, en effet, de généraliser le système des circonstances atténuantes, devenu applicable non seulement à tous les délits, mais encore à tous les crimes prévus par le Code pénal, et, de plus, de conférer au jury seul, en matière criminelle, le droit de déclarer s'il existait des circonstances atténuantes. Il importe aussi de constater qu'elle a fait disparaître la barbarie ou l'exagération qui existait encore pour certaines peines (2).

La réforme de 1832 fut la réalisation des principes de l'école philosophique nouvelle qui s'était développée sous la Restauration (3), école éclectique dont la révolution de Juillet avait amené les représentants au pouvoir, et qui, limitant l'une par l'autre les idées de Bentham et de Kant, voulait concilier le principe de *l'utilité sociale* et le principe de *la justice absolue,* en proclamant que, si le danger social est l'une des bases de la mesure de la peine, il y en a une autre, à savoir, le plus ou moins d'immoralité de l'action en elle-même et de celui qui l'a commise.

Nous ne ferons que mentionner ici la loi du 13 mai 1863, qui a modifié plusieurs dispositions partielles du Code pénal, parce qu'elle n'a apporté aucun changement notable au fond de notre sujet. Il faut cependant relever qu'un des résultats les plus importants de cette loi a été d'*atténuer* la répression pour un grand

(1) Elles pouvaient être admises en faveur de la mere, seulement coupable d'infanticide; pour les coups et blessures volontaires ayant entraîné une incapacité de travail de plus de vingt jours, et pour certaines especes de vols prevus dans les articles 383, 384 et 386.

(2) Suppression de la mutilation du poing pour les parricides, de la marque et du carcan; abolition de la peine de mort dans onze cas, et réductions de peines, notamment en matiere de vols, de fausse monnaie et d'incendie.

(3) Cette école avait eu pour représentants les plus illustres : Royer-Collard, Guizot, de Broglie, Cousin, de Rémusat, et M. Rossi avait été un de ses plus brillants interpretes.

nombre de faits qui étaient qualifiés *crimes*, en convertissant ces faits en *délits* (1).

Indiquons, encore, qu'en ce qui concerne les circonstances atténuantes, la loi de 1863 avait restreint les pouvoirs du juge correctionnel, mais que le décret du gouvernement de la Défense nationale du 27 novembre 1870 a supprimé cette restriction et rendu aux juges correctionnels les pouvoirs que leur donnait la législation de 1832. Nous aurons à revenir sur ces derniers points en étudiant spécialement les circonstances atténuantes.

On peut, en définitive, dire que le régime actuel permet véritablement de pondérer la peine suivant la culpabilité, et de faire ainsi bonne justice, en donnant à la fois satisfaction aux droits de l'humanité et aux exigences sociales.

INTRODUCTION

DÉLIMITATION ET DIVISION DU SUJET.

1. — ÉLÉMENTS DE LA CULPABILITÉ.

La loi pénale ne doit pas seulement définir et classer les infractions ; elle doit surtout en déterminer les éléments essentiels. Il faut tout d'abord un acte défendu par la loi pour qu'il soit punissable, c'est l'élément matériel ; mais il faut aussi, pour conclure de l'existence de l'infraction à la culpabilité du prévenu et à la nécessité de la répression, apprécier l'*élément moral* et *intentionnel*, c'est-à-dire reconnaître la *responsabilité* de l'agent, et déterminer, en le supposant responsable, dans quelle mesure il doit être puni de sa faute.

Les jurisconsultes romains admettaient, comme nous, la règle

---

(1) Ces faits, au nombre de vingt-quatre, sont ceux prévus par les articles 134, — 142, — 143, — 153, 154,—155 § 2, — 156, 157, 158,—160,—174 § 2, — 228, — 241, — 251, — 279, — 305, — 309 § 1, 310, — 345 §§ 2 et 3, — 362 §§ 1 et 2, 361 § 2, — 362 § 3, 364 § 3, —363 et 364 § 2, — 366, — 387 § 1,—389, — 399 § 2, — 400 § 2, — 418 § 1.

que la volonté de nuire ou l'*intention coupable* était de l'essence
des crimes et des délits, et que sans elle le crime ou le délit
n'existe pas: « *Crimen contrahitur si et voluntas nocendi interce-
dat: cæterum ea quæ ex improviso casu, potius quam fraude acci-
dunt, fato plerumque, non noxæ imputantur. In maleficiis, voluntas
spectatur, non exitus.* »

Les poètes professaient la même théorie. Sénèque le Tragique
la formulait admirablement dans ce vers :

Non est nocens, quicumque non sponte est nocens.

C'est la même doctrine qu'exprime Phèdre :

.... *Veniam ei dari decet
Qui casu peccat.....*

De là les principes que la loi a dû poser en matière de *responsabilité pénale* et d'*imputabilité*, et les distinctions qu'elle a dû
faire, selon que des circonstances particulières et exceptionnelles rendent le fait *légitime* ou seulement *excusable*, ou même,
en certains cas, selon qu'elles rachètent la faute. Ces principes
fondamentaux ont été proclamés dans le Code de 1810, et ils
n'ont pas varié, malgré les légers changements introduits dans
quelques pénalités, et l'extension des circonstances atténuantes
apportée par la loi du 28 avril 1832.

II. — CAUSES D'IRRESPONSABILITÉ ET DE NON-IMPUTABILITÉ.

D'abord, l'agent qui a commis le fait matériel constituant
l'infraction ne peut en être responsable que s'il a *compris* qu'il
faisait mal et s'il a *volontairement* et *librement* agi. La responsabilité suppose donc l'exercice de l'intelligence et de la liberté,
et, par conséquent, tous les faits qui suppriment ces facultés
ont pour résultat d'exclure la *responsabilité pénale*.

C'est en vertu de ce principe fondamental que le Code pénal
a établi, dans les articles 64 et 66, comme causes d'*irresponsabilité*
ou de *non-imputabilité* (1), résultant de la privation de l'intelli-

---

(1) Ces deux expressions ont à peu près la même signification; cependant la
responsabilité se dit de l'agent, et l'*imputabilité* s'applique aux actions. Burlamaqui distingue même l'*imputabilité* de l'*imputation*. la première est une
qualité générale des actions, la seconde est l'acte par lequel nous jugeons si telle
action doit être imputée à son auteur. (Burlamaqui, *Principes du droit de la
nature*, chap. III et XI.)

gence et de la volonté : 1° la démence, au temps de l'action ;
2° la contrainte, par une force à laquelle on n'a pu résister,
physique ou morale (1) ; 3° la faiblesse de l'âge, ne permettant pas
le discernement du bien et du mal. Il faut ajouter que le délire,
en cas de maladie, et le somnambulisme, détruisant presque
toujours, à la fois, le discernement et le libre arbitre, qui sont
les deux conditions de la responsabilité, ôtent, par là même,
tout caractère moral aux actions commises dans ces différents
états ; elles ne sont pas de nature à être imputées à l'agent, qui
ne s'en est pas rendu compte, et dont l'état doit être assimilé à
une démence momentanée.

Mais l'ivresse ne peut être considérée comme une cause d'irresponsabilité, car, d'une part, on est responsable du fait même
de l'ivresse, et, de l'autre, on sait qu'en se mettant dans un pareil état, on s'expose à toutes les suites, et, par conséquent, on
les accepte implicitement.

Pour celui qui se met volontairement en état d'ivresse, dans
l'intention expresse de commettre un crime et afin de se donner
du courage, il est évident que, bien loin de diminuer par là sa
part de responsabilité dans l'action, il l'augmente, au contraire,
puisqu'il fait des efforts pour écarter violemment les scrupules
ou les hésitations qui auraient pu arrêter le crime (2).

La surdi-mutité n'est pas, non plus, une cause d'irresponsabilité. Aucune disposition ne lui donne ce caractère ; il résulte,
au contraire, des précautions prises par l'article 333 du Code
d'instruction criminelle, en faveur des sourds-muets, quand ils
sont accusés, que la protection dont la loi les entoure ne va pas
jusqu'à leur assurer l'impunité des crimes dont ils peuvent
s'être rendus coupables, quand ils ont l'intelligence du bien et
du mal.

On ne peut, non plus, admettre que les passions, quelque
fougueuses qu'elles soient, enlèvent la raison et la liberté
morale des actes. La loi n'a donc pu assimiler à la démence
l'état de l'individu qu'une passion, même violente, a entraîné au
crime.

(1) En ce cas, dit Burlamaqui, l'auteur de la violence est la vraie et seule
cause de l'action, lui seul en est responsable, et, l'agent immédiat étant purement
passif, le fait ne peut pas plus lui être imputé qu'à un instrument dont on se
servirait pour frapper.
(2) Paul Janet, membre de l'Institut, *Traité de philosophie.*

III. — CAUSES DE JUSTIFICATION.

Dans d'autres cas, il peut arriver qu'un acte, bien que rentrant dans la définition légale d'un délit, et commis par l'agent avec intelligence et volonté, ne soit pas criminel, parce qu'il a été exécuté dans des circonstances particulières et exceptionnelles qui le rendent légitime, l'agent ayant le droit ou même le devoir de l'accomplir. L'existence de ces circonstances exceptionnelles emporte la *justification* du prévenu ; aussi, ces circonstances qui détruisent la criminalité d'une action reçoivent le nom de *faits justificatifs*.

C'est ce qui arrive dans les cas suivants, prévus et spécifiés par le Code pénal : 1° le fait était ordonné par la loi et commandé par l'autorité légitime (art. 327) ; 2° le fait a été commis par l'auteur en état de légitime défense, et *il n'y a ni crime ni délit*, dit l'article 328, lorsque l'homicide, les blessures et les coups étaient commandés par la *nécessité actuelle* de la légitime défense de soi-même ou d'autrui ; l'article 329 ajoute qu'il faut comprendre dans les cas de nécessité actuelle de défense : 1° le fait de repousser *pendant la nuit* l'escalade ou l'effraction des clôtures, murs ou entrée d'une maison ou d'un appartement habité ou de leurs dépendances ; 2° la défense contre les auteurs de vols ou de pillages exécutés avec violence.

Dans ces diverses circonstances, l'agent peut dire : *feci, sed jure feci*.

La défense de notre vie injustement menacée est un droit *naturel* qui justifie tout acte de violence, l'homicide même, ainsi que l'exprimait éloquemment Cicéron en disant : « Il est une loi sacrée, juges, loi non écrite, mais innée dans l'homme, loi antérieure aux légistes, et que la nature nous offre gravée dans son code immortel, où nous l'avons puisée. Cette loi nous crie : Dans un péril imminent, préparé par l'astuce ou la violence, sous le poignard de la cupidité ou de la haine, tout moyen de salut est légitime. » (*Orat. pro Milone.*)

Ce droit était consacré par plusieurs lois romaines, réputant légitime tout ce qui aurait été fait *ob tutelam corporis sui* (Dig., *De just. et jure* ; *De vi et vi arm.* ; *Ad legem Aquiliam*) (1).

_____

(1) « Adversus periculum naturalis ratio permittit se defendere. — Vim vi
» repellere, omnes leges omniaque jura permittunt. Qui cum aliter se tueri non
» possunt, damni culpam dederit innoxii sunt. — Jure hoc evenit ut quod
» quisque ob tutelam corporis sui fecerit, *jure fecisse* existimetur. »

Tous les criminalistes anciens avaient admis cette maxime, que la légitime défense exclut l'imputabilité de toute violence, même extrême : aussi elle est passée du Code pénal de 1791 dans notre article 328, d'après lequel deux conditions doivent concourir pour légitimer les violences employées comme moyen de défense, savoir : qu'elles aient été déterminées par une *agression illégitime* contre la sûreté d'une personne, et qu'il y ait eu *nécessité actuelle de tuer* ou de blesser. « L'homicide est légitime, a dit M. Monseignat dans son rapport, lorsqu'il est commandé par la défense de soi-même, soit qu'on ait été frappé ou qu'on se trouve dans un pressant danger de l'être, et que, ne pouvant attendre des secours de la loi, entraîné par l'instinct conservateur de son existence, on repousse la force par la force, ou que, voulant arracher un homme à un péril imminent, on ôte la vie à celui qui allait donner la mort. »

L'attaque contre *les biens* peut-elle être admise comme cause justificative ? La loi romaine n'avait en vue que la défense de la personne, *tutela corporis.*

Il semble résulter des termes de l'article 328, *défense de soi-même* ou *d'autrui*, qu'il n'admet pas qu'il soit légitime de tuer le voleur qui n'attaque et ne menace pas la personne. Il faut reconnaître, avec les auteurs (1), que la défense des propriétés justifie l'homicide et les coups, mais seulement dans les cas auxquels peut s'appliquer l'une des deux dispositions de l'article 329, spéciales pour l'escalade et l'effraction pendant la nuit, et pour les vols avec violence.

Mais le danger pour la pudeur peut-il légitimer l'exercice du droit de défense ?

Oui, répond M. Bertauld, car il y a des atteintes à l'honneur qui sont plus redoutées que des atteintes à la vie.

Cependant il faut reconnaître que la loi, dans l'article 328, ne fait aucune allusion à ce cas, sauf ce qu'elle prévoit, à titre d'excuse, dans l'article 325. Cependant on doit reconnaître que certaines violences accompagnant des attentats à la pudeur peuvent être telles, comme en cas de viol ou de tentative de viol, qu'elles donneraient évidemment lieu à la défense légitime de l'article 328.

La loi française a eu la prudence de ne pas trancher *a priori* ces diverses questions, qui sont autant des questions de fait

(1) Carnot, sur l'article 328, n° 4. — Chauveau et Hélie, t. VI, p. 69-72. — Le Sellyer, t. 1, n° 135.

que des questions de droit. Elle a consacré une règle générale dans l'article 64 ; elle l'a appliquée dans les articles 327, 328, 329 ; elle a laissé l'appreciation des circonstances à la raison et à la conscience du juge, et elle n'a pas eu la pensée d'indiquer limitativement les causes de non-imputation (1).

Ce serait le cas d'appliquer la maxime : *vim vi repellere licet.*

Nous avons dû entrer dans ces distinctions en vue de la comparaison que nous ferons des législations etrangères, qui, pour la plupart, ont spécifie ces différents cas.

On voit qu'entre les causes de *non-imputabilité* et les causes de *justification*, il y a ce caractère commun qu'elles excluent la culpabilité, et, pour les unes et les autres, la loi se sert d'une même expression dans les articles 64, 327 et 328, en disant : « *il n'y a ni crime ni délit.* »

Beaucoup de criminalistes ne les distinguent pas non plus, et leur donnent la dénomination d'*excuses péremptoires* ou *absolutoires.* Cette dernière expression n'est exacte que dans le sens de l'article 364 du Code d'instruction criminelle, en ce que l'*absolution* doit être prononcée, en cas de poursuite, si le fait n'est pas défendu par une loi pénale ; or, ici la loi déclare elle-même qu'il n'y a *ni crime ni délit.*

Toutefois, c'est à tort que quelques auteurs donnent le nom de *faits justificatifs* aux *causes d'irresponsabilité.* L'absence de toute infraction n'est pas un fait justificatif, dans le sens où l'on applique ces mots à la démence ou à la contraite, puisque le fait justificatif suppose qu'on a agi *volontairement*, mais *avec droit* d'agir.

De même, ce sont des dénominations vicieuses que celles d'*excuses légales*, excuses péremptoires, qu'on donne quelquefois aux causes de non-imputation, car elles confondent l'*irresponsabilité* avec l'*excusabilité* ; l'agent *irresponsable* n'a pas besoin d'être *excusé.* Le rapprochement des articles 64 et 65 repousse d'ailleurs toute communauté de qualification pour les causes d'irresponsabilité et les causes d'excuse.

IV. — EXCUSES PROPREMENT DITES.

Que doit-on donc entendre par *excuses* ?

L'*excuse*, dans son sens juridique, est une circonstance, déterminée par la loi, qui *diminue, sans la faire disparaître, la*

(1) Bertauld, *Cours de Code pénal*, p. 367.

criminalité d'une action ou la culpabilité de son auteur. Toute excuse suppose donc un fait contraire au droit, et un agent coupable de ce fait. L'excuse *atténue* seulement la gravité de la culpabilité, et son unique influence est, par suite, d'*atténuer la peine*, pour qu'elle soit toujours proportionnée à la criminalité de l'infraction et à la culpabilité de l'agent : mais elle *laisse subsister* l'infraction et *suppose la culpabilité*, ainsi que le montre du reste la rubrique du § 3, section III, chapitre I, titre II du livre III du Code pénal : « *Crimes et délits excusables.* »

On voit donc que c'est à tort qu'on nomme *excuses*, soit péremptoires, soit absolutoires, les causes d'*irresponsabilité*, ou de *justification*, dont j'ai parlé précédemment, puisque celles-ci, faisant disparaître le délit lui-même, et étant exclusives de toute culpabilité, *écartent* par conséquent *toute peine*, et diffèrent, par cela même, essentiellement du caractère *simplement atténuant des excuses*.

V. — DÉTERMINATION ET DIVISIONS DU SUJET DE CETTE THÈSE.

Les cas de non-imputabilité et les faits justificatifs ne rentrant pas dans notre sujet, qui ne comprend que les causes *d'atténuation des peines*, ce qui suppose, au contraire, la responsabilité et la culpabilité de l'agent, il suffit de les avoir énumérés plus haut, avec les distinctions que nous avons faites, et nous n'aurons pas à nous en occuper, sauf pour quelques rapprochements indispensables.

Nous étudierons donc seulement : 1° les *excuses légales proprement dites* ; 2° les *circonstances atténuantes*.

En étudiant ces deux sources d'atténuation des peines, nous devrons nous occuper de leurs effets ; cependant nous ne nous engagerons pas dans le détail de toutes les peines qui sont la conséquence de l'admission des excuses ou des circonstances atténuantes, ce qui formerait un autre sujet et entraînerait en dehors des limites qu'assignent la nature et le but de ce travail.

Enfin, les relations entre les peuples étrangers ont pris un tel développement, qu'il est devenu d'autant plus intéressant de connaître leurs législations, et de les comparer à la nôtre. Ces études de législation comparée tendent d'ailleurs à se généraliser, et elles ont une grande importance, non seulement au point de vue scientifique et moral, mais aussi parce qu'elles permettent d'apporter, dans les législations des différents pays, les améliorations qui apparaissent comme nécessaires et que les nations voisines ont déjà réalisées.

Nous ferons donc suivre l'examen du droit criminel français, sur les *causes d'atténuation des peines*, d'une revue comparative des principales législations étrangères, sur le même sujet, en nous bornent à celles de l'Europe ; puis, dans une dernière partie critique, nous essaierons de faire ressortir les améliorations que comporterait notre législation française.

Puissions-nous, en traçant un tel programme, n'avoir pas été trop ambitieux !

TITRE I.

DES EXCUSES LÉGALES.

———

§ I.

CARACTÈRES SPÉCIAUX DES EXCUSES LÉGALES.

Les excuses légales consistent dans certains faits, *déterminés* par la loi, qui ont pour résultat de diminuer seulement, sans la faire disparaître, la criminalité de l'agent, et d'entraîner, par suite, une atténuation de peine; ce qui les a fait appeler, par certains criminalistes, *excuses atténuantes ou commutatives*.

Cette définition, ainsi que les distinctions que nous avons faites précédemment, sont justifiées par le rapport fait au Corps législatif par M. Ribaud : « Excuser un tort, c'est le regarder comme le résultat de circonstances qui le rendent moins blâmable dans son principe, quoique ses effets aient été aussi préjudiciables ; » et le rapporteur se résume en disant : « Il s'ensuit que les diverses excuses, directes ou indirectes, forment deux classes : la première, des excuses *absolues ou péremptoires*, lesquelles effacent le crime ou délit; la seconde, des excuses *atténuantes*; celle-ci peut se diviser en deux espèces, savoir: l'excuse dérivant de l'influence de l'âge des condamnés, et l'*excuse légale*, dans laquelle les circonstances antérieures, identiques ou postérieures au crime ou délit, affaiblissent sa gravité, libèrent de la peine portée par la loi pour ce crime ou délit, et n'en exigent qu'une autre d'une nature inférieure. »

D'autres faits, étrangers à la criminalité de l'agent, qu'ils laissent subsister entière, emportent même une sorte de *remise*, tantôt partielle et tantôt complète, de la peine, et sont également considérés comme des excuses légales, quoique n'ayant pas la dénomination expresse de crimes et délits excusables, comme ceux dont il est parlé dans les articles 321 et suivants.

De là deux catégories d'excuses légales, dont nous aurons à nous occuper séparément, et qui feront l'objet, la première, du chapitre II, et la seconde, du chapitre III de ce titre.

On peut donc dire, d'une manière générale, avec la Cour de cassation (1), que « le caractère d'excuse légale appartient à *tout fait* qui, d'après les *dispositions de la loi*, est de nature à *atténuer*, *modifier* ou *supprimer* la peine encourue à raison de l'infraction qui est l'objet de la poursuite ».

L'excuse légale pouvant amener, en certains cas, une *remise* complète de la peine, se distingue, à ce premier point de vue, des circonstances atténuantes, dont l'effet n'est jamais qu'une simple *atténuation* ou *modification* de la pénalité.

L'excuse légale diffère surtout des circonstances atténuantes, même lorsque, comme celles-ci, elle ne produit qu'une atténuation de peine, en ce que les faits d'excuses sont prévus et précisés par la loi, tandis que les faits et les considérations d'où peuvent résulter les circonstances atténuantes sont abandonnés à l'appréciation discrétionnaire des juges de répression.

Nous ajouterons que les excuses légales ne se distinguent pas moins des *causes destructives* de la criminalité, dont s'occupent l'article 64 et les articles 327 et 328. L'excuse proprement dite ne détruisant pas la criminalité de l'action, mais en modifiant seulement le caractère, il s'ensuit que, malgré l'existence d'un cas d'excuse légale, les poursuites n'en doivent pas moins avoir lieu, à la différence des cas d'irresponsabilité ou justificatifs, prévus par les articles précités.

Le caractère principal et distinctif des excuses légales est, avons-nous dit, qu'elles sont déterminées par la loi.

L'article 65 consacre ce principe en ces termes formels : « Nul crime ou délit ne peut être *excusé*, ni la peine *mitigée*, que dans

_____

(1) Cass., arrêt du 28 juin 1839, qui a sainement interprété ces termes de l'article 65, que nul crime ou délit ne peut être excusé que dans les cas où la loi déclare le fait excusable.

les cas et dans les circonstances où la loi *déclare* le *fait excusable*, ou permet de lui appliquer une peine moins rigoureuse . » Ces termes limitatifs font nettement ressortir qu'à la différence des circonstances atténuantes, qui sont applicables à tous les crimes et délits, les excuses ne peuvent être reconnues que pour certains crimes ou délits précisés par la loi.

Mais, dans cet article 65, on voit apparaître, sous une dénomination spéciale, une nouvelle cause de modification de la peine, qu'il faut encore distinguer des excuses légales et des circonstances atténuantes : ce sont les causes de *mitigation*.

§ II.

DIFFÉRENCES DES EXCUSES ET DES CAUSES DE MITIGATION DE LA PEINE.

Les causes de mitigation ne résultent point d'une relation entre le coupable et la gravité du crime ou du délit, mais seulement d'une relation entre l'état physique de la *personne* du condamné et l'*exécution* de la peine encourue, dont le mode peut être trop rigoureux pour lui, au point de vue de l'humanité et en égard à sa faiblesse. Aussi l'article 65 emploie-t-il, pour les deux hypothèses, ces expressions différentes : cas où la loi déclare le *fait excusable*, et *circonstances* où *la peine* peut être *mitigée* et remplacée par une *peine moins rigoureuse.*

La *vieillesse* et le *sexe* sont des causes de *mitigation.*

La vieillesse n'est jamais une cause d'excuse. Elle serait plus qu'une excuse et constituerait une cause exclusive de toute imputation, si elle avait abouti à la *démence sénile* et n'avait laissé survivre dans l'homme que l'enveloppe matérielle. Mais, dans les cas ordinaires, elle n'est, comme le sexe, qu'une cause de mitigation de la peine, consistant, non pas à abrogor la durée de la peine, mais à la remplacer par une peine plus douce.

« Le déclin de l'âge, a-t-on dit dans le rapport au Corps législatif, doit être également pris en considération, sinon pour atténuer la culpabilité, du moins pour ne pas appliquer des peines que cet âge rend le coupable incapable de subir. »

L'article 16 du Code pénal porte que les femmes et les filles condamnées aux travaux forcés n'y seront employées que dans l'intérieur d'une maison de force. La peine des travaux forcés est donc adoucie pour les femmes, qu'on renferme dans des maisons centrales, dites de force et de correction. Sous le Code de 1810, elles ne la subissaient pas dans des bagnes, et aujourd'hui elles ne la subissent pas encore comme les hommes, bien que le décret du 30 mai 1851, article 4, ait modifié l'article 16, en accordant à l'administration, mais exceptionnellement, la faculté de conduire les femmes condamnées aux travaux forcés dans un des établissements créés aux colonies.

De même, l'article 70, modifié par la loi du 30 mai 1851, article 5, ne permet pas qu'on prononce, contre les individus arrivés à l'âge de 60 ans *accomplis au moment du jugement*, les peines des travaux forcés à perpétuité ou à temps; lorsqu'ils ont encouru ces peines, il veut qu'elles soient à leur égard non pas *réduites*, suivant l'expression dont se sert l'article 326 pour les cas d'*excuses*, mais *remplacées*, pour le même temps, par la peine de la réclusion, soit à perpétuité, soit à temps, selon la durée de la peine des travaux forcés qu'elle remplacera (art. 5 précité) (1).

La loi a voulu adoucir, dans leur application aux vieillards, en considération de la faiblesse de leur âge, l'exécution de certaines peines, qui, par les fatigues et les travaux qu'elles entraînent, deviendraient inhumaines et se changeraient peut-être, pour eux, en une condamnation à mort. L'article 5 de la loi de 1851, qui a édicté la transportation des condamnés aux travaux forcés dans les établissements créés dans les possessions coloniales françaises, pour y être employés, selon l'article 2, « aux travaux les plus pénibles de la colonisation et à tous autres travaux d'utilité publique, » a eu un motif particulier pour abaisser à 60 ans l'âge de 70 ans qui avait été fixé jusque-là par le Code pénal, comme étant celui à partir duquel la réclusion doit être substituée aux travaux forcés.

Le Code de 1791 avait admis ces causes de mitigation de la peine. L'article 9 du titre Ier avait remplacé, pour les femmes et les filles, la peine des fers et celle des galères, par la peine de la réclusion, *pour le même nombre d'années*, dans une maison de force (2). D'après l'article 5, titre V, nul ne pouvait être déporté s'il avait 75 ans accomplis; et, d'après l'article 6, dans le cas où la loi pro-

1) La défense de l'article 70 concerne les condamnations prononcées contre les femmes, aussi bien que les condamnations prononcées contre les hommes. (Cass., 14 août 1856.)

(2) L'ordonnance des fermes du mois de juillet 1681, titre commun, articles 4 et 6, porte que, dans tous les cas où la peine des galères est ordonnée contre des hommes, la peine du fouet et du bannissement à temps ou à perpétuité sera ordonnée contre les femmes, selon la qualité du fait (Denisart, *Collection de jurisprudence*, t. III, p. 647). Avant 1789, la peine de la roue n'était pas appliquée aux femmes.

nonçait l'une des peines : des fers, de la réclusion dans une maison de force, de la gêne ou de la détention pour plus de cinq années, la durée de la peine était réduite à cinq ans pour les coupables âgés de 75 ans accomplis ou au delà. De plus, le Code pénal du 25 septembre 1791 n'admettant pas de peine perpétuelle, tout condamné à l'une des peines ci-dessus, qui avait atteint l'âge de 80 ans accomplis, était mis en liberté par jugement du tribunal criminel, rendu sur sa requête, s'il avait subi au moins cinq années de sa peine (art. 7).

L'article 72 du Code pénal contenait une disposition analogue, d'après laquelle tout condamné aux travaux forcés à perpétuité ou à temps, dès qu'il avait atteint l'âge de 70 ans accomplis, en était *relevé* et était renfermé dans une maison de force, pour tout le temps à expirer de sa peine, comme s'il n'eût été condamné qu'à la réclusion. Mais cet article a été expressément abrogé par l'article 5 de la loi de 1854, précité.

Les dispositions de l'article 70 n'ayant pas pour but de modifier la nature des peines encourues par les sexagénaires, pour les crimes par eux commis, mais seulement d'établir un mode *d'exécution* différent du mode d'exécution régulier de ces peines, la Cour de cassation en a conclu, avec raison, que, si la peine des travaux forcés, par exemple, ne peut être prononcée contre un accusé de plus de 60 ans, ce n'en est pas moins cette peine, et non celle par laquelle l'âge du condamné exige qu'elle soit remplacée, qui, au cas où des circonstances atténuantes ont été reconnues par le jury, doit servir de base et de point de départ pour l'application de l'article 463 et l'abaissement de la pénalité (1).

Cependant, quoiqu'il s'agisse en principe, dans le cas de mitigation, d'une différence dans le mode *d'exécution* de la peine, la substitution de la réclusion aux travaux forcés n'a pas lieu de plein droit ; elle doit être prononcée par le juge, et la Cour de cassation a souvent décidé qu'il y avait lieu d'annuler, en ce qui concernait l'application de la peine seulement, l'arrêt qui prononçait la peine des travaux forcés contre un individu âgé de 60 ans (2).

La loi du 30 mai 1854, qui n'est relative qu'à l'exécution de la peine des *travaux forcés*, n'a modifié les articles 70 et 71 du Code pénal, quant à l'âge du condamné, que pour ce qui concerne cette peine. Elle a laissé subsister ces deux articles en ce qui touche la peine de la *déportation* ; l'âge où cette peine est trans-

(1) Cass., 18 déc. 1856 ; 7 janv. 1858.— (2) Cass., 28 nov. 1872 ; 13 avril 1876.

formée en celle de la détention à perpétuité reste toujours fixé
à 70 ans. De même, cette loi n'a point parlé de la peine de *mort*.
Il en résulte que cette dernière peine peut être appliquée aux
sexagénaires, et même aux septuagénaires, aussi bien qu'à tous
autres.

Je me suis plus étendu sur les circonstances où la peine doit
être mitigée, quoique ne rentrant pas directement dans mon
sujet, à cause de leur rapprochement, dans l'art. 65, des cas d'excuse, et pour mieux en détacher les excuses proprement dites.

Mais, avant d'aborder l'examen des crimes et délits *excusables*,
d'après la qualification de la loi, je veux tout d'abord m'occuper
d'une matière d'*excuse* qui, seule, a le caractère d'être générale,
s'appliquant à tous les crimes et délits, parce qu'elle procède de
l'état de la personne de l'agent, et non des circonstances du fait,
et qui présente un intérêt d'autant plus grand, qu'elle se rattache
à la solution d'un problème de l'ordre le plus élevé, en matière
de responsabilité, problème qui a été résolu de la manière la plus
diverse par les législateurs des différents pays. Je veux parler
de l'*âge*, considéré dans son influence sur l'imputabilité pénale,
et dans ses conséquences au point de vue de la culpabilité et de
la répression.

CHAPITRE I.

EXCUSE DE LA MINORITÉ DE 16 ANS.

DE L'AGE ET DE SON INFLUENCE SUR LA RESPONSABILITÉ PÉNALE DANS LES LÉGISLATIONS ANTÉRIEURES.

Si, dans ses premières années, l'enfant ne peut être considéré
comme responsable de ses actes, parce qu'il n'en comprend pas
la portée, il arrive un moment où, ses facultés intellectuelles et
morales s'etant progressivement développées, il a atteint le
degré d'intelligence et de sens moral voulu pour pouvoir supporter la responsabilité de ses actes (1).

Mais à quel âge l'homme devra-t-il être rendu par la loi responsable de ses actes ? Avant qu'il ait atteint cet âge, comment

(1) Rossi, *Traité de droit pénal*, chap. XV.

sera-t-il traité par la loi s'il vient à commettre un fait délictueux ?

Les législations anciennes ont interprété de diverses ma-
nières ces questions, qui ont toujours préoccupé les criminalistes, et nous verrons, dans la dernière partie de notre thèse,
que, même encore aujourd'hui, toutes les législations euro-
péennes ne les résolvent pas de la même manière.

D'après la loi romaine, le *proximus infantiæ* n'était pas punissable, on le réputait *non doli capax*. Lorsque l'enfant se trouvait
dans cette seconde période, qui partait de 7 ans et de 9 ans et
demi, pour se prolonger jusqu'à 12 ou 14 ans, suivant le sexe,
la présomption était encore que l'enfant n'était pas responsable ;
cependant on pouvait prouver qu'il savait ce qu'il faisait, parce
que quelquefois « *malitia supplet ætatem* », et alors l'impubère
pouvait être puni, *si proximus pubertati sit, et ob id intelligat se de-
linquere*. Cependant, en vertu de cette règle, *pupillus minius
punitur*, la peine était moindre que pour un homme d'un âge
mûr : « *fere in omnibus pœnalibus judiciis ætati et imprudentiæ
succurritur* ; » et c'est sans doute sur le fondement de cette règle
que Juvénal a dit :

> *Indulge veniam pueris.*

Il faut remarquer que ces dispositions bienveillantes ne s'appliquaient pas si l'enfant avait commis un « crime atroce », car
on supposait que l'immoralité de ce crime avait dû frapper l'intelligence de l'enfant.

Ajoutons que l'inexpérience de la jeunesse ne parait pas avoir
passé sans conteste dans la jurisprudence romaine. Publius
Syrus, qui était, il est vrai, un poète plutôt qu'un jurisconsulte,
semble le repousser par la sentence suivante, portant que plus
les débuts dans le crime sont précoces, plus ils sont flétrissants :

> *Quanto prius peccatur, tanto incipitur turpius.*

La loi romaine ne l'admettait également qu'avec réserve :
*In criminibus ætatis suffragio minores non juvantur : etenim malo-
rum mores infirmitas animi non excusat.*

La loi salique dispensait l'enfant qui avait commis une faute
de payer le prix de la peine, le *fredum* ; il payait seulement la
composition.

Notre ancienne jurisprudence revint aux règles du droit romain. On trouve des arrêts dans lesquels des peines très faibles

sont appliquées à des enfants pour des crimes graves ; on pourrait aussi, malheureusement, il est vrai, citer certains autres
arrêts (de 1606 et de 1607) dans lesquels des parlements condamnent des enfants à être décapités pour de simples vols domestiques ; et un autre arrêt de 1407, rapporté dans Étienne
Pasquier *(Recherches sur la France)*, condamnant deux écoliers à
être pendus à Montfaucon pour meurtre.

On abandonnait donc cette règle, qui avait d'abord été observée, que la peine de mort ne devait jamais être appliquée aux
impubères.

Le Code pénal du 25 septembre 1791 vint heureusement introduire dans la loi des modifications dans le sens de l'atténuation des peines, et la mettre ainsi en harmonie avec les
progrès de la civilisation.

Il introduisit, en matière criminelle, la présomption d'irresponsabilité pour les enfants au-dessous de 16 ans accomplis.
Il subordonna l'application de la loi pénale à la déclaration
que l'agent mineur de 16 ans avait agi avec discernement ; si le
jury n'écartait pas la présomption d'irresponsabilité par cette
déclaration, le tribunal criminel devait, suivant les circonstances, ordonner que le coupable serait conduit dans une maison de correction, pour y être élevé et détenu pendant tel
nombre d'années que le jugement déterminerait, et qui ne pourrait toutefois excéder l'époque à laquelle l'agent attendrait l'âge
de 20 ans.

L'existence du discernement avait-elle été reconnue par le
jury, la peine de mort était convertie en vingt années de détention dans une maison de correction, et le condamné ne su-
bissait pas l'exposition ; les peines des fers, de la réclusion,
de la gêne, ou de la détention, étaient converties en une détention dans une maison de correction pendant une nombre
d'années égal à celui pour lequel il eût encouru ces peines s'il
eût eu plus de 16 ans.

En 1810, le nouveau Code adopta le système de la Constituante ; seulement il adoucit la peine correctionnelle substituée
aux peines afflictives et infamantes, ou infamantes seulement.
Il décidait (art. 67) que si le mineur de 16 ans avait agi avec
discernement, les peines seraient les suivantes: s'il avait encouru la peine de mort, des travaux forcés à perpétuité, ou de
la déportation, on le condamnait à un emprisonnement de 10
à 20 ans dans une maison de correction ; s'il avait encouru la
peine des travaux forcés à temps ou de la réclusion, on le con-

6

damnait à être renfermé dans une maison de correction pour un temps égal au tiers au moins, et à la moitié au plus, de celui auquel il aurait pu être condamné à l'une de ces peines. Dans tous ces cas, il pouvait être mis, par l'arrêt ou le jugement, sous la surveillance de la haute police, pendant cinq ans au moins et dix ans au plus. S'il avait encouru la peine du carcan ou du bannissement, il était condamné à être enfermé, d'un an à cinq ans, dans une maison de correction.

De plus, l'article 69 du Code de 1810 décidait que si le mineur n'avait encouru qu'une peine correctionnelle, la peine devait être réduite de moitié.

La loi du 24 juin 1824 vint ensuite décider que les individus, âgés de moins de 16 ans, qui n'auraient pas de complices au-dessus de cet âge, et qui seraient prévenus de crimes autres que ceux auxquels la loi attachait la peine de mort, des travaux forcés à perpétuité, ou de la déportation, seraient jugés par les tribunaux correctionnels.

Nous arrivons ainsi à la loi du 28 avril 1832. Elle n'a que peu modifié les dispositions du Code de 1810 et de la loi de 1824. Elle réglait la législation qui est encore en vigueur, et que nous allons avoir à examiner.

SECTION I.

NATURE DE L'EXCUSE RÉSULTANT DE LA MINORITÉ DE 16 ANS.

L'âge est une excuse, et la première de toutes. Mais de quelle nature est cette excuse?

L'excuse résultant de l'âge ne pouvait être comprise avec les articles 321 et suivants, placés dans le paragraphe des *crimes* et *délits excusables*, parce que ces excuses s'attachent aux faits eux-mêmes, tandis que l'excuse tirée de l'âge, résulte de la situation de la personne qui a commis l'infraction. Aussi s'est-on occupé des accusés ayant moins de 16 ans au livre II et dans le chapitre des *personnes punissables* ou *excusables*.

La place donnée aux articles 66 et 67, après l'article 64, qui proclame le principe de l'*irresponsabilité* en faveur de ceux que n'éclaire pas l'intelligence, et immédiatement à la suite de l'article 65 qui pose le principe des *excuses atténuantes*, montre suffisamment la préoccupation du législateur.

C'est qu'en effet l'âge peut être soit une cause d'irresponsabilité absolue, soit simplement une excuse, laquelle varie encore dans ses conséquences, selon que l'enfant ou l'adolescent a eu ou non le *discernement*, qui consiste dans le sentiment et la conscience du caractère délictueux de l'acte que l'on commet.

Le caractère d'excuse attaché à l'âge ressort du rapport fait par M. Ribaud au Corps législatif, à la séance du 13 février 1810. Il s'est exprimé ainsi, en parlant des personnes excusables :

« Les excuses *atténuantes* peuvent se subdiviser en deux espèces, savoir : l'*excuse* dérivant de l'*influence de l'âge*, et l'*excuse légale*, dans laquelle les circonstances antérieures, identiques ou postérieures au crime ou délit, affaiblissent sa gravité, libèrent de la peine portée par la loi pour ce crime ou délit, et n'en exigent qu'une autre d'une nature inférieure.

» Les cas d'excuse légale sont rapportés dans le § 2 de la section III du livre III (1). »

On voit que le rapporteur ne veut parler, pour ces dernières excuses, que de celles qui sont *spécialement dénommées ainsi* par la loi ; mais, les *effets atténuants* de l'âge étant également prévus et déterminés par la loi, on peut dire que l'âge est de même et véritablement une excuse légale, quoique d'une espèce particulière.

Le développement intellectuel, comme le développement matériel, se produit graduellement et par succession lente et continue ; il varie d'ailleurs selon les individus et les natures, et aussi selon les contrées et climats. De là la difficulté de poser des règles générales et de partager en périodes la vie humaine, suivant des présomptions qui souvent seraient fausses.

Cependant on peut dire qu'au point de vue de l'imputabilité pénale, la vie humaine peut être partagée en trois grandes périodes : pendant la première, il est *certain* que l'enfant est inconscient des actes qu'il accomplit ; ces actes ne sauraient donc lui être imputables ; pendant la deuxième, il est *douteux* que l'enfant ou l'adolescent ait un discernement suffisant pour que les crimes ou les délits qu'il commet lui soient imputables ; c'est une question à examiner et à résoudre selon les individus et dans chaque espèce ; pendant la troisième, l'homme a acquis sinon la plénitude de son intelligence, du moins le développement du sens moral qui lui fait discerner le bien et le mal, et

(1) Locré, t. XXIX, p. 282.

le délit qu'il commet lui est imputable, à moins qu'il ne prouve l'existence, au moment où il l'a accompli, d'une circonstance accidentelle qui lui a ôté le discernement.

Mais il est difficile, on pourrait même dire impossible, de fixer d'une manière absolue la limite précise qui sépare ces périodes, et ce qui le prouve, c'est que cette limite varie selon les législations.

Notre législation pénale, ne voulant ni procéder par présomptions, en posant des règles générales qui souvent seraient inexactes, ni laisser aux juges de la culpabilité le droit d'examiner dans chaque espèce le discernement du prévenu, a combiné ces deux procédés. Elle a partagé la vie humaine en deux périodes, l'une qui va jusqu'à 16 ans, l'autre qui commence à 16 ans. Pendant la première, les enfants ou adolescents, qu'on appelle par abréviation *mineurs de 16 ans*, peuvent être poursuivis à raison des infractions qu'ils commettent; mais ils sont couverts par une présomption d'innocence, présomption *juris* qui ne tombe que devant la preuve qu'ils ont agi avec discernement; pendant la seconde, les adultes, au contraire, sont toujours censés avoir agi dans la plénitude de leur intelligence et de leur volonté, et, pour eux, la présomption de culpabilité, résultant d'une intention criminelle, ne tombe que devant la preuve contraire.

Ce système, qui a son origine dans le Code pénal de 1791, est consacré dans les articles 66 et 67 du Code pénal.

La loi française, comme on le remarque, n'a distingué que deux périodes dans la vie humaine, au lieu de trois, comme il eût été plus rationnel et plus exact de le faire. Ainsi, elle n'a pas fixé un âge au-dessous duquel l'irresponsabilité absolue existerait de droit, en vertu d'une présomption qui n'admettrait pas de preuve contraire.

Cependant, quoique le Code pénal n'établisse, par rapport à l'âge, qu'une seule limite, et ne sépare pas l'*enfance* de l'*adolescence*, c'est-à-dire l'âge où le défaut de discernement et de responsabilité est certain, de celui où l'imputabilité est seulement douteuse, il ne s'ensuit pas que tout individu âgé de moins de 16 ans et commettant un délit doive être poursuivi, sauf à l'acquitter s'il a agi sans discernement. La loi française n'a pu vouloir une poursuite qui, tout en étant inutile pour la répression, serait peut-être irréparable pour l'avenir de l'enfant. Elle laisse à l'appréciation des magistrats la question de savoir si l'agent doit être traduit en justice, et en réalité le ministère public ne poursuit jamais un enfant que s'il y a vraiment doute sur son discernement, et s'il a atteint l'âge de raison.

Au surplus, les instructions de la Chancellerie ont suppléé au silence de la loi sur ce point et ont réglé son application. Nous citerons notamment une circulaire de M. le Garde des Sceaux, Ministre de la Justice, Dufaure, en date du 11 mars 1876, qui, frappé de la progression du nombre des enfants acquittés comme ayant agi sans discernement, et envoyés dans des maisons de correction en exécution de l'article 66, rappelle une circulaire précédente du 20 mai 1855, qui a déjà recommandé qu'à moins de circonstances graves, des poursuites ne soient pas dirigées contre des enfants âgés de moins de 16 ans, lorsqu'ils paraissent avoir agi sans discernement. Enfin cette dernière circulaire de 1876 a spécialement « invité les parquets à s'abstenir à l'égard des enfants au-dessous de 8 ans, aucune responsabilité légale ne pouvant, sauf dans des cas exceptionnels, leur être imputée (1) ».

On comprend, par exemple, que la mise en prévention d'un enfant, même dont le discernement est très-douteux, puisse être utile, soit pour le confronter avec ses complices, soit pour l'enlever à sa famille dans laquelle il ne trouve qu'une éducation pernicieuse, au moyen d'une déclaration de culpabilité sans discernement.

La conséquence des principes qui précèdent, c'est que, dans la première période de l'enfance, la faiblesse de l'âge étant un état naturel dans lequel l'intelligence n'est pas encore développée, est, comme la démence, une cause de *non-imputabilité*.

Mais l'âge de moins de 16 ans, quand il n'est pas une cause *exclusive d'imputabilité*, est véritablement une excuse légale, c'est-à-dire une cause seulement *restrictive* de l'*imputabilité*, qui, sans effacer la criminalité, la diminue et en restreint la gravité, et exerce, par suite, une grande influence sur la nature et la quotité de la peine.

Nous disons que l'âge pour les mineurs de 16 ans est une excuse, et non, comme l'âge pour les vieillards, une cause de mitigation de peine. Il est bien vrai que les causes de mitigation sont subordonnées à la qualité de l'agent, mais elles ne réagissent pas sur le caractère du fait, elles n'ajoutent ou n'enlèvent rien à sa criminalité, et elles n'ont d'effet que sur le

(1) Circulaire rapportée dans le *Bulletin officiel du ministère de la justice*, année 1876, p. 46.

mode d'exécution de la peine ; tandis que, pour les enfants et les adolescents, leur âge diminue essentiellement le degré de la criminalité, et c'est pour cela que la peine elle-même est modifiée quant à sa nature et à sa durée.

La minorité de 16 ans est donc véritablement un cas d'*excuse légale*, et il y a minorité de 16 ans tant que la 16ᵉ année n'est pas accomplie au moment de l'infraction.

Presque tous les auteurs, et notamment MM. Rauter, Ortolan, Blanche, Le Sellyer, Chauveau, Faustin-Hélie, Bertauld, soutiennent, comme nous, que la minorité de 16 ans est bien un cas d'excuse légale.

Telle est aussi la solution constante de la jurisprudence. Un seul auteur, à notre connaissance, M. Boitard, est de l'avis contraire.

SECTION II.

INFLUENCE DE LA MINORITÉ DE 16 ANS SUR LA COMPÉTENCE.

L'excuse de la minorité de 16 ans a cela de particulier qu'elle n'opère pas seulement sur la peine ; elle a, de plus, pour effet de modifier, dans certains cas, la compétence.

Le Code pénal de 1810 n'avait attribué qu'un seul effet à l'excuse dérivant de la minorité de 16 ans: c'était de modifier ou même, dans certains cas, de supprimer la peine ; mais il s'était abstenu de toucher à l'ordre des juridictions, et avait laissé tous les crimes commis par les mineurs de 16 ans dans la compétence des Cours d'assises.

Quelques années plus tard, on pensa qu'il était convenable de faire plus encore pour les mineurs de 16 ans. On se demanda s'il n'était pas permis, au moins pour certains crimes, de les soustraire à l'ignominie de la Cour d'assises et de les renvoyer devant la juridiction moins infamante du tribunal correctionnel.

La loi du 25 juin 1824 donna cette satisfaction à l'opinion publique, et l'une des revisions de la loi du 28 avril 1832 a été d'introduire, en le modifiant seulement à l'égard de l'application de la peine nouvelle de la détention, l'article 1ᵉʳ de cette loi dans l'article 68 du Code pénal, d'après lequel l'individu âgé de moins de 16 ans, qui n'a pas de complices présents au-dessus de cet âge, et qui est prévenu de crimes autres que ceux que la loi punit de la peine de mort, des travaux forcés à perpétuité, de la déportation ou de la détention, est jugé par les tribunaux correctionnels, qui se conforment aux articles 66 et 67.

Il suit de là une autre exception particulière à l'excuse de la minorité de 16 ans : contrairement à la règle d'après laquelle c'est au jury en matière criminelle, ou au juge, de répression, qu'il appartient de statuer sur les excuses, et notamment sur l'âge (art. 339 C. inst. crim.), dans l'hypothèse de l'article 68, il appartient au juge des mises en prévention, et à celui des mises en accusation, d'examiner et de résoudre une question d'excuse. Ce droit, ils le tiennent de la nature même des choses. Appelés à régler la compétence, et la compétence ne pouvant se déterminer que par l'âge du prévenu, il est clair qu'ils doivent nécessairement rechercher et décider si celui-ci est ou non un mineur de 16 ans.

Les mineurs de 16 ans qui se trouvent dans le cas de l'article 68 jouissent donc, à raison de leur âge, d'une première atténuation quant à la manière d'être jugés, et n'ont à se défendre de certains crimes que devant la juridiction correctionnelle ; mais ce n'est qu'une faveur qui n'influe pas sur la peine, et ne se rattache pas à l'idée d'excuse.

SECTION III.

EFFETS DE L'EXCUSE DE LA MINORITÉ DE 16 ANS.

Le véritable effet de l'excuse dérivant de la minorité de 16 ans est plus ou moins étendu, suivant que l'excuse résultant de l'âge est ou n'est pas accompagnée d'une autre excuse découlant du défaut de discernement.

Si l'excuse se réduit à la minorité de 16 ans, la peine n'est que modifiée (art. 67 et 69) ; si elle se complète par le défaut de discernement, la peine est absolument effacée (art. 66), et le juge n'a plus que le choix ou de remettre le mineur de 16 ans à ses parents, ou de lui infliger, dans l'intérêt de son avenir, une détention dans une maison de correction, pour y être élevé pendant un certain nombre d'années, qui ne peut excéder sa vingtième année.|

Le mineur que son âge permet de supposer responsable de
ses actes peut donc avoir agi soit *sans* discernement, soit *avec*
discernement; ce sont les deux cas prévus par les articles 66 et
67, et qu'il faut examiner séparément.

§ I.

CAS OU LE MINEUR DE 16 ANS A AGI SANS DISCERNEMENT, ET CONSÉQUENCES DE CETTE DÉCLARATION.

Pour juger un mineur de 16 ans, la juridiction compétente
doit résoudre deux questions : la question de *culpabilité* et la
question de *discernement*.

Si le juge déclare le mineur *non coupable*, la conséquence de
cette déclaration est un acquittement absolu; non seulement
aucune peine ne peut être prononcée contre le mineur, mais
aucune mesure de détention ou d'éducation ne peut être ordonnée contre lui.

Si, au contraire, le juge affirme la culpabilité, alors vient la
question de savoir si le mineur a agi avec discernement.

S'il a agi avec discernement, il y aura condamnation, sauf à
prononcer la peine telle qu'elle est modifiée dans ce cas par
les articles 67 et 69.

S'il est décidé, au contraire, que l'accusé, ayant moins de
16 ans, a agi sans discernement, il sera acquitté, dit l'article 66,
mais il sera, selon les circonstances, remis à ses parents, ou
conduit dans une maison de correction, pour y être élevé et
détenu pendant tel nombre d'années que le jugement déterminera, et qui, toutefois, ne pourra excéder l'époque où il aura
accompli sa vingtième année.

Il est donc essentiel, d'après ce qui précède, de bien distinguer l'*absence d'intention criminelle*, qui fait disparaître la culpabilité et fait renvoyer le mineur, purement et simplement,
des poursuites, sans dépens, d'avec le *défaut de discernement*,
dont il n'y a lieu de s'occuper que si la question de culpabilité
a été résolue affirmativement, et qui a pour effet, quand il est
reconnu, de faire déclarer le mineur acquitté, sans doute, mais
avec condamnation aux frais, et avec faculté pour le juge
d'ordonner qu'il sera détenu, pendant un temps plus ou moins
long, dans une maison de correction.

On voit déjà que, pour le mineur de 16 ans, il n'est pas indifférent d'être renvoyé des poursuites, ou parce qu'il n'est pas coupable, ou parce qu'il a agi sans discernement.

A un autre point de vue, en prescrivant de poser une question spéciale sur le discernement, le Code d'instruction criminelle démontre que le défaut de discernement ne doit pas être confondu avec l'absence d'intention criminelle ; car sans cela pourquoi consulter le juge par une question particulière sur le discernement? la question sur la culpabilité la comprendrait. Pour que la loi ait ordonné la position d'une question distincte et secondaire sur le discernement, il faut évidemment qu'elle ait entendu que le discernement se distinguait de l'intention criminelle, En admettant cette distinction, la loi n'a fait que consacrer une incontestable vérité. On a, par l'intention, la volonté de bien ou de mal faire, et, par le discernement, la faculté d'apprécier si l'on fait bien ou mal. Le mineur de 16 ans peut avoir exécuté, avec une intention coupable, une action qualifiée crime ou délit, mais il peut en même temps, à cause de la faiblesse de son âge, n'avoir pas discerné toute l'immoralité et les conséquences de son action. Il peut être coupable à raison de l'acte qu'il a accompli et de l'intention qui a accompagné cet acte, et excusable à raison de l'imperfection de son discernement.

On voit, comme nous l'avons déjà dit, la différence essentielle qui existe, quant au résultat, entre l'absence d'intention criminelle et le défaut de discernement. Dans le premier cas, le juge n'a pas à se demander si l'accusé ou le prévenu trouve une excuse dans son âge ou son défaut de discernement; il doit le renvoyer purement et simplement des poursuites, parce que son action manque de l'élément qui la rend coupable. Dans le second cas, son action n'est qu'excusée.

La question de discernement, quoique secondaire, n'en est pas moins essentielle, et elle est laissée à l'appréciation du juge du fait, qui a à résoudre dans sa conscience un problème des plus délicats.

Le mineur de 16 ans, déclaré coupable, a-t-il agi sans discernement, il devra être acquitté, aux termes de l'article 66 du Code pénal. Mais quelle est la nature et quels sont les effets de cet acquittement?

Cette question a été diversement résolue dans la doctrine. Deux systèmes sont en présence; certains auteurs, notamment M. Blanche, disent que la loi a commis une erreur en se servant, dans l'article 66, du mot *acquitté*, qu'il valait mieux dire *absous;* d'autres, au contaire, par exemple MM. Chauveau et Faustin-Hélie, pensent que l'acquittement prononcé en faveur du mineur ayant agi sans discernement est un véritable acquittement. Nous devons examiner rapidement les motifs sur lesquels s'appuient ces deux systèmes, et nous serons ensuite amenés à délarer que nous les trouvons l'un et l'autre trop absolus, et que la vérité se trouve entre ces systèmes.

Suivant M. Blanche, lorsque le mineur n'est renvoyé des poursuites que pour avoir agi sans discernement, c'est que le juge a reconnu préalablement qu'il a commis le fait qui lui est imputé, que ce fait constitue une infraction punissable, qu'il a été exécuté avec une intention criminelle, et qu'il n'est pas couvert par la prescription. Or le renvoi par acquittement n'ayant lieu que dans les cas où il est jugé que l'inculpé n'a pas exécuté le fait pour lequel il est poursuivi, la conséquence est que le mineur de 16 ans, renvoyé de l'action pour avoir agi sans discernement, n'est pas acquitté, mais simplement absous. M. Blanche trouve un appui sérieux dans un arrêt de la Cour de cassation du 2 juin 1831.

Dans le système contraire, on dit que l'absolution, en renvoyant des poursuites, empêche la peine d'être prononcée ; mais l'absolution exige la culpabilité, et le défaut de discernement, au contraire, donne naissance à la non-culpabilité, et, par conséquent, à l'acquittement ; donc l'agent non coupable est acquitté et non absous.

Pour nous, nous croyons qu'il faut accepter les expressions de l'article 66 qui déclare le mineur acquitté et non absous ; mais nous dirons que cet acquittement, basé sur le défaut de discernement, a un caractère tout spécial ; la sentence qui le prononce est, à certains points de vue, une sentence d'absolution, puisque le mineur est déclaré coupable ; à d'autres, une sentence d'acquittement, puisqu'il n'est pas pénalement responsable.

La sentence ressemble à une absolution aux points de vue suivants : elle est prononcée par un arrêt de la Cour d'assises et non par une simple ordonnance du président, parce qu'il y a, même dans ce cas, des mesures à prendre à l'égard du mineur, remise à ses parents ou renvoi dans une maison de correction ; elle entraine la condamnation du mineur aux frais du procès.

Elle ressemble à un acquittement en ce qu'aucune peine ne peut être prononcée contre le mineur, pas même le renvoi sous la surveillance de la haute police ; comme elle est la conséquence d'un verdict du jury qui a déclaré que le mineur avait agi sans discernement, ce qui entraîne l'exemption de toute peine, elle est, comme tout autre acquittement, à l'abri d'un recours en cassation ; les articles 350 et 360 du Code d'instruction criminelle lui sont donc applicables.

Enfin, il est fait mention, au casier judiciaire du mineur, de ce fait qu'il a été acquitté comme ayant agi sans discernement, ce qui est un caractère propre de cette sentence d'acquittement, puisque les bulletins n° 2 ne mentionnent d'ordinaire ni les absolutions ni les acquittements.

Nous savons maintenant quelle est la nature de la sentence d'acquittement prononcée à l'égard du mineur ayant agi sans discernement : quels seront les effets de cette sentence ?

Nous venons de les indiquer à l'instant, mais il importe de revenir sur les principaux, en étudiant spécialement l'article 66 du Code penal.

Si l'acquittement est une conséquence nécessaire, en toute matière, du défaut de discernement, en matière de crimes et délits des mesures de correction pourront être prises contre le mineur acquitté. Ces mesures de correction, dont il est parlé dans l'article 66, et qui viennent du Code pénal de 1791, consistent dans le renvoi du mineur acquitté dans une maison de correction *pendant tel nombre d'années*, disons plutôt *pendant tel temps* que le jugement déterminera, mais qui ne pourra excéder sa vingtième année.

Nous disons pendant « *tel temps* », quoique, l'article 66 ne fixant pas de minimum à la détention qu'il autorise, on avait conclu des mots *tel nombre d'années que le jugement déterminera*, que le minimum était un an. Cette solution était évidemment inexacte ; si l'on suppose, en effet, le mineur âgé de plus de 19 ans le jour du jugement, il faut bien donner au juge le droit d'ordonner une détention inférieure à un an (Cass., 8 fév. 1833).

La Cour de cassation revient, dans cet arrêt, sur son ancienne doctrine ; elle avait en effet décidé, le 11 octobre 1811, que la détention ne pouvait être de moins d'une année.

Remarquons également que l'article 66 du Code pénal commence ainsi : « Lorsque l'accusé.... » : de là faut-il conclure qu'il ne comprend point les prévenus coupables d'un délit ? S'il comprend les mineurs de 16 ans accusés de crimes, on ne voit pas pourquoi la loi aurait moins favorisé ceux qui ne sont prévenus que de délits.

Du reste, si l'on soutenait la négative, ce qui eût peut-être été admissible avec la rédaction du Code de 1791, qui disait : « si les *jurés* décident que le coupable a commis le *crime* sans discernement...., » où serait dans le Code pénal le texte portant que le mineur, auteur d'un délit commis sans discernement, doit être acquitté ? et cependant il est juste et de toute nécessité que le mineur accusé d'un crime ou prévenu d'un délit soit exempt de peine, quand le discernement ne l'a pas guidé dans son œuvre coupable. Les dispositions de l'article 66 du Code pénal sont générales et atteignent les prévenus comme les accusés.

Nous irons même plus loin, et nous dirons que, même en matière de simple police, le juge doit se poser la question de savoir si le mineur de 16 ans qui a commis une contravention a bien agi avec discernement ; et s'il croit qu'il a agi sans discernement, il doit l'acquitter. Cette solution a été contestée ; on nous objecte que les articles 66 et suivants ne parlent pas du tout de cette question. Mais l'article 66 est l'expression d'un principe ; il n'avait pas besoin d'être écrit dans la loi, puisqu'il résulte de la nature même des choses. On dit, d'autre part, que les contraventions sont toujours punissables, sans avoir égard à l'intention de nuire ; mais cette objection est sans valeur : n'avons-nous pas, en effet, démontré qu'il ne fallait pas confondre le défaut d'intention de nuire et le défaut de discernement. On doit, suivant nous, à tous les degrés de juridiction, examiner si le mineur a agi avec ou sans discernement, puisque jusqu'à l'âge de 16 ans il est toujours douteux qu'il existe, et que ce n'est pas à raison de la nature de l'infraction, mais à raison de l'âge de l'inculpé, que se pose la question du discernement. Cette solution avait été celle de la Cour de cassation pendant longtemps ; elle s'en était écartée par un arrêt du 12 février 1863, mais depuis elle est revenue à sa première jurisprudence, notamment dans son arrêt du 17 février 1876.

Disons également que l'article 66 sera applicable aux infractions prévues par des lois spéciales, et commises par des mineurs de 16 ans ; c'est l'opinion actuelle de la Cour de cassation qui, après des hésitations, a consacré ce principe, dans son arrêt du 9 avril 1875.

On ne saurait trop faire remarquer que le renvoi dans une maison de correction n'a pas les caractères d'une peine. L'exposé des motifs dit formellement : « La détention prononcée par l'article 66 ne sera point une peine, mais un moyen de suppléer à la correction domestique lorsque les circonstances ne permettront pas de confier le mineur à la famille. »

De même, un arrêt de la Cour suprême, du 25 mars 1843, déclare que « la correction autorisée par la loi n'a aucun caractère pénal, et a été instituée, au contraire, par le législateur, dans des vues de protection en faveur des individus qui en sont l'objet ».

Cette détention sera donc ordonnée lorsque les instincts mauvais du mineur de 16 ans, le penchant précoce au vice qui l'ont poussé à commettre le fait délictueux pour lequel il a été poursuivi, lui viennent de sa famille, du milieu dans lequel il a vécu jusqu'alors. Il importe de le soustraire à ces influences, dans son intérêt comme dans celui de la société. Elle sera aussi ordonnée dans le cas où la famille, quoique honnête, ne serait pas capable de prévenir les pernicieuses inclinations et de corriger les penchants vicieux du mineur de 16 ans, et qu'une correction plus sévère est nécessaire, dans l'intérêt même du mineur, comme étant seule capable de le ramener au bien.

Cette mesure n'est donc pas en contradiction avec l'acquittement qui a été prononcé pour défaut de discernement, car elle n'est une peine ni dans son but, ni dans ses effets; aussi elle ne saurait être prise en considération pour l'application des peines de la récidive, si le mineur venait à commettre plus tard une autre infraction.

La situation des mineurs dans les maisons de correction a été réglée par la loi du 8 juin 1850 sur l'éducation et le patronage des jeunes détenus.

Si les raisons qui rendent nécessaire le renvoi du mineur ayant agi sans discernement, dans une maison de correction, ne se rencontrent pas, les juges peuvent, et même doivent (car l'éducation de la famille a toujours la préférence) (1), remettre les enfants à leurs parents. La loi entend par « les parents » les père et mère; cependant la pratique a étendu cette dénomination, et cette extension, qui n'est certainement pas regrettable, s'appliquerait aux autres membres de la famille, ainsi qu'à des patrons chez lesquels les mineurs seraient en apprentissage.

En un mot, le mineur acquitté pourrait être remis à quiconque présenterait des garanties de moralité et s'offrirait à

(1) Cass., 6 avril 1842.

diriger son instruction et son éducation. Souvent même il arrive que les tribunaux renvoient le jugement de l'affaire à une autre audience, dans l'espoir que, dans l'intervalle, des personnes charitables viendront réclamer le soin de s'occuper de l'avenir de l'enfant.

De l'acquittement du mineur découlent ces conséquences qu'il ne peut être renvoyé sous la surveillance de la haute police, car cette surveillance constitue une peine, et l'acquittement emporte l'affranchissement de toute pénalité (1). Il ne pourrait non plus être condamné à une peine d'emprisonnement quelconque (2).

Mais l'acquittement comme ayant agi sans discernement n'empêche pas le mineur de pouvoir être condamné à la réparation du dommage causé par le fait dont il est l'auteur ; l'article 66 du Code pénal ne met pas obstacle à l'application de l'article 1382 du Code civil. Disons aussi qu'il sera condamné aux frais de la procédure ; quelques explications sont nécessaires sur ce dernier point, car ce que nous venons d'avancer est controversé.

La Cour de cassation, par une jurisprudence constante, et notamment par ses arrêts des 7 juillet 1864, 30 août 1866 et 10 novembre 1871, décide, par les motifs suivants, que le mineur doit être condamné aux frais, et qu'on ne peut se dispenser de le faire.

La condamnation aux frais n'est qu'une indemnité civile envers l'État, qu'une restitution des avances que le Trésor public a faites pour parvenir à la répression du fait objet de la poursuite. Le mineur de 16 ans, dans le cas où le fait délictueux imputé *est reconnu constant* par le jugement, doit, malgré son acquittement pour défaut de discernement, être considéré comme ayant *succombé* dans la poursuite, condition qui suffit, aux termes des articles 162 et 368 du Code d'instruction criminelle, pour qu'il y ait condamnation aux frais envers l'État ; en effet, l'acquittement motivé sur cette cause n'exclut pas la réalité du fait imputé, mais affranchit seulement de la peine qu'il avait encourue, celui qui en est l'objet, à *raison de son âge* et de son défaut de discernement.

Ces motifs nous semblent concluants ; aussi nous n'hésitons pas à accepter la doctrine de la Cour de cassation ; nous ajoutons même, comme elle, que les père et mère et les autres

(1) Cass., 16 août 1822. — (2) Cass., 4 octobre 1845.

personnes responsables seront soumis à la responsabilité civile, s'ils ne prouvent qu'ils n'ont pu empêcher le fait qui donne lieu à cette responsabilité (art. 1384 C. civ.).

MM. Chauveau et Faustin-Hélie sont d'un avis contraire, parce que, disent-ils, la loi criminelle ne fait peser les frais que sur ceux qui ont succombé dans la poursuite (368 C. inst. crim.); or, les juges, en déclarant que l'enfant a agi sans discernement, excluent nécessairement l'intention criminelle : cette déclaration équivaut à un plein et entier acquittement; elle exempte de la peine, elle efface le crime.

On voit de suite les causes de l'erreur de ces criminalistes; ils partent de principes qui sont absolument faux, et commettent des confusions.

Ils interprètent mal ces mots de l'article 368 du Code d'instruction criminelle : « ceux qui ont succombé dans la poursuite ; » ils confondent l'absence d'intention criminelle et l'absence de discernement ; enfin ils ont le tort de ne pas distinguer l'acquittement dont le mineur est l'objet dans l'article 66, de l'acquittement ordinaire. Il nous suffit de relever ici ces erreurs sans les discuter; nous avons eu, en effet, déjà l'occasion de nous expliquer sur ces différents points.

§ II.

CAS OU IL EST DÉCLARÉ QUE LE MINEUR DE 16 ANS A AGI AVEC DISCERNEMENT, ET CONSÉQUENCES DE CETTE DÉCLARATION.

Dans le cas où il a été décidé que le mineur de 16 ans a commis avec discernement l'infraction pour laquelle il était poursuivi, l'âge devient une excuse atténuante, la peine subsiste, mais elle est atténuée (art. 67 et 69). Nous devons nous demander dans quelle proportion se manifestera cette atténuation, et, pour répondre à cette question, nous aurons à étudier trois hypothèses, selon que le mineur aura été poursuivi pour un crime, un délit, ou une contravention.

Nous devrons nous demander également ce qui arrivera dans le cas où des circonstances atténuantes auront été accordées au mineur de 16 ans ayant agi avec discernement, mais nous réserverons cette question pour être traitée après que nous aurons étudié l'article 463 du Code pénal.

I. — CONSÉQUENCES EN MATIÈRE CRIMINELLE.

L'article 67, qui règle cette matière, est très clair; aussi nous n'aurons presque qu'à le paraphraser.

Aux peines afflictives et infamantes on substitue une peine d'emprisonnement correctionnel temporaire.

I. — La peine qui aurait été encourue par le majeur de 16 ans est-elle la mort, ou une peine perpétuelle, c'est-à-dire les travaux forcés à perpétuité ou la déportation, le mineur ayant agi avec discernement sera condamné à la peine de 10 et 20 ans d'emprisonnement dans une maison de correction.

II. — La peine qui aurait été encourue par un majeur est-elle une peine temporaire, comme les travaux forcés à temps, la détention, la réclusion, le mineur sera condamné à être renfermé dans une maison de correction pour une durée égale au tiers au moins et à la moitié au plus « du temps pour lequel il aurait pu être condamné à l'une de ces peines » s'il eût été majeur de 16 ans.

Il faut remarquer que la loi ne dit pas que la peine infligée devra être égale au tiers au moins ou à la moitié au plus du *maximum* de la peine qui aurait été infligée à un majeur de 16 ans, mais se sert simplement de ces expressions : « du temps pour lequel il aurait pu être condamné à l'une de ces peines. » Il résulte de ces expressions que ce n'est pas le maximum de chacune des peines temporaires que nous venons d'indiquer, que la Cour et le tribunal correctionnel doivent prendre en considération; mais qu'ils doivent déterminer d'abord la peine qui, dans l'espèce, serait encourue par un majeur, et opérer sur cette peine le calcul indiqué par le texte (1).

La durée de la détention ne se calculant pas nécessairement, comme nous venons de le dire, sur le maximum de la peine qui aurait pu être infligée au mineur s'il eût eu plus de 16 ans, nous pouvons dire qu'elle peut être graduée depuis le tiers du minimum jusqu'à la moitié du maximum. Indiquons un exemple : si le crime commis est puni de 5 ans au moins et de 20 ans au

(1) Cass., 10 août 1866.

plus de travaux forcés, le mineur peut être condamné à 20 mois au moins et 10 ans au plus de détention (1).

Si l'on avait admis l'opinion que nous repoussons avec la Cour de cassation, à savoir, que le tiers ou la moitié dont parle l'article 67, § 2, devrait se calculer uniformément sur le maximum des peines édictées, il serait résulté de cette opinion, dans le cas où la peine aurait été celle des travaux forcés à temps ou de la détention, que le minimum de la peine infligée au mineur de 16 ans aurait été supérieur à celui de la peine que la loi refuse de lui appliquer, puisque le minimum des travaux forcés à temps et de la détention est le quart de leur plus longue durée, et que le minimum de la peine appliquée au mineur aurait été le tiers de ce maximum, c'est-à-dire 6 ans et 8 mois, au lieu de 5 ans (2).

Nous pouvons supposer le cas où un mineur de 16 ans, ayant été condamné à l'emprisonnement par application de l'article 67, a été de nouveau poursuivi pour des faits de même gravité, antérieurs à cette première condamnation. Il y aura alors lieu, pour appliquer une seconde peine, de tenir compte de l'article 365 du Code d'instruction criminelle, relatif au cumul des peines, qui viendra se combiner avec l'article 67. Dans ce cas, le mineur ne peut être frappé d'une seconde peine d'emprisonnement, qui, réunie à la première, dépasserait le maximum de la peine encourue. C'est ce que la Cour de cassation a décidé par un arrêt du 5 mars 1852.

L'espèce jugée par la Cour de cassation était la suivante: Un mineur de 16 ans avait été condamné par le tribunal de Nancy en 5 années de détention dans une maison de correction, pour soustractions frauduleuses. Ce mineur avait ensuite été, pour des faits de même gravité commis à une époque antérieure au premier jugement, condamné par un arrêt de la Cour d'assises de la Meurthe à 10 années de détention, et il avait été décidé que cette seconde peine ne se confondrait pas avec la première. Le mineur se trouvait donc avoir à subir 15 années de détention. Or la peine encourue pour les faits qui avaient motivé les poursuites était celle des travaux forcés à temps. La Cour de cassation cassa l'arrêt de la Cour d'assises de Nancy, pour violation de l'article 67; la peine ne pouvait être, en effet, qu'égale, au plus, à la moitié du maximum de la peine des travaux forcés à temps encourue, soit 10 années de détention.

III. — Si le mineur a encouru la peine de la dégradation civique ou du bannissement, c'est-à-dire des peines infamantes seulement, il sera condamné à être renfermé, d'un an à cinq ans, dans une maison de correction (art. 67).

Il faut ajouter que, dans les cas où le mineur aurait encouru les peines de mort, des travaux forcés à perpétuité, de la déportation, des travaux forcés à temps, de la détention ou de la réclusion, cas que nous avons prévus sous les numéros I et II, il peut être mis sous la surveillance de la haute police pendant 5 ans au moins et 10 ans au plus.

Qu'on nous permette de regretter de voir inscrite dans notre Code cette disposition qui peut venir briser tout l'avenir d'un enfant ; nous aurons, du reste, à revenir sur cette idée lorsque nous comparerons les dispositions des codes étrangers, qui n'admettent pas qu'un mineur puisse être placé sous la surveillance de la haute police, avec notre législation pénale.

Le mineur n'étant condamné, pour crime, qu'à une peine correctionnelle, n'encourra pas les incapacités qui sont la conséquence des condamnations à des peines afflictives et infamantes, telles que l'interdiction légale, qui n'aurait, du reste, pour lui, aucun effet, puisqu'il est mineur, et la dégradation civique, qui le priverait de droits dont son jeune âge ne lui permet guère de profiter. Mais on doit induire du silence de l'article 67 sur les peines de l'amende et de la confiscation spéciale, qui accompagnent parfois, à titre de peines complémentaires, les peines afflictives et infamantes, qu'elles ne sont pas modifiées dans leur application au mineur de 16 ans.

II. — CONSÉQUENCES EN MATIÈRE CORRECTIONNELLE.

Quand un mineur de 16 ans est poursuivi pour un délit, son âge ne change légalement que la durée et la quotité de la peine. « Dans tous les cas, dit l'article 69, où le mineur de 16 ans n'aura commis qu'un simple délit, la peine qui sera prononcée contre lui ne pourra s'élever au-dessus de la moitié de celle à laquelle il aurait pu être condamné s'il avait eu 16 ans. »

Le texte primitif de l'article 69 présentait avec la rédaction actuelle deux différences ; il était ainsi conçu :

« Si le coupable n'a encouru qu'une peine correctionnelle, il pourra être condamné à telle peine correctionnelle qui sera jugée convenable, pourvu qu'elle soit au-dessous de la moitié de celle qu'il aurait subie s'il avait eu 16 ans. »

On voit d'abord que, dans la rédaction actuelle, on a substitué ces mots « n'aura commis qu'un simple délit » aux mots « n'a encouru qu'une peine correctionnelle ».

Certains auteurs ne voient pas quel intérêt il y avait à substituer l'une de ces expressions à l'autre; il y en a un cependant, qui est indiqué dans un arrêt de la Cour de cassation du 3 février 1849; l'ancien article portant: « si le coupable n'a encouru qu'une peine correctionnelle, il pourra être condamné....., » subordonnait ainsi l'exercice du pouvoir d'atténuation qu'il conférait au juge à la nature de la peine, de sorte que, si le mineur avait commis un crime, qui, par une faveur de la loi, ne pouvait être atteint que de peines correctionnelles, il semblait qu'il devait bénéficier du minimum de l'article 69, et non pas seulement de celui de l'article 67. La loi de 1832 a modifié cet article de manière à réserver exclusivement aux faits qualifiés délits l'immunité de l'article 69.

Ce qui est plus important, c'est que, sous l'empire de la loi de 1810, la peine appliquée aux mineurs devait être au-dessous de la moitié de celle qu'il aurait dû subir s'il avait eu 16 ans. La Cour de Bordeaux, dans un arrêt du 26 août 1830, avait même consacré cette solution; mais, deux ans plus tard, cette solution était repoussée par la nouvelle rédaction de l'article 69. Actuellement rien n'exige que la peine appliquée au mineur soit au-dessous de la moitié de celle à laquelle il aurait été condamné s'il avait eu 16 ans; la loi déclare que la peine ne pourra s'élever au-dessus de la moitié, c'est-à-dire qu'elle pourra toujours atteindre la moitié, tant au maximum qu'au minimum, de la peine applicable au majeur de 16 ans.

Les dispositions de l'article 69, qui semblent pourtant fort claires, ont donné lieu cependant à certaines difficultés. Si cet article fixe bien un maximum, il ne dit rien du minimum de la peine qui devra être appliquée au mineur de 16 ans.

M. Blanche est d'avis que les juges pourront appliquer le minimum des peines correctionnelles, six jours de prison et 16 francs d'amende, mais ne pourront pas abaisser davantage la peine et la convertir en peine de simple police. Le savant criminaliste s'appuie sur deux arrêts de la Cour de cassation, des 3 février 1849 et 11 janvier 1856; et la principale raison invoquée en faveur de son opinion, c'est que l'article 69 du Code pénal, ne déterminant pas la mesure dans laquelle peut avoir lieu l'abaissement du minimum de la peine qu'il autorise en faveur du mineur de 16 ans coupable d'un simple délit, se complète à cet égard, lorsque la peine appliquée est celle de l'emprisonnement, par l'article 40 du même Code, lequel forme la règle du minimum de l'emprisonnement correctionnel dans tous les cas où d'autres limites n'ont pas été déterminées par la loi.

Nous ne partageons nullement l'opinion de M. Blanche, et nous croyons que les juges correctionnels pourront appliquer au mineur de 16 ans les peines de simple police.

L'article 69 dit seulement, en effet, que la peine prononcée contre le mineur ne pourra s'élever au-dessus de la moitié de celle à laquelle il aurait pu être condamné s'il avait eu 16 ans.

Supposons qu'un mineur de 16 ans ait commis un délit puni d'un emprisonnement, par exemple le délit de l'article 451, qui est puni d'une peine d'emprisonnement d'un mois à un an : si un majeur de 16 ans a commis ce délit, le tribunal peut le condamner au minimum, un mois. Si le coupable est un mineur de 16 ans, que va-t-il se produire? D'après l'article 69, la peine qui lui est applicable ne peut s'élever au-dessus de la moitié de celle qu'il aurait subie s'il avait eu 16 ans ; dans ce dernier cas, il eût été passible d'un mois d'emprisonnement, il ne sera donc plus condamné qu'à un emprisonnement de 15 jours, la peine à un mois d'emprisonnement étant de 30 jours (art. 40 C. pén.).

Supposons maintenant que le mineur de 16 ans ait commis un délit puni d'amende; il a chassé sans permis, délit puni, par l'article 11 de la loi du 3 mai 1844, d'une amende de 16 à 100 fr. : un majeur de 16 ans pourrait n'être condamné qu'à 16 francs d'amende; le mineur, conformément à l'article 69, pourra n'avoir à subir qu'une peine de 8 fr. d'amende.

Si l'on adoptait la solution de M. Blanche, il faudrait décider que, relativement au minimum, le majeur et le mineur de 16 ans devraient toujours encourir une même pénalité. Cette décision serait souverainement injuste. Que servirait, en effet, au coupable, d'être âgé de moins de 16 ans ; de quelle utilité lui serait le bénéfice accordé par la loi ; enfin quel effet aurait l'excuse atténuante ?

La solution que nous avons admise repose sur un principe de justice, et se fonde sur les termes formels de l'article 69 du Code pénal. La loi, par cette expression générale : « la peine ne pourra s'élever au-dessus de la moitié de celle à laquelle il aurait pu être condamné s'il avait eu 16 ans, » entend parler non seulement dn maximum, mais encore du minimum. L'article 69 ne dit pas : la peine ne pourra s'élever au-dessus de la moitié du *maximum* de celle, etc., etc.; il porte simplement que la peine ne pourra s'élever au-dessus de la moitié *de celle* applicable à un majeur de 16 ans, ce qui comprend à la fois maximum et minimum, en un mot la peine entière telle que l'édicte le Code pénal. Ainsi, lorsque ce dernier prononce un emprisonnement de cinq à deux ans, l'article 69 signifie qu'à l'égard du mineur le maximum ne peut s'élever au-dessus de deux ans et six mois, et le minimum au-dessus d'un an.

Il arrivera ainsi parfois que le mineur qui a commis un délit sera puni d'une peine de simple police (1). On objecterait en vain que la compétence du tribunal correctionnel est enfermée dans la limite des peines correctionnelles ; l'interprétation que nous donnons de l'article 69 répond snffisamment à l'objection. L'article 69 crée une exception à la compétence des tribunaux correctionnels, de même que nous avons vu que l'article 67 créait une exception à celle de la Cour d'assises, qui, suivant cet article, se trouve prononcer une peine d'emprisonnement correctionnel.

Nous devons remarquer, du reste, que, quoique cette solution soit controversée, les tribunaux correctionnels ne pourraient, sans l'admission des circonstances atténuantes, descendre jusqu'au minimum des peines de simple police. La loi, en disant d'infliger au mineur de 16 ans la moitié de la peine qu'il aurait encourue s'il avait été majeur, fixe, suivant nous, à la fois un maximum et un minimum. Le tribunal devra donc, pour l'application de la peine, déterminer d'abord celle qu'il aurait infligée à un majeur de 16 ans, puis en prendre la moitié ; mais il ne pourrait aller au delà dans le cas où il aurait appliqué au majeur le minimum des peines correctionnelles.

L'article 69 ne peut évidemment s'appliquer qu'aux deux peines correctionnelles, l'emprisonnement et l'amende. La confiscation spéciale, lorsqu'elle est prononcée pour délits, et l'interdiction de certains droits civils et de famille, ne sont pas modifiées par le jeune âge du condamné. Ce sont là, en effet, deux peines complémentaires qui ont un but spécial et distinct des peines qui constituent le châtiment direct du délit.

---

(1) Cass., 3 février 1849 ; Orléans, 19 octobre 1864 ; Cass., 9 avril 1875.

III. — DISPOSITIONS SPÉCIALES DE L'ARTICLE 271 DU CODE PÉNAL
A L'ÉGARD DU VAGABOND MINEUR DE 16 ANS.

Nous croyons nécessaire, après avoir étudié notre article 69, de rapprocher de cet article l'article 271 du Code pénal, qui, après avoir dit que les vagabonds et gens sans aveu qui auront été légalement déclarés tels seront, pour ce seul fait, punis de trois à six mois d'emprisonnement, et qu'ils seront renvoyés, après avoir subi leur peine, sous la surveillance de la haute police pendant cinq ans au moins et dix ans au plus, ajoute : « Néanmoins, les vagabonds âgés de moins de 16 ans ne pourront être condamnés à la peine d'emprisonnement ; mais, sur la preuve des faits de vagabondage, ils seront renvoyés sous la surveillance de la haute police jusqu'à l'âge de vingt ans accomplis, à moins qu'avant cet âge ils n'aient contracté un engagement régulier dans les armées de terre ou de mer. »

Cet article vient en effet déroger aux dispositions de l'article 69, en ce qui concerne le délit spécial de vagabondage commis par un mineur de 16 ans ; si l'on appliquait l'article 69, le mineur de 16 ans, ayant agi avec discernement, aurait dû être condamné à une peine d'emprisonnement de un mois et demi (45 jours) à trois mois, et, d'après l'article 271, il ne sera condamné qu'à la surveillance de la haute police.

Mais l'article 271 vient-il également déroger aux dispositions de l'article 66 ? c'est-à-dire l'article 271 s'appliquera-t-il, que le mineur de 16 ans ait agi avec au sans discernement ?

On a conclu, dans une première opinion, de ces expressions : « sur la preuve des *faits* de vagabondage, » que le mineur de 16 ans doit être l'objet de la surveillance de la haute police, par cela seul que son état de vagabondage a été matériellement constaté, et qu'ainsi il n'y a pas lieu, par dérogation à la disposition générale de l'article 66, de l'acquitter avec renvoi facultatif dans une maison de correction, même au cas où il aurait agi sans discernement.

Mais l'interprétation contraire, d'après laquelle les dispositions de l'article 271 ne seraient pas inconciliables avec l'application au mineur de 16 ans, qui aurait agi sans discernement, du bénéfice de l'article 66, a prévalu dans la jurisprudence, et c'est à cette seconde opinion que nous nous rangerons.

Nous dirons donc que le renvoi sous la surveillance de la haute police, substitué, pour les vagabonds de moins de 16 ans, à la peine d'emprisonnement, est subordonné, comme l'eût été l'application de cette dernière peine, à la déclaration que le prévenu a agi avec discernement, et que, par suite, le mineur de 16 ans, acquitté d'une prévention de vagabondage comme ayant agi sans discernement, ne peut être renvoyé sous la surveillance de la haute police, mais peut être seulement renvoyé dans une maison de correction, conformément à l'article 66 (1).

IV. — CONSÉQUENCES EN MATIÈRE DE SIMPLE POLICE.

La loi est muette sur le point de savoir si, en matière de simple police, le jeune âge de l'inculpé est une excuse atténuante légale.

Par application de l'article 65 du Code pénal, qui nous dit que nulle infraction ne peut être excusée, ni la peine mitigée, « que dans les cas et dans les circonstances où la loi déclare le fait excusable ou permet de lui appliquer une peine moins rigoureuse, » nous conclurons du silence de la loi que l'âge ne peut entraîner un abaissement légal des peines de simple police, prononcées à raison de contraventions. Du reste, ces peines sont très peu graves et le juge a toujours la faculté de tenir compte de l'âge du prévenu qui a agi avec discernement, pour les réduire jusqu'au minimum des peines de simple police, par une déclaration de circonstances atténuantes.

V. — L'EXCUSE DE L'AGE S'APPLIQUE EN TOUTES MATIÈRES.

Les articles 66 et suivants du Code pénal sont applicables non seulement lorsque le mineur de 16 ans est poursuivi pour des faits prévus et punis par le Code pénal, mais aussi lorsqu'il est poursuivi pour des faits prévus et punis par des lois spéciales. Les dispositions bienveillantes de la loi sont en effet générales, et on ne voit pas de raison de décider dans un sens contraire à celui que nous venons d'indiquer.

Par exemple, quand des mineurs de 16 ans sont poursuivis devant des tribunaux militaires ou maritimes, ces tribunaux doivent appliquer les règles des articles 66, 67 et 69 du Code pénal ; les articles 199 de la loi du 9 juin 1857 (Code de justice

---

(1) Cass., 28 février 1852 ; Paris, 26 avril 1863.

militaire) et 257 de la loi du 4 juin 1858 (Code de justice maritime) le déclarent formellement; ces lois contiennent en outre
certaines régles spéciales relatives à l'atténuation des peines
purement militaires, en faveur des mineurs de 16 ans ayant agi
avec discernement, dont le Code pénal ordinaire n'avait pas pu
parler.

SECTION IV.

LES MINEURS DE 16 ANS NE PEUVENT ÊTRE SOUMIS A LA CONTRAINTE PAR CORPS.

Avant la loi du 22 juillet 1867, les mineurs ne pouvaient être
soumis à la contrainte par corps en matière civile; mais, *en
matière criminelle, correctionnelle et de police,* les mineurs, dont
ne s'occupaient ni le Code pénal de 1810, ni la loi du 17 avril
1832, étaient régis par le droit commun applicable aux majeurs.

En vertu de cette distinction, on décidait que l'individu âgé
de moins de 16 ans, dont *l'acquittement* avait eté prononcé pour
défaut de discernement, n'était pas contraignable par corps à
raison de la condamnation aux frais, ces frais ayant un caractère purement civil (1); tandis que le mineur de 16 ans, *condamné*
comme ayant agi *avec discernement,* était assimilé au majeur, et
soumis à l'exécution corporelle.

L'article 9 de la loi du 13 décembre 1848 apporta une grave
restriction à cette assimilation entre le mineur de 16 ans et le
majeur condamnés en matière criminelle, correctionnelle et de
police. La contrainte par corps, *obligatoire* à l'égard des majeurs,
y était rendue, en ce qui concerne les individus âgés de moins
de 16 ans, purement *facultative,* et elle n'était exercée à leur
égard qu'autant qu'elle avait été *formellement prononcée* par le
jugement de condamnation.

Le projet de la loi nouvelle du 22 juillet 1867 avait maintenu
à la contrainte par corps, à l'égard des mineurs de 16 ans ayant
agi avec discernement, ce caractère facultatif; mais l'article 13
de cette loi allant plus loin, et pensant, conformément au rapport de la commission, « qu'une immunité plus complète était
due à tant de jeunesse, » a affranchi, d'une manière *absolue,* de

(1) Cass., 25 mars et 12 août 1843.

la contrainte par corps tout individu, même condamné, âgé de moins de *16 ans accomplis* à l'époque des faits qui ont motivé la poursuite. Les tribunaux *ne peuvent*, dit cet article 13, prononcer, dans ce cas, la contrainte par corps. C'est ainsi qu'il a été jugé, par un arrêt de la Cour de cassation du 9 avril 1875, qu'en cas de délit de chasse, la contrainte par corps pour le paiement des amendes et des frais ne peut être prononcée contre le délinquant mineur de 16 ans.

De même, un autre arrêt, du 25 mars 1881 (1), a cassé une décision prononçant, en cas de contravention à la police rurale, contre le mineur de 16 ans qui l'avait commise, la contrainte par corps pour le paiement des amendes et des frais.

SECTION V.

POSITION DES QUESTIONS D'AGE ET DE DISCERNEMENT.

I.—CAS OU IL N'Y A PAS DE DOUTE SUR L'AGE DE L'ACCUSÉ.

L'article 340 du Code d'instruction criminelle dit en termes impératifs : « Si l'accusé a moins de 16 ans, le président *posera, à peine de nullité,* cette question : L'accusé a-t-il agi avec discernement ? »

Lorsqu'il n'y a aucune incertitude sur l'âge de l'accusé et qu'aucun incident contentieux ne s'est élevé à ce sujet, le président des assises se borne à demander aux jurés si l'accusé a agi avec discernement, et il n'est pas nécessaire de poser au jury, indépendamment de cette question, celle de savoir si l'accusé était âgé de moins de 16 ans à l'époque de l'action, parce qu'en cet état la question d'âge se trouve implicitement contenue dans la question de discernement, et qu'il ne peut en résulter aucun prejudice pour l'accusé (Cass., 9 sept. 1880). Un arrêt plus récent encore, du 3 mars 1881, a consacré le même principe, en décidant que « lorsque aucune incertitude ne s'est

(1) Cet arrêt de Cassation du 25 mars 1881 décide également que l'emploi de la contrainte par corps pour assurer le paiement de l'amende, des frais et des dommages-intérêts, n'est autorisé, d'apres les termes de l'article 52 du Code pénal, qu'à l'égard de ceux qui ont été *condamnés* comme *coupables* de crimes, délits ou contraventions, et non à l'égard des personnes qui ont pu figurer dans l'instance comme civilement responsables.

manifestée, *à aucune des phases de la procédure*, sur l'âge d'un accusé, il n'y a point lieu, pour le président de la Cour d'assises, d'interroger le jury sur la question de savoir s'il était âgé de moins de 16 ans au moment où le crime a été commis, et, *éventuellement*, s'il avait agi avec discernement.

II. — CAS OU L'AGE DE L'ACCUSÉ EST INCERTAIN.

Mais il peut arriver que l'accusé soutienne devant la Cour d'assises qu'il était âgé de moins de 16 ans lors du crime à lui imputé, sans pouvoir toutefois en administrer la preuve, et que, de son côté, le ministère public ne puisse établir, par la production d'un extrait des registres de l'état civil, qu'il avait plus de 16 ans ; ou bien encore, la circonstance de l'âge peut être difficile à préciser d'une manière absolue, non parce que la date de la naissance est inconnue, mais parce que l'époque à laquelle le crime aurait été commis n'est pas précise.

Dans cet état de doute et d'incertitude, la solution de la question de l'âge de l'accusé, d'où dépend la position de la question de discernement, appartient-elle à la Cour, ou rentre-t-elle dans les attributions du jury ?

La Cour de cassation, par un premier arrêt du 20 avril 1827, avait posé en principe qu'il n'appartenait qu'au jury de déclarer si, au moment du crime, l'accusé était ou non âgé de moins de 16 ans, et que la Cour d'assises ne pouvait décider cette question sans sortir des limites de sa compétence.

Plus tard, par un arrêt du 16 septembre 1836, elle a jugé, au contraire, que c'était à la Cour d'assises exclusivement, et non au jury, qu'il appartenait de prononcer sur l'âge de l'accusé qui se prétendait âgé de moins de 16 ans, « attendu, dit cet arrêt, que le Code d'instruction criminelle ne comprend pas la question relative à l'âge de l'accusé dans l'énumération de celles qui doivent être soumises au jury ; que d'ailleurs, dans l'ordre progressif des débats devant la Cour d'assises, lorsque cette question se présente, elle doit être jugée préalablement à toute position de questions au jury, puisque de sa solution dépend le point de savoir s'il y a lieu de poser au jury la question de discernement; que, par conséquent, c'est à la Cour à la résoudre. »

Bientôt, la Cour de cassation est revenue à sa première décision, et, dans un arrêt du 4 mai 1839, elle a définitivement consacré, en principe, que, lorsqu'il y a incertitude sur le point de savoir si un accusé était ou non au-dessous de 16 ans au moment du crime objet de l'accusation, c'est au jury qu'il appartient de statuer sur cette circonstance, laquelle est essentiellement modificative de la criminalité ; que, dès lors, il est nécessaire de soumettre d'abord, et distinctement, aux jurés la question de savoir si l'accusé avait moins de 16 ans au temps de l'action qui lui est reprochée, et, pour le cas où elle recevrait une solution affirmative, de poser ensuite la question de discernement.

La Cour de cassation a constamment, depuis, persévéré dans cette jurisprudence (1), et cela avec raison ; en effet, la nécessité de la position de la question de discernement étant subordonnée à la condition qu'au moment de l'action l'accusé n'ait pas accompli sa seizième année, il est absolument indispensable de constater ce fait, toutes les fois qu'il est devenu incertain par les débats ; or, la circonstance de l'âge au-dessous de 16 ans modifie absolument la criminalité et les conséquences du verdict du jury, puisqu'aux termes des articles 66 et 67 du Code pénal elle change la peine ou efface le crime, selon que l'accusé est déclaré avoir agi avec ou sans discernement, et, d'autre part, elle ne peut être fixée par la date seule de la naissance, mais elle doit l'être dans son rapport avec l'époque, souvent incertaine, à laquelle le crime aurait été commis; d'où il suit que cette circonstance se lie au fait même de l'accusation, dont elle forme un des éléments substantiels, et que la solution de la question qui la concerne rentre nécessairement dans les attributions du jury.

Il résulte encore des arrêts des 4 mai 1839 et 5 mai 1870 précités, qu'alors même que l'accusé aurait déclaré, dans ses interrogatoires au cours de l'instruction, avoir 16 ans, et même 17, et qu'il aurait été, par suite, désigné dans l'ordonnance de prise de corps et l'arrêt de renvoi aux assises comme ayant cet âge, si ses dernières déclarations à l'audience viennent infirmer ou contredire les premières, surtout en l'absence d'un acte constatant la naissance, il est nécessaire, dans cet état d'incertitude sur le point de savoir si l'accusé était ou non au-dessous de 16 ans, de poser aux jurés une double question d'âge et de discernement ; car omettre ces questions, ce serait enlever à l'accusé les garanties que la loi a

(1) Cass., les 26 septembre 1846; 26 septembre 1850; 5 mai 1870; 9 septembre 1880.

voulu lui donner, et violer à son égard l'article 340 du Code d'instruction criminelle et les articles 66 et 67 du Code pénal.

En conséquence de ces principes, quand la circonstance de l'âge de moins de 16 ans est formellement articulée, le président des assises ne peut se refuser de la soumettre aux jurés et de poser éventuellement la question de discernement ; et si le défenseur prend des conclusions spéciales à ce sujet, la Cour, statuant sur ce débat contentieux, ne peut rejeter ces conclusions et refuser la position des questions demandées, sans commettre un excès de pouvoir et violer la loi (1).

Ajoutons que, suivant nous, l'accusé qui n'a pas produit devant la Cour d'assises la preuve qu'il était âgé de moins de 16 ans au moment de la perpétration du crime est encore recevable à prouver devant la Cour de cassation, par la production de son acte de naissance qu'il avait moins de 16 ans, et qu'ainsi il y avait lieu de poser à son égard la question de discernement (2).

III. — LES QUESTIONS DE DISCERNEMENT DOIVENT ÊTRE POSÉES SÉPARÉMENT.

Lorsqu'un mineur de 16 ans est accusé de plusieurs crimes, une question de discernement doit, à peine de nullité, être posée séparément pour chaque chef d'accusation (3).

Comme nous l'avons déjà fait remarquer, la question de discernement, résolue négativement, enlève au fait principal son caractère de criminalité et entraine l'acquittement de l'accusé, d'après l'article 66 du Code pénal. Le discernement est donc un des éléments essentiels de la culpabilité légale, et par suite une partie substantielle de l'accusation, sur *chacun des crimes* qui en fait l'objet. Or, des solutions différentes sur la question de discernement peuvent être motivées par des circonstances qu'il appartient au jury d'apprécier souverainement quant aux divers chefs d'accusation. Une question unique sur le discernement mettrait le jury dans la nécessité de statuer par une seule réponse sur la culpabilité relative à plusieurs faits principaux, au lieu d'avoir à répondre distinctement pour chacun d'eux, et la question ainsi posée, comme la réponse intervenue, contiendrait manifestement le vice de complexité et constituerait

(1) Cass., 26 septembre 1846. — (2) La Cour de cassation semble cependant décider le contraire dans un arrêt du 3 mars 1881.—(3) Cass., 9 février 1854

dès lors une violation expresse des articles 340 du Code d'instruction criminelle et de la loi du 13 mai 1836, entraînant nullité. Il faut donc autant de questions distinctes sur le discernement qu'il y a de chefs d'accusation.

Cette solution, toujours vraie, doit surtout être observée lorsque les crimes reprochés au mineur sont de nature différente, ou résultent de faits accomplis à des dates distinctes.

A plus forte raison il y aurait vice de complexité, et par conséquent cause de nullité, si la question de discernement était réunie dans un même contexte avec celle relative au fait principal, car il en résulterait une suspicion sur la sincérité de la déclaration du jury.

L'article 1 de la loi du 13 mai 1836 dit en termes formels : « Le jury votera par scrutins *distincts* et *successifs* sur le fait principal d'abord, et, s'il y a lieu, sur la question de discernement. »

La loi n'admettant le défaut de discernement qu'en faveur des individus âgés de moins de 16 ans, il en résulte nécessairement que l'addition faite par le jury à sa déclaration affirmative de la culpabilité de l'accusé, des mots : *mais sans discernement*, serait sans aucun effet légal, s'il était constant que l'accusé était âgé de 16 ans lorsqu'il a commis le crime.

CHAPITRE II.

EXCUSES DÉRIVANT DE LA PROVOCATION
(art. 321 à 326) (1).

Cette circonstance, qu'il avait été provoqué par sa victime, dans les conditions que nous aurons à examiner, ne justifie pas l'auteur d'un meurtre, de blessures ou de coups ; en effet, il n'est pas permis de se faire justice à soi-même, et chacun

---

(1) J'ai rapproché, sous ce titre de la provocation proprement dite, déterminée par l'article 321 du Code pénal, les excuses prévues par les articles 322 § 1, 324 § 2 et 325, qui procèdent également de l'idée de provocation, puisqu'il s'agit, dans ces différents cas, de meurtres, de blessures ou de coups qui n'ont lieu qu'en réponse à des actes commis par la personne même qui a été victime du fait incriminé. Ces articles font, du reste, tous partie du § 2 de la section III du titre II du Code pénal, qui a pour rubrique : « Crimes et délits *excusables*, et cas où ils ne peuvent être excusés. »

doit laisser à la loi le soin de venger l'injure qui lui a été faite ; se charger soi-même de cette vengeance, c'est usurper la puissance sociale, c'est fixer arbitrairement, au gré de la passion, le taux d'une réparation que la justice doit mesurer. Mais il est évident que celui qui répond, soit par le meurtre, soit par les blessures ou les coups, à la provocation qu'il a reçue, ne saurait être assimilé à celui qui a commis les mêmes actes sans y être provoqué, et que, s'il est coupable, il l'est à un moindre degré. C'est cette différence qui constitue l'excuse.

M. Monseignat, dans son rapport au Corps législatif, disait : « Les crimes et les délits sont excusables, lorsqu'ils ont été commandés par une espèce de nécessité, que Bacon qualifie ingénieusement de nécessité coupable, pour la distinguer de la nécessité absolue, qui ne présente aucun caractère de culpabilité. »

Cette nécessité absolue dont parle Bacon, c'est la légitime défense, qu'il ne faut pas confondre avec la provocation. Dans le cas de légitime défense, l'individu attaqué exerce un droit, il n'est pas coupable, il a combattu une agression pendant qu'elle durait encore, et dans la mesure nécessaire pour y résister ; il a tué parce qu'il n'avait pas d'autre moyen de défendre sa vie, ou celle d'autrui : dès lors, aucune faute ne lui est imputable, il n'a commis ni crime ni délit ; son action est absolument justifiée. Dans le cas de provocation, au contraire, l'individu qui tue, frappe ou blesse son agresseur, est poussé par un esprit de vengeance ; l'agression dont il a été victime est terminée, il attaque à son tour pour se venger : il n'était pas obligé de frapper, il est coupable ; mais comme les faits dont il a été lui-même victime ont fait naître en lui une colère qui se comprend et qu'il n'a pu maîtriser, et que c'est sous l'empire de ce sentiment qu'il a frappé, il sera excusable, mais non plus justifié.

Nous aurons plusieurs fois l'occasion de revenir sur cette distinction, dans notre étude de l'excuse de la provocation, pour bien montrer dans quel cas il y a seulement provocation, et dans quel cas il y a plus que provocation, c'est-à-dire légitime défense.

Cette règle, que la provocation est une cause d'excuse, doit souffrir certaines exceptions.

Le respect dû par le fils à ses père et mère, l'affection, la mutuelle assistance qui doivent caractériser les rapports entre époux, empêchent d'excuser dans tous les cas le parricide et le meurtre de l'un des époux par l'autre. Nous aurons à étudier ces exceptions.

Avant d'entrer dans une étude détaillée de l'excuse de la provocation, nous devons résoudre cette question qui régit toute la matière : Quels sont les actes excusables pour provocation ?

Le Code de 1810 ne reconnaissait comme excusables que le meurtre, les coups et blessures; cette disposition a été conservée par notre Code actuel. Le Code de brumaire an IV déclarait, au contraire, excusables tous crimes et délits quelconques ; nous regrettons que cette règle n'ait pas été conservée dans les législations postérieures.

Nous diviserons notre étude de l'excuse dérivant de la provocation, en trois sections :

Dans la première nous étudierons les cas dans lesquels la loi admet qu'il y ait excuse ; les articles 321, — 322 § 1, — 324 § 2 et 325, formeront chacun un paragraphe distinct de cette section;

Dans la seconde, les exceptions à la règle générale, avec les articles 323 et 324 § 1 ;

Dans la troisième, les effets de l'excuse, avec l'article 326.

SECTION I.

CAS DANS LESQUELS L'EXCUSE DE PROVOCATION EST ADMISE.

§ I.

EXCUSE DE LA PROVOCATION PROPREMENT DITE, PAR COUPS OU VIOLENCES GRAVES ENVERS LES PERSONNES, EN CAS DE MEURTRE, OU DE COUPS ET BLESSURES (art. 321 C. pén.).

L'article 321 est ainsi conçu : « Le meurtre ainsi que les blessures et les coups sont excusables s'ils ont été provoqués par des coups ou violences graves envers les personnes (1). »

Pour qu'il y ait lieu à l'excuse, il faut que toutes les condi-

(1) Le Code de 1791 disait : « Lorsque le meurtre sera la suite d'une provocation violente, sans toutefois que le fait puisse être qualifié homicide légitime, il pourra être déclaré excusable, et la peine sera de dix années de gêne.
» La provocation par injures verbales ne pourra, en aucun cas, être admise comme excuse de meurtre. »

tions exigées par l'article 321 se trouvent réunies dans le même fait.

Il est nécessaire, d'abord, *que le meurtre, les blessures ou les coups aient été provoqués*, cela est de toute évidence, et nous ne le mentionnons que pour arriver à cette question : La provocation formera-t-elle une excuse, alors même qu'elle aurait précédé de quelques heures le meurtre, la blessure ou les coups? Nous répondrons affirmativement à cette question, mais en ayant bien soin d'ajouter qu'elle ne doit pas être séparée des violences par un intervalle de temps pendant lequel le coupable aurait pu recouvrer sa liberté d'esprit (Cass. du 10 mars 1826).

Il est évident que le temps qui pourra s'écouler entre la provocation et le meurtre, les coups ou les blessures, devra forcément être très court, pour que l'excuse puisse être invoquée; il variera suivant la nature de la provocation, et aussi suivant le caractère de l'individu provoqué, son sexe, etc.

La deuxième condition exigée par l'article 321, c'est *que la provocation dérive de coups ou violences.*

Elle ne pourrait résulter d'injures, ou de menaces verbales; le Code de 1791 le disait formellement.

La loi n'entend parler, dans notre article, que de coups ou violences physiques. Cependant l'injure verbale pourrait être considérée comme une circonstance atténuante, et amener ainsi une diminution de peine. C'est ainsi qu'elle était considérée dans notre ancienne jurisprudence (1).

En troisième lieu, il faut *que les coups ou les violences soient graves*, et cette qualification de « graves » s'applique aussi bien aux coups qu'aux violences (Cass., 30 juin 1859).

Nous trouvons dans l'exposé des motifs ce qu'il faut entendre par coups ou violences graves; M. Faure y dit : « Le Code n'admet pas d'excuse sans une provocation violente, d'une violence telle, que le coupable n'ait pas eu, au moment même de l'action qui lui est reprochée, toute la liberté d'esprit nécessaire pour agir avec mûre réflexion ; » et M. Monseignat, dans son rapport, ajoute : « Il faut que la violence ait été capable d'effrayer un homme raisonnable, et de lui faire craindre pour sa vie (2). »

_____

(1) Farinacius, quœst. 125, 498.
(2) Cette dernière phrase pourrait être critiquée, comme pouvant amener une confusion avec le cas où il n'y a plus seulement excuse, mais bien légitime défense.

Nous avons dit tout à l'heure que des injures ou des menaces verbales ne pouvaient constituer, seules, des violences suffisantes pour permettre d'invoquer l'excuse de la provocation; mais nous devons ajouter ici que si ces injures et ces menaces étaient accompagnées de gestes offensifs et dangereux pour l'injurié, si la menace était suivie de faits matériels capables d'en faire craindre l'exécution immédiate, en ces cas il y aurait excuse. La Cour de cassation a décidé, dans un arrêt du 15 messidor an XIII, que « la provocation violente peut exister sans blessures effectives, mais par la seule menace avec une arme meurtrière approchée du corps ».

Elle a confirmé sa doctrine dans un arrêt récent du 23 décembre 1880, en jugeant que le fait de poursuivre, avec un couteau ou un revolver, une personne en la menaçant de mort, constituait légalement les violences graves visées par l'article 321 du Code pénal, comme pouvant servir d'excuse à un meurtre, et en annulant l'arrêt par lequel une Cour d'assises avait refusé de poser ledit fait comme question d'excuse, sous prétexte qu'il ne constituait que des menaces, et non les violences graves exigées par la loi.

L'article 321 du Code pénal, en effet, en admettant comme excuse *les violences graves* à côté des *coups proprement dits*, a nettement manifesté que ces violences peuvent être caractérisées en droit, sans que celui qui en a été l'objet soit atteint matériellement. Aussi la doctrine a-t-elle toujours professé, de même que la jurisprudence, que la menace d'un coup dangereux, « accompagnée d'un geste qui semble le porter, » constituait suffisamment la provocation admise par la loi (Chauveau et Faustin Hélie, *Th. du Code pénal*, t. IV, p. 106; Dalloz, *Jurisp. gén.*, v° PEINE, n° 465).

Nous disons donc qu'il y aura lieu d'admettre l'excuse lorsqu'un individu aura marché vers l'agent du meurtre, armé d'une canne (à plus forte raison d'un couteau) et le bras levé, en le menaçant de le frapper : il est difficile, en effet, de ne pas voir dans cet acte une *voie de fait*, une *violence*, lors même que celui qui en a été l'objet n'a été ni frappé ni blessé. Il y aurait même raison de décider dans le cas où l'agresseur, armé d'un fusil, menacerait de faire feu sur celui à qui il défendrait de passer.

En effet, le caractère principal de la provocation légale est, suivant l'expression du législateur, nous l'avons déjà dit, qu'elle ait été de nature à *troubler la liberté d'esprit nécessaire pour agir avec une mûre réflexion ;* or, quel acte plus capable de faire une vive impression que la menace d'un coup accompagnée d'un geste qui semble le porter ?

Il faut, dans la question posée au jury, et cela a été reconnu par de nombreux arrêts, énoncer si les coups et violences ont été graves ; car sans cela il n'y aurait pas de question à poser.

Enfin, une quatrième condition est nécessaire : c'est que *le meurtre, les blessures ou les coups aient éte provoqués par des coups ou violences envers les personnes.* Une voie de fait envers des animaux ne saurait faire excuser les coups portés par le propriétaire, cela est évident.

Mais une question plus délicate est celle de savoir si les violences doivent avoir été exercées sur la personne qui a porté les coups ou occasionné des blessures ?

Les termes de l'article 321 sont très généraux, et nous croyons qu'une personne qui, voyant un individu provoquer, par des coups ou des violences graves, son père, sa mère, son fils, son ami, ou même un inconnu, prendrait sa défense, et tuerait ou ferait des blessures au provocateur, pourrait invoquer l'excuse légale.

Cette opinion est celle de MM. Chauveau et Faustin Hélie. « La loi n'a pas voulu, disent-ils, imposer à chaque citoyen le rôle égoïste de spectateur impassible des outrages adressés à une autre personne. » Cette solution est, du reste, acceptée par tous les auteurs ; nous citerons seulement, à titre d'exemple, Blancher et Le Sellyer, et, parmi les anciens auteurs, Farinacius et Trébutien.

Celui qui reste impassible en présence des violences dont un autre serait victime se rendrait, pour ainsi dire, plus que complice de ces violences.

Qui non vetat peccare, cum possit, jubet (1).

Bentham (2) a écrit ce beau passage, qui trouve ici tout naturellement sa place : « Mais ne peut-on défendre que soi-même ? Ne doit-on pas avoir le droit de protéger son semblable contre une agression injuste ? Certes, c'est un beau mouvement du cœur humain que cette indignation qui s'allume à l'aspect du

---

(1) Sénèque, *Tragédies.*
(2) *Traité de la législation criminelle et pénale,* t. II, chap. XIV, p. 51.

fort maltraitant le faible. C'est un beau mouvement que celui qui nous fait oublier notre danger personnel et courir aux premiers cris de détresse. La loi doit bien se garder d'affaiblir cette généreuse alliance entre le courage et l'humanité ; qu'elle honore plutôt, qu'elle récompense celui qui fait la fonction du magistrat en faveur de l'opprimé ; il importe au salut commun que tout honnête homme se considère comme le protecteur de tout autre. »

Nous pourrions également citer un passage du Discours sur l'histoire universelle, dans lequel Bossuet fait l'éloge des lois de l'Égypte, qui condamnaient ceux qui, pouvant sauver un homme attaqué, ne le faisaient, ou n'allaient pas immédiatement dénoncer l'auteur de l'attaque, s'ils se trouvaient dans l'impossibilité de porter secours.

Notre solution est conforme à la morale, elle est aussi conforme à l'esprit de la loi; il suffit, pour s'en convaincre, de rapprocher les termes très vagues de l'article 321 et ceux très précis de l'article 328 : dans ces deux articles, la pensée de la loi a été la même.

On s'est demandé si les coups et les blessures étaient excusables lorsqu'ils avaient été provoqués par les père et mère légitimes, naturels ou adoptifs, ou par d'autres ascendants légitimes? Le meurtre de ces personnes constituerait un parricide (art. 299). Or l'article 323 dit que le parricide n'est jamais excusable ; mais il ne parle pas des coups et blessures. *Quid* de ces derniers?

Nous sommes obligés de dire que, la loi ne parlant que du parricide, on ne peut étendre la disposition de l'article 323 aux coups et blessures. Quels que soient l'odieux et la gravité du crime dont il s'agit, les termes de la loi sont trop formels pour permettre aux tribunaux de la corriger par des motifs d'analogie.

On applique donc l'article 321; les coups et blessures aux père ou mère légitimes, naturels ou adoptifs, ou autres ascendants légitimes, seront excusables, bien que, dans ces derniers cas, les coups et blessures constituent toujours des crimes, d'après l'article 312 du Code pénal, à raison de la qualité de la victime.

Il faut même dire que si les blessures ou les coups donnés par le fils avaient occasionné la mort du père, sans intention de la donner, l'excuse serait encore admissible.

En effet, l'article 323 ne déclare déchu de ce bénéfice que le seul parricide; or l'article 299 ne qualifie parricide que le meurtre des père ou mère légitimes, naturels ou adoptifs, ou autres ascendants légitimes de l'accusé.

L'homicide commis volontairement, mais sans intention de tuer, crime prévu par le § 2 de l'article 309, ne constitue point le crime de meurtre, puisqu'il manque un des éléments essentiels, l'intention de donner la mort, qui est remplacée par la simple intention de nuire ; ce crime ne peut devenir un parricide s'il est commis sur une des personnes dont nous parlons, et l'excuse pourra être invoquée.

Cette distinction entre le meurtre et les coups et blessures ayant occasionné la mort, sans intention de la donner, n'existait pas en 1810 ; elle est une conséquence de l'addition du dernier paragraphe de l'article 309 par la loi de 1832, maintenu dans la revision de cet article en 1863.

Examinons maintenant la question de savoir si un individu ayant tué, porté des coups ou fait des blessures à un magistrat, un dépositaire de l'autorité, ou de la force publique, alors qu'il avait été provoqué, pourrait invoquer le bénéfice de l'excuse de l'article 321.

Il est tout d'abord évident que si le fonctionnaire avait agi comme simple particulier, et sans prétendre se trouver dans l'exercice de ses fonctions, l'excuse pourrait être invoquée. On se trouverait rentré dans le droit commun de l'article 321.

La question ne se pose que dans le cas où le fonctionnaire agissait dans l'exercice ou à l'occasion de l'exercice de ses fonctions ; cette question demande une subdivision, qui reste tout naturellement indiquée par l'article 186 qui est ainsi conçu :

« Lorsqu'un fonctionnaire ou un officier public, un administrateur, un agent ou un préposé du gouvernement ou de la police, un exécuteur des mandats de justice ou jugements, un commandant en chef ou en sous-ordre de la force publique, aura, sans motifs légitimes, usé ou fait user de violences envers les personnes, dans l'exercice ou à l'occasion de l'exercice de ses fonctions, il sera puni selon la nature et la gravité de ces violences, et en élevant la peine suivant la règle posée en l'article 198. »

Le fonctionnaire a usé ou fait user de violences avec un motif légitime : alors pas d'excuse possible pour l'individu qui viendrait dire qu'il a été provoqué, cela est évident, et cette solution a été consacrée par de nombreux arrêts de la Cour de cassation, le plus récent, à notre connaissance, étant du 25 avril 1857.

Si, au contraire, le fonctionnaire s'est trouvé dans le cas de l'article 186, s'il a usé de violences sans motifs légitimes, *quid juris?* La question est controversée.

Un arrêt de la Cour d'assises de la Moselle du 9 décembre 1841 a décidé que la provocation est une excuse légale, aussi bien pour les crimes commis envers les fonctionnaires que pour ceux commis envers les simples particuliers. M. Tributien est de cet avis, et c'est aussi celui de M. Dalloz.

Nous n'hésitons pas à nous ranger à l'opinion contraire ; nous croyons que, dans l'hypothèse prévue, il n'y a pas d'excuse : sans cela où s'exercerait l'action publique? on donnerait un encouragement à la rébellion et à la désorganisation sociale.

Le représentant de l'autorité qui aura usé ou fait user de violences sans motif fondé sera puni, conformément à l'article 186; mais cela n'empêche pas que la rébellion soit aussi un crime ou un délit qui ne peut servir de prétexte à une excuse en faveur de celui qui a porté des coups ou fait des blessures.

On pourrait aussi, en tirant argument de la place qu'occupe l'article 321 dans le Code pénal, dire qu'il n'excuse que le meurtre des simples particuliers et les blessures qui leur sont faites après provocation, et exclut, par conséquent, l'hypothèse où la victime du meurtre ou des blessures n'est plus simple particulier, mais un fonctionnaire.

La solution que nous avons admise, parce qu'elle nous paraissait la plus juridique, nous ne nous le dissimulons pas, se trouve parfois bien sévère dans la pratique, lorsque les actes du fonctionnaire auront excédé les bornes d'une juste nécessité; mais l'admission des circonstances atténuantes, qui est toujours possible en faveur du coupable, permettra alors de proportionner exactement la peine au degré de la culpabilité.

Nous résumons donc ainsi toute cette question, en disant que, toutes les fois qu'un fonctionnaire aura été victime de violences dans l'exercice de ses fonctions, même quand il les aurait provoquées, le coupable ne pourra être excusé.

Cependant nous admettons, avec l'arrêt de la Cour de cassation du 26 décembre 1856, que, la circonstance aggravante d'exercice de fonctions pouvant être écartée par le jury, et le fait rentrant alors dans la catégorie des meurtres ordinaires, la Cour d'assises ne peut, lorsque la demande en est formellement faite par l'accusé, refuser de poser subsidiairement la question de provocation, pour le cas de réponse négative à la circonstance aggravante.

Supposons maintenant, et c'est la question inverse, que le fonctionnaire est poursuivi en vertu de l'article 186 : pourra-t-il faire poser au jury la question d'excuse de la provocation ?

S'il est reconnu qu'il a usé de violences envers les personnes, avec un motif légitime, dans l'exercice ou à l'occasion de l'exercice de ses fonctions, il ne sera pas coupable, et la question de savoir s'il avait été provoqué se trouve sans intérêt.

Si, au contraire, il est reconnu qu'il a usé de violences envers les personnes, sans motifs légitimes, dans l'exercice ou à l'occasion de l'exercice de ses fonctions, pourra-t-il invoquer l'excuse de la provocation ? Cette question est controversée.

Suivant nous, il faut y répondre affirmativement.

La Cour de cassation dit, dans un arrêt du 30 janvier 1835, que les violences graves, qui, aux termes de l'article 321, fournissent une cause d'excuse, ne constituent pas nécessairement les motifs légitimes qui, aux termes de l'article 186 du Code pénal, innocentent pleinement les violences pratiquées par des fonctionnaires. En conséquence, un fonctionnaire accusé de meurtre dans l'exercice de ses fonctions a le droit de faire poser la question d'excuse, pour le cas où il serait déclaré qu'il a agi sans motifs légitimes ; la disposition de l'article 321 est générale et absolue, et l'article 186 ne déroge nullement à cette disposition.

Les adversaires de cette doctrine, qui refusent le droit de demander la position d'une question d'excuse, prétendent, à tort suivant nous, nous l'avons déjà dit plus haut, et en commettant une confusion, que les coups et les violences graves qui pourraient ne fournir qu'une cause d'excuse à un particulier présentent nécessairement des motifs légitimes pour le fonctionnaire.

Mais nous croyons, au contraire, que ce n'est qu'autant que sa dignité ou l'intérêt de la chose publique l'exigent de la manière la plus impérieuse, que le fonctionnaire doit repousser les violences par les violences. S'il agit autrement, il dépouille l'impassibilité qui est un de ses premiers devoirs; mais s'il est coupable comme fonctionnaire, il peut être au moins excusable, dans le sens légal de ce mot, comme ayant obéi à la colère et à l'emportement de l'homme privé.

La provocation doit être un motif d'excuse, pour le fonctionnaire comme pour l'homme privé; elle doit l'excuser dans les mêmes limites, mais non le justifier; sans cela la règle de l'égalité des citoyens devant la loi ne serait plus qu'un vain mot.

Il résulte de ce que nous venons de dire, qu'il y aura deux questions distinctes à résoudre :

1° Celle de savoir si le fonctionnaire, dans l'exercice de ses fonctions, a agi avec ou sans motifs légitimes, etc. ;

2° La question d'excuse de provocation, si elle est proposée.

Si le jury répondait que le fonctionnaire a exercé des violences avec un motif légitime, il n'y aurait ni crime ni délit, et il ne devrait plus s'occuper de la deuxième question ; si cependant il la résolvait aussi, en disant qu'il y avait eu provocation, ces deux réponses ne seraient pas contradictoires, et cette déclaration, n'étant pas entachée de nullité, ne pourrait être cassée par la Cour de cassation (Cass., 18 juin 1827).

Si un fonctionnaire avait commis un meurtre, fait des blessures ou porté des coups après avoir été provoqué, alors qu'il ne se trouvait pas dans l'exercice de ses fonctions, il n'y aurait pas de difficulté : il pourrait invoquer l'excuse de la provocation, ainsi qu'un simple particulier, puisque c'est comme simple particulier qu'il aurait commis le crime ou le délit qui lui serait reproché.

L'article 321 ne parle que du meurtre : faut-il en conclure que l'excuse qu'il prévoit ne soit pas applicable à l'homicide simple, qui consiste dans le fait de donner la mort par des coups et blessures volontaires, mais sans intention de tuer, et qui, en cela, se distingue du meurtre ? Non, évidemment ; il répugne à la raison d'admettre qu'aux yeux du législateur la provocation excuse le crime le plus grave, et qu'elle n'excuse pas le crime le moins grave. Ce qui explique l'emploi du mot « meurtre » dans l'article 321, c'est que le Code de 1810 ne distinguait pas entre le meurtre et l'homicide simple, et désignait sous le nom générique de meurtre l'action de donner la mort volontairement, sans distinguer s'il y avait eu ou non intention de tuer ; ce fut la loi du 28 avril 1832 qui établit cette distinction. Cette loi aurait dû, en conséquence, substituer, dans l'article 321, le mot « homicide volontaire » au mot « meurtre » ; elle ne l'a pas fait, mais cette omission sans importance ne peut laisser planer le moindre doute sur sa pensée.

Mais, si les termes de l'article 321 permettent d'y faire rentrer l'homicide simple, ils empêchent, au contraire, dans les autres cas d'homicide, l'assassinat, l'empoisonnement, d'invoquer l'excuse de la provocation. Dans ces crimes, du reste, s'il y avait eu provocation, il se serait écoulé, entre cette provocation et le crime, un temps assez long, nécessaire pour que le coupable ait pu attendre celui qui l'avait provoqué dans un guet-apens, ou préparer les moyens de l'empoisonner, ou enfin il y aurait une préméditation : toutes circonstances qui dénoteraient, en outre, que l'assassin ou l'empoisonneur avaient repris leur liberté d'esprit, et n'auraient pas agi sous l'empire immédiat du ressentiment auquel la provocation avait donné naissance.

Il a été jugé avec raison que la rixe ne rend pas excusable le meurtre commis sans provocation (Cass., 20 mars 1812).

Un individu qui aurait été provoqué en duel et aurait tué son adversaire, pourrait-il invoquer l'excuse de la provocation? Non, il ne le pourrait pas ; ce n'est pas ici le cas d'appliquer la jurisprudence de la Cour de cassation dans son arrêt du 15 messidor an XIII, dans lequel elle déclare que la provocation peut résulter de la seule menace avec une arme meurtrière approchée du corps, et cela pour plusieurs raisons : d'abord, parce que dans le duel, tel qu'on l'entend ordinairement et tel que nous le considérons ici, il s'écoule un temps assez long entre la provocation, qui, du reste, le plus souvent, ne résulterait pas de coups ou violences graves, mais plutôt d'injures verbales, et le duel, pour que les adversaires aient pu reprendre leur liberté d'esprit; des témoins des deux adversaires se sont vus, ont arrêté les conditions du duel, et c'est ensuite de sang-froid, ou tout au moins après réflexion, à un moment où nous ne trouvons plus l'atténuation des facultés morales et le trouble d'une âme qui cesse d'être libre, que l'on en vient aux mains; et, d'un autre côté, le duel ne peut être assimilé au meurtre ; il est plutôt un assassinat, mitigé dans ses formes, puisqu'il y a préméditation, volonté chez chacun de tuer son adversaire, et l'accusé ne pourrait invoquer que l'excuse de la provocation.

Nous avons supposé un duel à mort. Dans un duel au premier sang (1), si l'un des adversaires tuait l'autre, malgré sa volonté de le blesser seulement, nous refuserions encore l'excuse.

Les solutions seraient les mêmes si des blessures seulement résultaient d'un duel.

On ne saurait logiquement trouver un motif légitime d'excuse dans « ces suicides concertés, qui sont le résultat d'un compromis » (procureur général Dupin).

(1) Cette sorte d'affaire où la gentillesse se mêle à la cruauté, et où l'on ne tue les gens que par hasard. (J.-J. Rousseau, *Lettre à d'Alembert sur les spectacles.*)

§ II.

EXCUSE RÉSULTANT DE LA PROVOCATION PAR UN VIOLENT OUTRAGE A LA PUDEUR, EN CAS DE CASTRATION (art. 325 C. pén.).

C'est avec intention que nous étudions de suite l'excuse de l'article 325. Cet article a, en effet, une très grande analogie avec l'article 321, que nous venons de voir, analogie si grande que certains auteurs se sont demandé si ces deux articles ne faisaient pas double emploi ; les termes généraux de l'article 321 comprennent certainement, en effet, le cas prévu par l'article 325 ; mais cependant il n'était pas inutile de dire d'une manière expresse que le crime de castration (1), s'il a été immédiatement *provoqué* par un outrage violent à la pudeur, sera considéré comme meurtre ou blessures excusables, parce que, cette espèce de blessure supposant en général une sorte de préméditation, des doutes auraient pu s'élever sur l'application du principe de l'article 321, en ce qui la concerne, et qu'il était bon de déclarer expressément que ce principe serait applicable.

L'article 325 est donc, en quelque sorte, un complément de l'article 321.

Au nombre des violences graves qui constituent la provocation, et qui, par suite, rendent excusable le crime ou le délit commis contre leur auteur, la loi devait incontestablement placer les attentats à la pudeur. Il n'en est pas, en effet, qui soient de nature à troubler davantage l'esprit de la personne qui les subit, et à provoquer chez elle une plus violente et plus légitime irritation.

Parmi les attentats aux mœurs, il y a des distinctions à établir pour bien préciser quels sont ceux qui permettent de poser la question d'excuse, que nous étudions.

Il en est qui placent la personne outragée en état de légitime défense, et la justifient, par conséquent, de l'homicide qu'elle commet : ce sont le viol et la tentative de viol.

(1) La Cour de cassation a défini la castration « l'amputation d'un organe quelconque nécessaire à la génération » (1er sept. 1814).

Ce crime est puni par l'article 316, ainsi conçu :

« Toute personne coupable du crime de castration subira la peine des travaux forcés à perpétuité. Si la mort en est résultée avant l'expiration des 40 jours qui auront suivi le crime, le coupable subira la peine de mort. »

L'homicide commis pour se défendre d'un viol ou d'une tentative de viol est donc légitime. Farinacius (1) en a donné cette raison : « *Plus est stuprum quam mors', et major est timor stupri quam mortis* », et il ajoute qu'il est licite de tuer le coupable. Jousse (2), inspiré par la même pensée, dit, dans son traité des matières criminelles, que « la femme qui tue son ravisseur pour conserver sa pudicité ne mérite aucune peine, et est plutôt digne de récompense que de blâme et de punition ».

Les autres attentats à la pudeur qui ont pour but l'outrage et non le viol, qui sont commis avec l'intention d'offenser la pudeur et sont de nature à produire une telle offense, doivent être considérés comme une provocation suffisante du meurtre, des coups ou des blessures, et, par conséquent, comme autorisant l'application des principes des articles 321 et 325, car ce sont bien des violences graves envers les personnes.

Il résulte de là que si l'outrage violent à la pudeur, au lieu d'émaner d'un homme, émanait d'une femme, le meurtre, les coups ou les blessures dont se rendraient coupables une autre femme ou un homme, pour repousser cette violence, seraient excusables, en vertu de l'article 321, l'article 325 prévoyant des blessures spéciales qui ne peuvent être faites qu'à un homme.

Revenons, maintenant, au cas spécialement prévu par notre article 325.,

Pour que le crime de castration soit excusable, trois conditions sont nécessaires : 1° il faut que l'outrage et la castration soient concomitants ;

2° Il faut qu'il y ait eu un violent outrage à la pudeur. -

Il faut entendre, par ces mots, les attentats consommés ou tentés avec violences, c'est-à-dire les violences physiques de nature à offenser la pudeur. Il faut qu'il y ait des violences exercés sur les personnes. Ainsi, un outrage à la pudeur, commis sous les yeux d'une personne, mais sans violence exercée sur elle ou sur un tiers, n'excuserait pas la castration ; c'est, en effet, une action éhontée, un acte impudique, ce n'est point une attaque contre les personnes : « Il est moins fondé sur la méchanceté que sur l'oubli ou le mépris de soi-même » (Montesquieu, *Esprit des lois*).

Enfin, il faut, suivant nous, cette troisième condition, que les

(1) Quæst. 125.
(2) Jousse, *Inst. crimin.*, t. III, p. 748,

violences soient *graves*; c'est la disposition de l'article 321 qui pose le principe général, et nous ne pensons pas qu'il y soit dérogé ici.

Quelles personnes pourront invoquer l'excuse? Ce sont non seulement les victimes des outrages violents à la pudeur, mais aussi les personnes présentes, qui, agissant immédiatement sous l'impression de l'injure faite à leur parent, à leur ami ou à une personne quelconque, commettraient le crime de castration.

Nous avons donné, dans l'article 321, une solution analogue; les motifs sont ici les mêmes.

Il n'y a pas à distinguer si la femme qui a été victime d'un violent outrage à la pudeur était honnête, ou vivait habituellement dans la débauche ou la prostitution. La débauche, même habituelle, d'une femme, ne saurait légitimer aucun attentat sur sa personne : elle n'a point aliéné la liberté de disposer d'elle-même. La loi, qui punit les violences, étend sa protection sur tous; elle ne permet pas, comme le livre III du Statut de Novare, de faire violence à une courtisane : elle frapperait ceux qui se rendraient coupables d'attentats à la pudeur contre elle, et, comme conséquence, elle l'excuserait si elle repoussait elle-même ces violences par la castration.

Rien dans la loi ne permettrait, du reste, une semblable distinction.

Il faut bien remarquer que, si l'excuse sera le plus souvent invoquée par une femme, elle pourrait être aussi invoquée par un homme qui aurait été victime d'outrages violents à la pudeur, de la part d'un autre homme.

Si, au lieu de considérer la personne de l'offensé, nous considérons, au contraire, celle du provocateur, nous pouvons nous poser deux questions, relatives, l'une au père, l'autre au mari.

La castration peut d'abord n'occasionner qu'une blessure, et alors, la fille qui aura reçu de son père un outrage violent à la pudeur, la femme avec laquelle son mari voudra accomplir, au moyen des violences, un acte immoral, contraire aux lois du mariage, et qui auront commis sur eux le crime de l'article 325, pourront invoquer l'excuse.

Nous avons dit, en effet, que l'article 323 ne s'applique pas aux blessures faites au père, à la mère, etc., et l'article 324 § 1 ne s'applique également qu'au meurtre, et non aux coups et blessures.

Mais si la castration a amené la mort du père ou du mari avant l'expiration des 40 jours, la fille, la femme pourront-elles encore invoquer l'excuse? Nous répondrons affirmativement.

Ce qui fait la difficulté de la question, c'est que l'article 325, parlant de la castration ayant occasionné la mort, emploie le mot « meurtre », et que les articles 323 et 324 déclarent que le parricide n'est jamais excusable, et que le meurtre de l'époux par l'épouse n'est excusable que si la vie de l'épouse qui a commis le meurtre était en péril au moment où le meurtre a été commis. Mais il faut bien remarquer que l'article 325 ne dit pas formellement que c'est un meurtre, mais qu'elle sera considérée comme un meurtre excusable. Nous dirons, du reste, plus loin, qu'il faut seulement appliquer les exceptions des articles 323 et 324 aux articles qui les précèdent, c'est-à-dire 321 et 322. La castration est un crime spécial; elle n'est point un meurtre, puisqu'il manque l'intention de donner la mort; elle ne peut être au plus qu'une blessure ayant occasionné la mort, sans intention de la donner; cela résulte de la place qu'occupe l'article 316 dans la section du Code qui porte pour rubrique : *Coups et blessures volontaires non qualifiés meurtres*, et non pas dans la section première où il est question du meurtre.

Il n'y a donc là que des blessures, quelle qu'en soit la suite, et les blessures sont excusables, même quand elles sont faites au père ou mari. La raison seule, du reste, justifie cette solution. Le ressentiment éprouvé par une femme, lorsqu'elle est victime d'un attentat violent de la part d'un étranger, doit, en effet, être encore plus grand quand cet attentat émane d'un de ses ascendants, ou de son mari, chez lesquels elle devait trouver protection et égards, et non outrage.

Il résulte aussi de l'esprit de la loi et, dans certains cas, de son texte même (art. 333-334), que les attentats commis par ces personnes doivent être punis de peines plus fortes que celles prononcées contre des personnes qui ne sont pas parentes de la victime, et dès lors, l'outrage étant plus grave, la protection donnée à la femme par la loi doit être plus grande, et nous serions tenté de dire que c'est par *a fortiori* qu'elle devra bénéficier de l'excuse de la provocation.

Il serait immoral de refuser cette protection : la loi semblerait justifier, dans une certaine mesure, les outrages à la pudeur commis dans les circonstances que nous venons d'étudier.

Si un complot avait été formé à l'avance pour l'exécution de la mutilation, et si l'outrage violent à la pudeur n'avait été que le résultat et la suite de la provocation faite à l'offenseur, quel qu'il soit, l'excuse ne pourrait être invoquée. Il est évident que, dans une telle hypothèse, les auteurs de la mutilation ne pourraient invoquer, comme excuse, un outrage qu'ils auraient eux-mêmes provoqué.

D'après Carnot, la loi suppose qu'il n'a pas été possible à la personne outragée d'employer un autre moyen que la castration pour repousser la violence; il suffit, au contraire, suivant d'autres jurisconsultes, qu'un autre moyen de défense ne se soit pas offert à l'esprit de la personne outragée ; c'est cette dernière opinion que nous adoptons.

§ III.

EXCUSE RÉSULTANT DU FLAGRANT DÉLIT D'ADULTÈRE
(art. 324 C. pén.).

Laissant de côté, pour le moment, le § 1 de l'article 324, que nous étudierons dans notre second chapitre, parce qu'il constitue, comme l'article 323, une exception en ce qui concerne le meurtre et la règle générale de l'article 321, nous ne nous occuperons ici que du dernier paragraphe de cet article, qui porte que, « dans le cas d'adultère prévu par l'article 336, le meurtre commis par l'époux sur son épouse, ainsi que sur le complice, à l'instant où il les surprend en flagrant délit dans la maison conjugale, est excusable. »

Sans imiter la faute de certains auteurs, qui font précéder l'étude de cet article, de dissertations, fort intéressantes, il est vrai, mais qui sont, à notre avis, en dehors du sujet, sur les différentes manières dont l'adultère a été puni dans les anciennes législations, nous croyons bon d'étudier ici, très rapidement, quelle a été, dans la législation des peuples de l'antiquité, et dans notre ancien droit, la situation du mari qui venge son honneur en tuant sa femme adultère et son complice.

A Rome, l'adultère était un crime très répandu, si nous en

jugeons par les lois qui furent rendues à différentes époques, et par les plaintes des poètes (1).

Cet état de choses, qui était presque passé en coutume au commencement de l'empire, existait dès les premiers temps de Rome (2); aussi la loi des Douze-Tables contenait-elle une disposition par laquelle le mari était autorisé à tuer sa femme adultère et son complice.

La loi Julia *De adulteriis*, édictée sous le règne d'Auguste, et due, dans une certaine mesure, aux conseils qu'Horace donnait à cet empereur, dont il était le confident, et auquel il s'adressait dans ces vers :

Indomitam audeat
Refrenare licentiam.....

vint changer cette législation : elle accordait au père seul le droit de tuer sa fille, si elle était sous sa puissance, et son amant, s'il les surprenait *in ipsa turpitudine,* dans sa maison ou au domicile de son gendre.

Le mari n'avait donc plus le droit de tuer sa femme coupable ce droit était réservé au père de famille. La raison de cette différence, selon Papinien, c'est que l'usage du droit du père est tempéré par la tendresse paternelle, tandis que le ressentiment du mari a besoin d'être réfréné par la loi.

Cependant, si le mari témoin de l'adultère de son épouse l'avait tuée, il n'encourait pas la peine de la loi Cornélia *De sicariis,* c'est-à-dire la mort pour les *humiliores* et la déportation pour les *honestiores*, mais seulement la peine de l'exil perpétuel ou de la relégation temporaire, suivant son rang.

Le mari pouvait même tuer l'amant de sa femme, mais seule-

(1) Horace déplorait dans ses *Odes* ce désordre social :
Fecunda culpæ secula nuptias
Primum inquinavere et genus et domos.. ..
Ovide le déplorait également :
Heu! Ubi pacta fides, ubi connubialia jura !
L'adultère règne et marche la tête levée, disait aussi Sénèque le Tragique :
Vitioque potens regnat adulter.
M. E. Hanriot, conseiller à la Cour de Paris, *Les Poètes juristes,* ou *Remarques des poètes latins sur les lois, le droit et la justice.*

(2) Suivant Juvénal, l'origine de l'adultère remonte aux temps les plus reculés, et, dès l'âge d'argent, il avait fait son apparition dans le monde : *Viderant primos argentea secula mœchos.*

ment s'il était surpris dans la maison conjugale, et s'il était de basse condition, par exemple un acteur, un comédien, un affranchi, ou s'il tenait un lieu de débauche.

Dans ce cas, le mari devait, en outre, renvoyer sa femme sur-le-champ. Si toutes ces conditions ne se rencontraient pas, le meurtre de l'amant de sa femme par le mari était puni (LL. 20, — 22 § 4, — 28 § 8, — 24, Dig., *Ad legem Juliam de adulteriis*).

De plus, la loi Julia, dans le but de refréner la licence, et en cela elle était plus sévère que la législation antérieure, plaçait l'adultère au nombre des délits publics, que toute personne pouvait dénoncer et poursuivre, pourvu toutefois que le mari s'y prêtât.

La loi Julia fut bientôt mal observée, Juvénal (1) et Martial le constatent dans leurs œuvres et s'en plaignent; Domitien la remit en vigueur.

Cette loi était insuffisante pour faire rentrer la chasteté au foyer conjugal, quoique l'on s'efforçât de la faire strictement exécuter. Il semble que, plus tard, on dût en revenir, au moins en partie, à l'ancien mode de répression; car, parmi les dispositions que Justinien remettait en vigueur par la promulgation des Pandectes et du Code, on trouve celles-ci : *Marito quoque adulterum uxoris suæ occidere permittitur* (L. 24, Dig., 48, 5).

Xénophon dit que les lois grecques n'établissaient pas les mêmes distinctions que les lois romaines, et donnaient, dans tous les cas, au mari le droit de mettre à mort l'adultère.

Dans la Gaule, il n'existait pas de loi sur l'adultère; la femme qui s'en rendait coupable était mise à mort par son mari. Les Gaulois avaient, en effet, droit de vie et de mort sur leurs compagnes.

Mais il n'en était pas ainsi dans notre ancien droit; nous lisons, en effet, dans Jousse, ce passage : « Il n'est pas permis au mari de tuer l'adultère de sa femme, ni sa femme, parce que l'homicide est indistinctement défendu dans nos mœurs. Mais, comme sa douleur est juste, s'il éprouve ce malheur, s'il tue sa femme et l'adultère surpris en flagrant délit, il obtient facilement sa grâce du roi. L'usage, même, est que si le mari avait négligé

(1) Juvénal demande même le rétablissement des dispositions anciennes, qui permettaient au mari de tuer sa femme adultère; il dit, en parlant du mari outragé :

..... *Necat hic ferro, necat ille cruentis*
Verberibus quosdam mœchos...

d'obtenir des lettres de grâce, on ordonne qu'il se retirera par devers le prince pour les obtenir. »

Il n'était pas non plus, comme à Rome, permis au père de tuer sa fille, ni celui avec lequel il la surprenait en flagrant délit d'adultère. Mais il obtenait facilement des lettres de grâce, en cas de meurtre, et l'acquittement était presque toujours accordé (1). Dans notre droit actuel, cet homicide commis par le père serait soumis au droit commun, il n'y aurait pas d'excuse.

La règle est aujourd'hui plus précise. La loi ne reconnaît pas au mari le droit de tuer sa femme et son complice surpris par lui, en flagrant délit, dans la maison conjugale; mais elle a considéré cet outrage comme une de ces provocations violentes qui appellent son indulgence. Le meurtre sera puni, mais d'une peine atténuée.

Sous quelles conditions l'excuse de l'article 324, § 2, sera-t-elle admise; le meurtre sera-t-il excusable?

L'exposé des motifs du Code répond à cette question : « La loi n'excuse ce meurtre que sous deux conditions : 1° si l'époux l'a commis au même instant où il a surpris l'adultère; plus tard, il a eu le temps de la réflexion, et il a dû penser qu'il n'est permis à personne de se faire justice; 2° s'il a surpris l'adultère dans sa propre maison. Cette restriction a paru nécessaire. On a craint que si ce meurtre, commis dans tout autre lieu, était également excusable, la tranquillité des familles ne fût troublée par des époux méfiants et injustes qu'aveuglerait l'espoir de se venger des prétendus égarements de leurs épouses. »

Nous devons insister sur ces conditions de l'excuse; elles font naître un certain nombre de questions que nous allons étudier, en examinant successivement tous les termes de l'article 324, § 2, que nous avons reproduit au commencement de ce paragraphe.

« *Dans le cas d'adultère prévu par l'article 336,* » si le mari était convaincu d'avoir entretenu une concubine dans la maison conjugale, serait-il recevable à proposer l'excuse, quoique ne pouvant plus dénoncer l'adultère de sa femme ?

Cette question naît du renvoi à l'article 336 ; elle est très délicate, aussi a-t-elle donné lieu à deux systèmes absolument opposés.

D'après M. Blanche, il est également légitime que le mari qui a entretenu une concubine dans la maison conjugale et

(1) Jousse, *Inst. crimin.*, t. III, p. 491. — Fournel, *De l'adultère*, p. 261.

celui auquel on ne peut adresser ce reproche, bénéficient de l'excuse, parce que, quelle que soit la situation du mari, il reçoit toujours l'un de ces violents outrages qui enlèvent à l'homme une partie de son libre arbitre, et qui ont pour conséquence d'atténuer la criminalité de son acte. De plus, M. Blanche fait remarquer que l'article 324 ne fait aucune distinction entre le mari qui a et celui qui n'a plus la faculté de dénoncer l'adultère de sa femme ; qu'il renvoie bien à l'article 336, mais que cet article prévoit non seulement le cas où le mari a cette faculté, mais aussi celui où il l'a perdue.

Nous adopterons l'opinion contraire, qui est soutenue par MM. Chauveau et Faustin-Hélie et par M. Dalloz : elle refuse au mari le bénéfice de l'excuse. Si les termes de la loi prêtent à discussion, il faut consulter son esprit, et alors notre solution s'impose. L'article 324 n'admet l'excuse que dans le cas d'adultère, prévu par l'article 336, et l'article 336 déclare que le mari n'est pas recevable à dénoncer l'adultère de sa femme dans le cas où il est convaincu d'avoir entretenu une concubine dans la maison conjugale ; ces deux dispositions se lient donc l'une à l'autre, elles supposent les mêmes règles. Or, si le fait d'avoir entretenu une concubine dans la maison conjugale prive le mari de la faculté de dénoncer l'adultère pour le faire punir, comment deviendrait-il excusable de l'avoir puni lui-même? La raison de décider est la même ; son indignité repousse à la fois et l'action et l'exception.

Nous ajouterons que l'on pourrait accuser la loi d'être immorale, si elle protégeait le mari qui, au mépris de la fidélité jurée, a eu l'impudence et la criminelle audace de préférer une concubine à sa femme légitime, et qui, insultant à la faiblesse de sa compagne, a admis à côté d'elle, au foyer sacré de la famille, la vile créature qui venait s'associer à ses débauches. Ce mari est, en effet, indigne de tout intérêt et de la protection de la loi.

« Le meurtre. » Si les blessures faites par le mari à sa femme adultère et à son complice n'avaient pas amené la mort; s'il y avait eu seulement tentative de meurtre, cette tentative serait punie comme le crime même (art. 2), mais elle serait aussi, comme lui, excusable. Il y aurait aussi à se demander ici, si, étant données certaines circonstances, on ne se trouverait pas en présence, non plus d'un meurtre excusable, mais d'un assassinat, qui ne le serait pas ; nous réservons ces questions, que nous retrouverons en étudiant tout à l'heure ces mots de notre article : à l'instant où il les surprend en flagrant délit.

« *Commis par l'époux.* » Il résulte de ces termes de la loi, qu'elle refuse le bénéfice de l'excuse à l'épouse qui, *impatientia justi doloris* (Sentences de Paul, liv. II, tit. xxvi, § 5, *De adulteriis*), aurait mis à mort son mari et sa complice surpris en flagrant délit dans la maison conjugale (1).

Cette disposition de la loi est-elle juste ? Non, certainement; aussi est-elle critiquée par tous les auteurs. « S'il est beaucoup plus rare, dit M. Ortolan en traitant cette question, que cette irritation pousse la femme au meurtre ou à des blessures, celle qui s'y laisserait entraîner n'en aurait pas moins commis son crime sous l'impulsion passionnée à laquelle la violation de son droit l'aurait provoquée, et serait, par conséquent, moins coupable. Nous croyons que le Code, dans sa disposition, a cédé à la tradition et au préjugé de longue date qui existe sur ce point dans les mœurs. »

MM. Chauveau et Faustin-Hélie croient qu'il y a là un oubli du législateur ; pour eux, l'injure est peut-être plus grave, et certainement plus lâche, quand elle s'adresse à la femme de la part de son mari. Il n'y a pas à rechercher ici si les conséquences de l'adultère de la femme seront plus graves que celles de l'adultère du mari ; on ne doit considérer que la gravité de l'offense. Ces auteurs font aussi cette remarque fort juste, que souvent le mari ne vengera l'adultère de sa femme que parce qu'il offense son amour-propre, tandis que l'amour blessé de sa femme peut seul la porter aux excès qui la rendraient coupable d'homicide.

Nous pouvons aussi indiquer, parmi les auteurs qui blâment la disposition de notre loi, M. Trébutien.

C'est bien le cas de dire avec saint Grégoire de Nazianze : « *Non probo hanc legem, eam mares tulerunt; ideo feminas tantum sequitur et incessit.* »

Quoi qu'il en soit, la décision du législateur est formelle; il établit la même distinction entre la femme et le mari, à propos de la punition de l'adultère, dans les articles 337 et 339, qui condamnent la femme à l'emprisonnement et le mari à une simple amende, parce que l'adultère de la femme a cette conséquence

---

(1) Nous verrons, en étudiant les législations étrangeres, que plusieurs d'entre elles excusent, en ce cas, non seulement le mari, mais aussi la femme ; cette décision nous semble plus juste que celle de la loi française.

grave, que n'a pas l'adultère du mari, d'introduire dans la famille des enfants étrangers (1).

Le législateur, dans l'article 324, § 2, refuse l'excuse à la femme pour la même raison, qui n'avait cependant, nous l'avons déjà dit, aucune valeur en cette matière.

M. Dalloz approuve cette décision, en disant que, dans nos opinions et nos mœurs, l'outrage éprouvé par la femme qui surprend son mari en flagrant délit d'adultère est moins violent que celui qui donne lieu d'excuser le meurtre commis par le mari. Nous protestons contre cette appréciation, et nous répétons que, suivant nous, la femme reçoit, dans ce cas, de la part de son mari, un outrage tout aussi grave que celui qu'elle lui infligerait si elle-même avait violé la fidélité promise, et qui a pour conséquence de troubler au même degré sa raison.

Nous pouvons examiner ici la question suivante : il est certain que le plus souvent ce sera le mari qui tuera lui-même sa femme et son complice ; si cependant, au lieu de commettre le meurtre de sa propre main, il avait employé l'aide d'un tiers, parce qu'il se trouvait dans l'impossibilité, par suite de sa faiblesse ou de son état de santé, de se venger lui-même, serait-il, dans ce cas, excusable ? Nous croyons qu'en pareil cas le mari pourrait invoquer l'excuse, si toutefois les conditions de l'article 312, § 2, se trouvaient réunies, parce que cet emploi d'un bras étranger ne change pas la nature de l'acte, et que ce bras n'a été, pour le mari, qu'un instrument, qu'une arme.

Mais le tiers serait-il excusable ? Nous répondrons ici négativement, car l'excuse est personnelle au mari ; elle n'existe qu'à raison des sentiments, de l'emportement que lui seul a dû éprouver ; le tiers qui lui a servi d'instrument n'est qu'un meurtrier ordinaire. Mais nous ajouterons que le jury aura cependant à examiner dans quelles conditions il est ainsi venu prêter le secours de son bras, s'il était parent de l'époux outragé, et si, par suite, il a dû éprouver un certain ressentiment de l'injure qui lui etait faite ; s'il était placé sous sa domination, et, par suite, a agi sous l'empire d'une contrainte morale ; il y aura peut-être là des causes d'atténuation de la peine, mais seulement par l'admission des circonstances atténuantes.

Quelques anciens jurisconsultes excusaient le tiers qui avait

(1) On a fait remarquer, cependant, avec raison, dans la récente discussion sur la loi du divorce, à la Chambre des députés, que l'adultère du mari, quand il se produit avec une femme mariée, a également pour conséquence d'introduire des enfants dans une famille étrangère.

aidé le mari : « *Quod est licitum in persona mandatoris , est etiam licitum in persona mandatarii.* » Mais Farinacius (1), auquel nous empruntons cette citation , a tort d'appliquer ici un principe du droit civil, qui ne peut être étendu au droit pénal.

Les anciens auteurs s'appuyaient aussi sur la loi 4, Code, *Ad leg. Jul. de adulteriis,* qui disait : « *Filiis ejus qui patri paruerunt, præstandum est ;* » mais déjà, sous l'ancienne jurisprudence, on discutait l'application de cette loi, que l'on qualifiait, avec raison, de *crudelis et infandi exempli.* Quoi qu'il en soit, la solution que nous avons admise est aujourd'hui certaine, en présence des termes et de l'esprit de la loi.

« *Sur son épouse ainsi que sur le complice.* »

Le meurtre, par son mari, de l'épouse surprise en flagrant délit d'adultère, serait excusable, même si la femme était séparée de corps ; car, la séparation de corps laissant subsister le mariage, les époux continuent à se devoir mutuellement fidélité.

Pour que le meurtre fût excusable en droit romain, le père devait avoir tué à la fois sa fille et son complice, « *ictu et uno impetu utrumque debet occidere* (2), » parce qu'elle supposait que le meurtre était commis dans le premier moment de l'indignation, et que la colère ne sait pas distinguer entre les coupables. Si le père avait tué seulement sa fille, il serait rentré sous l'empire du droit commun, *lege Cornelia reus erit.*

Doit-on, de même, en droit français, dire que le mari, pour être excusable, devra avoir tué les deux coupables ?

On pourrait dire, pour l'affirmative, que ce fait que le mari n'a tué que sa femme ou que son complice fait supposer, de sa part, une certaine réflexion qui ne doit se rencontrer dans cet emportement qui pousse le mari au meurtre et est la cause de l'excuse. Mais on peut répondre que le mari peut très bien, à la vue du sang qui coule des blessures faites à l'un des coupables, s'arrêter, comprenant la gravité de l'acte qu'il commet, et épargner l'autre. Nous croyons donc que le mari sera excusable s'il n'a tué que sa femme ou que son complice, aussi bien que s'il les a tués tous les deux ; mais, dans le premier cas, s'il n'a tué que l'un des coupables, il y aura lieu de rechercher avec soin si la scène n'était pas préparée à l'avance, si l'adultère n'a pas été un piège pour couvrir un autre crime et faire excuser un homicide commis par haine ou par cupidité.

Nous pouvons faire ici remarquer, et c'est, du reste, de toute

---

(1) Quæst. 121, n° 83. — (2) L. 23, Dig., *Ad legem Juliam de adulteriis.*

évidence, à propos du meurtre du complice, que l'article 324, § 2, ne s'occupe que du cas d'adultère, c'est-à-dire du cas où la femme reçoit volontairement son complice dans le domicile conjugal; car, si la femme, au lieu d'être adultère, était, au contraire, victime d'un viol, le mari qui tuerait son agresseur, ou lui ferait des blessures, ne se rendrait coupable ni d'un crime, ni d'un délit, et se trouverait dans le cas de l'article 328, le meurtre ou les blessures ayant eu pour mobile la nécessité actuelle de la légitime défense d'autrui.

Le parricide, dit l'article 323, n'est jamais excusable. Cet article recevrait-il son application dans le cas où le mari aurait tué son père légitime, naturel ou adoptif, ou tout autre ascendant légitime surpris par lui en flagrant délit d'adultère avec sa femme, dans la maison conjugale; le mari pourrait-il être excusable? Nous répondrons affirmativement à cette question, d'abord parce que, et nous le démontrerons plus tard, l'article 323 ne se rapporte qu'aux articles 321 et 322, et non aux articles qui le suivent, et aussi parce que la raison seule et l'esprit de la loi suffisent pour démontrer que si le mari éprouve, en surprenant sa femme avec un étranger, un trouble et une colère qui suffisent, d'après la loi, pour excuser le meurtre qu'il commet sur cet étranger, il est évident que s'il surprend sa femme avec l'une des personnes que nous venons d'énumérer, son trouble et sa colère devront être encore plus grands, et par conséquent la rendre excusable par *a fortiori*.

Si la loi protégeait les ascendants qui oublient ainsi leurs devoirs, elle serait immorale.

« *A l'instant où il les surprend en flagrant délit.* » La loi, dans l'article 41 du Code d'instruction criminelle, a donné une définition du flagrant délit : 1° Le délit qui se commet actuellement est un flagrant délit; 2° le délit qui vient de se commettre est un flagrant délit; 3° seront aussi réputés flagrant délit le cas où le prévenu est poursuivi par la rumeur publique et celui où le prévenu est trouvé saisi d'effets, armes, instruments ou papiers faisant présumer qu'il est auteur ou complice, pourvu que ce soit dans un temps voisin du délit. Que faut-il d'abord décider relativement à notre troisième paragraphe? Évidemment, les hypothèses qu'il prévoit sont absolument en dehors de l'article 324. Cet article veut que les coupables aient été surpris en flagrant délit, parce que ce n'est que l'aspect même du crime qui peut excuser l'emportement du mari et les excès dont il se rend coupable.

Le flagrant délit de l'article 324 ne sera donc que le délit qui se commet actuellement; mais, sous cette définition, nous allons montrer qu'il faut faire rentrer, dans une certaine mesure, quand il s'agit du flagrant délit d'adultère, le délit qui vient de se commettre et celui qui est sur le point de se commettre. Laissant donc de côté l'article 41 du Code d'instruction criminelle, qui dit tout à la fois trop et pas assez, voyons ce qu'il faut entendre par l'adultère qui se commet actuellement.

La question est très délicate; elle a été l'objet, de la part des anciens auteurs, de longs développements dans lesquels il est inutile de les suivre.

En droit romain, pour que le meurtre fût excusable, la femme et son complice devaient être surpris *in adulterio*, c'est-à-dire, suivant Ulpien (L. 23, Dig., *Ad leg. Juliam*), *in ipsa turpitudine, in ipsis rebus veneris*. Certains glossateurs ont restreint l'adultère à l'acte même qui le consomme : *Prœludia et prœnuntia flagitii non sunt flagitium ipsum* (Matheus). *In ipsis rebus veneris, intelligo illa verba, id est, in ipso actu adulterii, nam illa dicuntur propria res veneris : illum verbum ipsum denotat rem perfectam vel cœptam tantum* (Decianus). Mais la glose rapporte aussi cette opinion d'autres auteurs : *Sunt res veneris antecedentia ipsum scelus : scilicet aparatus, colloquia.*

Nous ne chercherons pas à donner une définition rigoureuse du flagrant délit en cette matière. Nous dirons seulement, nous inspirant de l'esprit de la loi, que l'excuse ne doit pas être restreinte au seul cas où le mari a été témoin de la consommation même de l'adultère; il suffit que la femme et son complice aient été surpris ensemble, dans une situation qui ne permette pas de douter que l'adultère vient d'être commis, ou qu'il va se commettre : par exemple s'ils ont été surpris, comme disaient les anciens commentateurs, *solus cum sola, nudus cum nuda, in eodem lecto*.

« Tout ce qu'on peut exiger du mari, disent MM. Chauveau et Faustin-Hélie, c'est que l'acte qu'il a puni porte en lui-même la preuve complète de l'infidélité ; toute autre restriction serait dérisoire et évidemment contraire à l'esprit de la loi. »

Nous venons de dire dans quels cas le flagrant délit existera : c'est s'il tue les coupables à l'instant où il les surprend en cet état de flagrant délit, que le mari sera excusable. L'excusabilité du mari résulte, en effet, de sa surprise et de sa colère, qui viennent altérer sa liberté d'esprit à la vue même du flagrant délit d'adultère; plus tard, la colère du mari a dû se calmer un peu, il a dû penser qu'il ne lui était pas permis de se faire justice à lui-même, et si, cependant, il tuait les coupables, l'excusabilite cesserait d'exister. Il faut, en outre, pour que le mari soit excusable, qu'il *surprenne* les coupables ; sans cela il y aurait préméditation, c'est-à-dire réflexion, et, par conséquent, responsabilité pénale complète.

Ces principes, que l'on peut résumer en ces mots : dans notre article 324, § 2, la loi excuse le meurtre et non l'assassinat, vont nous servir à résoudre diverses questions que nous allons étudier.

Le mari surprend sa femme et son complice en flagrant délit d'adultère, les enferme, et vient longtemps après les mettre à mort : pourra-t-il invoquer l'excuse ? Non, assurément, car le crime aurait été exécuté de sang-froid et prémédité.

Mais si le mari, se trouvant sans armes, était sorti de la chambre pour en aller chercher, et revenait immédiatement pour accomplir sa vengeance ? Alors il pourrait invoquer l'excuse, pourvu qu'il n'ait point cessé d'agir sous l'impression d'une passion instantanée. Quelques rapides moments écoulés, entre l'outrage et la vengeance, ne peuvent suffire pour modifier le caractère de l'action, et faire supposer la préméditation. Mais quel espace de temps fera supposer la colère éteinte, et rendra l'excuse inadmissible ? C'est une question à laquelle on ne peut répondre d'une façon précise ; tout dépendra des faits et des circonstances, le jury sera souverain appréciateur.

Si le mari, soupçonnant l'infidélité de sa femme, s'est caché pour la surprendre, le meurtre est-il excusable ? Cette question est résolue par MM. Chauveau et Faustin-Hélie, par une distinction que nous admettons, car elle est, suivant nous, fort sage : si le mari, soupçonnant l'infidélité, s'est caché avec la seule pensée d'épier sa femme, et qu'à la vue de l'outrage il n'ait pas été maître de sa colère, le fait d'avoir connu et favorisé le rendez-vous ne sera point un obstacle à ce qu'il jouisse du bénéfice de l'excuse, car il n'avait qu'un seul but en se cachant, celui de s'assurer de l'infidélité ; il a prémédité de surprendre le coupable, et non de se venger : l'homicide est le résultat d'un mouvement imprévu de colère, l'action n'a pas changé de nature. Mais si le mari s'est caché avec la certitude déjà complète du crime, muni d'armes, et dans la seule intention de le punir, il ne cède point, dans ce cas, à l'emportement de la colère, mais aux suggestions d'une vengeance méditée à l'avance, quelque juste que soit sa fureur; son action n'est qu'un guet-apens; l'homicide qu'il commet n'est qu'un assassinat, et, par suite, il ne pourrait être excusé.

Il ne nous reste plus à expliquer que ces mots : « *dans la maison conjugale.* »

Il faut que l'adultère ait été surpris dans la maison conjugale pour que le meurtre commis par le mari soit excusable, et cela pour deux raisons : d'abord parce que l'injure faite au mari sera encore plus grande, puisqu'on vient le braver jusque chez lui : *Quare non ubicumque deprehenderit pater, permittitur ei occidere, sed domi suæ generive sui tantum; illa ratio redditur quod majorem injuriam putavit legislator quod in domum patris aut mariti ausa fuerit filia adulterum inducere* (1); et aussi parce que la loi a craint que si le meurtre commis dans un autre lieu était également excusable, la tranquillité des familles ne fût troublée par des époux méfiants qu'aveuglerait l'espoir de se venger des prétendus égarements de leurs épouses. Cette seconde explication est celle qui a été donnée par M. Faure dans l'exposé des motifs et par M. Menseignat dans son rapport au Corps législatif.

Voyons maintenant ce qu'il faut entendre, en notre matière, par « maison conjugale ».

La loi romaine s'exprime ainsi : « *Domus pro domicilio accipienda est,* » et les glossateurs ajoutent, sous ce texte, que ces mots, *pro domicilio,* signifient *pro habitatione.* Il faut dire également que l'article 324 entend par la maison conjugale celle où réside le mari, celle qui forme la maison commune, dans laquelle il habite avec sa femme; celle, du moins, où il peut contraindre sa femme d'habiter, et où elle a le droit de résider. Cette solution résulte de la combinaison des articles 324 du Code pénal et 108 et 214 du Code civil. La maison conjugale pourra donc être tout à la fois le domicile, la simple résidence, la maison de campagne du mari, et non seulement la maison tout entière habitée par les époux, mais aussi les dépendances de ces maisons, et nous dirons même, avec M. Demolombe, que le pavillon situé au fond du jardin de la maison du mari serait encore compris sous la dénomination de maison conjugale.

Nous venons de dire que la maison conjugale c'était le domicile du mari; mais supposons qu'il soit intervenu une séparation de corps : alors, d'après un arrêt de la Cour de cassation du

(1) L. 22, § 2, *Ad leg. Jul. de adult.*

27 avril 1838', le domicile du mari n'est plus domicile conjugal, puisque la femme a obtenu, par le jugement de séparation de corps, le droit d'avoir un domicile spécial. Cette décision doit-elle avoir une certaine influence pour l'application de l'article 324? Nous ne le pensons pas ; il résulte seulement, suivant nous, de cet arrêt, que le mari qui, après la séparation de corps, entretiendrait une concubine dans sa maison, ne tomberait pas sous l'application des peines édictées en l'article 339; mais si, après la séparation de corps, la femme venait commettre le crime d'adultère dans la maison de son mari, et si celui-ci, la surprenant en flagrant délit, la tuait, nous croyons qu'il pourrait invoquer l'excuse de l'article 324, § 2. Après la séparation de corps, la femme reste, en effet, tenue d'être fidèle à son mari, qui peut, dans tous les cas, la dénoncer conformément à l'article 336, qui n'établit aucune distinction ; et, du reste, ne comprend-on pas que le mari surprenant sa femme en flagrant délit d'adultère, chez lui, où elle n'est revenue que pour l'outrager, doit éprouver cette colère légitime qui précisément est la cause de l'excuse.

Un autre arrêt de la Cour de cassation, du 11 novembre 1838, a décidé qu' « on ne peut considérer comme maison conjugale les résidences momentanées du mari dans les villes où il va pour ses affaires ».

Nous dirons, pour cet arrêt comme pour le précédent, qu'il se rapporte seulement à l'application de l'article 339 ; mais que si un mari, voyageant avec sa femme, la surprenait en flagrant délit d'adultère dans la chambre d'hôtel qu'il a louée pour elle et pour lui, et la tuait ainsi que son complice, il serait excusable, en vertu de l'article 324. Cette chambre habitée par les deux époux serait, suivant nous, un domicile conjugal, au point de vue de l'application de notre article.

§ IV.

EXCUSE RÉSULTANT DE L'ESCALADE OU DE L'EFFRACTION POUR PÉNÉTRER DANS UNE MAISON HABITÉE, PENDANT LE JOUR (art. 322 C. pén.).

L'article 322 du Code pénal est ainsi conçu : *Les crimes et délits mentionnés au précédent article* (c'est-à-dire le meurtre, ainsi que les blessures et les coups mentionnés à l'article 321) *sont également excusables, s'ils ont été commis en repoussant pendant le jour l'escalade ou l'effraction des clôtures, murs ou entrée d'une maison ou d'un appartement habité, ou de leurs dépendances.*

Si le fait est arrivé pendant la nuit, ce cas est réglé par l'article 329.

Ce n'est pas sans raison qu'abandonnant encore, dans notre étude, l'ordre des articles du Code et celui qui est généralement suivi par les auteurs, nous avons réservé l'article 322 pour l'étudier en dernier lieu.

Dans l'article 321, en effet, la provocation résulte de violences compromettant la santé des personnes; dans les articles 323 et 324, § 2, d'outrages à leur pudeur ou à leur honneur, mais ce sont toujours des violences ou des outrages dirigés directement contre les personnes : dans l'article 322, au contraire, l'attaque est dirigée directement contre la propriété, et indirectement seulement contre les personnes. Nous pensons, du reste, que c'est cette menace indirecte contre les personnes qui est la base principale de l'excuse.

L'article 322 du Code pénal porte que le meurtre, les coups et les blessures commis par une personne repoussant pendant le jour l'escalade ou l'effraction des clôtures, murs ou entrée d'une maison ou d'un appartement habité, ou de leurs dépendances, sont excusables.

Il ajoute que si le fait est arrivé pendant la nuit, ce cas est réglé par l'article 329, ce qui veut dire que, dans ce dernier cas, le fait sera non seulement excusable, mais absolument justifié: il y aura eu légitime défense de la part de celui qui aura tué, fait des blessures ou porté des coups.

On conçoit facilement pourquoi la loi a distingué le cas où l'attaque a eu lieu pendant le jour et celui où elle a eu lieu pendant la nuit. La nature même des choses obligeait à faire cette distinction. Le péril est, en effet, beaucoup moins grand dans le premier cas que dans le second, et il est plus facile de le détourner, sans avoir recours à l'homicide, aux coups ou aux blessures.

Cette distinction entre le voleur de jour et le voleur de nuit a, du reste, toujours été faite; on la retrouve dans l'Écriture sainte (1), dans les lois de Solon, dans la loi des Douze-Tables (2)

---

(1) *Exode*, cap. XXII, n⁰ˢ 2 et 3.
(2) Dig., L. 4, § 2, *Ad legem Aquiliam*, 9, 2.

et dans d'autres lois romaines, par exemple dans la loi Cornélia *De sicariis* (1), dans les Capitulaires de Charlemagne (2); enfin elle n'a cessé d'exister dans notre ancienne jurisprudence (3).

Revenons maintenant au premier paragraphe de l'article 322, dont nous avons seul à nous occuper, et voyons d'abord dans quels cas l'excuse sera applicable.

Nous croyons qu'il ne faut pas absolument prendre à la lettre les termes de cet article, et nous pensons que non seulement il excuse le meurtre, les blessures et les coups infligés au malfaiteur au moment où il brise ou escalade les clôtures pour entrer dans la maison, mais qu'il les excuse, *a fortiori*, quand ils sont portés après le bris de clôture ou l'escalade, pour faire sortir l'individu de la maison.

Nous supposons, du reste, que le crime pour lequel on s'était introduit dans la maison, le vol par exemple, n'a pas encore été consommé ; et nous n'allons pas jusqu'à dire que le meurtre ou les blessures commis sur les voleurs, au moment de la retraite, dans le but de les arrêter, ou de reprendre les objets volés, soient excusables (4). En effet, si l'on tue ou blesse un voleur qui se retire, on ne se trouve plus protégé par les termes de l'article 322, qui exige que l'on repousse une attaque; on se trouverait, au contraire, attaquer soi-même. Au moment où le voleur se retire, cherche à fuir, le danger est passé, la crainte n'existe plus pour les habitants de la maison, ils n'ont plus à craindre pour leur vie ; tuer ou blesser le voleur à ce moment, ce ne serait plus se défendre, mais se faire justice à soi-même, ce qui n'est pas permis (5). Il est évident que le propriétaire de de la maison pourra poursuivre le voleur, l'arrêter; mais il excéderait son droit en le tuant ou le blessant, à moins que le voleur, se voyant poursuivi, ne se retourne et menace ceux qui le poursuivent, et alors il pourrait se trouver dans les cas des articles 321 et 328, mais non plus dans le cas de l'article 322.

_____

(1) Dig., L. 9, *Ad legem Corneliam de sicariis*.
(2) *Capitularia regni Francorum*. (Voy. Baluze, liv. V, n° 343).
(3) Farinacius, quæst. 25, n° 199. — Jousse, t. III, p. 501.
(4) Nos anciens auteurs admettaient, sans discussion, que, dans ce cas, le meurtre, les blessures et les coups étaient excusables. (Farinacius, quæst. 25, p. 171. — Jousse, *Inst. crimin.*, t. III, p. 501.)
(5) Entre les citoyens, le droit de la défense naturelle n'emporte pas avec lui la nécessité de l'attaque. Au lieu d'attaquer, ils n'ont qu'à recourir aux tribunaux. Ils ne peuvent donc exercer le droit de cette défense que dans les cas momentanés où l'on serait perdu si l'on attendait le secours des lois. (Montesquieu, *Esprit des lois*, 10, 2.)

L'article 322 excuse-t-il seulement le meurtre commis ou les blessures faites par le propriétaire de la maison attaquée, ou bien faut-il étendre l'excuse à toute personne étrangère accourue pour porter secours ?

Nous pensons, avec MM. Chauveau et Faustin-Hélie (*Th. du Code pén.*, t. IV, p. 126), qu'il n'y a pas lieu de distinguer ; que l'esprit de la loi pas plus que son texte ne permettent de distinction, et que les personnes qui seraient venues au secours du propriétaire seraient excusables aussi bien que lui-même.

Pour bien préciser les cas dans lesquels l'article 322, § 1, sera applicable, nous pourrons indiquer ceux dans lesquels il ne s'applique pas. Cette situation se rencontre dans deux ordres d'idées différents ; d'abord l'article ne s'applique pas lorsqu'il y aura un acte commis, non seulement en état de provocation, mais même en état de légitime défense.

Nous avons déjà vu qu'il y a légitime défense si l'escalade ou l'effraction ont été commises pendant la nuit. Il y aura encore légitime défense si l'agression change de nature et offre un danger pour la vie même des habitants de la maison (328, § 2) (1).

Dans un second ordre d'idées, l'article 322 ne s'applique pas si le propriétaire de la maison, sachant les projets d'un malfaiteur qui doit pénétrer chez lui, l'attend, caché, pour le tuer, car alors le meurtre n'a pas été commis en repoussant l'escalade, et il est un véritable assassinat : il y a eu préméditation, guet-apens ; le fait a été commis non plus sous l'empire du trouble moral causé par l'œuvre de l'escalade, mais de sang-froid ; l'excuse de la provocation ne saurait profiter à celui qui a tué dans ces conditions.

Il faut donc, pour qu'il y ait excuse, que les actes énumérés par l'article 322, § 1, soient constitutifs de la provocation, mais simplement constitutifs de la provocation. Ainsi, il s'agit d'une simple violation de domicile, la vie des habitants n'est pas en danger, mais ils ignorent les projets de l'assaillant : l'homicide et les blessures sont excusables. Cette excuse repose, on le voit, sur une double base : la violation du droit de propriété et la menace indirecte contre les personnes qui excitent la colère ou la crainte des habitants contre l'assaillant ; en un mot, troublent la tranquillité de leur esprit, leur enlèvent une partie de leur

---

(1) Chauveau et Faustin-Hélie, t. IV, p. 136. — Trébutien, t. I, p. 165.

sang-froid, et, par suite, les font bénéficier de l'atténuation de peine prescrite par l'article 326.

Il nous resterait, pour expliquer notre article 322, § 1, à définir l'escalade et l'effraction ; nous nous contenterons de renvoyer purement et simplement aux définitions qui sont données par les articles 393, 394, 395, 397 du Code pénal, en ajoutant seulement que les effractions extérieures seules, et non pas les effractions intérieures, rentrent dans le cas de l'article 322, § 1.

Il y aurait également à définir ces mots : clôtures, murs ou entrée d'une maison ou d'un appartement habité, ou de leurs dépendances. Nous renverrons, pour ces définitions, à celles des articles 390, 391, 392 du Code pénal, prises dans un sens très large.

SECTION II.

CAS EXCEPTIONNELS DANS LESQUELS L'EXCUSE DE PROVOCATION N'EST PAS ADMISE.

Nous traiterons, dans cette section, des articles 323 et 324, § 1. Dans des cas exceptionnels propres à ces articles, et qui sont au nombre de deux, la provocation cesse d'être une excuse.

§ I.

EXCEPTION EN CAS DE PARRICIDE (art. 323 C. pén.).

Le parricide, aux termes de l'article 299 du Code pénal, est « le meurtre des père et mère légitimes, naturels ou adoptifs, ou de tout autre ascendant légitime (1) ».

Et, suivant l'article 323, « le parricide n'est jamais excusable. »

Cette disposition, conforme à la nature et à la morale, avait déjà été consacrée par l'Assemblée constituante. « Comment concevoir, en effet, la possibilité d'un motif excusable, pour

(1) D'après les statistiques criminelles, le nombre des parricides, qui, de 9 en 1830, s'était élevé jusqu'à 17 dans la période de 1846 à 1850, a décru depuis et est resté annuellement de 10 pour les trois dernières périodes quinquennales.

Quant aux coups et blessures envers des ascendants, leur nombre n'a pas cessé de décroître pendant les trente dernières années, de 1830 à 1880 ; la réduction est de 74 pour cent, près des trois quarts.

donner la mort à celui auquel on est redevable du bien fait de la vie ! » (M. Monseignat.)

Toutes les législations ont puni sévèrement le parricide. Les Perses et Solon n'avaient même pas voulu le prévoir dans leurs lois, parce qu'ils considéraient ce crime comme impossible (1).

On sait quel supplice était réservé à Rome au parricide : il était frappé de verges, placé dans un sac avec un chien, un coq, une vipère et un singe, puis le sac était jeté à la mer, si la mer était proche ; sinon il était livré aux bêtes.

Du temps du jurisconsulte Paul, le parricide était livré aux flammes ou aux bêtes ; Constantin rétablit l'ancien supplice (2).

Dans nos lois pénales, le parricide a toujours été condamné à mort ; l'article 13 du Code de 1791 prescrivait même de lui couper le poing droit, mais cette disposition barbare et qui rappelait les anciens supplices a été supprimée, lors de la revision du Code, par la loi du 28 avril 1832.

Comment faut-il entendre cette disposition : « Le parricide n'est jamais excusable » ?

Il ne faut pas la prendre absolument à la lettre, et dire que le parricide n'est excusable dans aucun cas. Nous dirons seulement que le parricide ne sera jamais excusé par les faits indiqués dans les articles 321 et 322, à savoir : les coups ou violences graves, et l'escalade pendant le jour.

Cela résulte de la place qu'occupe l'article 323 dans la section du Code intitulée *Crimes et délits excusables, et cas où ils ne peuvent être excusés,* après les articles 321 et 322, ce qui montre bien qu'il n'a trait qu'aux cas énumérés dans ces articles.

---

(1) Même au temps de Cicéron, le crime de parricide était regardé comme une monstruosité tenant du prodige : « *portentum atque monstrum,* » et ce grand orateur n'en admettait guère la crédibilité que dans les cas de flagrant délit : « *Hæc magnitudo maleficii facit ut, nisi pene manifestum parricidium proferatur, credibile non sit. Pene dicam respersas manus sanguine paterno judices videant oportere si tantum crimen, tam immane, tam acerbum, credituri sint.* »

(2) Dig., L. 9, *De lege Pompeia de parricidiis* (xlviii, 9). — Inst. Just., L. 4, tit. xviii, § 6, *De publicis judiciis.* — Pauli Sententiæ, L. 5, tit. xxiv, *Ad legem Pompeiam de parricidiis.* — Cod., L. 1, *De his qui parentes vel liberos occiderunt* (ix, 17).

Juvénal rappelle les peines du parricide dans le passage suivant, où, parlant du parricide commis par Néron, il dit que, pour faire justice à cet empereur comme il le méritait, ce n'eût pas été assez d'un seul singe, d'un seul serpent et d'un seul sac de cuir :

Cujus supplicio non debuit una parari
Simia, nec serpens unus, nec culeus unus.

M. E. Hanriot, *Les Poètes juristes.*

Mais le parricide ne serait pas punissable s'il avait eté commis en cas de légitime défense, ou même, suivant nous, pour empêcher le viol que voudrait commettre un ascendant sur la personne de son descendant; il n'y a plus, en effet, dans ces cas, seulement provocation. De plus, nous avons dit, dans la première section de ce chapitre, qu'il faudrait excuser les blessures faites et les coups portés à un ascendant, en cas de provocation; que si le meurtre n'était pas excusable, les blessures et les coups le seraient (1), et nous en avons conclu, ce que nous maintenons, que les blessures ayant entraîné la mort, sans intention de la donner, seraient également excusables; il n'y a plus là, en effet, de meurtre, et, par suite, pas de parricide tel que l'entend la loi.

Nous avons dit encore, dans la section II de ce chapitre, que la castration du père par sa fille, en cas d'outrage violent à la pudeur, serait excusable, même si elle avait entraîné la mort, parce qu'il y aurait là une des blessures ayant occasionné la mort sans intention de la donner.

Nous avons dit, enfin, que nous étions d'avis d'excuser le meurtre commis sur son père et sur sa femme par le fils qui les surprendrait en flagrant délit d'adultère.

Ajoutons, enfin, pour bien montrer que l'article 323 n'a pas une portée absolument générale, et n'a pas d'application en dehors de la section dans laquelle il est placé, qu'il est bien évident que le mineur de 16 ans, coupable de parricide, bénéficierait de l'excuse spéciale résultant de son âge, et que toute personne pourrait, en cas de parricide, bénéficier des dispositions de l'article 463.

§ II.

EXCEPTION EN CAS DE MEURTRE D'UN DES ÉPOUX PAR L'AUTRE
(art. 324, § 1).

Une seconde exception à la règle générale posée par l'article 321 concerne le meurtre commis par l'un des époux sur l'autre.

---

(1) La Cour de Bruxelles assimile les coups aux ascendants au parricide (arrêts de la Cour de Bruxelles, 18 mars 1815 et 28 septembre 1822).—Dalloz, *Jurisp. gén.*, v° PEINE, n° 473.

La jurisprudence française est, au contraire, conforme à notre solution (Cass., 10 janvier 1812; Dalloz, *Jurisp. gén.*, v° PEINE, n° 474).

Voici comment s'exprime l'article 324, § 1, où est inscrite cette exception : « Le meurtre commis par l'époux sur son épouse, ou par celle-ci sur son époux, n'est pas excusable si la vie de l'époux ou de l'épouse qui a commis le meurtre n'a pas été mise en péril dans le moment même où le meurtre a eu lieu. »

« L'existence d'un danger présent est en effet la seule excuse, disait l'exposé des motifs, qui puisse être admise à l'égard des personnes obligées par état de vivre ensemble et de n'épargner aucun sacrifice pour maintenir entre elles une union parfaite. »

L'article 424, § 1, ne parle pas, on le voit, des blessures et des coups (1); il ne parle que du meurtre entre époux. Il faut en conclure que si des blessures ont été faites ou des coups portés par l'un des époux à l'autre, alors que ces blessures ou ces coups auraient été provoqués par des coups ou violences graves, nous retomberions dans les termes de l'article 321 : ils seraient excusables; que le meurtre seul ne sera pas excusé, à moins que la vie de l'époux meurtrier n'ait été mise en péril au moment même où le meurtre a eu lieu.

Nous pensons, avec MM. Chauveau et Faustin-Hélie (t. IV, p. 134), que « peut-être cette solution n'est pas parfaitement conforme à l'esprit de la loi; mais son texte est trop positif pour en permettre une autre ».

Si l'époux, au lieu d'être l'auteur principal du meurtre de son conjoint, n'en avait été que le complice, il ne pourrait, en aucun cas, profiter de l'excuse qui pourrait exister en faveur de l'auteur principal (Cass., 19 janv. 1838). La criminalité est en effet la même, qu'il commette lui-même le crime ou aide à le commettre, et, dès lors, l'excuse de la provocation doit être rejetée, dans un cas aussi bien que dans l'autre.

Nous rappelons qu'il est un cas qui rend excusable le

(1) Nous assimilons ici, comme nous l'avons fait dans toute notre étude sur l'excuse de provocation, les coups et blessures ayant occasionné la mort sans intention de la donner, aux coups et blessures simples, et non au meurtre, au point de vue de l'admission de l'excuse.

Nous rappelons, en outre, que nous avons dit, en étudiant l'article 325, que nous accorderions le bénéfice de l'excuse de provocation à la femme qui aurait commis le crime de castration envers son mari, même dans le cas où la mort s'en serait suivie, si celui-ci avait provoqué sa femme à ce crime par un violent outrage à la pudeur, par exemple en voulant la contraindre, par la violence, à un acte immoral, contraire au but du mariage.

meurtre de l'épouse par l'époux : c'est le flagrant délit d'adultère.

L'article 324 admet l'excuse de la provocation pour le cas où la vie de l'époux ou de l'épouse qui a commis le meurtre était mise en péril dans le moment même où le meurtre a eu lieu. Ce cas doit-il être confondu avec le cas de légitime défense que prévoit l'article 328 ? Nous pensons que ces deux cas ne doivent pas être confondus. Tout d'abord, en effet, on ne comprendrait pas pourquoi la loi aurait écrit un même principe dans deux articles différents; l'article 324 § 1 serait inutile. Suivant nous, dans le cas de l'article 324, le danger existe, mais il est possible de s'y soustraire sans recourir au meurtre, par exemple en appelant au secours ou en prenant la fuite ; dans le cas de l'article 328, la personne attaquée n'a qu'un moyen de sauver sa vie : c'est de tuer son agresseur. Aussi, dans le premier cas, le meurtre est seulement excusable, parce qu'il n'y avait pas *nécessité* de tuer, tandis que, dans le second, il est légitime et ne constitue ni crime ni délit, parce qu'il y avait *nécessité* de tuer, le meurtre était commandé par la nécessité actuelle de la défense légitime ; ce sont les propres termes de l'article 328, et ces expressions ne sont pas reproduites dans l'article 324, ce qui montre encore l'intention du législateur de viser deux cas différents dans ces deux articles, intention qui résulte encore de la place qu'occupent les articles 324 et 328 dans deux sections différentes du Code, l'une relative aux crimes et délits *excusables* ou *non excusables*, l'autre relative à l'homicide, aux coups et blessures *non qualifiés crimes ni délits*.

L'article 324 vient donc déroger au principe général de l'article 321, mais non au principe de l'article 328.

Cette question est, du reste, très controversée.

MM. Hauss *(Obs. sur le projet de Code pénal belge*, t. II, p. 245), Chauveau et Faustin-Hélie (t. IV, p. 133) se prononcent dans le sens que nous venons d'adopter.

MM. Morin (*Dict. du dr. crim.*, v° DÉFENSE LÉGITIME, n° 7) et Destrivaux (*Essai sur le Code pénal*, p. 114) soutiennent l'opinion contraire.

SECTION III.

EFFETS DE L'EXCUSE LORSQU'ELLE EST ADMISE ET PROUVÉE
(art. 326 C. pén.).

Les excuses que nous venons d'étudier, et c'est du reste le caractère général des excuses légales, n'ont d'effet que sur la peine ; la criminalité de l'action subsiste, le coupable n'est pas dispensé de la poursuite, et la compétence des juges qui doivent connaître du fait n'est pas modifiée. Il n'y a pas ici de privilège de compétence, comme nous l'avons vu lorsqu'il s'agit du mineur de 16 ans.

Nous n'avons qu'à nous demander dans quelle mesure la peine sera atténuée. Il suffit, pour répondre à cette question, de se reporter aux termes de l'article 326, qui sont très clairs et n'ont jamais donné lieu à aucune controverse.

Cet article porte que, « lorsque le fait d'excuse sera prouvé, s'il s'agit d'un crime emportant la peine de mort, ou celle des travaux forcés à perpétuité, ou celle de la déportation, la peine sera réduite à un emprisonnement d'un an à cinq ans (1).

» S'il s'agit de tout autre crime, elle sera réduite à un emprisonnement de six mois à deux ans.

» Dans ces deux premiers cas, les coupables pourront, de plus, être mis, par l'arrêt ou le jugement, sous la surveillance de la haute police pendant cinq ans au moins et dix ans au plus.

» S'il s'agit d'un délit, la peine sera réduite à un emprisonnement de six jours à six mois. »

CHAPITRE III.

AUTRES FAITS CONSTITUANT ÉGALEMENT DES EXCUSES.

Il ne faut pas restreindre la qualification d'excuse aux faits auxquels la loi l'a explicitement donnée ; il faut l'étendre, en général, à tout fait qui, lorsqu'il est déclaré constant, emporte soit la réduction, soit même l'exemption de la peine. Aussi la Cour de cassation a-t-elle posé en principe qu'on ne doit pas seulement considérer comme excuses les circonstances énoncées *comme telles* dans la section III § 3 du titre II, livre III du Code pénal, c'est-à-dire dans les articles 321 et suivants, mais que « *le caractère d'excuse légale* appartient à tout fait qui, d'après les dispositions de la loi, est de nature à *atténuer*,

---

(1) On peut regretter que le législateur ait édicté la même diminution de peine dans les cas où le crime emportait la peine de mort et dans ceux où il emportait les travaux forcés à perpétuité ou la déportation ; il eût peut-être été plus équitable d'établir une différence entre ces deux cas.

à *modifier* ou à *supprimer la peine encourue* pour le crime ou le délit objet de l'accusation » (Cass., 28 juin 1839).

Les causes de cette dernière catégorie d'excuses, comme celles de la précédente, amoindrissent la criminalité, sans l'effacer entièrement, et n'ont d'influence que sur *la peine;* d'où il résulte qu'il est important pour l'accusé qu'elles soient reconnues par le jury. Les unes font réduire la peine; tels sont les cas prévus par les articles 135, § 2, et 313 (1); d'autres rachètent en partie la culpabilité en assurant à l'accusé soit la *suppression* de la peine à cause de son défaut de persistance dans sa conduite coupable (art. 100 et 213 C. pén.), soit l'*exemption* de la peine à raison des révélations qu'il a faites pour éclairer la justice et procurer l'arrestation des coupables, dans certains cas où la paix publique et la sûreté intérieure ou extérieure de l'État sont intéressées (art. 108, 138, 144 C. pén.).

Néanmoins, dans les cinq cas qui précèdent, si les individus poursuivis obtiennent la *suppression* ou l'*exemption* de la peine encourue, ils ne sont pas dégagés de toute culpabilité, et ils peuvent être condamnés, disent ces articles, à rester, pour la vie ou à temps, sous la surveillance de la haute police. Remarquons de suite que, depuis la loi du 23 janvier 1871, la durée de la surveillance ne peut excéder 20 années.

SECTION I.

FAITS ENTRAÎNANT ATTÉNUATION OU MODIFICATION DE LA PEINE.

§ I.

USAGE DE MONNAIES REÇUES POUR BONNES
(art. 135, § 2, C. pén.).

La situation que nous avons à examiner dans cette section est celle des personnes qui ont reçu des pièces de monnaie

---

(1) Le Code avait réduit dans les articles 284, 285, § 2, et 288, les peines d'emprisonnement prononcées dans les articles 283, 285, § 1, et 287, en faveur des crieurs, vendeurs, afficheurs ou distributeurs d'imprimés qui auraient fait des révélations pour faire connaître les noms des auteurs ou des imprimeurs. Ces articles contenaient des excuses légales faisant réduire la peine; mais comme ils ont été abrogés par la loi sur la presse du 29 juillet 1881, nous n'aurons pas à les étudier.

fausses, les croyant bonnes, et les ont ensuite remises en circulation; elle est réglée par l'article 135 du Code pénal, qui est ainsi conçu: « La participation énoncée aux précédents articles (c'est-à-dire la participation aux crimes et aux délits prévus et punis par les art. 132, 133 et 134 C. pén.) ne s'applique point à ceux qui, ayant reçu pour bonnes des pièces de monnaie contrefaites, altérées ou colorées, les ont remises en circulation. Toutefois, celui qui aura fait usage desdites pièces après en avoir vérifié ou fait vérifier les vices sera puni d'une amende triple au moins et sextuple au plus de la somme représentée par les pièces qu'il aura rendues à la circulation, sans que cette amende puisse, en aucun cas, être inférieure à seize francs. »

Il résulte de cet article, § 1, que si la personne qui a remis les pièces en circulation ne s'est pas aperçue qu'elles étaient fausses, aucune peine ne sera appliquée, l'intention criminelle faisant défaut et, par conséquent, le fait ne constituant ni crime ni délit. Cette solution est conforme aux principes généraux du droit, dont l'article 135 et aussi l'article 163 ne sont que des corollaires (Cass., 20 avril 1860; 16 décembre 1880).

Mais si, au contraire (art. 135, § 2), elle a fait usage de ces pièces après en avoir vérifié ou fait vérifier les vices, alors une peine sera appliquée ; mais la loi édicte une peine moins rigoureuse, par ce seul motif que, lorsque la pièce fausse a été remise comme bonne à celui qui l'a reçue, ce dernier a été trompé.

Nous nous trouvons, dans ce § 2, en présence d'une véritable excuse légale, quoi qu'en aient dit certains arrêts de Cours d'assises; en effet, l'article 65 du Code pénal, d'après lequel un fait est excusable dans tous les cas où la loi le déclare ou permet d'appliquer une peine moins rigoureuse, se concilie parfaiment avec le § 2 de l'article 135 qui, s'il n'excuse pas nommément, conduit au même résultat.

Il y a bien une excuse légale, puisque l'amende remplace la peine des travaux forcés prononcée par les articles 132 et 133, ou de l'emprisonnement prononcée par l'article 134 (1), qui aurait

---

(1) Les crimes relatifs à la fausse monnaie ont toujours été très sévèrement punis à Rome : les coupables étaient, suivant les cas, mis à mort, livrés aux bêtes ou déportés (L. 8, 9, 19, Dig., *De lege Cornelia de falsis*; L. 1, 2, Code, *De falsa moneta*).

Les anciennes lois criminelles de notre pays condamnaient souvent ceux qui fabriquaient, employaient, rognaient, coloraient, changeaient, fondaient ou bordaient la monnaie à la peine de mort par la potence, par le feu ou par l'immersion dans de l'huile bouillante. La Coutume de Beauvoisis (chap. XXX) disait :

frappé l'accusé s'il avait su que les pièces qu'il recevait étaient fausses ; et, du reste, nous pourrions citer plus de vingt arrêts de la Cour de cassation, notamment celui du 28 juillet 1864, et surtout celui du 4 avril 1878, qui ont déclaré en termes formels que si l'accusé d'émission de fausses monnaies les a reçues pour bonnes, cette circonstance constitue une excuse légale.

Il faut remarquer que l'introduction en France et l'exposition de monnaies contrefaites ou au moins altérées emportent, aussi bien que l'émission même de semblables monnaies, l'excuse tirée de ce que l'accusé les aurait reçues pour bonnes (Cass., 23 fév. 1860).

Quelle est l'étendue de l'excuse légale de l'article 135, § 2, au point de vue de ses effets ?

Elle produit deux effets : elle transforme le crime en délit et modifie la peine.

D'abord elle transforme le crime en délit. Cette solution n'a pas été acceptée par tous les auteurs ; elle est cependant conforme à la doctrine de la Cour de cassation (Cass., 28 août 1812 et 15 avril 1826), et nous pouvons tirer en sa faveur argument de la comparaison de notre article 135 avec l'article 326 du Code pénal. Dans l'article 326, la loi laisse au crime excusé sa qualification de crime ; l'article 135, au contraire, ne qualifie pas crime le fait excusé, ce qui démontre qu'il y est question d'une excuse modifiant en même temps le caractère du fait primordial et la peine.

Cette dégénérescence du crime en délit ne parait-elle pas naturelle, quand on considère que ces deux faits d'introduire, d'émettre ou d'exposer des pièces après les avoir reçues comme fausses, ou au contraire après les avoir reçues pour bonnes, sont tout à fait inconciliables ? On peut dire que le délit puni est l'excuse du crime.

De ce premier effet de l'excuse de l'article 135, nous devons tirer les conséquences suivantes : le juge des mises en prévention pourra, devra même suivant nous, rechercher si l'ex-

---

« Les fax monniers doivent estre pendu, et avant c'on les pende ils doivent être bouli. » La Coutume de Bretagne disait la même chose. Le faux monnayeur commettait un crime de lèse-majesté : « Celuy qui forge la fausse monnaye donne un souflet au roy. »

Des ordonnances de saint Louis (1262) et de Philippe le Hardi (1273) édictèrent la simple peine de mort, sans tortures, peine qui a été conservée pour les cas les plus graves dans notre législation pénale, jusqu'aux lois du 28 avril 1832 et du 13 mai 1863 qui l'abolirent en cette matière et la remplacèrent par les travaux forcés ou l'emprisonnement.

cuse se rencontre, et, s'il croit la trouver, le déclarer et renvoyer le prévenu devant le tribunal correctionnel, sauf à celui-ci à prononcer peut-être l'inexistence de l'excuse et à se déclarer alors incompétent, car il n'est pas lié par la décision de la juridiction d'instruction. Dans ce cas, comme dans celui où le juge des préventions ne croirait pas à l'existence de l'excuse, le jury deviendrait seul compétent et on pourrait lui poser la question d'excuse.

Et, deuxième conséquence de l'effet de l'excuse de l'article 135 que nous étudions : la tentative d'introduction, d'émission ou d'exposition de pièces fausses que l'on aura reçues pour bonnes, ne sera pas punissable, car nous ne nous trouverons pas dans un des cas de tentative de délit déterminé par une disposition spéciale de la loi (art. 3 C. pén.).

Dans le système contraire, que nous repoussons, et qui n'admet pas que l'excuse de l'article 135 transforme le crime en délit, on remarque d'abord que la modification de peine que permet cet article ne présente pas les caractères d'une excuse ordinaire; on ajoute que, dans tous les cas, les excuses n'ont, en général, pour effet que d'adoucir les conséquences pénales du fait incriminé, sans en changer la nature, et qu'on ne peut soustraire notre excuse à l'empire de cette règle générale et lui attribuer exceptionnellement une vertu plus étendue qu'à la condition d'y être autorisé par la loi ; on soutient que la loi ne donne pas cette autorisation, et on en conclut que notre excuse n'a, comme les autres excuses, pour résultat que de modifier la peine. En outre, au point de vue moral, on considère que le fait d'avoir reçu pour bonnes des monnaies qui ne l'étaient pas n'est pas assez significatif pour que l'usage frauduleux qui en a été fait après la vérification de leurs vices cesse d'être un crime et devienne un simple délit. On pense que la loi, en substituant la peine de l'amende à la peine afflictive et infamante encourue pour le crime de fausse monnaie, s'est montrée suffisamment indulgente. Dans ce système, le crime conservant son caractère, il n'y aurait pas d'autre juge compétent que le jury, et la tentative serait punissable conformément à l'article 2 du Code pénal.

Le deuxième effet de l'excuse de l'article 135, c'est une modification de la peine. On appliquera seulement une amende triple au moins et sextuple au plus de la somme représentée par les pièces remises en circulation, sans que cette amende puisse, en aucun cas, être inférieure à 16 francs.

Nous croyons qu'il faut entendre ces mots, « en aucun cas, » en ce sens que si, par exemple, la pièce fausse était de 2 francs, le sextuple n'étant que de 12 francs, on devrait cependant condamner au moins à 16 francs d'amende ; mais ces mots n'excluent pas le concours des circonstances atténuantes, qui, si elles étaient admises, pourraient se combiner avec l'excuse et faire descendre la peine jusqu'aux limites des peines de simple police. Il n'y a pas dans l'article 135 une dérogation à l'article 463, dont les dispositions dominent tout le Code pénal.

La quotité de l'amende variant suivant l'importance de la somme représentée par les pièces fausses, il est important qu'elle soit exactement précisée ; elle devra donc se trouver, en cour d'assises, dans les questions résolues affirmativement par le jury, et, devant les juridictions correctionnelles, dans le jugement ou l'arrêt de condamnation.

Disons, en terminant, que ce sera à l'accusé à prouver qu'il avait reçu pour bonnes les pièces qu'il a livrées à la circulation, mais que l'accusation devra prouver qu'il avait vérifié ou fait vérifier les vices de ces pièces ; en effet, si l'accusation ne faisait pas cette preuve, il n'y aurait pas de délit, nous retomberions dans le cas du § 1 de l'article 135.

§ II.

MISE EN LIBERTÉ D'UNE PERSONNE ILLÉGALEMENT ARRÊTÉE, SÉQUESTRÉE OU DÉTENUE (art. 343).

La loi pénale punit de la peine des travaux forcés à temps ceux qui, sans ordre des autorités constituées, et hors les cas où la loi ordonne de saisir les prévenus, auront arrêté, détenu ou séquestré des personnes quelconques, et elle édicte la même peine contre ceux qui auront prêté un lieu pour exécuter la détention ou séquestration (art. 341 C. pén.). Si même la détention ou séquestration a duré plus d'un mois, elle édicte contre les coupables la peine des travaux forcés à perpétuité.

Elle ajoute dans l'article 343 du Code pénal : « La peine *sera réduite* à l'emprisonnement de deux à cinq ans, si les coupables des délits (1) mentionnés en l'article 341, non encore poursuivis

(1) Le mot *délit* est pris ici dans le sens large de « faits délictueux » ; il eût peut-être été plus correct d'employer le mot *crime*.

de fait, ont rendu la liberté à la personne arrêtée, séquestrée ou détenue, avant le dixième jour accompli depuis celui de l'arrestation, détention ou séquestration. Ils pourront néanmoins être renvoyés sous la surveillance de la haute police, depuis cinq ans jusqu'à dix ans. »

Dans le cas de l'article 343, la peine criminelle édictée par l'article 341 est donc réduite à une peine correctionnelle; mais la peine est-elle ainsi réduite parce que le cas qu'il prévoit est un délit différent du crime de l'article 341, ou vient-il simplement établir une excuse légale résultant de ce que le coupable a donné la liberté avant le dixième jour accompli, et avant d'être poursuivi de fait, à la personne injustement arrêtée, détenue ou séquestrée, le fait gardant cependant alors son caractère de crime?

Si l'article 343 prévoit un délit spécial, c'est le tribunal correctionnel qui sera compétent; si la peine encourue est réduite à raison d'une excuse légale, la Cour d'assises reste compétente.

Suivant nous, le fait prévu par l'article 343 conserve son caractère de crime, et la peine n'est réduite que par suite d'une excuse légale.

Le Code a suivi ici, en effet, la marche qu'il suit habituellement lorsqu'il rend un crime excusable. Il a commencé par définir le crime, et ce n'est qu'après l'avoir puni des travaux forcés à temps, ou même à perpétuité, qu'il déclare que la peine est réduite à l'emprisonnement correctionnel, à cause de certaines circonstances atténuantes.

Notre avis est partagé par M. Blanche (*Études pratiques sur le Code pénal*, t. V, p. 281) et par M. Dalloz (*Jurisp. gén.*, v° LIBERTÉ INDIVIDUELLE, n° 70); il est également conforme à la doctrine de la Cour de cassation, qui déclare formellement, dans un arrêt du 24 avril 1841, que nous sommes bien, dans notre espèce, en présence d'une excuse légale, ainsi qu'elle l'avait déjà fait dans un arrêt antérieur du 19 juin 1828.

Trois conditions doivent se rencontrer pour que l'excuse puisse être invoquée; elles sont indiquées par l'article 343:

1° Il faut que la personne arrêtée, détenue ou séquestrée ait été rendue à la liberté, par les coupables eux-mêmes, avant le dixième jour accompli avant celui de l'arrestation.

2° Il faut que les coupables n'aient pas été poursuivis de fait; c'est-à-dire qu'il faut qu'ils n'aient pas été poursuivis *personnellement*. Il ne suffit pas que des poursuites aient été dirigées au sujet du crime ; il est nécessaire, pour que les coupables soient déchus du bénéfice de l'excuse, que ces poursuites soient nominativement dirigées contre eux ou contre l'un d'eux (Chauveau et Hélie, *Théorie du Code pénal*, t. IV, p. 343), parce qu'alors la mise en liberté de la personne détenue illégalement ne serait plus due au repentir du coupable, mais bien plutôt à la crainte de la sévérité du châtiment.

3° Enfin, il faut qu'il ne s'agisse que du crime mentionné dans l'article 341, ainsi que le porte formellement l'article 343. Si les circonstances déterminées par l'article 344 se rencontraient, c'est-à-dire si l'arrestation avait été exécutée avec le faux costume, sous un faux nom ou sur un faux ordre de l'autorité publique, ou bien si l'individu arrêté avait été menacé de mort, ou s'il avait été soumis à des tortures corporelles, l'excuse de l'article 343 ne pourrait être invoquée.

Ajoutons que, suivant l'opinion de MM. Chauveau et Hélie (*Théorie du Code pénal*, t. IV), le complice du fait prévu par l'article 341, qui n'aura prêté son local que pour une simple détention, alors que la personne détenue n'aura été ni menacée de mort, ni torturée, pourra bénéficier de l'excuse de l'article 343.

SECTION II.

FAITS ENTRAINANT EXEMPTION OU SUPPRESSION DE LA PEINE.

§ I.

RÉVÉLATIONS (art. 108, 138, 144 C. pén.).

L'article 108 du Code pénal porte : « Seront *exemptés des peines* prononcées contre les auteurs de complots ou d'autres crimes attentatoires à la sûreté intérieure ou extérieure de l'État, ceux des coupables qui, avant toute exécution ou tentative de ces complots ou de ces crimes, et avant toutes poursuites commencées, auront les premiers donné, au gouvernement ou aux autorités administratives ou de police judiciaire, connaissance de ces complots ou crimes et de leurs auteurs ou complices ; ou qui, même depuis le commencement des poursuites, auront procuré l'arrestation desdits auteurs ou complices.

» Les coupables qui auront donné ces connaissances ou procuré ces arrestations pourront néanmoins être condamnés à rester, pour la vie ou à temps, sous la surveillance de la haute police. »

Il y a bien là une excuse légale en faveur de celui qui, étant accusé de complot ou autre crime attentatoire à la sûreté de l'État, a donné connaissance du complot ou procuré l'arrestation des auteurs ou complices, car l'article 108 l'*exempte* des peines prononcées contre les auteurs de ces crimes, quoique la culpabilité subsiste ; les coupables devront, en effet, être poursuivis et ils pourront être mis sous la surveillance de la haute police (Cass., 29 avril 1819).

L'excuse pourra être invoquée, cela résulte des termes de l'article 108, dans deux cas : 1° par ceux qui, avant toute exécution ou tentative d'exécution des crimes, et avant toute poursuite commencée, auront les premiers donné à l'autorité connaissance de ces crimes et de leurs auteurs ou complices.

La révélation, pour être un motif d'excuse, doit avoir porté non seulement sur le complot et ses détails, mais en même temps sur leurs auteurs ou complices ; il ne suffit pas que l'on ait *signalé* le complot aux autorités, il faut, suivant l'expression de la loi, qu'on le leur ait *fait connaître,* ce qui ajoute quelque chose de plus.

2° L'excuse pourra être invoquée, même après les poursuites commencées, même après leur propre arrestation, par ceux qui auront procuré l'arrestation des auteurs ou complices. Il est évident qu'il ne sera pas nécessaire d'avoir procuré l'arrestation de tous les auteurs ou complices, la loi ne va pas jusqu'à exiger cette condition impossible à remplir le plus souvent ; mais il faudra qu'on ait livré tous ceux qu'on pouvait livrer.

Il faut remarquer que l'exemption de peine accordée par l'article 108 ne s'applique qu'aux auteurs de crimes contre la sûreté intérieure ou extérieure de l'État ; les auteurs d'autres crimes restent sous l'empire du droit commun, et n'ont, dès lors, pas droit à cette immunité.

Nous trouvons deux autres cas dans lesquels la circonstance d'avoir fait des révélations procure à leur auteur l'*exemption de la peine :* ce sont les articles 138 et 144.

D'après l'article 138, « les personnes coupables des crimes mentionnés en l'article 132 *seront exemptes de peines*, si, avant la consommation de ces crimes et avant toute poursuite, elles en ont donné connaissance et révélé les auteurs aux autorités constituées, ou si, même après les poursuites commencées, elles ont procuré l'arrestation des autres coupables. Elles pourront néanmoins être mises, pour la vie ou à temps, sous la surveillance spéciale de la haute police. »

L'article 132, qui est visé par l'article 138, « punit des travaux forcés à perpétuité ceux qui auront contrefait ou altéré les monnaies d'or ou d'argent ayant cours légal en France, ou participé à l'émission ou exposition desdites monnaies, contrefaites ou altérées, ou à leur introduction sur le territoire français. » Il punit des travaux forcés à temps les mêmes crimes dans les cas où il s'agirait seulement de monnaies de billon ou de cuivre.

La Cour d'assises de la Seine, par un arrêt du 9 juillet 1870, a jugé que l'exemption de peine dont il s'agit en l'article 138 est limitée aux crimes prévus par l'article 132, et que, dès lors, l'individu inculpé d'émission en France de fausses monnaies étrangères ne peut, en dénonçant ses complices, obtenir le bénéfice de l'exemption de peine accordée aux révélateurs.

D'après l'article 141, « les dispositions de l'article 138 sont applicables aux crimes mentionnés dans l'article 139; » c'est-à-dire que *seront exemptées de peines* les personnes qui auront révélé les auteurs des crimes de contrefaçon du sceau de l'État, ou d'usage du sceau contrefait ; de contrefaçon ou falsification soit des effets émis par le Trésor public avec son timbre, soit des billets de banque autorisés par la loi, ou d'usage ou d'introduction sur le territoire français de ces effets et billets contrefaits ou falsifiés, crimes punis des travaux forcés à perpétuité.

Dans les deux cas des articles 138 et 144, la Cour de cassation a décidé qu'il y avait exemption de la peine par suite d'une excuse légale (Cass., 28 juin 1839 ; 10 avril et 22 juillet 1847). En effet, le crime subsiste, la culpabilité n'est pas effacée; c'est seulement sur la peine qu'influent les circonstances modificatives de la culpabilité, et c'est en cela que se rencontre le caractère de l'excuse, tel que l'a défini la Cour de cassation.

L'excuse sera admise dans deux cas :

1° Lorsque la révélation des crimes a été faite avant la consommation de ces crimes. On doit donc se demander quand le crime sera consommé ; nous admettrons, avec MM. Chauveau et Faustin-Hélie, que, la contrefaçon étant punie dans le système du Code, abstraction faite de l'émission, il est évident que le crime sera consommé par la seule fabrication des pièces. On peut se demander également si la tentative du fait prévu par l'article 132 peut être assimiliée à la consommation du crime, et si, par suite, pour pouvoir invoquer l'excuse, les coupables devront avoir fait leur révélation avant cette tentative.

L'affirmative a été jugée par la Cour de cassation ; il faut, dit-elle, « que les coupables aient donné connaissance du crime ou révélé les auteurs aux autorités constituées avant que le projet soit devenu criminel, soit par la consommation, *soit par la tentative caractérisée crime* par l'article 2 du Code pénal, et aient ainsi mis l'autorité à même de suivre les circonstances réparatoires ou constitutives du crime » (Cass., 17 août 1820).

2° L'excuse sera encore admise en faveur de ceux qui, après la consommation ou la tentative du crime, auront procuré l'arrestation des autres coupables.

La loi exempte donc de la peine les coupables qui, dans les trois cas que nous venons de signaler, ont fait des révélations. Cette disposition est-elle critiquable ? Quels sont les motifs qui ont décidé le législateur à récompenser ainsi la révélation ?

La législation a hésité longtemps à offrir un encouragement à la délation. Le législateur se rappelait que Beccaria, avec son âme noble et généreuse, voyait, à côté des avantages que peut présenter la révélation d'un crime par l'un des coupables, de grands dangers, parce qu'elle « introduit les crimes de lâcheté, bien plus funestes que les crimes d'énergie et de courage », et parce que « le tribunal qui emploie l'impunité pour connaître un crime montre qu'on peut cacher ce crime, puisqu'il ne le connaît pas ; et les lois découvrent leur faiblesse, en implorant le secours du scélérat même qui les a violées », et qu'il ne pouvait s'empêcher de s'écrier : « C'est en vain que je cherche à étouffer les remords qui me pressent, lorsque j'autorise les saintes lois, garants sacrés de la confiance publique, base respectable des mœurs, à protéger la perfidie, à légitimer la trahison (1). »

Diderot était d'un avis contraire, et, répondant à Beccaria, il disait : « Rien ne peut balancer l'avantage de jeter la défiance entre les scélérats, de les rendre suspects et redoutables l'un à l'autre, et de leur faire craindre sans cesse, dans leurs complices, autant d'accusateurs. Cela n'invite à la lâcheté que les méchants, et tout ce qui leur ôte le courage est utile..... La morale humaine, dont les lois sont la base, a pour objet l'ordre public, et ne peut admettre au rang de ses vertus la fidélité des scélérats entre eux pour troubler l'ordre et violer les lois avec plus de sécurité.

(1) Beccaria, *Des délits et des peines*, chap. XIV.

Dans une guerre ouverte on reçoit des transfuges, à plus forte raison dans une guerre sourde et ténébreuse qui n'est qu'embûches et trahisons (1). »

Ces raisons parurent décisives au législateur ; aussi, dans l'exposé des motifs des deux premiers chapitres du titre I du livre III du Code pénal, fait dans la séance du Corps législatif du 5 février 1810, après avoir posé la question de savoir si, en matière de complots ou crimes contre la sûreté de l'État, on remettrait la peine au délateur, M. Berlier dit que, quoique cette question ait été fort controversée dans les assemblées législatives qui ont précédé la constitution de l'an VIII, « elle ne devait pas donner naissance à tant d'hésitation. Si les peines sont instituées dans l'intérêt de la société, comment le même intérêt ne porterait-il pas à en faire la remise quand la révélation peut procurer de grands avantages à l'État ou le soustraire à de grands dangers (2) ? »

Ces paroles étaient prononcées par M. Berlier à propos de l'article 108; il justifiait de même l'exemption de peine accordée au délateur en matière de fausse monnaie, par le motif que l'État y trouvait un grand intérêt :

« Le crime de fausse monnaie, sans être précisément de ceux qui sont dirigés contre la sûreté de l'État, a plusieurs points de communs avec eux. Vous ne serez donc point surpris de voir appliquer à ce crime la remise de la peine en cas de révélation, comme pour les crimes d'État. Le suprême intérêt qu'a la société d'écarter ou de faire cesser un tel fléau rend cette application légitime et nécessaire (3). »

C'est donc le motif supérieur de l'intérêt de l'État qui fait encourager ainsi les délateurs, par la promesse de l'exemption de la peine qu'ils encouraient pour les crimes qu'ils avaient commis. Mais comme ils ont cependant participé à des crimes qui subsistent, comme la culpabilité n'est pas effacée, comme ils ont montré qu'ils pouvaient être considérés comme dangereux, la loi veut qu'ils soient poursuivis, et permet aux juges, par les articles 108, 138 et 144, de les placer sous la surveillance de la haute police, soit pour un temps, soit même à vie, disait le Code pénal; mais, depuis la loi du 23 janvier 1874, il faut dire que la durée de la surveillance ne peut excéder vingt années.

---

(1) Notes de Diderot sur le *Traité des délits et des peines*, de Beccaria.
(2) Locré, t. XXIX, p. 432. — (3) Locré, t. XXX, p. 233.

Ce renvoi sous la surveillance de la haute police est, du reste, facultatif.

§ II.

FAIT, DE LA PART DE CEUX QUI N'ÉTAIENT POINT CHEFS DANS
UNE BANDE ARMÉE, DE S'ÊTRE RETIRÉS AU PREMIER AVERTIS-
SEMENT DE L'AUTORITÉ (art. 100, 213 C. pén.).

« *Il ne sera prononcé aucune peine*, pour le fait de sédition, dit
l'article 100, contre ceux qui, ayant fait partie de ces bandes
sans y exercer aucun commandement et sans y remplir aucun
emploi ni fonctions, se seront retirés au premier avertissement
des autorités civiles ou militaires, ou même depuis, lorsqu'ils
n'auront été saisis que hors des lieux de la réunion séditieuse,
sans opposer de résistance et sans armes.

» Ils ne seront punis, dans ces cas, que des crimes particuliers
qu'ils auraient personnellement commis ; et néanmoins ils pourront être renvoyés, pour cinq ans ou au plus pour dix, sous la
surveillance de la haute police. »

Que faut-il entendre tout d'abord par ces bandes dont parle
notre article? Ce sont ces bandes armées qui, d'après l'article 96,
sont formées soit pour envahir des domaines, propriétés ou
deniers publics, places, villes, forteresses, postes, magasins,
arsenaux, ports, vaisseaux ou bâtiments appartenant à l'État,
soit pour piller ou partager des propriétés publiques ou nationales, ou celles d'une généralité de citoyens, soit enfin pour
faire attaque ou résistance envers la force publique agissant
contre les auteurs de ces crimes.

Nous nous trouvons bien, dans l'article 100, en présence d'une
excuse légale, et non pas d'une amnistie; elle ne fait pas disparaître entièrement la criminalité, elle l'atténue seulement en
transformant la peine de mort en surveillance de la haute police
qui pourra être prononcée par la justice; elle n'empêche pas la
mise en accusation.

L'excuse de l'article 100 ne peut être invoquée que par ceux
qui n'ont exercé aucun commandement, ni rempli aucun emploi
ou fonction dans la bande. Ainsi, il n'y a point d'excuse possible
pour les chefs, ni pour ceux qui ont rempli une fonction quelconque; leur repentir ou leur retraite, même avant tout com-

mencement d'exécution, est inefficace, non seulement pour amener la suppression, mais même pour atténuer la peine. De plus, l'excuse ne peut être invoquée que par ceux qui ont fait partie de bandes organisées et armées en vue du crime prévu par l'article 96, ou qui ont exécuté ou tenté l'un des crimes auxquels se réfère l'article 97. Elle ne saurait, par suite, être invoquée, ni pour le cas où un attentat ayant pour but d'exciter à la guerre civile a été commis par des individus ne faisant pas partie de bandes rentrant dans la prévision de ces articles, ni par les individus accusés d'avoir, dans un moment insurrectionnel, porté des armes apparentes, fait prévu par la loi du du 24 mars 1834 (Cass., 28 septembre 1849), ni par ceux qui ont fait partie d'une bande de malfaiteurs contre les personnes ou les propriétés (Cass., 9 février 1832).

La suppression de peine de l'article 100 est subordonnée à deux conditions :

1° Il faut que les membres de la bande se soient retirés au premier avertissement, ou même depuis.

Quelle devra avoir été la forme de ce premier avertissement? Dans le silence de la loi, il faut dire que la forme de cet avertissement sera celle relative à la dispersion des attroupements en général.

On peut conclure de cette condition prescrite par la loi qu'il y ait eu un premier avertissement, que le crime en vue duquel la bande était formée ne doit pas avoir reçu d'exécution, car, dès lors, le crime étant consommé, il n'y aurait plus de ménagement à garder, pas d'avertissement à faire.

2° Il faut que, dans le cas où les coupables sont saisis après s'être ainsi retirés au premier avertissement, et par suite hors des lieux de la réunion séditieuse, qu'ils aient été saisis sans opposer de résistance et sans armes. Nous croyons que l'individu qui serait arrêté ainsi sans opposer de résistance, mais ayant des armes, pourrait lui aussi bénéficier de l'excuse de l'article 100; celui qui n'a pas fait usage des armes dont il était porteur doit être assimilé à celui qui est désarmé.

Il faut rapprocher de l'article 100 l'article 213 du Code pénal, qui porte que, « en cas de rébellion avec bande ou attroupement, l'article 100 sera applicable aux rebelles sans fonctions ni emplois dans la bande, qui se seront retirés au premier avertissement de l'autorité publique, ou même depuis, s'ils n'ont été saisis que hors du lieu de la rébellion, et sans nouvelle résistance et sans armes ».

Il y a, dans le cas de l'article 213, une excuse légale comme dans l'article 100. La criminalité subsiste, il y aura des poursuites. Mais si le fait d'excuse est prouvé, la peine du crime de rébellion avec bande ou attroupement, crime qui constitue une résistance à l'autorité publique, punie de la peine des travaux forcés à temps, ou de la réclusion, selon les cas prévus par les articles 210 et 211, ne sera pas prononcée contre les coupables, qui pourront néanmoins être placés sous la surveillance de la haute police pendant cinq à dix ans.

Ce crime se rapproche beaucoup de celui qui est excusé par l'article 100, et il était naturel de déclarer le bénéfice de cet article applicable en cette matière.

Il ne nous reste plus qu'à nous demander quels ont été la pensée et le but du législateur en édictant les articles 100 et 213. La réponse à cette question se trouve dans l'exposé des motifs de M. Berlier, relativement à l'article 100 (1) :

« Quand quelques-uns de ces crimes (c'est-à-dire ceux qui sont de nature à compromettre la sûreté de l'État), ou d'autres de même nature, seront commis ou tentés par des bandes séditieuses, il faudra infliger les peines avec la juste circonspection que commandent des affaires aussi complexes.

» Dans la multitude des coupables, tous ne le sont pas au même degré, et l'humanité gémirait si la peine capitale était indistinctement appliquée à tous, hors les cas où la sédition serait dirigée contre la personne ou l'autorité du prince, ou aurait pour objet quelques crimes approchant de cette gravité.

« Les chefs et directeurs de ces bandes, toujours plus influents et plus coupables, ne sauraient être trop punis; en déportant les autres individus saisis sur les lieux, on satisfera aux besoins de la société sans alarmer l'humanité (2).

» L'on pourra même user d'une plus grande indulgence envers ceux qui n'auront été arrêtés que depuis, hors des lieux de la réunion séditieuse, sans résistance et sans armes.

» La peine de la sédition sera, sans inconvénient, remise à ceux qui se seront retirés au premier avertissement de l'autorité publique; ici la politique s'allie à la justice, car, s'il convient de punir les séditieux, il n'importe pas moins de dissoudre les séditions. »

(1) Locré, t. XXIX, p. 429.
(2) Beccaria, *Traité des délits et des peines*, chap. XXIV, avait dit : « Troubler la tranquillité publique, c'est mériter d'être exclu de la société, c'est-à-dire banni. »

Le législateur a donc été poussé par un sentiment de justice. Il a compris que souvent, dans les séditions, bien des gens suivent des chefs ambitieux et criminels, sans bien comprendre ce qu'ils font ; ce sont ceux-là qui se retireront au premier avertissement et qu'on peut épargner, parce que souvent ils ont été entraînés. Mais de plus il a été poussé par cette considération qu'il était politique, c'est-à-dire de l'intérêt de l'État, d'employer tous les moyens pour empêcher les séditions ou les rébellions en bandes, et quel meilleur moyen pouvait-on trouver que de dire aux coupables : si vous vous retirez, on vous fera remise de la peine que vous avez encourue !

Cependant, comme les hommes en faveur desquels la loi supprime la peine ont montré qu'ils pouvaient être dangereux pour la société, la loi a permis aux tribunaux de les condamner à être placés sous la surveillance de la haute police pendant une période de cinq à dix ans.

CHAPITRE IV.

FAITS NE CONSTITUANT PAS, SUIVANT NOUS, DES EXCUSES LÉGALES.

Nous venons d'étudier, dans le chapitre précédent, un certain nombre d'articles dans lesquels nous avons rencontré des cas d'excuses légales, par application de la doctrine de la Cour de cassation, qui a posé en principe dans son arrêt du 28 juin 1839, que nous avons déjà cité, qu'on ne doit pas seulement considérer comme excuses les circonstances énoncées comme telles dans les articles 321 et suivants du Code pénal, mais que le caractère d'excuse légale appartient à tout fait qui, d'après la disposition de la loi, est de nature à atténuer, à modifier ou à supprimer la peine encourue pour le crime ou le délit objet de l'accusation.

Cet arrêt énonce un principe absolument exact, mais dont on ne doit pas cependant exagérer la portée ; sans cela on pourrait commettre des erreurs et voir des cas d'excuses légales dans des articles qui n'en contiennent pas.

C'est ainsi que, dans un certain nombre d'articles, des auteurs ont cru, à tort suivant nous, reconnaître des cas d'excuses légales ; nous allons indiquer certains de ces articles, en disant pourquoi nous ne croyons pas qu'ils contiennent des excuses légales.

M. Boitard cite comme cas d'excuses légales les cas prévus par les articles 114, 184 et 190 ; il s'agit, dans ces articles, d'actes délictueux commis par des fonctionnaires sur l'ordre de leurs chefs. Mais M. Bertauld ne partage pas son avis ; il croit que ce sont, non des cas d'excuse, mais des cas d'*irresponsabilité*.

Nous croyons pouvoir dire plus exactement que ce sont des cas de *justification* : l'article 114 le dit lui-même : « Si le fonctionnaire ou agent *justifie* qu'il a agi *par ordre de ses supérieurs*, pour des objets du ressort de ceux-ci, sur lesquels il leur était dû obéissance hiérarchique, il sera exempt de la peine. »

Ces dispositions sont évidemment empreintes de l'esprit qui a dicté l'article 327, lequel pose comme *fait justificatif* l'ordre donné par la loi et commandé par l'*autorité légitime*.

Il y a également *justification*, et non pas excuse, dans le cas de l'article 163 ; il n'y a, en effet, ni crime ni délit, l'intention criminelle faisant défaut.

Il n'y a pas non plus d'excuse dans les cas des articles 248, 347, 348 et 380 du Code pénal ; dans ces cas, il n'y a pas de peine applicable, parce qu'il n'y a pas de délit ; la loi se borne à dire qu'il n'y a pas lieu à poursuite.

Nous n'en voyons pas non plus dans l'article 247, parce que, la peine *établie* contre le gardien négligent *cessant*, dit cet article, lorsque l'évadé est repris dans les quatre mois, il y a là un fait, *en dehors du gardien*, qui fait *cesser* la conséquence de sa faute et dont il bénéficie, parce que cette faute n'est après tout qu'une négligence et qu'elle *s'efface elle-même*, car le délit cesse avec la peine, c'est plus qu'une excuse.

Dans les articles 336, 339 et 357, il n'y'a pas d'excuse légale ; ces articles règlent des cas dans lesquels il n'y aura pas de poursuites à exercer ; or, pour qu'il y ait excuse, il faut un fait ayant de l'influence sur la peine, et ici la loi exclut même la possibilité d'une poursuite.

Nous pourrions encore citer d'autres articles dans lesquels des auteurs ont cru rencontrer des excuses légales, mais nous croyons inutile de le faire. Nous pensons, en effet, avoir suffisamment montré par ces exemples qu'il ne faut pas, comme nous le disions en commençant, exagérer la portée de la doctrine de la Cour de cassation ; il faut prendre tel qu'il est le le principe contenu dans l'arrêt de 1839, mais ne pas l'étendre.

CHAPITRE V.

EXCUSES PAR RAPPORT AU COMPLICE.

§ I.

EXCUSES DÉRIVANT DES FAITS.

L'excuse de la provocation profite au complice, le fait principal n'existant alors pour le complice qu'avec la modification qui le rend excusable.

Spécialement, dans une accusation de meurtre ou de tentative de meurtre, l'excuse légale de la *provocation* résultant des coups ou violences graves envers les personnes profite au complice, quoique ces coups ou violences n'aient été exercés que contre l'auteur principal. Par suite, l'irrégularité relative à la réponse à cette question d'excuse entraîne l'annulation de la déclaration, aussi bien en ce qui concerne le complice qu'en ce qui concerne l'auteur principal (1).

Mais l'excuse de la provocation admise à l'égard de l'auteur principal ne profite pas au complice, si ce dernier n'eût pas été admis à l'invoquer pour le cas où il aurait lui-même commis le meurtre. Ainsi le complice d'un meurtre qui, s'il l'avait commis lui-même, aurait eu le caractère d'un parricide, ne peut profiter de l'excuse de provocation admise en faveur de l'auteur principal, le parricide n'étant jamais excusable aux termes de l'article 323 De même, l'époux complice du meurtre de son conjoint ne peut profiter de l'excuse de la provocation résultant des violences graves exercées par ce dernier envers l'auteur principal, le meurtre d'un époux par l'autre époux n'étant excusable qu'au cas de violences de nature à mettre en péril la vie de l'époux meurtrier au moment même où il a commis le meurtre, et cet époux ne pouvant dès lors jamais se prévaloir, soit comme auteur, soit comme complice, que de violences exercées contre lui personnellement (2).

Au contraire, l'époux complice du meurtre de son conjoint est excusable lorsqu'il s'agit d'une provocation qu'il eût pu invoquer comme auteur principal.

_____

(1) Cass., 20 juin 1861.—(2) Cass., 19 janvier 1838.

Si, par exemple, l'époux dont la vie se trouve mise en péril par les violences de son conjoint, ou qui surprend sa femme en flagrant délit d'adultère dans la maison conjugale, emploie le bras d'un tiers pour commettre le meurtre dont il devient le complice par aide et assistance, il bénéficie, comme complice, de l'excuse de provocation qu'il eût pu invoquer s'il avait été lui-même l'auteur principal du meurtre, cet emploi d'un bras étranger ne changeant pas, quant à lui, la nature de l'acte. Seulement l'excuse devient alors personnelle à l'époux complice et ne profite pas à l'auteur principal, qui n'a été personellement l'objet d'aucune provocation.

§ II.

EXCUSES PERSONNELLES SOIT A L'AUTEUR PRINCIPAL, SOIT AU COMPLICE.

Les excuses qui, étrangères aux *circonstances de fait*, ont uniquement pour résultat de faire disparaître la culpabilité personnelle de l'agent ou d'en abaisser le degré, ne profitent qu'à celui en faveur duquel elles ont été reconnues : elles ne se communiquent pas de l'auteur principal au complice.

Le complice pouvant être poursuivi et condamné bien qu'aucune poursuite ne soit exercée contre l'auteur principal et que celui-ci ne soit pas présent au procès, il résulte nécessairement de cette règle que le complice peut être déclaré coupable, et condamné, quoique l'auteur principal ait été acquitté à défaut d'*intention criminelle* (1).

S'il n'y avait aucune responsabilité dans le principal coupable, comme s'il était acquitté parce qu'il aurait été en démence au moment de l'action, le complice n'en serait pas moins punissable ; en effet, l'article 59 disant que « les complices d'un crime ou d'un délit seront punis de la même peine que les auteurs mêmes de ce crime ou délit, sauf le cas où la loi en aurait disposé autrement », ne fait pas dépendre la complicité punissable de l'existence d'un principal coupable, mais de l'existence d'un crime ou délit pris abstractivement ; or, si, dans l'hypothèse, posée, il n'y en a pas relativement au principal auteur, il y en

(1) Cass., 7 octobre 1858.

a pourtant relativement au complice, pourvu qu'il ait contribué à l'acte principal dans l'intention du crime. L'article 60 complète cette argumentation en rattachant expressément la complicité à l'*action elle-même* qualifiée crime ou délit (1).

De même, celui qui provoquerait un enfant ou un fou à commettre un homicide ne pourrait profiter de l'absolution prononcée en faveur de celui-ci.

Spécialement, l'acquittement d'un mineur de 16 ans, comme ayant agi *sans discernement*, ne forme qu'une exception personnelle à l'auteur du fait principal déclaré constant, et, dès lors, ne saurait empêcher la condamnation du complice (2).

Si l'auteur principal, âgé de moins de 16 ans, est condamné comme ayant agi *avec discernement*, avec la diminution de la peine établie pour ce cas en matière criminelle par l'article 67, et en matière correctionnelle par l'article 69, le complice ne peut bénéficier de cette diminution de peine (3).

Si le complice ne profite pas des excuses qui sont personnelles à l'auteur principal, il bénéficie naturellement de celles qui lui sont personnelles à lui-même. C'est ainsi qu'il bénéficie de l'excuse tirée de sa bonne foi ou de son âge. Par suite, le complice peut, à raison de son âge, être, par une faveur spéciale de la loi, condamné à une peine d'une classe moins élevée que celle applicable à l'auteur principal.

De même que les excuses purement personnelles à l'auteur principal ne se communiquent pas de cet auteur principal au complice, les excuses purement personnelles au complice ne se communiquent pas davantage, et à plus forte raison, de ce complice à l'auteur principal.

CHAPITRE VI.

POSITION DES QUESTIONS D'EXCUSES, ET LEUR SOLUTION.

I. — PRINCIPE DE LA POSITION DE QUESTIONS D'EXCUSES.

Le Code des délits et des peines du 3 brumaire an IV, article 374, voulait qu'après avoir demandé aux jurés : 1° si le fait objet

(1) Rauter, *Droit criminel*, t. I, n° 116, p. 213; Carnot, *Code pénal*, t. I, p. 177. La jurisprudence de la Cour de cassation est constante à cet égard : 17 août 1811, 3 décembre 1812, 19 juillet et 18 octobre 1813.
(2) Cass., 27 novembre 1845. — (3) Cass., 19 août 1843.

de l'accusation était constant, 2° si l'accusé était ou non convaincu de l'avoir commis, le président leur posât « les questions qui, sur la moralité du fait et le plus ou le moins de gravité du délit, résultaient de la défense de l'accusé ou du débat ». Cette disposition, qui admettait toutes les atténuations, sans les définir et les régler, avait introduit un extrême désordre dans la position de ces questions.

Le Code d'instruction criminelle de 1808 a porté remède à cet abus en ne permettant d'interroger le jury que « *sur les faits d'excuse admis comme tels par la loi* ». Mais l'article 339 primitif se bornait à dire que, dans ce cas, la question devait être ainsi posée : Tel fait est-il constant ? sans ajouter de prescription impérative pour le président, ni de sanction.

D'un autre côté, d'après la jurisprudence de la Cour de cassation, le président de la Cour d'assises et, en cas de difficulté et d'incident sur lequel il n'avait pas le pouvoir de statuer seul, la Cour elle-même avait le droit d'apprécier l'opportunité des questions d'excuse, et de décider particulièrement si les faits allégués étaient résultés des débats. On pouvait, en conséquence, rejeter la question d'excuse légale proposée par l'accusé, toutes les fois qu'on jugeait qu'il n'y avait pas lieu de la soumettre aux jurés (1).

La Cour de cassation se décidait par les motifs suivants : l'article 338 du Code d'instruction criminelle porte que, *s'il résulte des débats* une circonstance *aggravante* non mentionnée dans l'accusation, le président l'ajoutera dans une question spéciale. La disposition de l'article 339 sur les faits d'excuse, se référant à une circonstance susceptible de modifier la gravité et la pénalité du fait principal, en les atténuant, comme les circonstances dont parle l'article 338, en les aggravant, doit être conçue dans le même esprit ; par conséquent, dans un cas comme dans l'autre, le vœu de la loi est de n'interroger le jury sur une circonstance, soit atténuante, soit aggravante, non mentionnée dans l'acte d'accusation, que lorsque cette circonstance *résulte des débats*. Or, pour ne pas soumettre à la décision du jury un fait d'excuses à l'égard duquel le débat ne lui aurait fourni aucune lumière, il faut d'abord examiner si ce fait résulte des débats, examen qui ne peut être fait que par le président,

(1) Voir notamment : Cass., 2 février 1815 ; 6 mars 1823 ; 20 janvier 1824 ; 29 juin 1826 ; 28 août 1828 ; 16 janvier 1829 ; 9 juillet 1830 ; 20 janvier 1832.

ou par la Cour d'assises, en cas de contentieux porté devant elle.

L'arrêt du 20 janvier 1824 avait même formulé sa décision en ces termes : « La position de la question d'excuse est abandonnée à la conscience des Cours d'assises; vainement l'accusé la propose, si la Cour ne voit pas qu'elle ressorte des débats. Il suffit, pour la régularité de l'instruction, que la Cour rende une décision sur la réclamation de l'accusé. »

Cette jurisprudence avait été justement critiquée. En effet, toute excuse touche à la moralité du fait incriminé. La Cour d'assises, en rejetant l'excuse proposée par l'accusé, appréciait cette moralité. Elle subordonnait le jugement du jury à son propre jugement; elle jugeait le fait d'excuse en décidant s'il était ou non suffisamment établi; elle statuait donc implicitement sur une circonstance du fait qui appartenait au jury, et que celui-ci avait seul le droit d'apprécier (1).

La loi du 28 avril 1832, modificative du Code d'instruction criminelle, comme du Code pénal, a voulu faire cesser cette attribution abusive résultant de la jurisprudence de la Cour suprême et mettre fin à la divergence qui existait d'ailleurs entre celle-ci et la plupart des Cours d'assises, dont les arrêts étaient sans cesse annulés sur le pourvoi du ministère public, et qui, elles, avaient décidé, au contraire, que lorsque le fait d'excuse était allégué par l'accusé, la question sur ce fait devait être posée, sans que les juges eussent le droit d'examiner si elle résultait ou non des débats, et avaient en conséquence ordonné la position de la question demandée.

L'exposé des motifs de la loi de 1832 dit formellement : « Pour les cas d'excuse, le projet retire aux Cours d'assises la faculté que leur laissait la jurisprudence d'accorder ou de refuser la position des questions qui y sont relatives. » Et l'article 339, rectifié par cette loi, est devenu ainsi conçu: « Lorsque l'accusé *aura proposé* comme excuse un fait admis comme tel par la loi, le président *devra, à peine de nullité,* poser la question. »

II. — QUAND IL Y A NÉCESSITÉ DE POSER UNE QUESTION D'EXCUSE.

Il suit du texte de l'article 339 que tout fait auquel la loi donne le *caractère d'une excuse,* lorsqu'il est allégué par l'accusé, ou

(1) Faustin-Hélie, *Traité de l'instruction criminelle,* t. IX, p. 34.

par son défenseur, doit, à peine de nullité, faire l'objet d'une question, et être soumis à l'appréciation du jury, sans que le président ou la Cour aient à examiner s'il résulte ou non des débats.

C'est au jury qu'il appartient d'apprécier si ce fait est ressorti des débats, et il est seul compétent pour statuer sur la validité de l'excuse, du moment qu'elle est proposée. En effet, une pareille question se rattache essentiellement au droit de la défense, dont elle n'est que le légitime exercice.

Ces principes, consacrés désormais par de nombreux arrêts de la Cour de cassation (1), ont été nettement formulés en ces termes par l'arrêt du 2 octobre 1862 : « La Cour d'assises ne peut refuser de poser une question sur un *moyen d'excuse prévu par la loi,* s'il est proposé par le défenseur de l'accusé dans des conclusions expresses ; et cela, alors même qu'il lui paraît que le fait ne résulte *ni de l'instruction ni des débats,* le jury étant seul compétent pour faire cette appréciation. » C'est ce que décide aussi formellement l'arrêt du 24 décembre 1875, et enfin l'arrêt du 4 avril 1878, qui dit, en termes plus énergiques encore, qu'en pareil cas la Cour d'assises ne peut, à peine de nullité, refuser d'interroger le jury sur le fait proposé comme excuse, si l'accusé le *requiert, sous prétexte qu'il ne résultait pas des débats.*

Il a été également décidé qu'il y a nullité si le président ou la Cour a refusé de poser la question d'excuse, soit parce qu'elle serait en opposition avec les énonciations de l'arrêt de renvoi et de l'acte d'accusation (2), soit parce que le langage de l'accusé, dans l'instruction et aux débats, aurait été en contradiction avec le fait invoqué comme excuse (3).

Une conséquence du principe que le jugement de l'exception dont il s'agit n'appartient qu'au jury, c'est que la Cour d'assises commettrait un excès de pouvoir si elle déclarait elle-même l'existence du fait d'excuse et, par suite, s'abstenait d'appliquer la peine prononcée par la loi, au fait déclaré constant par le jury (4).

Enfin, il résulte encore, des termes impératifs de l'article 339, que la Cour d'assises, en accordant la position d'une question d'excuse proposée dans les termes de la loi, n'a pas à rechercher

(1) Cass., 28 juin 1839 ; 15 avril 1841 ; 16 mars 1844 ; 27 mai 1853 ; 15 juin 1855 ; 2 octobre 1862 ; 2 juillet 1863 ; 24 décembre 1875 ; 4 avril 1878.
(2) Cass., 22 août 1833 ; 1er octobre 1835.— (3) Cass., 31 mars 1842.— (4) Cass., 3 mai 1832 ; 12 novembre 1835.

si le défenseur a articulé dans sa plaidoirie des faits pouvant donner lieu à la position de cette question, et qu'en exprimant son appréciation sur ce point dans son arrêt, elle empiète sur les attributions du jury, ainsi que sur le droit légitime de la défense, qui s'oppose à ce qu'elle soumette préalablement la question d'excuse à un contrôle qu'elle ne peut ni directement, ni indirectement exercer. L'arrêt du 2 juillet 1863 a, en conséquence, cassé avec raison une décision de la Cour d'assises d'Eure-et-Loir qui n'avait ordonné que la question de provocation serait posée qu'après avoir déclaré « que le défenseur de l'accusé n'a pu articuler ni préciser, dans le développement de ses moyens et plaidoiries, aucun fait de coups ou de violences graves envers la personne de l'accusé, susceptibles de provoquer les coups de couteau qu'on lui reproche d'avoir portés ; mais que les conclusions sont formulées dans les termes de l'article 339 », — attendu, dit cet arrêt, qu'une pareille constatation était de nature à exercer une influence illégale sur la solution de la question, et qu'en prononçant ainsi, la Cour d'assises a commis un excès de pouvoir, entrepris sur les attributions du jury, et expressément violé l'article 339.

III. — COMMENT ELLE DOIT ÊTRE POSÉE.

Bien que l'article 339 se borne à dire que la question d'excuse doive être posée ainsi : Tel fait est-il constant? il est évident qu'il faut préciser le fait allégué en termes nets et qui ne présentent aucune ambiguïté pour les jurés.

Toutefois, la Cour d'assises, n'étant pas tenue de poser d'office les questions d'excuse qui peuvent résulter des débats, procède régulièrement en posant ces questions dans les termes mêmes portés aux conclusions de la défense; elle n'est pas obligée de suppléer aux irrégularités que peuvent contenir les questions dont l'accusé demande la position ; il suffit qu'elle ordonne cette position dans les termes requis, sauf à en apprécier ultérieurement les conséquences légales. Conséquemment, le défaut de conformité des énonciations de ces questions avec les énonciations de la loi ne peut être relevé par l'accusé comme moyen de cassation (1).

Il importe particulièrement qu'une même question ne réunisse

(1) Cass., 2 mai 1833 ; 20 avril 1860.

pas le fait d'excuse soit avec le fait principal, soit avec une circonstance aggravante : une pareille question serait entachée du vice de complexité. L'article 1 de la loi du 13 mai 1836 veut que tout fait d'excuse légale fasse l'objet d'une question distincte, sur laquelle le jury doit délibérer séparément et voter par un scrutin particulier (1).

Il faut de même poser autant de questions d'excuse qu'il y a de chefs d'accusation (2).

IV. — QUI A LE DROIT D'EN PROVOQUER LA POSITION? EST-CE SEULEMENT L'ACCUSÉ?

L'excuse étant, par sa nature, un moyen de défense, elle doit être proposée dans l'intérêt de l'accusé.

L'article 339 n'apporte la sanction de la nullité qu'au seul cas où l'excuse est proposée par l'accusé, et il a été jugé, en conséquence, qu'il n'y a obligation légale pour le président de poser une question d'excuse qu'autant que cette question est expressément demandée par l'accusé ou par son défenseur (3).

Néanmoins, le président peut lui-même et d'office poser les faits d'excuse qui lui semblent résulter des débats. Cela a été décidé avec raison, car il serait injuste qu'il n'eût de pouvoir que pour saisir dans le débat et ajouter comme question (art. 338 C. inst. crim.) les circonstances qui aggravent l'accusation, et non celles qui l'atténuent. Sa mission est de soumettre au jury cette accusation *telle que les débats l'ont faite*; seulement, l'accusé ne peut se faire un grief de ce que la question n'a pas été posée d'office; c'était à lui à la demander, et il y a présomption, dans ce cas, que le fait d'excuse ne résultait pas des débats.

D'ailleurs, c'est un principe fondamental que le jury doit juger l'accusation *d'après les débats*, et non selon que la procédure écrite l'avait établie; et la Cour de cassation a déclarée, en conséquence, que le président est tenu de poser *toutes les questions résultant des débats*, qui tendent à *modifier l'accusation*, soit que l'accusé les provoque ou non, soit même qu'il s'y oppose pour s'assurer l'impunité, en forçant le juge de s'expliquer sur des faits qui ont été détruits ou modifiés par les débats, et en le mettant dans l'impossibilité de manifester son opinion

(1) Cass., 13 janvier 1848.—(2) Cass., 29 mars 1857.—(3) Cass., 1er mars 1853.

sur les circonstances nouvelles que ces débats ont mises en évidence (1).

Mais le ministère public peut-il requérir la position d'un fait d'excuse ?

Ici la solution affirmative n'est pas aussi absolue que quand il s'agit de la défense, et il faut distinguer.

Il n'est pas douteux que le ministère public puisse requérir la position d'une question d'excuse, car l'article 339, tout en ne statuant que pour le cas le plus ordinaire, où c'est l'accusé qui réclame, ne lui a pas interdit cette faculté.

La Cour de cassation, par son arrêt du 6 juillet 1826, a reconnu qu'on ne doit pas induire du silence de la loi, en ce qui concerne le ministère public, qu'elle a voulu lui refuser un droit qu'elle accorde à l'accusé, et dont l'exercice *est nécessaire pour la pleine manifestation de la vérité.*

Dans l'espèce, le ministère public avait requis le président de soumettre au jury une question de provocation comme résultant des débats; mais le défenseur de l'accusé s'y opposa, et la Cour refusa de faire droit à la demande du ministère public, en se fondant sur ce que l'accusé ou son conseil étaient seuls autorisés par l'article 339 à requérir la position des questions d'excuse. Cette décision de la Cour d'assises de la Loire a été cassée, dans l'intérêt de la loi, par ledit arrêt, qui a déclaré, par les motifs cités plus haut, que le droit de requérir la position des questions d'excuse n'appartient pas seulement à l'accusé, qu'il appartient aussi au ministère public, et cela encore que l'accusé s'oppose à cette position.

Un autre arrêt de la Cour de cassation, du 28 juin 1839, a également consacré le droit du ministère public, en disant que si l'article 339 ne parle que de l'accusé, parce que la loi ne s'occupe que de ce qui arrive le plus ordinairement, il ne s'ensuit pas que le ministère public, *défenseur de tous les intérêts,* n'ait pas, comme l'accusé, et dans le silence de celui-ci, le droit de faire poser une question d'excuse légale, et il a cassé l'arrêt de la Cour d'assises qui avait admis, en principe, que l'article 339 n'imposait, à peine de nullité, l'obligation de poser la question d'excuse légale que lorsqu'elle était proposée par l'accusé, et qu'il n'y avait pas la même obligation quand la demande est faite par le ministère public.

(1) Cass., 6 juillet 1826. Conf., 14 mai 1813, cité dans l'arrêt de 1826.

Il est vrai que la Cour d'assises, en refusant d'ordonner la position de la question, avait décidé en même temps que la question proposée par le ministère public ne constituait pas un fait d'excuse légale et ne résultait point des débats.

Enfin, remarque importante, le défenseur avait déclaré adhérer aux réquisitions du ministère public, ce qui équivalait à une demande formelle de sa part, et ce qui a permis à l'arrêt de cassation de dire qu'il importe peu que la position de la question d'excuse ait été provoquée par le ministère public et non par l'accusé lui-même, et que l'arrêt de la Cour d'assises n'était fondé ni en fait, ni en droit.

Mais il faut supposer que l'accusé, au lieu d'adhérer aux conclusions du ministère public, s'oppose formellement à ce qu'il y soit fait droit.

Dans une semblable espèce, la Cour de cassation a rétracté son interprétation primitive, et, dans un arrêt du 16 mars 1844, elle a déclaré « que le *droit absolu* conféré par l'article 339, de requérir la position d'une question spéciale d'excuse, est accordé par la loi seulement à l'*accusé et dans son intérêt*, et que l'accusé, loin d'y adhérer, s'étant formellement opposé à la position d'une question d'excuse requise par le ministère public, la Cour d'assises n'avait violé aucune loi, et s'était, au contraire, expressément conformé à l'article 339, en fondant son refus de soumettre cette question au jury, sur ce que *les circonstances* et *les faits du procès* n'en indiquaient ni la *nécessité* ni l'*opportunité* ».

On conçoit, en effet, que l'accusé puisse avoir intérêt à laisser à la prévention le caractère rigoureux qu'elle tient de l'acte d'accusation, et qui peut lui faire espérer, à raison des faits d'excuse et de l'impression qu'ils sont de nature à produire sur l'esprit du jury, un acquittement complet; tandis qu'il peut avoir à craindre que l'atténuation apportée par la solution affirmative d'une question d'excuse le laisse sans aucune chance de se soustraire à une condamnation, laquelle, bien que réduite, ne le placerait pas moins dans une position désavantageuse.

C'est ainsi, sans doute, qu'on peut soutenir qu'il n'appartient pas au ministère public de proposer une excuse, lorsque cette position, loin de venir en aide à la défense, prend, au contraire, des circonstances de la cause, le caractère d'une aggravation.

C'est peut-être, d'ailleurs, un peu l'esprit de l'arrêt du 28 juin 1830 précité ; car, dans l'espèce de cet arrêt, la question était *dans l'intérêt de l'accusé*, puisque celui-ci avait déclaré s'associer à la demande du ministère public.

Il suit de cette dernière jurisprudence que le droit du ministère public aurait sa sanction, non plus dans l'article 339, mais dans l'article 408 du Code d'instruction criminelle qui établit la nécessité pour la Cour de prononcer sur les réquisitions du ministère public tendant à user d'une faculté ou d'un droit accordé par la loi. Seulement la Cour d'assises, lorsqu'elle est saisie pour ces seules réquisitions, n'est plus tenue de poser la question, qu'elle résulte ou non du débat ; elle doit, comme en ce qui concerne les autres faits résultant du débat, apprécier s'il y a lieu de la poser. Elle peut rejeter les conclusions sans qu'il y ait nullité ; il suffit qu'elle y ait statué.

Le dernier arrêt de la Cour de cassation de 1811 ne va donc pas jusqu'à nier absolument au ministère public le droit de proposer une question d'excuse; il décide seulement que, dans ce cas, la question d'excuse peut ne pas être posée, sans qu'il y ait lieu à nullité.

Nous considérons, avec M. Blanche, que, telle qu'elle est, cette décision est regrettable.

Le ministère public a évidemment le droit d'invoquer le bénéfice des circonstances atténuantes en faveur des accusés et des prévenus. Lui contester le pouvoir de proposer les faits déterminés d'excuse, destinés à diminuer la gravité du crime ou du délit et à en modérer la peine, ce serait avoir la prétention de le contraindre à donner à un crime ou à un délit une importance qu'il ne lui reconnaît pas ; ce serait le frapper dans ce qu'il doit avoir de plus cher, dans la liberté de sa conscience. Heureux de pouvoir concilier les sentiments d'humanité avec l'autorité de son office, le ministère public demande chaque jour la faveur des circonstances atténuantes pour le coupable qui les mérite, sans qu'on songe à l'accuser d'un excès de pouvoir. Pourquoi lui refuserait-on le droit de provoquer, lorsque cela lui paraît résulter des circonstances révélées, un fait déterminé d'excuse? Est-ce parce que l'article 339 du Code d'instruction criminelle n'accorde en termes exprès ce droit qu'à l'accusé ? Mais, s'il ne l'accorde pas nommément au ministère public, il ne le lui refuse pas non plus, et le ministère public le tient de la nature même de ses fonctions, qui lui permet et lui prescrit de ne donner au fait incriminé que la gravité qu'il comporte.

L'intérêt de l'accusé doit tout dominer, dira-t-on. Mais faut-il, pour permettre à un accusé d'échapper à la répression par tous les moyens qu'il juge utiles à sa cause, même par une tactique basée sur un abus de la loi, sacrifier les intérêts sacrés et supérieurs de la société et de la justice, et autoriser un outrage à la vérité ?

On peut dire qu'en croyant donner satisfaction au texte rigoureux de l'article 339, la Cour de cassation met en oubli des principes d'un ordre supérieur. D'une part, elle porte atteinte à l'indépendance de l'action publique en ne reconnaissant au magistrat qui la représente qu'un pouvoir sans sanction réelle ; et, d'autre part, en permettant à la Cour d'assises d'apprécier la *convenance* et l'*opportunité* de la question, elle l'autorise à juger un fait placé par la loi dans la compétence exclusive du jury, ce qui est blesser un principe essentiel (1).

Les véritables principes devraient donc être, selon nous, ceux que la Cour de cassation avait consacrés pour le ministère public comme pour le président, à l'égard duquel le droit n'est pas contesté par son arrêt de 1826, remarquablement motivé.

Le *jury* commettrait un *excès de pouvoir* en se posant à lui-même et en décidant une question non comprise dans celles qui ont été proposées par le président ou par la Cour d'assises, par exemple une question d'excuse (Cass., 8 décembre 1881).

V. — FAITS AYANT LE CARACTÈRE D'EXCUSE LÉGALE, ET POUR LESQUELS IL Y A NÉCESSITÉ DE POSER UNE QUESTION SPÉCIALE.

La condition essentielle pour que l'accusé puisse, en vertu de l'article 339, exiger la position d'une question d'excuse, c'est que le fait proposé par lui pour excuse soit admis comme tel par la loi.

C'est ici qu'il est particulièrement nécessaire de distinguer les excuses proprement dites, *ou excuses légales*, des causes de *non-imputabilité* et des *faits justificatifs*, que des criminalistes appellent *excuses préparatoires* ou *absolutoires*, bien que j'aie montré l'inexactitude juridique de ces expressions.

Les causes de non-imputation et les faits justificatifs excluent la responsabilité pénale et effacent le crime, car la loi dit elle-même qu'il n'y a alors ni crime ni délit ; ils ne peuvent faire le sujet d'aucune question spéciale et distincte. La raison en est qu'ils se trouvent nécessairement contenus dans la *question*

(1) Blanche, *Études pratiques sur le Code pénal*, t. II, p. 336.

principale de *culpabilité*, et dans ces mots : « l'accusé est-il *coupable* d'avoir.... ? » puisque, s'ils sont prouvés, cette culpabilité n'existe plus.

L'accusé n'est pas coupable, en effet, et ne peut être frappé d'aucune peine, s'il était, à l'époque de la perpétration du crime, en état de démence, de délire maladif ou de somnambulisme, ou s'il n'a fait qu'obéir à une irrésistible contrainte, puisque, dans ces circonstances, il n'y a ni crime ni délit, l'accusé ne se rendant pas compte de ses actes et n'ayant pas agi avec une volonté consciente et libre; ou bien s'il était dans le cas de légitime défense, exception qui, aux termes des articles 328 et 329, exclut l'existence d'un crime ou d'un délit, parce que l'auteur de l'action avait le droit et le devoir de la commettre.

Prononcer sur la culpabilité, c'est donc prononcer implicitement sur ces causes de non-imputabilité ou ces faits justificatifs; déclarer que l'accusé est coupable, c'est écarter l'exception.

C'est en s'appuyant sur cette distinction entre les circonstances prévues dans l'article 64 et dans les articles 327, 328 et 329 du Code pénal, qui font *disparaître* le crime et établissent l'innocence complète de l'agent, et l'*excuse légale* proprement dite, qui ne fait qu'*atténuer* sa culpabilité et modifie seulement la peine portée par la loi, que la jurisprudence a toujours admis qu'il était inutile de poser une question spéciale à l'égard des faits emportant l'irresponsabilité ou la justification, puisque cette question et la question de culpabilité se confondent et n'en font qu'une seule.

Cette jurisprudence a été critiquée par M. Legraverend, qui a pensé que la démence et la force majeure, quoique exclusives de la culpabilité, n'en étaient pas moins des faits matériels qui devaient être examinés et décidés par le jury, lorsqu'ils étaient allégués, et que les jurés, ne pouvant donner une déclaration sur une question qui ne leur était pas soumise, pouvaient être entraînés à déclarer l'accusé coupable, en vue simplement du fait matériel de l'accusation.

M. Berriat-Saint-Prix émet aussi l'avis que la solution de la Cour de cassation peut produire des conséquences dangereuses, parce qu'elle fait dépendre le sort d'un accusé du plus ou moins d'aptitude des jurés à faire des distinctions assez subtiles, et qu'il pourra s'en rencontrer beaucoup qui ne sauront pas reconnaître si la volonté nécessaire à la culpabilité est exclusive de la démence.

Telle est, en effet, l'objection qui, d'après certains criminalistes, s'élève contre la jurisprudence : Les jurés sont-ils aptes à distinguer les faits justificatifs et les faits d'excuse ? Peuvent-ils comprendre que ceux-ci font l'objet d'une question distincte, tandis que les autres, enfermés dans la question de culpabilité, s'y trouvent implicitement compris ? Ne seront-ils pas portés quelquefois à confondre la question matérielle avec la question intentionnelle, et à affirmer la culpabilité, lors même qu'ils auraient également affirmé la démence, la contrainte ou la légitime défense, si la question leur avait été posée ?

Sans doute on comprend que ces objections aient préoccupé l'esprit. Cependant il faut reconnaitre, d'une part, que le niveau intellectuel du jury tend toujours à s'élever, et, d'autre part, il appartient au défenseur, après avoir écarté par la récusation les hommes dont l'intelligence ne parait pas offrir des garanties suffisantes à l'accusé, de prévenir la confusion qui pourrait se produire dans l'esprit des jurés de jugement, en leur expliquant d'une manière facile à saisir que s'ils considèrent que l'accusé était en état de démence au moment de l'action, ou s'il a agi en état de légitime défense, ces circonstances font disparaitre la culpabilité, et qu'ils doivent, en conséquence, répondre *non* à la question principale.

C'est avec raison que la Cour de cassation a constamment persévéré dans le principe vraiment juridique qu'elle avait consacré dans ses premiers arrêts, et qu'elle a affirmé dans les décisions suivantes, qui sont les plus récentes : « L'état de démence d'un accusé au moment de la perpétration du crime, étant *exclusif de toute culpabilité*, ne peut être compris au nombre des excuses admises par la loi, et la Cour refuse à bon droit de poser de ce chef, au jury, une question spéciale et séparée (Cass., 13 mars 1873 et 16 septembre 1875).

» La légitime défense ne peut faire l'objet d'une question d'*excuse* qui doive être posée séparément. Elle se trouve nécessairement comprise dans la question de *culpabilité* (Cass., 24 décembre 1875) (1). »

Ce dernier motif doit faire refuser également la position d'une question relative à la contrainte.

(1) Cass., arrêts conformes : en ce qui concerne la démence : 9 septembre 1825 , 5 septembre 1828, 12 novembre 1841, 23 septembre 1847, 12 septembre 1830, 1er mars 1835 ;
En ce qui concerne la contrainte , 27 novembre 1834 ;
En ce qui concerne la légitime défense : 4 octobre 1827, 19 mars 1835, 14 janvier 1841, 12 septembre 1830.

Quant aux excuses proprement dites, il a été établi que si le président, ou la Cour d'assises, doit nécessairement les poser sur la seule allégation de l'accusé, ce n'est qu'autant qu'elles sont admises par la loi. La Cour d'assises, en cas de contestation, se trouve donc, par cela même, investie d'un droit de vérification de la légalité de l'excuse; elle n'a point à apprécier si elle est ou n'est pas valide, si elle résulte ou non des débats; elle doit seulement examiner si le fait proposé comme excuse est admis comme tel par la loi.

Il n'y a point de difficulté lorsque le fait est nommément qualifié excuse par la loi elle-même. Ainsi, il est évident que la provocation, que l'article 321 du Code pénal déclare une *excuse* du meurtre, doit être posée dès qu'elle est alléguée par l'accusé.

Il ne faut pas toutefois restreindre la qualification d'excuse aux faits auxquels la loi l'a explicitement donnée, et qui ont fait le sujet de notre chapitre II.

Nous avons montré, dans le chapitre III, que d'autres faits prévus par les articles 135 § 2, 343, 108, 138, 144, 100 et 213, ont également le caractère d'*excuses légales*. Il faut donc, pour cette catégorie d'excuses, poser aussi au jury, à peine de nullité, une question spéciale en ce qui les concerne, si l'accusé le requiert.

VI. — CAS OU LA POSITION D'UNE QUESTION D'EXCUSE DOIT ÊTRE REFUSÉ.

Les seuls faits ayant le caractère d'excuse légale devant être soumis au jury, la Cour d'assises doit rejeter, quoique proposé avec la qualification d'excuse légale, tout fait qui n'a pas réellement ce caractère et ne rentre pas dans les termes de la loi (1).

Par exemple, on doit refuser la position d'une question se rattachant à une circonstance qui est constitutive du crime et se trouve déjà implicitement comprise dans la question principale de culpabilité. Ainsi, en matière d'infanticide, l'allégation que l'enfant était *né mort* ne nécessite pas la position d'une question spéciale au jury : c'est là non un fait d'excuse, mais *un moyen tenant au fond même* de l'accusation (2).

(1) Cass., 30 août 1855. — (2) Cass., 26 janvier 1855.

Dans le cas d'accusation d'émission de fausse monnaie, la connaissance de la fausseté des monnaies contrefaites de la part de celui qui les a émises, est un élément *essentiel* et *constitutif* de la criminalité, et la question principale, posée au jury, doit, à peine de nullité, énoncer que l'auteur de l'émission des pièces fausses avait connaissance de leur contrefaçon. En conséquence, le défenseur ne peut proposer comme excuse la question de savoir si l'accusé a cru bonnes les pièces fausses que l'acusation lui reproche d'avoir émises; c'est là un moyen qui se rattache à l'existence même du crime d'émission et qui est compris dans la question de culpabilité, puisque, si l'on a remis en circulation une pièce reçue pour bonne, sans en avoir vérifié ou fait vérifier le vice, la culpabilité elle-même disparait, à défaut d'intention de fraude, et par application du principe posé dans les articles 135 § 1 et 163 du Code pénal (1).

La Cour d'assises doit rejeter encore les faits qui, bien qu'atténuants, ne constituent pas des excuses admises par la loi et ne peuvent rentrer que dans l'application de l'article 463. Ainsi les passions n'enlèvent ni la raison ni la liberté morale; la loi, bien qu'en n'assimilant pas à la démence l'état de l'individu qu'une passion violente a entrainé au crime, n'en a pas plus fait un motif d'excuse qu'une cause d'irresponsabilité. Les passions peuvent seulement être considérées, en certains cas, par le jury, comme des circonstances atténuantes.

L'ivresse, envisagée comme cause occasionnelle de l'état d'aberration dans lequel se trouvait l'agent au moment de l'acte qu'il a commis, ne peut être rangée non plus, ni parmi les cas d'irresponsabilité limitativement prévus par l'article 64, ni parmi les excuses légales; l'ivresse ne peut, par conséquent, à ce dernier titre, être l'objet d'une question à poser au jury (2).

Mais si, en principe, l'état d'ivresse n'efface pas entièrement le crime ou le délit, et n'est point admis par la loi comme excuse, il peut être considéré comme une circonstance atténuant la culpabilité, et motiver l'application de l'article 463.

La surdi-mutité n'est, pas plus que l'ivresse, une excuse proprement dite, consacrée par la loi; quand les sourds-muets ont

(1) Cass., 20 avril 1860; 16 décembre 1880. — L'arrêt du 28 juillet 1864 avait déjà reconnu que le § 1er de l'article 135 n'établit pas comme le 2e une cause d'*excuse*, mais une cause de justification.

(2) Cass., 15 thermidor an XII; 20 octobre 1812; 18 mai 1815; 23 avril 1824.

l'intelligence du bien et du mal, leur infirmité, quelque intéressante qu'elle soit, ne peut mettre obstacle à l'application ordinaire des lois répressives; elle ne peut que constituer une circonstance atténuante (1).

Il y a également lieu de rejeter les faits qui, quoiqu'ils constituent des excuses légales par leur nature, ne sont pas applicables au crime qui fait l'objet de l'accusation.

Enfin, la Cour d'assises, sans y être astreinte, peut rejeter le fait proposé comme excuse quand il constitue non une atténuation, mais une modification du crime principal. Dans cette hypothèse, la Cour a la faculté d'examiner si la question doit être posée. La Cour de cassation l'a formellement décidé, notamment par un arrêt du 17 septembre 1874 : « La Cour d'assises a un pouvoir souverain 'pour refuser la position d'une question *subsidiaire* ne portant pas sur une excuse légale. »

Nous ajoutons, pour compléter ce qui concerne les questions d'excuse, que le jury, n'ayant compétence que relativement aux faits sur lesquels il est interrogé, ne peut pas déclarer d'office un fait d'excuse sur lequel il n'est pas questionné.

VII. — FORME NÉCESSAIRE DE LA RÉPONSE DU JURY POUR QUE LA QUESTION D'EXCUSE SOIT VALABLEMENT RÉSOLUE.

La question d'excuse légale se lie si intimement à la question principale, que la nullité dont la première est entachée entraîne l'annulation de la déclaration entière et de l'arrêt de condamnation.

L'article 347 du Code d'instruction criminelle exige, à peine de nullité, que la décision du jury contre l'accusé se forme *à la majorité* et que la déclaration du jury *constate cette majorité* (2).

Or, en matière d'excuse, c'est la réponse négative qui est contre l'accusé, et, contrairement à ce qui a lieu pour la question principale, c'est pour elle qu'il est nécessaire d'exprimer qu'elle a été prise à la majorité : par exemple, la solution négative d'une question d'excuse de provocation est contraire à l'accusé, puisqu'elle a pour résultat de le priver du bénéfice de l'article 326, qui abaisse la peine encourue lorsque le fait d'excuse est établi.

(1) Cass., 23 juin 1827; 1er juin 1843.
(2) Cass., 21 août 1862; 13 mars 1874; 27 mai 1875; 11 décembre 1879.

Dès lors, une semblable question doit être absolument résolue à la majorité.

Il a été constamment jugé que la réponse négative du jury sur une question de *provocation* doit, à peine de nullité, exprimer qu'elle a été rendue *à la majorité*, et que l'annulation de cette réponse entraine la nullité de la réponse principale (1).

De même, dans une accusation d'émission de fausse monnaie, la réponse du jury sur une question d'excuse tirée de l'article 135, si elle est contre l'accusé, doit, à peine de nullité, constater qu'elle a été prise à la majorité (2).

TITRE II.

DES CIRCONSTANCES ATTÉNUANTES.

HISTORIQUE DES CIRCONSTANCES ATTÉNUANTES.

Dans les temps anciens, les législateurs ne s'étaient point attachés à prévoir et à définir les diverses espèces d'attentats que pouvaient commettre les malfaiteurs, à les classer par catégories, à mettre les peines en rapport avec la gravité de chaque fait, à réprimer, et à donner au juge le moyen d'appuyer sur un texte précis la condamnation qu'il aurait à prononcer.

Aussi longtemps que la loi du talion fut en vigueur, on n'avait pas besoin d'un pareil code, le malfaiteur se faisant à lui-même sa loi pénale. Ce système du talion, généralement adopté chez les peuples primitifs, avait été nettement formulé à Rome dans la loi des Douze-Tables : « *Si membra rupit, ni cum eo pacit, talio esto* » (E Tabula VIII) (3), et les jurisconsultes justifiaient cette disposition dans les termes suivants : *Quod*

(1) Cass., 19 novembre 1863; 18 août 1871; 26 septembre 1878.
(2) Cass., 7 août 1879.
(3) Giraud, *Novum enchiridion*, p. 17.

quisque juris statuerit in alterum, et ipse eadem jura utatur.
Quis ènim aspernabitur idem jus sibi dici, quod ipse alii dixit.
Toute l'économie de ce système pénal procédait de la règle *par
pari refertur.* On trouvait tout naturel et parfaitement équitable
que le malfaiteur fût puni du même mal que celui qu'il avait
fait.

Mais le talion ne pouvait suffire qu'à une société dans l'enfance, car, dans un tel système, la peine était plutôt considérée
comme une vengeance exercée dans un intérêt particulier,
que comme une réparation publique appliquée dans un intérêt
d'exemple et de moralisation.

La civilisation venant à progresser, d'autres lois répressives
devinrent indispensables. A Rome, même alors qu'y régnait
encore la législation des Douze-Tables, il en intervint un certain nombre. Les édits des préteurs, les sénatus-consultes y
avaient pourvu ; mais, nulle distinction n'étant faite par les lois
sur les divers degrés à observer, suivant les circonstances, dans
l'application des peines, le juge était libre de punir le délit le
plus léger aussi sévèrement que le délit le plus grave ; d'où
suivait que souvent le châtiment dépassait de beaucoup la juste
mesure de répression que comportait la culpabilité du fait
punissable.

Aussi des controverses s'étaient établies entre les jurscon-
sultes, comme entre les moralistes, sur le meilleur régime pénal
à établir. Les uns, imbus des doctrines stoïciennes, n'admettaient, quant à la pénalité, aucune distinction entre les diverses
espèces de méfaits et voulaient pour tous un même degré de
sévérité. Les autres soutenaient que les peines devaient, au
contraire, être *proportionnées à la gravité des délits.*

Cicéron avait pris parti pour cette dernière opinion : « *Caven-
dum est,* disait-il, *ne major pœna quam culpa sit... Statuenda pœna
pro magnitudine delicti.* »

Horace, poète éminemment juriste, intervint dans la lice,
et sa haute raison devait naturellement le porter pour la thèse
soutenue par Cicéron.

Pourquoi, s'écriait-il dans une de ses satires, la raison n'use-
t-elle pas de ses poids et mesures dans l'application des peines,
et ne proportionne-t-elle pas le châtiment à la culpabilité, plus
ou moins grave, du délit ?

> *... Cur non*
> *Ponderibus modulisque suis ratio utitur, ac res*
> *Ut quæque est, ita suppliciis delicta coercet?*

Qu'il nous soit donc enfin donné une règle qui permette d'infliger des peines en rapport avec les fautes:

> ... Adsit
> *Regula peccatis quæ pœnas irroget æquas.*

• On ne me fera jamais croire, continue-t-il, que celui-là qui se contente de dérober quelques choux dans le jardin d'autrui soit aussi coupable et passible du même châtiment que le voleur nocturne et sacrilège d'objets consacrés aux dieux.

> *Néc vincet ratio, tantumdem ut paccct et idem,*
> *Qui teneros caules alieni fregerit horti,*
> *Aut qui nocturnus Divûm sacra legerit...*

Ceux qui prétendent qu'aucune distinction n'est à faire entre les crimes, ajoute encore le même poète, sont grandement en peine de justifier leur thèse, quand il leur faut en venir au vrai ; car la raison, le bon sens, les mœurs, et même l'utilité publique, y répugnent invinciblement,

> ..... *sensus moresque repugnant*
> *Atque ipsa utilitas.....*

Le crime se diversifie de mille manières :

> *Sunt multæ scelerum facies.....* (1).
> (Virgile.)

Les poètes latins ont tous proclamé que les rigueurs des lois pénales devaient fléchir devant certains motifs d'indulgence. Ne désespérez pas, disait Ovide, du coupable tremblant : la foudre n'est pas impitoyable, on peut la conjurer par l'expiation ,

> ..... *ne nimium terrere : piabile fulmen.*

Quand les antécédents d'un accusé sont purs, quand il peut dire à ses juges :

> *Vita prior vitio caret, et sine labe peracta est*
> (Ovide.)

(1) Ainsi que la vertu, le crime a ses degrés. (Racine, Phèdre.)

il est permis d'espérer qu'une légère correction suffira à ramener au bien le coupable, surtout si, par un aveu naïf et spontané de sa faute, il en témoigne un sincère repentir et en sollicite humblement le pardon.

Sæpe impetravit veniam confessus reus.
Si..... veniam sibi rogat
Supplex, fatetur peccatum imprudentiæ.
(Phèdre.)

Tout ce que la poésie latine concède dans ces cas, n'est-ce pas le bénéfice des circonstances atténuantes, quoique le mot ne fût pas encore inventé, c'est-à-dire une certaine mesure d'indulgence, soit dans l'application, soit dans l'exécution de la peine (1)?

Les jurisconsultes romains, ennemis du *summum jus* en matière criminelle, soutenaient que le juge devait toujours tenir compte du fait dans l'application de la loi et du droit, c'est-à-dire des circonstances de temps, de lieu, de personnes, et prendre en grande considération, dans l'appréciation des questions de culpabilité, le mobile qui a fait agir le coupable (2).

Ces généreux efforts des poètes juristes et des jurisconsultes ont préparé la grande règle du Digeste : *pœna debet commensurari delicto.*

Le système de la loi romaine, quant aux circonstances de nature à modifier la peine, est résumé par les principes suivants, que nous trouvons dans le Digeste (L. 16; 48, 19) : « *Aut facta puniuntur..... aut dicta..... aut scripta ..... aut consilia... — Sed hæc quatuor genera consideranda sunt septem modis : causa, persona, loco, tempore, qualitate, quantitate, et eventu... »*

Il y a là une théorie complète des circonstances atténuantes et aggravantes, au point de vue des causes dont elles peuvent dériver. Les juges se trouvèrent, sous ce système, investis d'un pouvoir illimité et omnipotent pour l'atténuation ou l'aggravation des peines, libres d'infliger une peine légère ou élevée, selon leur volonté.

(1) E. Hanriot, *Les Poètes juristes.*
(2) C'est Térence qui nous a transmis cette maxime si connue : *Summum jus summa injuria.* On la trouve formulée ainsi dans l'une de ses *Comédies :*
« *Dicunt : jus summum sæpe summa malitia est.* »
Depuis, une sentence de Publius Syrus l'a reproduite dans ces termes plus usités :
« *Summum jus, summa plerumque injuria est.* »

Le pouvoir illimité et omnipotent du juge pour l'atténuation ou l'aggravation des peines, telle fut la législation pénale de l'Europe entière jusqu'à la fin du xviiie siècle.

La révolution française de 1789 arriva, et avec elle et par elle fut introduit, dans la législation pénale, un autre système. Malheureusement, les abus auxquels avait donné naissance le système de la législation 'antérieure avaient été si nombreux et si grands, ils avaient soulevé dans l'opinion publique une répulsion si profonde et si absolue, qu'il se produisit dans l'esprit du nouveau législateur une réaction violente qui l'entraîna dans un système diamétralement contraire. Le Code pénal de 1791, comme nous l'avons déjà indiqué, substitua à l'arbitraire illimité du juge l'inflexibilité absolue de la loi; tous les faits criminels compris sous *la même qualification* furent soumis à *la même peine*, et le juge fut enchaîné par le texte de la loi, sans pouvoir en modérer les rigueurs. C'était un régime excluant absolument le système des circonstances atténuantes (1).

On commence cependant déjà à trouver le germe des circonstances atténuanles dans plusieurs documents de la législation intermédiaire, dans la loi du deuxième jour complémentaire de l'an III, sur les conseils militaires (art. 20), et dans le Code des délits et des peines du 3 brumaire an IV (art. 616), si du moins on adopte l'interprétation que lui avait longtemps donnée le tribunal de Cassation, d'après laquelle *toutes excuses* pouvaient être soumises au jury par l'accusé, et d'après l'article 374 de ce Code lui-même, qui voulait que le président posât aux jurés toutes les questions qui, sur la moralité du fait et le plus ou le moins de gravité du délit, résultaient de la défense de l'accusé ou du débat, ce qui comprenait non seulement les excuses, mais encore toutes les circonstances qui pouvaient être une cause d'atténuation.

C'est le Code pénal de 1810 qui a véritablement inauguré le système actuel, en admettant l'influence des circonstances aggravantes et des circonstances atténuantés dans l'application de la peine à certains crimes et délits, en graduant les peines, et en leur donnant un *maximum* et un *minimum*, en détermi-

---

(1) L'abus d'une extrême justice a été exprimé, comme dans la formule romaine, par Racine, dans les *Frères ennemis :*

Une extrême justice est souvent une injure;

et par Voltaire dans *Œdipe :*

Une extrême justice est une extrême injure.

nant et plaçant à côté de chaque fait criminel les circonstances aggravantes qui pouvaient se rencontrer dans sa perpétration ; tandis qu'il laissait au juge la faculté de reconnaître et d'admettre les circonstances atténuantes lorsque cela lui paraîtrait convenable, mais seulement alors en cas de délit et lorsque le préjudice causé par ce délit n'excédait pas 25 francs.

Ce Code commença ainsi à entrer dans la voie que le progrès des mœurs et de la civilisation avait indiquée.

Mais, on le voit, les circonstances atténuantes ne pouvaient jamais être admises en matières criminelles, et ne pouvaient même pas l'être en toutes matières correctionnelles.

M. Faure, dans l'exposé des motifs, indique la raison pour laquelle on n'a pas voulu alors admettre les circonstances atténuantes en matière de crimes. Dans les matières correctionnelles, la peine étant toujours l'emprisonnement ou l'amende, on pouvait bien admettre que l'on pourrait, grâce à l'admission des circonstances atténuantes, diminuer la durée de l'emprisonnement ou la quotité de l'amende, c'était toujours la même espèce de peines; mais, disait M. Faure, « les peines établies pour les crimes étant de différentes espèces, il faudrait, lorsqu'un crime serait atténué par quelque circonstance qui porterait le juge à considérer la peine comme trop rigoureuse quant à son espèce, il faudrait que le juge fût autorisé à changer l'espèce de peine et à descendre du degré fixé par la loi à un degré inférieur, par exemple à prononcer la réclusion au lieu des travaux forcés à temps ; ce changement, cette substitution ne serait pas une réduction de peine proprement dite, elle serait une véritable commutation de peine. Or, le droit de commutation de peine est placé dans les attributions du souverain, il fait partie du droit de grâce. »

Ce raisonnement n'est pas sérieux, car il confond l'abaissement de la peine à raison des circonstances atténuantes, qui est un acte de justice, avec la commutation de peine, qui a lieu après le jugement et qui est un acte de clémence.

Ce système amena des acquittements scandaleux ; le jury préférait, en effet, acquitter certains coupables, parce qu'il savait que les juges allaient être forcés de prononcer des peines qui lui paraissaient trop fortes et disproportionnées de la gravité des faits incriminés.

La loi du 25 juin 1824, abolie bientôt par la réforme de 1832, améliora un peu le système précédent. Elle permettait, *dans certains cas seulement*, qu'elle déterminait, aux Cours d'assises,

de réduire les peines infamantes au maximum des peines correctionnelles ; son article 4 portait que « les Cours d'assises,
lorsqu'elles auraient reconnu qu'il existait des *circonstances
atténuantes, et sous la condition de le déclarer expressément, pourraient,* dans les cas et de la manière déterminés par les articles 5 et suivants, jusques et y compris l'article 12, réduire les
peines prononcées par le Côde pénal ».

On remarque que c'était encore à la Cour qu'était confié le soin
de déclarer s'il existait des circonstances atténuantes; aussi
l'inconvénient que nous signalions tout à l'heure subsistait :
souvent le jury acquittait un coupable dans la crainte que la
Cour n'accordât pas de circonstances atténuantes.

La réforme de 1832, quoique fort incomplète à tant de
points de vue, fit faire à nos lois pénales un pas de plus dans
la voie du progrès, en généralisant le principe des circonstances atténuantes pour tous les crimes et délits prévus par le
Code et en confiant au jury la mission d'en admettre l'existence
en matière criminelle (art. 463 et 483 revisés).

Indiquons seulement que la loi de revision du 13 mai 1863 a
modifié l'article 463 en matière criminelle, en mettant cet article d'accord avec l'article 5 de la constitution de 1848 qui a
aboli la peine de mort en matière politique, peine qui fut remplacée, dans l'article 1er de la loi du 8 juin 1850, par la déportation dans une enceinte fortifiée ; et en matière correctionnelle, en restreignant les pouvoirs accordés aux juges par la
législation de 1832.

Cette restriction a, du reste, été supprimée par le décret du
gouvernement de la Défense nationale du 27 novembre 1870 ;
nous ne faisons qu'indiquer ces derniers points, sur lesquels
nous aurons à revenir.

CHAPITRE I.

QUE FAUT-IL ENTENDRE PAR CIRCONSTANCES ATTÉNUANTES?
LEUR CARACTÈRE.

Que faut-il entendre par circonstances atténuantes? C'est une
question à laquelle il est impossible de répondre d'une manière
précise. On peut dire que c'est tout ce qui paraît motiver un

adoucissement de la peine. Au lieu d'être, comme les excuses, déterminées et limitées par la loi, les circonstances atténuantes sont partout où le juge du fait croit les apercevoir, dans les circonstances qui ont précédé l'infraction, dans les circonstances qui l'ont suivie, dans ce qui se lie à l'infraction et dans ce qui ne s'y lie pas, dans la qualité, dans la position, dans les antécédents de l'agent, dans son âge, son sexe, ses passions, ses intérêts, ses habitudes, dans son repentir, en un mot dans tout ce qui peut jeter sur lui de l'intérêt (1).

Le juge du fait a pouvoir illimité, souverain, pour apprécier si les circonstances atténuantes peuvent être accordées ; c'est même un législateur, car il peut les décréter lorsqu'elles n'existent pas, et par cela seul que la pénalité lui parait excessive.

Cette dernière proposition a été souvent contestée, et cependant son exactitude, en droit, nous parait démontrée jusqu'à l'évidence par les travaux préparatoires de la loi de 1832, dans lesquels il est dit que, pour éviter d'avoir à minutieusement reviser tous les détails du Code pénal, on a généralisé la faculté d'atténuation que l'article 463 avait ouverte pour les matières correctionnelles, et trouvé ainsi un moyen d'adoucir les rigueurs de la loi. Le nouvel article 463 a donc été destiné à corriger des dispositions qui n'ont pu être revisées, et à abaisser des peines trop rigoureuses.

Et dans le rapport présenté à la Chambre des députés, on lit ceci : « Le système des circonstances atténuantes sert à éluder de très graves difficultés qui se présentent dans la législation criminelle; il résoudra, dans la pratique, les plus fortes objections contre la peine de mort, contre la théorie de la récidive, de la complicité, de la tentative..... Qu'on y pense bien, toutes ces questions si ardues, si controversées, dans l'examen desquelles il serait si difficile de formuler les différences et de marquer les degrés, peuvent se résoudre, avec autant de facilité que de justesse, par le système des circonstances atténuantes, confié à la droiture du jury. »

Le législateur le déclare donc lui-même : c'est le système lui-même de la loi, dans ces questions de la peine de mort, de la récidive, de la tentative, de la complicité, qui sera jugé par le jury, et il pourra le corriger.

_____

(1) L'article 463, c'est la philosophie du Code pénal, a dit M. Nogent-Saint-Laurent.

Le droit, dont le juge est investi, d'écarter l'application des peines écrites dans la loi, peut être considéré comme un bien, puisque, de l'aveu même du législateur, notre législation pénale contient certains vices, que le législateur eût cependant mieux fait de corriger lui-même, et n'a pu prévoir, dans ses dispositions générales, la diversité des circonstances et les nuances si variées de la criminalité. Il serait incontestablement un mal, s'il ne devait être pour le jury qu'un moyen de reviser arbitrairement et à son gré notre système pénal, de déclasser les infractions, d'abroger ou de maintenir la peine de mort, d'assimiler ou de ne pas assimiler la tentative au crime consommé, le complice à l'auteur principal, et de substituer ainsi une solution capricieuse et variable, une solution d'entraînement souvent, à la solution légale.

Nous sommes bien obligé de reconnaître que les idées que nous venons d'émettre ne sont pas en parfaite harmonie avec la règle de l'article 342 du Code d'instruction criminelle, qui défend aux jurés de penser aux dispositions des lois pénales, et de considérer les suites que pourra avoir leur déclaration. Aussi M. Le Sellyer soutient-il que, par circonstances atténuantes, on ne doit entendre que les circonstances atténuantes de la culpabilité, et non les circonstances atténuantes de la peine. Cela est vrai en principe ; mais on a toujours reconnu la nécessité de tolérer en fait, sinon de justifier en droit l'abus que le jury peut faire à cet égard du pouvoir souverain qui lui est déféré. « Les jurés, dit Carnot (*Obs. sur le Code d'inst. crim.*, p. 136), sans doute, ne devraient pas prendre en considération les suites que pourrait avoir leur déclaration de culpabilité ; mais ce serait s'abuser que de supposer que les jurés ne s'occupent pas de ce résultat, et que, lorsqu'il leur est démontré qu'en déclarant l'accusé coupable, il deviendra passible d'une peine trop disproportionnée avec la gravité de son délit, ils ne cherchent pas à en diminuer la rigueur dans le moyen légal que leur offrent les dispositions de l'article 341. »

Nous avons dit que les circonstances atténuantes étaient illimitées, indéterminées par la loi ; il suit de là plusieurs conséquences.

On peut remarquer, d'abord, que les juges se trouvent avoir, pour atténuer les peines, un pouvoir plus grand qu'ils n'en ont pour les aggraver, puisqu'ils sont absolument libres de trouver là où ils veulent les circonstances atténuantes qui leur permettent de dépasser le minimum de la peine édictée par la loi, tandis que l'existence de circonstances aggravantes non prévues par la loi n'autorise pas les tribunaux à dépasser le maximum de la peine.

En second lieu, les circonstances atténuantes n'ont pas besoin d'être précisées par le juge de la culpabilité. Les magistrats ou les jurés n'ont pas à déclarer dans quels faits, dans quel ensemble de considération ils voient des circonstances atténuantes ; ils se bornent à dire qu'il en existe. C'est ainsi qu'il est dit simplement dans le verdict du jury : « à la majorité, il existe des circonstances atténuantes », et, dans les arrêts ou jugements : « attendu qu'il existe des circonstances atténuantes, » sans préciser davantage.

Certains esprits qui s'alarment de la multiplicité des déclarations de circonstances atténuantes ont souvent proposé d'obliger la défense dans ses conclusions, ou les juges dans leur déclaration , à préciser les circonstances invoquées ou reconnues comme atténuantes ; mais cette réforme, qui aurait l'inconvénient pratique de ne pas permettre aux juges de puiser dans une appréciation d'ensemble les motifs de leur atténuation, serait contraire à l'essence des circonstances atténuantes, qui sont, de leur nature, indéfinissables et illimitées.

Signalons enfin un caractère très important des circonstances atténuantes : c'est que leur effet est de modifier la peine encourue , sans modifier la nature de l'infraction. C'est, en effet , par suite d'une appréciation judiciaire , et non d'une application légale, que tel crime ou tel délit n'est puni que d'une peine correctionnelle ou de simple police. L'admission des circonstances atténuantes n'efface pas la qualification légale de l'infraction, ne la fait pas passer d'une classe dans une autre, car l'article 1er du Code pénal classe les infractions d'après la peine prononcée par la loi, et non d'après celle que le juge peut appliquer.

CHAPITRE II.

EFFET DES CIRCONSTANCES ATTÉNUANTES.

Nous avons dit que les circonstances atténuantes n'avaient aucun effet en ce qui concerne la qualification légale d'un

crime ou d'un délit ; par suite, les magistrats chargés de
la poursuite n'ont pas à s'occuper de rechercher si elles existent ou non en faveur des délinquants qui sont à poursuivre,
puisqu'elles ne sauraient avoir la moindre influence sur la compétence des diverses juridictions.

L'effet des circonstances atténuantes porte seulement sur la
quotité des peines à appliquer par les cours ou les tribunaux,
et cet effet est considérable, puisque leur admission peut, suivant les cas, faire descendre les peines inscrites dans la loi du
maximum au minimum, les faire abaisser d'un degré et même
de deux degrés, et substituer une peine à une autre, même
l'amende à l'emprisonnement.

L'effet général des circonstances atténuantes est donc une
diminution de peine. Les règles en sont inscrites dans les articles 463 et 483 § 2 du Code pénal. Pour bien comprendre le méca-
nisme de ces articles, il faut distinguer, en ce qui concerne
l'effet d'une déclaration de circonstances atténuantes, entre les
peines afflictives et infamantes, les peines correctionnelles et
les peines de simple police ; de là la division naturelle de ce
chapitre en trois sections.

SECTION I.

RÉDUCTION DES PEINES EN MATIÈRE CRIMINELLE.

Une lecture attentive de l'article 463 fait voir de suite que la
loi, pour l'application des circonstances atténuantes en matière
criminelle, a tenu compte de la distinction des peines en peines
de droit commun et en peines de l'ordre politique ; avec raison,
le législateur n'a pas voulu que l'on passât, par suite de l'admission des circonstances atténuantes, d'une peine ordinaire à
une peine politique, et réciproquement.

Il faut donc, pour l'application de la peine, non pas se reporter à l'échelle des peines telle qu'elle est écrite dans les
articles 7 et 8 du Code pénal, mais diviser les peines en deux
échelles comprenant, l'une les peines de droit commun, l'autre
les peines politiques, dans l'ordre suivant, en commençant par
les plus sévères :

1° Peine de droit commun : mort, travaux forcés à perpétuité, travaux forcés à temps et réclusion ;

2° Peines politiques : déportation dans une enceinte fortifiée, déportation simple, détention, bannissement et dégradation civique.

Il faut ajouter, toutefois, que les peines de l'article 401 du Code pénal, c'est-à-dire l'emprisonnement de un an à cinq ans, avec faculté d'y ajouter l'amende de 15 à 500 francs, l'interdiction de certains droits civiques, civils et de famille, et la surveillance de la haute police de cinq à dix ans, forment un échelon commun aux deux catégories de peines qui peuvent être prononcées en matière criminelle, grâce à l'admission des circonstances atténuantes.

Quels seront maintenant les effets de la déclaration du jury accordant des circonstances atténuantes ? On peut dire qu'elle aura un effet obligatoire et un effet facultatif pour la Cour. La Cour sera obligée d'abaisser la peine d'un degré ; elle aura même la faculté de l'abaisser de deux degrés. Si donc les jurés ont seuls le droit de déclarer qu'il existe des circonstances atténuantes, c'est à la Cour seules qu'il appartient d'apprécier leur degré ; elle est donc seule juge de la culpabilité dans la mesure de l'application de la peine.

Ce principe général de l'abaissement de la peine de un ou deux degrés, suivant que la Cour le trouve à propos, étant posé, voyons quels sont, suivant la rédaction de 1863, actuellement en vigueur, les termes de l'article 463, en ce qui concerne les matières criminelles.

Nous aurons à noter, à mesure qu'elles se présenteront, certaines dérogations à la règle générale que nous avons posée, et nous indiquerons en quoi la rédaction de 1863 diffère de celle de 1832.

« *Les peines prononcées par la loi contre celui ou ceux des accusés reconnus coupables, en faveur de qui le jury aura déclaré les circonstances atténuantes, seront modifiées ainsi qu'il suit :*

» *Si la peine prononcée par la loi est la peine de mort, la Cour appliquera la peine des travaux forcés à perpétuité ou des travaux forcés à temps.*

» *Si la peine est celle des travaux forcés à perpétuité, la Cour appliquera la peine des travaux forcés à temps ou celle de la réclusion.*

» *Si la peine est celle de la déportation dans une enceinte fortifiée, la Cour appliquera celle de la déportation simple ou celle de la détention.* »

Jusqu'ici la règle générale s'applique, il y a abaissement

obligatoire de un degré, et abaissement facultatif de deux degrés.

« Mais, dans les cas prévus par les articles 96 et 97, la peine de la déportation simple sera seule appliquée. »

L'abaissement de peine ne peut donc être que d'un degré quand il s'agit des crimes politiques prévus et punis par les articles 96 et 97 du Code pénal.

L'origine de cette disposition se trouve dans la loi du 8 juin 1850, qui, après avoir, dans son article 1er, remplacé la peine de mort, abolie en matière politique dans l'article 5 de la Constitution du 4 novembre 1848, par la peine de la déportation dans une enceinte fortifiée, ajoute dans son article 2 : « En cas de déclaration de circonstances atténuantes, si la peine prononcée par la loi est celle de la déportation dans une enceinte fortifiée, les juges appliqueront celle de la déportation simple ou celle de la détention ; mais, dans les cas prévus par les articles 86, 96 et 97 du Code pénal, la peine de la déportation simple sera seule appliquée. » La loi du 13 mai 1803 a fait passer la disposition de la loi de 1850 dans l'article 463 (1), en supprimant la mention de l'article 86, parce que la loi du 10 juin 1853 avait rétabli la peine de mort pour le crime prévu et puni par cet article. Il résulte aujourd'hui de l'article 463, § 4, que, du moment où les juges, estimant que le crime dont ils sont saisis est politique, lui appliquent la peine de la déportation dans une enceinte fortifiée au lieu de la peine de mort, l'atténuation pour cause de circonstances atténuantes s'opère, d'après le droit commun, en descendant forcément d'un degré et facultativement de deux sur l'échelle des peines politiques. Mais, par exception, si le crime politique rentre dans les prévisions des articles 96 et 97, et devient ainsi punissable de la déportation dans une enceinte fortifiée, les juges, au lieu de pouvoir abaisser la peine de deux degrés et descendre jusqu'à la détention, ne peuvent plus l'abaisser que d'un degré et doivent prononcer la déportation simple (Cass., 14 août 1873).

(1) D'après la rédaction de l'article 2, en 1832, la peine de mort édictée pour un crime politique était remplacée ainsi qu'il suit, lorsque des circonstances atténuantes étaient admises par le jury : « S'il s'agit, disait l'article 463, de crimes contre la sûreté extérieure ou intérieure de l'Etat, la Cour appliquera la peine de la déportation ou celle de la détention ; mais, dans les cas prévus par les articles 86, 96 et 97, elle appliquera la peine des travaux forcés à perpétuité ou celle des travaux forcés à temps. »

« *Si la peine est celle de la déportation, la Cour appliquera la peine de la détention ou celle du bannissement.*

» *Si la peine est celle des travaux forcés à temps, la Cour appliquera la peine de la réclusion ou les dispositions de l'article 401, sans toutefois pouvoir réduire la durée de l'emprisonnement au-dessous de deux ans.* »

Il y a bien, dans ces deux paragraphes, abaissement de un ou deux degrés, suivant la règle générale ; mais il faut remarquer que la durée de l'emprisonnement, remplaçant la peine des travaux forcés à temps, ne pourra être de moins de deux ans, au lieu de un an, minimum édicté par l'article 401, et à plus forte raison au lieu de 6 jours, minimum édicté par l'article 40 pour l'emprisonnement correctionnel, ce qui se comprend facilement, étant donnée la gravité de la peine prononcée par la loi.

» *Si la peine est celle de la réclusion, de la détention, du bannissement ou de la dégradation civique, la Cour appliquera les dispositions de l'article 401 du Code pénal, sans toutefois pouvoir réduire la durée d'emprisonnement au-dessous d'un an.* »

Il faut remarquer ici que, lorsque la peine édictée par la loi est la réclusion, la Cour ne pourra abaisser la peine que d'un degré.

De plus, la loi a considéré ici que les peines du bannissement et de la dégradation civique n'étaient pas assez coercitives, et que, lorsque l'atténuation ferait tomber sur l'une de ces deux peines, le juge ne devrait pas s'y arrêter, mais devrait descendre jusqu'aux peines de l'article 401 du Code pénal.

Il faudrait ajouter une dernière dérogation à notre règle générale, en disant qu'en cas de récidive on comptera pour un degré l'abaissement de la peine de son maximum au minimum, et que, par suite, dans ce cas, la peine appliquée sera inférieure d'un degré seulement à la peine encourue ; mais nous avons dit que nous réservions, pour le traiter ailleurs, ce qui est relatif au concours de la récidive et des circonstances atténuantes.

L'étude que nous venons de faire montre bien que la faculté d'atténuation en matière criminelle, par suite de l'admission des circonstances atténuantes ne fait pas revivre le système des peines arbitraires, puisque le juge ne peut dépasser certaines limites tracées par la loi elle-même.

13

SECTION II.

RÉDUCTION DES PEINES EN MATIÈRE CORRECTIONNELLE.

§ I.

DISPOSITIONS DE LA LOI DE 1832, REMISES EN VIGUEUR
PAR LE DÉCRET DU 27 NOVEMBRE 1870.

Le décret du 27 novembre 1870 ayant rétabli l'ancienne rédaction de l'article 463 en ce qui concerne l'atténuation des
peines correctionnelles, cet article décide actuellement, comme
en 1832, et dans les mêmes termes, que, « dans les cas où la peine
de l'emprisonnement et celle de l'amende sont prononcées par
le Code pénal, si les circonstances paraissent atténuantes, les
tribunaux correctionnels sont autorisés, même en cas de
récidive, à réduire l'emprisonnement même au-dessous de
6 jours, et l'amende même au-dessous de 16 francs; ils pourront aussi prononcer séparément l'une ou l'autre de ces peines,
et même substituer l'amende à l'emprisonnement, sans qu'en
aucun cas elle puisse être au-dessous des peines de simple
police. »

La règle suivie en matière criminelle ne pouvait pas s'appliquer en matière correctionnelle, puisque les peines de l'emprisonnement et de l'amende qui seules peuvent être appliquées
ne forment pas une échelle à plusieurs degrés. Pour bien comprendre le dernier paragraphe de l'article 463, nous devons
supposer trois hypothèses, suivant que la loi applique à un délit
soit l'emprisonnement seul, soit l'amende seule, soit les deux
à la fois.

I. — Si la loi punit le délit commis de l'emprisonnement,
les juges peuvent, par une déclaration de circonstances atténuantes, réduire cet emprisonnement jusqu'à un jour, minimum
de l'emprisonnement de simple police, et même lui substituer
une simple amende.

Mais, dans le cas où une amende sera ainsi, par suite de la déclaration de circonstances atténuantes, substituée à la peine de
l'emprisonnement, seule prononcée par la loi, quelle sera la
quotité de cette demande ? Dans la discussion de l'article 463
en 1832, cette question avait déjà été posée, et il y avait été
répondu que l'amende applicable serait « celle fixée par la loi

selon les circonstances ». Cette réponse absolument vague, jointe à l'absence de toute indication dans le texte de l'article 463, devait laisser le champ ouvert aux controverses, et, en effet, différentes solutions de la question furent proposées. MM. Chauveau et Faustin-Hélie (tome VI, page 279) ont soutenu que l'amende, au cas indiqué, devait nécessairement être renfermée dans les limites des peines de simple police. Cette opinion est aujourd'hui délaissée, et avec raison. En effet, la matière est correctionnelle par sa nature, puisque le fait punissable constitue un délit, et qu'il s'agit de remplacer une peine d'emprisonnement dont le minimum est supérieur à 6 jours. Comment admettre, dès lors, en l'absence d'une disposition impérative de la loi, que le juge soit obligé de sortir de la sphère où il se trouve, pour s'en tenir exclusivement à l'amende de simple police ?

Mais si nous posons en principe qu'une amende correctionnelle pourra être appliquée, nous ne pouvons pas cependant admettre qu'elle puisse être élevée d'une manière indéterminée ; ce serait rentrer dans le système des peines discrétionnaires, rigoureusement bannies par le droit nouveau. Nous ne pouvons pas admettre non plus, comme l'avait fait un arrêt de la Cour de Douai du 22 mars 1852, qui est, du reste, revenu sur sa doctrine le 19 mai 1858, que l'amende variera du maximum au minimum de l'amende correctionnelle, puisque nulle part la loi n'a fixé le maximum de cette amende ; ou, comme l'avait fait un arrêt de la Cour de Riom du 1er décembre 1879, qui a, du reste, été cassé par la Cour de cassation, admettre que le juge sera autorisé à élever la peine jusqu'à un maximum emprunté aux délits de nature similaire pour lesquels une amende a été édictée en même temps que l'emprisonnement. Cette manière de procéder par voie d'analogie est contraire au principe primordial du droit criminel, qui veut que tout soit de droit strict en matière pénale ; et, de plus, ce qui achève de faire juger la valeur de ce système, c'est qu'il ne pourrait s'appliquer à tous les cas, puisqu'il est certains délits, par exemple ceux de vagabondage et de mendicité, qui ne sont punis que de l'emprisonnement et qui n'ont pas dans le Code pénal de similaire pouvant fournir l'indication d'un maximum quant à une peine d'amende.

Il faut, pour arriver à une solution vraiment juridique, ne pas perdre de vue que le Code pénal a bien fixé le minimum de l'amende correctionnelle à 16 fr., mais n'en a fixé le minimum dans aucune disposition générale, et que l'article 463 ne l'a pas fait davantage, pour le cas spécial des circonstances atténuantes ; et, d'autre part, que, d'après l'esprit de l'article 4 du Code pénal, le juge ne peut appliquer une peine que dans la mesure et la quotité fixées par la loi. De cette situation il résulte nécessairement que la seule amende correctionnelle qui, dans le cas discuté, puisse être appuyée sur une base légale, est celle de 16 fr., toute surélévation tombant dans un arbitraire inconciliable avec les principes du droit criminel. Aussi est-ce la solution qui a été adoptée par la Cour de cassation dans son arrêt du 10 janvier 1846 et dans celui du 3 janvier 1880, par lequel elle casse l'arrêt de Riom cité plus haut. Cette solution est aussi adoptée par MM. Trébutien, Blanche, Dutruc, Dalloz, Garraud, etc.

Les juges pourront donc, dans le cas qui nous occupe, prononcer une amende correctionnelle, mais elle devra être forcément de 16 francs ; mais n'auront-ils pas également la faculté d'abaisser cette amende et de ne'prononcer qu'une amende de simple police ?

Cette question a été émise par M. Bertauld dans son *Cours de droit pénal*, et nous croyons devoir nous ranger à son opinion.

Nous tirerons argument des termes de l'article 463, dernier alinéa, qui, après avoir autorisé à réduire la peine même au-dessous de 16 francs, permet la substitution de l'amende à l'emprisonnement. N'est-il pas logique d'en conclure que cette amende ainsi substituée sera celle dont on vient de parler, et qui peut être inférieure à 16 francs ? Du reste, l'arrêt de la Cour de cassation du 3 janvier 1880 ne vient pas contredire cette opinion, il se contente de poser cette règle que l'amende ne pourra être supérieure à 16 francs, règle qui n'avait pas été observée par la Cour de Riom, puisqu'elle avait prononcé une amende de 500 francs. Mais il ne faut pas étendre la portée de cette décision au delà de son objet exclusif.

Notre opinion est donc que, dans le cas que nous venons d'étudier, les juges pourront prononcer soit l'amende correctionnelle de 16 francs, soit l'amende de simple police de 15 francs à 1 franc.

II. — Si la loi punit le délit commis d'une'simple amende, le juge peut l'abaisser, par une déclaration de circonstances atténuantes, jusqu'au minimum des amendes de simple police, c'est-à-dire jusqu'à 1 franc.

III. — Si la loi punit le délit commis, à la fois d'un emprisonnement et d'une amende, le juge peut, par une déclaration de circonstances atténuantes, abaisser ces peines jusqu'au minimum des peines de simple police ; il peut même ne prononcer que l'une d'elles, et abaisser encore cette peine unique jusqu'à un jour d'emprisonnement ou 1 franc d'amende.

Il faut remarquer que si les juges, usant ici de leur droit de substituer l'amende à l'emprisonnement, ne prononcent qu'une amende, ils ne peuvent l'élever au-dessus du maximum de celle dont la loi punit le délit (Cass., 4 novembre 1854 et 14 avril 1855). Mais les juges peuvent, malgré l'admission des circonstances atténuantes, n'abaisser que l'une des deux peines et maintenir le maximum de l'autre (Cass., 4 août 1865).

Remarquons enfin, et cette remarque est générale, que le droit accordé aux juges de substituer l'amende à l'emprisonnement ne comporte pas le droit inverse de substituer une peine d'emprisonnement à une amende, fût-elle élevée (Cass., 14 février 1856).

Le système d'atténuation, en matière correctionnelle, diffère de celui adopté par la loi en matière criminelle, à ce point de vue que, même en constatant l'existence de circonstances atténuantes, les juges ne sont pas tenus d'abaisser la peine au-dessous de son maximum légal ; l'article 463 les *autorise* simplement à réduire l'emprisonnement et l'amende, sans leur en imposer l'obligation. Cette solution, qui peut paraître critiquable au point de vue rationnel, car on ne voit pas pourquoi on énoncerait, dans un jugement ou un arrêt, qu'il existe en faveur de l'inculpé des circonstances atténuantes, sans cependant réduire la peine prononcée par la loi, est cependant inattaquable en droit (Cass., 15 janvier 1852).

§ II.

DISPOSITIONS DE LA LOI DE 1863 EN MATIÈRE CORRECTIONNELLE.

Les juges, nous venons de le voir, peuvent, en matière correctionnelle, atténuer presque indéfiniment la peine, puisque le délit le plus grave ne devient punissable, s'ils le veulent, par suite de la déclaration de circonstances atténuantes, que de la peine la moins grave de simple police, c'est-à-dire 1 franc d'amende.

Le but de la loi de 1863 était de restreindre dans des limites plus étroites ces pouvoirs si étendus du juge, en remplaçant le dernier alinéa de l'article 463 par les trois paragraphes suivants :

« *Dans tous les cas où la peine de l'emprisonnement et celle de l'amende sont prononcées par le Code pénal, si les circonstances paraissent atténuantes, les tribunaux correctionnels sont autorisés, même en cas de récidive, à réduire ces deux peines comme suit :*

» *Si la peine prononcée par la loi, soit à raison de la nature du délit, soit à raison de l'état de récidive du prévenu, est un emprisonnement dont le minimum ne soit pas inférieur à un an, ou une amende dont le minimum ne soit pas inférieur à 500 francs, les tribunaux pourront réduire l'emprisonnement jusqu'à six jours et l'amende jusqu'à 16 francs.*

» *Dans tous les autres cas, ils pourront réduire l'emprisonnement même au-dessous de six jours, et l'amende même au-dessous de 16 francs. Ils pourront aussi prononcer séparément l'une ou l'autre de ces peines, et même substituer l'amende à l'emprisonnement, sans qu'en aucun cas elle puisse être au-dessous des peines de simple police.* »

La restriction apportée au pouvoir des juges était donc celle-ci : lorsque le minimum de l'emprisonnement était d'un an, et le minimum de l'amende de 500 francs, ils ne pouvaient, par suite de l'admission des circonstances atténuantes, descendre au-dessous du minimum des peines correctionnelles, et ils ne pouvaient non plus substituer l'amende à l'emprisonnement. Dans les autres cas, ils conservaient leur pouvoir d'atténuation dans toute son étendue.

Cette restriction, quoique déjà considérable, ne l'était pas autant que le gouvernement l'avait désiré, car, dans son projet de réforme, il dépouillait les tribunaux bien plus complètement de leur omnipotence.

Il désirait voir adopter les dispositions suivantes : pour les délits contre lesquels la loi prononce un emprisonnement dont le minimum est de deux ans, ou une amende dont le minimum . est de 500 fr., l'emprisonnement n'aurait pu être de moins de 6 mois, et l'amende de moins de 100 fr.; pour les délits contre lesquels la loi prononce un emprisonnement dont le minimum est d'un an, ou une amende dont le minimum est de 100 fr., l'emprisonnement n'aurait pu être de moins de 3 mois, et l'amende de moins de 25 francs.

Mais la Commission du Corps législatif, et le Corps législatif, tout en s'associant aux idées du gouvernement quant au principe de la restriction du pouvoir des juges, ne voulurent pas aller aussi loin dans l'application de ce principe, et la loi fut votée telle que nous l'avons rapportée plus haut.

Les idées qui avaient inspiré le gouvernement étaient les suivantes ; elles sont énoncées dans l'exposé des motifs. On y lit en effet ceci :

« En matière correctionnelle, où il n'y a véritablement qu'une peine, l'emprisonnement, on ne pouvait marquer la différence des délits par celle des peines : mais on les a différenciés par la distribution inégale de cette peine unique ; l'inégalité tient lieu de la pluralité et de la diversité. Des différences notables de minimum et de maximum entre deux peines, de maximum surtout, expriment une grande inégalité de valeur morale entre les délits auxquels ces peines s'appliquent. Convient-il que la loi, par une sorte d'abdication volontaire et de renoncement d'elle-même, remette au juge un pouvoir égal d'atténuation illimitée sur l'une ou sur l'autre, sur la peine de deux à cinq ans, et celle de six jours à trois mois d'emprisonnement ? L'expérience a répondu. » Ce que voulait le gouvernement, c'était rendre la répression plus sévère, en limitant les pouvoirs des juges, qu'il trouvait trop indulgents, et auxquels il reprochait de trop tenir compte des circonstances de chaque affaire, et de ne pas assez s'inquiéter de l'intérêt social, qui, suivant lui, demandait l'application de peines plus exemplaires que celles qui étaient le plus souvent prononcées.

Le gouvernement se montrait donc partisan de l'idée qui fonde le droit de punir sur l'utilité publique ; il voulait des peines exemplaires, et il vit son projet soutenu par MM. de Parrieu, Cordoën, Lacase ; mais il trouva aussi des adversaires redoutables dans MM. Jules Favre, Émile Ollivier, Ernest Picard, Darimon, Hénon, Nogent-Saint-Laurent et Ségris, qui soutinrent, au contraire, le système qui fonde, avec raison, le droit de punir sur la justice absolue limitée par l'utilité sociale, qui veut que la justice sonde les cœurs et qu'elle apprécie plutôt l'agent que l'acte ; et montrèrent combien étaient peu fondées les critiques dirigées à l'adresse des magistrats, qu'il ne fallait pas rendre les instruments légaux d'une injustice en les obligeant à prononcer des peines qu'ils trouveraient, dans certains cas, trop sévères.

Ces dernières idées ne furent pas partagées par la majorité du Corps législatif, mais elles devaient finir par triompher.

Le gouvernement de la Défense nationale s'en inspira lorsque, par un décret du 27 novembre 1870, « considérant que la loi du

13 mai 1863, dans le but d'aggraver au lieu d'adoucir, suivant le progrès de nos mœurs, notre système pénal, avait restreint la liberté accordée au juge correctionnel, par l'article 463 du Code pénal, de modérer les peines, dans le cas d'admission de circonstances atténuantes, » il remettait en vigueur, et avec raison suivant nous, le dernier alinéa de l'article 463 de 1832.

Ce retour à l'ancienne législation a été approuvé dans le rapport déposé, le 24 février 1872, à l'Assemblée nationale, au nom de la Commission de revision des décrets du gouvernement du 4 Septembre.

SECTION III.

RÉDUCTION DES PEINES EN MATIÈRE DE SIMPLE POLICE.

La loi du 28 avril 1832 ayant ajouté à l'article 483 du Code pénal la disposition suivante : « L'article 463 du présent Code sera applicable à toutes les contraventions ci-dessus indiquées, » il en résulte que les magistrats pourront, pour toutes les contraventions prévues par le Code pénal, même en cas de récidive, abaisser les peines de simple police jusqu'à leur minimum, c'est-à-dire 1 franc d'amende (Cass., 31 mars 1855).

CHAPITRE III.

A QUELLES PEINES S'APPLIQUE LA FACULTÉ D'ATTÉNUATION DE L'ARTICLE 463?

I. — PEINES PRINCIPALES.

La faculté d'atténuation de l'article 463 s'applique à toutes les *peines principales*: en matière criminelle, aux peines afflictives et infamantes, ou infamantes seulement ; à l'emprisonnement, qui est à la fois une peine correctionnelle et une peine de simple police, et à l'amende, qui est une peine commune aux trois classes d'infractions. Sur ce premier point, il n'y a pas de difficulté ; mais, l'article 463 ne s'occupant de l'effet des circonstances atténuantes qu'en ce qui concerne les peines principales, on s'est demandé si la faculté d'atténuation s'appliquait aux peines *additionnées, accessoires* ou *complémentaires.*

II. — PEINES ADDITIONNÉES.

Le doute n'a pu se produire, en ce qui concerne ces peines, qu'en matière criminelle, dans les cas où la loi a ajouté, à titre de châtiment de certains crimes, une peine d'amende à la peine afflictive ou infamante. Quel sera, sur cette peine d'amende, l'effet des circonstances atténuantes? La Cour pourra-t-elle soit la supprimer, soit la réduire au-dessous de son minimum légal?

Il est de principe que l'abaissement de la peine résultant de l'admission des circonstances atténuantes n'autorise point le juge à supprimer l'amende jointe à la peine, notamment l'amende qui, aux termes de l'article 164, doit être ajoutée à toute peine encourue pour les crimes de faux prévus par les articles 132 à 162 du Code pénal.

Un arrêt de Cassation du 23 septembre 1880, le dernier en cette matière, décide formellement que l'amende prescrite par l'article 164 du Code pénal doit être appliquée, même en cas d'admission de circonstances atténuantes, contre quiconque est déclaré coupable de faux, et que l'arrêt qui a omis de prononcer cette amende, sous pretexte de circonstances atténuantes, doit être cassé, dans l'intérêt de la loi.

Un arrêt du 25 septembre 1873 avait également jugé que la Cour d'assises doit, à peine de nullité, prononcer l'amende prescrite par l'article 164 du Code pénal, même en cas d'admission de circonstances atténuantes, contre l'accusé reconnu coupable des crimes prévus par les articles 147 et suivants du Code pénal ; il a, en outre, jugé que cet article 164 est applicable, à peine de nullité, au crime de fausse monnaie, comme au faux proprement dit, de même qu'à celui qui a fait sciemment usage de l'acte faux, aussi bien qu'à son auteur (Cass., 31 août 1837, 18 juillet 1844, 11 janvier, 8 novembre 1849, 25 septembre 1851).

Ces arrêts n'ont fait que confirmer de nombreux arrêts antérieurs, qui ont décidé que cette peine accessoire de l'amende édictée par l'article 164 est *impérative* et non *facultative* pour le juge (1) ; que peu importe que le faussaire ne soit puni, à raison de circonstances atténuantes, que de peines correctionnelles, attendu que la disposition de l'article 164 est générale et absolue ; que, dans tous les cas, ceux qui sont condamnés comme coupables de faux sont passibles d'une amende, et que l'abaissement de la peine jusqu'à un simple emprisonnement, en vertu de l'article 463 du Code pénal, n'enlève pas au fait déclaré constant le caractère de faux ; qu'ainsi l'amende doit toujours être prononcée (2).

Il n'y a d'exception que dans le cas où la condamnation a été prononcée non seulement pour le crime de faux, mais aussi pour un autre crime en même temps poursuivi, et dont la peine a été seule appliquée comme la plus forte (3).

Il résulte clairement des termes de l'article 164 : « il sera prononcé contre les coupables une amende dont le minimum sera de 100 francs, » non seulement que l'amende doit être nécessairement prononcée, mais encore qu'elle ne peut être réduite au-dessous de 100 fr., même en cas de déclaration de circonstances atténuantes. La jurisprudence est constante à cet égard (4).

Dans les cas des articles 172, 174, 177, 181, 437 et 440 du Code pénal, des amendes du même caractère que celle de l'article 164 sont prononcées ; il faut dire, en ce qui les concerne, que, de même que lorsqu'il s'agit de celle de l'article 164, elles ne sauraient, par suite de l'admission des circonstances atténuantes, être supprimées par la Cour, ni réduites au-dessous du minimum fixé par la loi.

Les magistrats ne peuvent, en effet, supprimer ou réduire les peines que lorsque la loi le leur permet ; en dehors d'un texte, le juge est sans pouvoir. Or, l'article 463 ne contient aucune disposition relative à l'atténuation de l'amende prononcée *en matière criminelle.*

Si nous nous trouvions en matière correctionnelle ou de

(1) Cass., 6 juillet 1843 ; 19 avril 1849 ; 1er septembre, 13 avril, 7 décembre 1854 ; 18 juin 1866.
(2) Cass., 14 juin 1855 ; 14 octobre 1856 ; 27 décembre 1860 ; 29 août 1861 ; 18 décembre 1862.
(3) Cass., 7 juillet 1854, 18 mai 1855 ; 6 mars et 5 juin 1856.
(4) Dalloz, *Jurisp. gén.*, vo FAUX, nos 428 et 429.

simple police, il n'y aurait plus de doute possible, puisque l'article 463 fait rentrer la peine additionnelle de l'amende dans son cadre d'atténuation.

III. — PEINES ACCESSOIRES.

En ce qui concerne les peines accessoires, les peines qui ne sont pas écrites dans la condamnation, et qui résultent soit de l'exécution, soit de l'irrévocabilité d'une peine principale, le juge n'acquiert aucun pouvoir pour les supprimer ou les réduire par une déclaration de circonstances atténuantes : en effet, les peines accessoires marchent toujours avec les peines principales, auxquelles elles sont forcément attachées ; selon que le juge, par suite de l'abaissement pour cause de circonstances atténuantes, applique telle peine principale ou telle autre, les conséquences de cette peine se produisent sans qu'il soit en son pouvoir d'en libérer le condamné. Ainsi, par exemple, la réclusion aura toujours pour conséquence l'interdiction légale, la dégradation civique, l'affiche par extrait de l'arrêt de condamnation, etc.

En ce qui concerne la surveillance de la haute police, qui est une peine accessoire en matière criminelle, elle pourra être réduite par la Cour au-dessous de son minimum légal, et même la Cour pourra en dispenser le condamné; mais les magistrats feront cette réduction ou accorderont cette dispense en vertu des pouvoirs que leur donnent les articles 46 et suivants du Code pénal, révisés par la loi du 23 janvier 1874, et en dehors de ce fait que des circonstances atténuantes auraient été ou non accordées, car ils pourront dans certains cas la prononcer, même lorsque le jury aura déclaré qu'il existait des circonstances atténuantes, et toujours en dispenser le condamné, même si le jury a refusé les circonstances atténuantes.

IV. — PEINES COMPLÉMENTAIRES.

Nous trouvons parmi les peines de cette catégorie l'interdiction, en tout ou en partie, des droits civiques, civils et de famille, de l'article 42 du Code pénal, et la surveillance de la haute police en matière correctionnelle.

Il semblerait que ces peines, qui sont attachées à certains faits, à raison de leur caractère spécial, et que la loi a appropriées à un certain genre de répression, ne devraient pas être écartées, parce que, par exemple, à la peine principale, qui était une peine correctionnelle, on aurait substitué une peine de simple police. Cependant la jurisprudence a consacré ce principe que les tribunaux pouvaient en dispenser l'accusé, ou en diminuer la durée ; elle a considéré que, malgré le silence de l'article 463 en ce qui concerne ces peines, du moment où l'atténuation était telle qu'on pouvait ne punir le fait que d'une peine de simple police, il y aurait une sorte d'inconséquence à maintenir des peines incompatibles avec les peines de simple police. Les auteurs sont d'un avis conforme à celui de la jurisprudence. Il n'y a plus, du reste, de discussion possible, en ce qui concerne la surveillance, depuis la loi du 23 janvier 1874.

L'article 463 est-il applicable à la confiscation à titre spécial ? Nous ne le croyons pas, et nous pensons qu'elle devra toujours être prononcée.

Elle est, en effet, non seulement une peine, mais surtout une mesure d'ordre destinée à retirer du commerce le corps le produit ou l'instrument de l'infraction, dont la circulation serait nuisible ou dangereuse. Ce motif suffit lorsque l'infraction consiste dans la détention même de la chose à confisquer; mais le produit et l'instrument ne sont pas toujours à mettre hors du commerce, par exemple le fusil confisqué au chasseur condamné pour délit de chasse ; aussi nous devons ajouter cet autre motif: c'est que la confiscation est une peine commune aux trois classes d'infractions, et que, sous ce rapport, elle est parfaitement compatible avec toutes les peines principales qui pourront être prononcées (Cass., 26 septembre 1833 et 14 octobre 1838).

CHAPITRE IV.

EN QUELLES MATIÈRES L'ARTICLE 463 PEUT-IL ÊTRE APPLIQUÉ?

Les articles 463 et 483 s'appliquent à toutes les infractions prévues et punies par le Code pénal. Mais que faut-il décider quant aux infractions prévues et punies par des lois spéciales ? Pour répondre à cette question, il faut distinguer les crimes des délits et des contraventions.

En ce qui concerne les crimes punis par des lois spéciales, l'article 463 s'appliquera toujours : l'absence de toute restriction dans l'article 463 et la généralité des termes de l'article 341 du Code d'instruction criminelle rendent cette solution indiscutable.

Mais en ce qui concerne les délits et les contraventions punis par des lois spéciales, il faut décider que les dispositions des articles 463 et 483 ne leur seront applicables que lorsqu'une disposition expresse de ces lois l'aura décidé. Cette solution est absolument certaine, car, dans la discussion de la loi de 1832, on a proposé et discuté un amendement qui avait précisément pour but de faire décider la solution contraire à celle que nous venons d'indiquer, mais il fut rejeté.

Il est, du reste, à remarquer, que presque toutes les lois promulguées depuis 1832 déclarent expressément que l'article 463 ou 483 du Code pénal sera applicable aux infractions qu'elles prévoient et répriment. Nous ne pouvons évidemment étudier, ni même indiquer toutes ces lois ; citons simplement, à titre d'exemples, comme permettant l'admission des circonstances atténuantes, les lois suivantes, dont les tribunaux ont le plus souvent à faire l'application : lois du 21 juillet 1856, sur les appareils à vapeur ; du 8 juillet 1854, sur les brevets d'invention ; du 15 juillet 1845, sur la police des chemins de fer ; du 27 mars 1851, sur les fraudes dans la vente des marchandises ; du 23 janvier 1873, sur l'ivresse ; du 2 juillet 1850, sur les mauvais traitements envers les animaux domestiques ; du 30 mai 1851, sur la police du roulage, etc. ; et parmi les lois récentes, celles : du 30 juin 1881, sur la liberté de réunion ; du 21 juillet 1882, sur la police sanitaire des animaux ; du 28 mars 1882, sur l'instruction primaire et obligatoire.

Les lois sur la presse ont tantôt permis, tantôt refusé aux tribunaux le droit d'appliquer les dispositions de l'article 463 aux délits ou aux contraventions qu'elles punissaient ; mais, toutes ces lois ayant été abrogées, nous n'en parlerons pas, et nous nous bornerons à parler de la loi sur la presse du 29 juillet 1881, seule actuellement en vigueur, qui contient une disposition rendant l'article 463 applicable aux délits qu'elle prévoit, mais avec une modification importante.

L'article 64 de la loi sur la presse est ainsi conçu : « L'article463 du Code pénal est applicable dans tous les cas prévus par la présente loi. Lorsqu'il y aura lieu de faire cette application, la peine prononcée ne pourra excéder la moitié de la peine édictée par la loi. »

Il résulte des termes de cet article qu'en matière de délits de presse, l'admission des circonstances atténuantes force le juge à atténuer la peine dans une plus large mesure que lorsqu'il s'agit d'autres délits, puisque le juge doit forcément abaisser la peine au moins jusqu'à la moitié de celle édictée par la loi ; il faut même ajouter qu'en matière de presse, l'atténuation de la peine, par suite de l'admission des circonstances atténuantes, est obligatoire, tandis que nous avons vu que, pour les délits ordinaires, elle n'était que facultative (Dutruc, *Explications pratiques de la loi du 29 juillet* 1881, nᵒˢ 441 et suivants; Faivre et Benoît-Lévy, *Code manuel de la presse*, page 260).

La loi du 29 juillet 1881 a été complétée par la loi du 2 août 1882, sur les écrits obscènes, qui, elle aussi, déclare que l'article 463 du Code pénal sera applicable aux délits qu'elle prévoit.

Il nous reste à rechercher si les circonstances atténuantes peuvent être admises par les tribunaux militaires et maritimes.

La question a été controversée autrefois (Chauveau et Faustin-Hélie, t. VI, p. 254 et suiv.) ; mais, depuis les lois du 9 juin 1857 (Code de justice militaire) et du 4 juin 1858 (Code de justice militaire), elle est complètement résolue.

Si les tribunaux militaires ou maritimes ont à juger des individus, appartenant à l'armée de terre ou de mer, poursuivis pour des crimes ou des délits prévus et punis par les Codes de justice militaire ou de justice maritime, ils pourront leur accorder des circonstances atténuantes, non pas d'une manière générale, mais seulement dans des cas spécialement déterminés, par exemple dans les cas des articles 248, 250 à 252, 254, 255, 257, 261, 263, 265 du Code de justice militaire, et des articles 331, 335 à 337, 343, 344 du Code de justice maritime ; mais alors l'atténuation de la peine est fixée par chacun de ces articles, et il n'y a pas, par conséquent, à se préoccuper de l'article 463 du Code pénal.

Si ces tribunaux ont à juger des individus, appartenant à l'armée de terre ou de mer, qui ont commis des crimes ou des délits non prévus et punis par les Codes de justice militaire ou maritime, c'est-à-dire de droit commun, et cela, par exemple, par suite de la qualité de militaires des individus poursuivis, alors, aux termes des articles 267 du Code de justice militaire et 364 du Code de justice maritime, ils appliquent les peines édictées par les lois ordinaires, et ils peuvent, lorsque ces lois le permettent, les réduire conformément aux dispositions de l'article 463 du Code pénal, par suite de l'admission des circonstances atténuantes.

Les articles 198 du Code de justice militaire et 256 du Code de justice maritime décident que, lorsque des individus n'appartenant ni à l'armée de terre, ni à l'armée de mer, sont poursuivis devant des tribunaux militaires ou maritimes, par exemple, par suite de l'état de siège, on pourra toujours les faire bénéficier des dispositions de l'article 463 du Code pénal.

De plus, l'article 256 du Code de justice maritime porte que, si des individus n'appartenant pas aux armées sont poursuivis pour des faits prévus et punis par le Code de justice maritime devant les tribunaux ordinaires, ces tribunaux pourront, dans tous les cas, leur accorder des circonstances atténuantes et leur appliquer les dispositions de l'article 463 du Code pénal. L'article 198 du Code de justice militaire ne contenait pas de disposition analogue, en ce qui concerne les individus n'appartenant pas aux armées et poursuivis, pour des faits prévus par le Code de justice militaire, devant les tribunaux ordinaires ; mais on devra cependant appliquer, en ce cas, la règle de l'article 256 du Code de justice maritime, qui est postérieure au Code de justice militaire, en considérant que l'article 256 du Code de justice maritime est devenu, en quelque sorte, le commentaire légal de l'article 198 du Code de justice militaire. Cette question a du reste été résolue, dans la pratique, par une circulaire du Garde des Sceaux du 10 août 1858.

Si nous voulions maintenant citer, à titre d'exemples, des cas dans lesquels il n'est pas permis aux juges de faire bénéficier les prévenus des dispositions de l'article 463 du Code pénal, nous pourrions prendre tous les cas dans lesquels un individu est poursuivi pour des délits forestiers ; l'article 203 du Code forestier défend, en effet, aux tribunaux d'appliquer les dispositions de l'article 463 du Code pénal aux matières réglées par le Code forestier, ou pour des délits de chasse (loi du 3 mai 1844, art. 20).

CHAPITRE V.

DES CIRCONSTANCES ATTÉNUANTES A L'ÉGARD DE L'ACCUSÉ CONTUMAX ET DU PRÉVENU DÉFAILLANT.

§ I.

DES CIRCONSTANCES ATTÉNUANTES A L'ÉGARD DE L'ACCUSÉ CONTUMAX.

Les Cours d'assises peuvent-elles accorder le bénéfice des circonstances atténuantes aux accusés qu'elles jugent par contumace, c'est-à-dire « sans assistance et intervention de jurés » (C. inst. crim., art. 470) ?

La loi paraît leur refuser ce pouvoir, et n'autoriser la réduction des peines que dans le cas où c'est le jury qui a reconnu l'accusé coupable et a admis en sa faveur des circonstances atténuantes. Cela semble ressortir des premiers termes de l'article 463, qui déclare que les peines seront modifiées pour les accusés reconnus coupables en faveur de qui *le jury* aura déclaré les circonstances atténuantes (1).

Cette opinion a pour elle l'autorité de la Cour de cassation (2), qui s'est décidée par ces motifs de droit : « qu'il résulte de la combinaison des articles 463 du Code pénal et 341 du Code d'instruction criminelle que le droit de déclarer des circonstances atténuantes, *en matière criminelle, en faveur* des accusés reconnus coupables, n'appartient qu'au jury ; que l'attribution faite d'un tel pouvoir au jury, par le premier alinéa de l'article 463 du Code pénal, est, de sa nature, *limitative ;* qu'elle ne peut, par conséquent, par des motifs d'analogie, être étendue aux Cours d'assises, procédant, sans assistance ni intervention de jurés, conformément à l'article 470 du Code d'instruction criminelle, au jugement des accusés contumax ; que l'existence des circonstances atténuantes ne saurait d'ailleurs être reconnue et déclarée que par le résultat d'un débat oral et contradictoire, que repousse formellement l'article 468 du Code d'instruction

(1) Blanche, *Études pratiques sur le Code pénal,* t. VI, n° 674.
(2) Cass., 4 mars 1842; 14 septembre 1843.

criminelle relatif au jugement par contumace, dont les éléments
ne sont puisés que dans l'instruction écrite. »

Cependant cette jurisprudence est critiquée par des criminalistes éminents (1). Ceux-ci font remarquer que « la Cour d'assises peut acquitter ou absoudre l'accusé contumax; qu'elle
peut dépouiller le fait qui lui est soumis de son caractère de
crime, et ne prononcer que des peines correctionnelles ou de
simple police; enfin qu'elle peut statuer sur les questions
d'excuse légale résultant du procès ». Ils en concluent qu'elle
doit pouvoir accorder au contumace le bénéfice des circonstances atténuantes.

On a répondu qu'en donnant au fait son véritable caractère,
en absolvant ou en acquittant, on ne fait que rendre à l'accusé
la justice que l'on doit à tous, même à ceux qui fuient ou se
cachent; tandis que l'admission des circonstances atténuantes
est, comme la loi l'indique elle-même, *une faveur* accordée à
l'accusé, faveur qui ne peut avoir lieu qu'au profit de celui
qui se présente devant le jury et se soumet à l'expiation de sa
faute.

Cette dernière considération ne nous paraît ni satisfaisante,
ni juste surtout, car c'est méconnaître l'influence nécessaire des
éléments favorables à l'accusé sur l'application de la peine.
Nous considérons, d'autre part, que les motifs donnés par la
Cour de cassation ne lèvent pas tous les doutes que la question
fait naître.

On ne peut admettre, en effet, que les circonstances atténuantes ne puissent être reconnues que par un débat oral et
contradictoire. Il est, au contraire, possible que, d'après les
pièces mêmes, dans la nature des faits, dans les dispositions
écrites des témoins, la Cour d'assises relève des faits d'atténuation aussi bien que d'excuse. Dans la plupart des procédures
criminelles, les circonstances du crime sont clairement établies
par l'instruction écrite, et le juge peut, dès lors, apprécier avec
précision la moralité et le véritable caractère des faits. C'est
pour cela que la Cour d'assises peut reconnaître, sur la procédure écrite, la non-existence des circonstances aggravantes
et les écarter; elle peut même reconnaître l'innocence de l'ac-

(1) Chauveau et Faustin-Hélie, t. VI, p. 260.— Le Sellyer, t. I, n° 294. —
Berriat-Saint-Prix, *Revue étrangère de législation*, 1842, t. IX, p. 521.
Blanche (t. VI, p. 699) examine cette question et combat l'opinion de ces
derniers auteurs.

cusé contumax et l'acquitter. Pourquoi n'aurait-elle pas le droit, *a fortiori*, d'admettre des circonstances atténuantes et de modérer les peines? Pour quel motif la procédure écrite ne serait-elle vide d'éléments de décision qu'en ce qui concerne les circonstances atténuantes, alors surtout que la Cour de cassation, par une contradiction évidente, a admis que le juge correctionnel peut puiser sa conviction sur les circonstances atténuantes dans le simple procès-verbal (arrêt du 1er décembre 1842)?

De plus, ce pouvoir, à l'égard du contumace, rentre évidemment dans l'esprit général de la loi. En effet, aux termes de l'article 470 du Code d'instruction criminelle, la Cour *prononce sur l'accusation*, sans assistance ni intervention de jurés. Ainsi, la Cour d'assises *fait fonction de jurés* en prononçant définitivement l'acquittement du contumace, en appréciant les faits de l'accusation, en écartant les circonstances aggravantes, en accueillant ou rejetant les faits d'excuse, pouvoirs qui ne lui sont pas contestés : comment peut-on donc lui dénier le droit moins étendu, et non moins réclamé par la justice, de déclarer les circonstances atténuantes de la cause!

On a fait résider la difficulté de la question dans les textes. Sans doute, l'article 341 du Code d'instruction criminelle et l'article 463 du Code pénal n'ont prévu, en organisant le système des circonstances atténuantes en matière criminelle, que le cas où ces circonstances seraient déclarées par le jury, parce que le cas du débat contradictoire est le plus ordinaire, et alors c'est au jury seul qu'il appartient de reconnaître les circonstances atténuantes. Mais quand le jury a cessé de siéger, quand ses pouvoirs sont attribués aux juges, quand ceux-ci cumulent les fonctions de juges et de jurés, pourquoi seraient-ils privés d'une seule des attributions de ces jurés, et précisément de celle qui permet de mesurer équitablement la peine? N'est-il pas même légal, on peut le dire, qu'en matière de contumace, les juges, étant jurés, aient dès lors la faculté autorisée par les articles 341 et 463?

Une anomalie rend encore plus choquante l'interprétation de la Cour de cassation. Il est reconnu que la Cour d'assises, jugeant un contumace, peut écarter les circonstances aggravantes et reconnaître au fait le caractère d'un simple délit. Dans ce cas, elle pourra appliquer l'article 463, et, en vertu de la dernière disposition de cet article, atténuer les peines, parce qu'alors elle siège *comme tribunal correctionnel, qu'elle en exerce les pouvoirs* et n'usurpe aucune attribution du jury. Or, ne pourrait-elle pas de même, quand le fait conserve le caractère de crime, et *qu'elle exerce les pouvoirs du jury*, faire, comme conséquence, tout ce que celui-ci aurait pu faire lui-même ?

N'est-ce pas encore une étrange contradiction que la même Cour puisse déclarer des circonstances atténuantes quand le fait n'a que le caractère d'un délit, et ne le puisse pas quand il a le caractère d'un crime ? Ne serait-il pas singulier que, pour exercer légalement le pouvoir qu'on lui refuse, il lui suffit d'écarter les circonstances aggravantes du fait ? Enfin, n'est-il pas contraire aux règles de la logique et de la justice que le juge puisse réduire, presque indéfiniment, les peines les plus légères, et soit astreint à appliquer, sans les modifier, les peines les plus graves ?

Il ne nous parait donc pas que les textes des Codes s'opposent à ce que les Cours d'assises siégeant sans assistance de jurés, déclarent les circonstances atténuantes en faveur des accusés contumax, et nous considérons, comme MM. Chauveau et Hélie, qu'il est désirable que cette doctrine, favorable aux véritables intérêts de la justice, soit consacrée par une nouvelle jurisprudence.

§ II.

DES CIRCONSTANCES ATTÉNUANTES A L'ÉGARD DU PRÉVENU DÉFAILLANT.

D'après une jurisprudence différente, les circonstances atténuantes peuvent, en matière correctionnelle et de police, être déclarées, même en faveur de l'inculpé qui fait défaut.

La Cour de cassation l'a reconnu en disant « que les tribunaux correctionnels ou de simple police, lorsqu'ils prononcent sur les affaires dont ils sont saisis, remplissent, dans l'exercice de leurs attributions, les fonctions dévolues aux jurés dans les affaires du grand criminel; qu'ils sont, comme ceux-ci, appréciateurs et juges *des faits* soumis à leur examen, ainsi que de la culpabilité ou de l'innocence des prévenus ; que les articles 483 et 463 du Code pénal ont abandonné à leur discernement et à leur conscience l'usage du pouvoir dont ils les investissent, dans les cas où les circonstances de la contravention ou du délit leur paraissent atténuantes ; qu'ils doivent dès lors recevoir leur application, même dans les jugements par défaut, par la raison que la conviction des magistrats, à cet égard, peut résulter soit de la simple lecture du procès-verbal dressé contre l'inculpé, soit du libellé de la citation (1) ».

Il résulte donc, de la jurisprudence, que si la Cour d'assises, jugeant par contumace, ne peut, en déclarant la culpabilité de l'accusé, admettre l'existence de circonstances atténuantes, et modérer, par suite, la peine encourue, le droit de déclarer de telles circonstances n'appartenant qu'au jury, les juges correctionnels, eux, ont le droit, de même que les juges de simple police, de modérer les peines, en cas de circonstances atténuantes, même alors qu'ils statuent par défaut.

§ III.

CIRCONSTANCES ATTÉNUANTES PAR RAPPORT AU COMPLICE.

Les circonstances atténuantes constituent un bénéfice personnel à celui en faveur duquel elles ont été déclarées; elles peuvent être accordées à l'auteur principal et refusées au complice, ou réciproquement (*Jurispr. gén.*, vᵒ COMPLICE, 15, 20 et 22).

Ainsi, des circonstances atténuantes peuvent être déclarées en faveur de l'accusé principal sans que le complice puisse être admis à en réclamer l'effet, de sorte que, dans ce cas, le complice peut subir une peine plus forte que l'accusé principal, non seulement quant à la *durée*, mais même quant au *genre* de la peine (2). Et alors même que le jury aurait déclaré des circonstances atténuantes à l'auteur principal et au complice, celui-ci pourrait être encore condamné à une peine plus forte que celui-là (3).

Par exemple, la Cour d'assises peut descendre la peine d'un seul degré à l'égard du complice et de deux degrés relativement à l'auteur principal (4).

(1) Cass., 1ᵉʳ décembre 1842.
(2) Cass., 23 juillet 1840 ; 23 mars 1843 ; 9 juin 1848 ; 11 mai 1866.
(3) Cass., 19 septembre 1839 ; *Jurisp. gén.*, vᵒ COMPLICE, 22 2ᵒ et 111.
(4) Cass., 26 mai 1838.

CHAPITRE VI.

RÉPONSES DU JURY SUR LES CIRCONSTANCES ATTÉNUANTES, ET CAS OU C'EST A LA COUR QU'IL APPARTIENT DE LES DÉCLARER.

I. — POSITION VERBALE DE LA QUESTION DES CIRCONSTANCES ATTÉNUANTES.

Les circonstances atténuantes, que la loi n'a point définies, et qui comprennent toutes les causes d'atténuation qu'elle n'a point spécialement prévues, ne peuvent faire l'objet d'aucune question posée au jury. L'article 341 du Code d'instruction criminelle veut que le président avertisse le jury que la loi lui donne la faculté de déclarer qu'il existe des circonstances atténuantes en faveur de l'accusé, mais elle ne l'autorise pas à poser une question spéciale, elle ne veut point provoquer cette déclaration. La position d'une question écrite sur les circonstances atténuantes serait donc une infraction qui vicierait la déclaration, si elle était relevée par le ministère public; mais, sur le seul pourvoi de l'accusé, elle ne peut entraîner qu'une annulation dans l'intérêt de la loi, puisqu'il ne peut en résulter à son égard aucun préjudice (Cass., 17 août 1832).

C'est le chef du jury qui doit poser *verbalement*, aux jurés, la question de savoir s'ils sont d'avis d'admettre des circonstances atténuantes en faveur de l'accusé, et c'est d'après cette question qu'ils passent au vote.

II. — FORME ET CONDITIONS DE VALIDITÉ DE LA RÉPONSE DU JURY.

L'article 341 du Code d'instruction criminelle, modifié par la loi du 9 juin 1853, prescrit en ces termes l'avertissement à donner aux jurés quant à leur pouvoir d'admettre des circonstances atténuantes : « En toute matière criminelle, même en cas de récidive, le président, après avoir posé les questions résultant de l'acte d'accusation et des débats, avertit le jury, *à peine de nullité*, que, s'il pense, à la majorité, qu'il existe, en faveur d'un ou de plusieurs accusés reconnus coupables, des circonstances atténuantes, il doit en faire la déclaration en ces termes : « à la majorité, il y a des circonstances atténuantes en faveur de l'accusé. »

Et l'article 347, modifié par la même loi du 9 juin 1853, complétant cette disposition, ajoute : « La décision du jury, tant contre l'accusé que sur les circonstances atténuantes, se forme à la majorité. La déclaration du jury constate cette majorité, sans que le nombre de voix puisse y être exprimé; le tout à peine de nullité. »

La majorité nécessaire pour l'admission des circonstances atténuantes est la même que pour la déclaration de culpabilité, c'est-à-dire la majorité simple : sept voix suffisent pour que les circonstances atténuantes soient accordées.

En exécution de ces principes, si le verdict du jury constate que des circonstances atténuantes ont été accordées à l'accusé, mais sans faire mention que cette déclaration a eu lieu à la majorité, cette omission constitue une infraction aux dispositions formelles de la loi, et il y a lieu, de ce chef, de casser l'arrêt intervenu, mais dans l'intérêt de la loi seulement. C'est ce qu'a décidé la Cour de cassation, notamment par arrêt du 19 décembre 1878, qui a rejeté le pourvoi du condamné, et, statuant sur les réquisitions du procureur général, a annulé l'arrêt, mais seulement dans l'intérêt de la loi.

C'est donc une jurisprudence constante que la déclaration affirmative du jury relative aux circonstances atténuantes doit, à peine de nullité, constater qu'elle a été rendue à la majorité, mais sans exprimer le nombre des voix, ajoute la loi. Ainsi, lorsque le verdict porte que les circonstances atténuantes ont été admises à l'*unanimité*, la Cour doit renvoyer le jury dans la chambre des délibérations (Cass., 29 novembre 1877) (1).

Une règle essentielle en cette matière est posée dans l'article 1er de la loi du 13 mai 1836, aux termes duquel le jury doit voter par scrutins *distincts* et *successifs*, non seulement sur le fait principal et sur chacune des circonstances aggravantes, ou chacun des faits d'excuse légale, mais encore sur la question des circonstances atténuantes, que le chef du jury est tenu de poser toutes les fois que la culpabilité d'un accusé aura été reconnue.

(1) Conf. Cass., 20 janvier 1832, arrêt qui a cassé une déclaration du jury portant qu'elle avait été rendue à l'*unanimité*.

Il résulte de là que le scrutin et la déclaration du jury, quant aux circonstances atténuantes, doivent être spéciaux, distincts et personnels pour chaque accusé, et que la déclaration unique et collective se référant à plusieurs accusés, même en les désignant nommément, comme celle-ci : « à la majorité, il existe des circonstances atténuantes en faveur de N... et de N..., » est viciée de nullité, parce que cette déclaration unique, collective et commune aux deux accusés, ne fournit pas la preuve certaine et légale que les prescriptions des articles 1 et 3 de la loi du 13 mai 1836 aient été observées par le jury ; que, tout au contraire, elle semble se référer à une seule question et à un scrutin unique et commun aux deux accusés, ce qui constitue une violation formelle desdits articles de la loi de 1836 et des articles 341 et 345 du Code d'instruction criminelle. C'est ce qu'a décidé spécialement l'arrêt de Cassation du 12 août 1880.

Ainsi, lorsqu'il y a plusieurs accusés, et que le jury veut admettre des circonstances atténuantes en faveur de chacun d'eux, il doit faire autant de déclarations qu'il y a d'accusés, pour que ceux-ci puissent jouir effectivement de l'atténuation de peine dont il a voulu leur accorder le bénéfice (1).

Mais les accusés sont sans intérêt et, partant, sans droit à se prévaloir, comme moyen de cassation, de l'irrégularité d'une déclaration collective dont ils ont profité chacun individuellement (2). L'annulation doit être prononcée, en ce cas, dans l'intérêt de la loi, sur le pourvoi du procureur général près la Cour de cassation, auquel il appartient de relever, dans l'intérêt de la loi, toutes les nullités dont peuvent être entachés les arrêts de justice. C'est ce qu'a décidé l'arrêt précité de la Cour de cassation du 12 août 1880, qui, par les motifs ci-dessus rapportés, a annulé, mais *dans l'intérêt de la loi seulement*, la déclaration du jury, en ce qui concerne les circonstances atténuantes et la partie de l'arrêt qui en fait l'application, en déclarant qu'il *n'y avait lieu à renvoi*.

Lorsque l'accusation comprend plusieurs chefs, les jurés peuvent s'expliquer sur les circonstances atténuantes, ou par une déclaration collective sur l'ensemble de ces divers chefs d'accusation, ou par des déclarations successives et distinctes sur chacun des faits. S'ils emploient ce dernier procédé, l'atténuation de peine ne s'applique qu'aux faits à raison desquels les

(1) Notamment. Cass., 3 août et 14 octobre 1848 ; 31 janvier 1850 ; 5 mai 1855.
(2) Cass., 2 mai 1850 ; 5 janvier 1854 , 8 mai 1864 ; 28 septembre 1865.

circonstances atténuantes ont été admises (1). La Cour de cassation a décidé, en effet, que, lorsque le jury reconnait l'existence de circonstances atténuantes à l'égard d'un seul des chefs d'accusation dirigés contre un accusé, sa déclaration est *valable*, comme étant *complète*, en ce sens qu'en s'appliquant d'une manière expresse à un chef déterminé, le jury décide implicitement qu'il n'a pas eu l'intention de l'étendre à d'autres ; et comme étant *légale*, car, s'il est vrai que, dans le cas où un chef d'accusation est déféré au jury, l'admission des circonstances atténuantes ne peut être de sa part que le résultat de l'appréciation des débats dans leur ensemble, cette appréciation doit avoir le même caractère en ce qui concerne spécialement les débats auxquels il a été procédé sur chacun des chefs dont se compose une accusation multiple ; que la réunion de ces chefs dans un même arrêt de renvoi ne saurait faire obstacle à ce que le jury exerce, à l'égard de chacun d'eux, le droit que lui attribue la loi, et cela quand même sa déclaration, limitée à un chef unique, ne serait pas de nature à produire d'effet, le jury n'ayant pas à se préoccuper des conséquences pénales de ses décisions.

C'est ce qu'a parfaitement résumé l'arrêt du 16 août 1839, en disant « qu'il y a nécessairement autant d'*accusations diverses* qu'il y a de *faits distincts* constituant des *crimes particuliers*, indépendants les uns des autres ».

La déclaration du jury, en ce qui concerne les circonstances atténuantes, ne devant être exprimée que si le résultat du scrutin est affirmatif (art. 3, loi du 9 juin 1853), le silence du jury équivaut au refus des circonstances atténuantes.

III. — RÉPONSES DU JURY LE RENDANT INCOMPÉTENT POUR PRONONCER SUR LES CIRCONSTANCES ATTÉNUANTES.

Lorsque, par suite de la déclaration du jury écartant les circonstances aggravantes, le fait incriminé ne constitue plus qu'un *simple délit*, il appartient *à la Cour d'assises seule*, et non au jury, de prononcer sur l'admission des circonstances atténuantes. Ce principe, déjà bien établi par une jurisprudence unanime, a été récemment encore consacré par un arrêt de la Cour de cassation du 23 décembre 1880. Cette solution

(1) Cass., 17 septembre 1835 ; 16 août 1839 ; 30 décembre 1841 ; 8 juin 1843 ; 22 février 1846.

est rationnelle et conforme à l'esprit de l'article 341 du Code d'instruction criminelle, car ou n'est plus véritablement *en matière criminelle*, comme le veut cet article quand le fait soumis, comme constituant un crime, au jury, dégénère en un simple délit, soit par suite de ses réponses négatives sur les circonstances aggravantes, soit parce qu'il a répondu affirmativement seulement sur une question subsidiaire résultant des débats et n'ayant que le caractère d'un délit. Alors, comme il ne s'agit plus, en réalité, que de la répression d'un simple délit punissable de *peines correctionnelles*, ce sont les magistrats euxmêmes, et non les jurés, qui statuent sur l'admission des circonstances atténuantes, de même que c'eût été les juges qui eussent statué sur ces circonstances si ce délit avait été porté *directement* devant la juridiction correctionnelle. D'ailleurs, il ressort des termes du dernier paragraphe de l'article 463 que, dans tous les cas où les peines prononcées par la loi sont celles de l'emprisonnement et de l'amende, c'est aux tribunaux seuls qu'il appartient facultativement de les réduire.

Il résulte encore, de là, que, dans ce cas, la Cour d'assises, *seule compétente* pour statuer sur les circonstances atténuantes, peut, dans l'application de la peine, ne pas tenir compte de la réponse du jury à cet égard, s'il en avait exprimé une (1).

En effet, d'après la combinaison de l'article 341 du Code d'instruction criminelle avec les six premiers paragraphes de l'article 463 du Code pénal, la déclaration du jury, affirmative sur les circonstances atténuantes, n'oblige les Cours d'assises à prononcer nécessairement une atténuation de peine qu'autant que le fait déclaré constant par le jury est de nature à entraîner des peines afflictives ou infamantes; or, dans l'hypothèse où le fait soumis au jury a été par lui dépouillé des circonstances aggravantes qui le rendaient passibles de peines afflictives ou infamantes et n'a plus constitué qu'un délit correctionnel, la réponse du jury, affirmative de l'existence des circonstances atténuantes, ne peut lier la Cour d'assises, ni exercer une influence légale sur sa décision.

Si, par suite de la déclaration du jury, le fait incriminé dégénère en simple délit, et si le jury a cependant déclaré qu'il existait des circonstances atténuantes, la Cour d'assises doit, dans le cas où elle voudrait en accorder, déclarer en son propre

(1) Cass., 20 juin 1867.

nom, et non pas en visant le verdict, qu'elles existent (Cass., 30 déc. 1881).

En est-il de même lorsque le crime est déclaré excusable, et que, par suite, il n'entraine plus qu'une peine correctionnelle ? Il faut distinguer :

Oui, si l'excuse transforme le fait, et convertit le crime en un simple délit, comme s'il s'agit d'un meurtre ou de coups et blessures excusables, pour lesquels la peine de l'emprisonnement est seule édictée par l'article 326; alors le jury n'aura plus qualité pour déclarer les circonstances atténuantes, et la déclaration qu'il aurait faite à cet égard serait réputée non avenue, puisque c'est à la Cour d'assises qu'il appartenait exclusivement de reconnaître l'existence de circonstances atténuantes, comme la Cour de cassation l'a jugé par l'arrêt, déjà cité, du 20 juin 1867 (1).

Mais si l'excuse laisse au fait son caractère de crime, et n'a pour résultat que de tempérer la peine, nous croyons que, dans ce cas, les jurés conservent le droit de se prononcer sur les circonstances atténuantes (2). Ainsi, la Cour de cassation n'a jamais contesté au jury qui avait déclaré coupable l'accusé mineur de 16 ans le pouvoir de les reconnaître (3).

CHAPITRE VII.

PROPORTION DE L'ADMISSION DES CIRCONSTANCES ATTÉNUANTES.

L'usage qui a été fait, dans la pratique, de la faculté de déclarer les circonstances atténuantes, est de nature à faire ressortir, plus que toutes les considérations théoriques, la nécessité et le bienfait, au point de vue d'une bonne distribution de la justice, de la réforme apportée par la loi du 28 avril 1832.

D'abord, une des conséquences de cette loi a été de réduire de près de moitié le nombre des acquittements en Cour d'assises, et d'augmenter d'autant celui des condamnations à des peines

(1) Cass., 13 septembre 1850 ; 22 juillet 1852.
(2) C'est l'opinion de M. Blanche, t. VI, p. 719.
(3) Cass., 19 septembre 1839 ; 6 juin 1840, 26 fevrier et 9 juillet 1841; 27 mai 1852; 24 mars 1853; 10 août 1866.

correctionnelles ; quant aux condamnations à des peines afflictives et infamantes, elles se sont maintenues en nombre à peu
près égal. En présence de ces résultats, il est difficile de méconnaître que l'extension du principe des circonstances atténuantes à toutes les matières criminelles a produit les effets
qu'en attendait le législateur, qui voulait « rendre la répression
moins rigoureuse, mais plus égale et plus assurée, et racheter,
par un peu d'indulgence, des chances trop nombreuses d'impunité ».

Les relevés de la statistique criminelle ne permettent pas de
constater dans quelle mesure a été appliquée la législation
inaugurée par la loi du 25 juin 1824, d'après laquelle la déclaration des circonstances atténuantes n'appartenait qu'aux
magistrats, et seulement à l'égard de certains crimes (l'infanticide, pour la mère seulement, les coups et blessures suivis
d'une incapacité de travail de plus de 20 jours, et diverses
espèces de vols qualifiés).

Mais nous allons voir dans quelle proportion les jurés ont
admis, depuis 1833, les circonstances atténuantes en matière de
crimes :

Années.			Nombres proportionnels, sur 100, des déclarations de circons-tances atténuantes.
1833	à	1835.	60 %
1836	à	1840.	69
1841	à	1845.	69
1846	à	1850.	72
1851	à	1855.	68
1856	à	1860.	77
1861	à	1865.	75
1866	à	1870.	77
1871	à	1875.	74
1876	à	1880.	74

On voit que, depuis 40 ans, les résultats ont peu varié (de 69
à 74 %), et que la sévérité du jury est restée à peu près la
même, malgré les modifications qu'a subies la législation relative
à la composition du jury, et soit qu'on se trouvât sous l'empire
de la loi du 2 mars 1827, qui, à des listes restreintes pour chaque
session, dressées par les préfets, d'après les articles 381 à 392
du Code d'instruction criminelle, substitua la confection d'une

liste générale, soit depuis les lois nouvelles, empreintes d'un esprit plus large, savoir : le décret du 7 août 1848, qui, reposant sur le principe du suffrage universel, adopta comme base de la liste générale le tableau électoral, n'écartant que les citoyens illettrés et les domestiques ; la loi du 4 juin 1853, qui remplaça la liste générale permanente par une liste annuelle ; le décret du 14 octobre 1870, qui remit provisoirement en vigueur celui de 1848, en le modifiant par des dispositions transitoires ; enfin la loi actuelle du 21 novembre 1872, qui a introduit des changements importants dans le mode de formation du jury, en substituant notamment l'autorité judiciaire à l'autorité administrative dans la direction des opérations.

Si, de 1833 à 1835, la proportion des circonstances atténuantes n'a été que de 60 %, cela ne doit pas être attribué à la sévérité du jury, qui, plus grande à l'origine, se serait ensuite relâchée, mais bien à cette circonstance que la loi du 28 avril 1832, tout en investissant le jury du droit de déclarer l'existence des circonstances atténuantes, en toute matière criminelle, exigea la majorité de plus de sept voix, majorité que la loi du 4 mars 1831 avait déjà rendue exigible pour la condamnation ; tandis que la loi du 9 septembre 1835 rétablit la majorité simple pour la condamnation et pour les circonstances atténuantes, disposition qui a été maintenue depuis, en ce qui concerne les circonstances atténuantes, même sous le décret du 6 mars 1848, qui exigea neuf voix pour la condamnation, et celui du 18 octobre suivant, qui ramena à huit voix cette majorite, jusqu'à ce qu'enfin la loi actuellement en vigueur du 9 juin 1853 rétablit la simple majorité pour former la décision du jury, tant contre l'accusé que sur les circonstances atténuantes.

Nous venons de voir l'application faite par le jury des circonstances atténuantes en matière criminelle ; voyons maintenant quelle a été cette application de la part des magistrats en matière correctionnelle.

Sous l'empire du Code pénal de 1810, qui, en matière correctionnelle, ne permettait aux juges d'admettre les circonstances atténuantes que dans les cas où le préjudice causé par le délit n'excédait pas 25 francs, l'article 463 n'avait été visé que dans une proportion qui ne dépassait pas 33 sur cent. Mais avec la loi du 28 avril 1832, qui étendit ce bénéfice éventuel à toutes les infractions prévues par le Code pénal, la proportion s'est élevée par une gradation régulière.

Années.	Nombres proportionnels, sur 100, des déclarations de circonstances atténuantes.
De 1831 à 1835.	42 %
De 1836 à 1840.	46
De 1841 à 1845.	49
De 1846 à 1850.	56
De 1851 à 1855.	58
De 1856 à 1860.	59
De 1861 à 1865.	57
De 1866 à 1870.	61
De 1871 à 1880.	59

On peut donc admettre comme moyenne, pour les délits communs, la proportion de 59 %, la proportion pour les crimes étant de 74 %.

Ces applications de l'article 463 du Code pénal, prises ainsi dans leur ensemble, ne donnent pas seulement une idée de la mesure d'indulgence des magistrats, elles montrent surtout combien souvent elles sont nécessaires pour donner à la répression sa juste proportionnalité.

Il faut remarquer, pour expliquer la proportion de 59 %, qui peut paraître considérable, qu'elle est particulièrement élevée par le grand nombre de vagabonds et de mendiants que les tribunaux n'admettent au bénéfice des circonstances atténuantes que pour les dispenser de la surveillance de la haute police (97 et 93 %), et aussi par celui des petits vols, pour lesquels un an d'emprisonnement, minimum de l'article 401, serait une répression exagérée, et pour lesquels la proportion des circonstances atténuantes s'est élevée à 88 %.

***

TITRE III.

EXISTENCE SIMULTANÉE DE PLUSIEURS CAUSES D'ATTÉNUATION DE LA PEINE, OU CAUSES D'ATTÉNUATION ET D'AGGRAVATION DE LA PEINE.

Il pourra arriver fréquemment que dans une même affaire se rencontrent en même temps plusieurs causes d'atténuation de la peine, soit des excuses légales et la minorité de 16 ans, soit des circonstances atténuantes et des excuses légales, soit enfin des circonstances atténuantes et la minorité de 16 ans.

Il pourra arriver également que des causes d'atténuation de la peine se trouvent en concours avec des circonstances aggravantes, et notamment que la récidive se trouve en concours avec les circonstances atténuantes, situation qui donne lieu à l'une des questions les plus délicates et les plus importantes du droit criminel.

On peut même enfin supposer que plusieurs causes d'atténuation de la peine et plusieurs circonstances aggravantes se trouvent en concours dans une même affaire.

Il faut d'abord poser ce principe que toutes les causes d'atténuation ou d'aggravation des peines devront alors être prises en considération par les juges, car elles ne s'excluent pas les unes les autres. Mais dans quel ordre devra-t-on en tenir compte pour leur faire produire leurs effets? C'est là une question absolument complexe, à laquelle il est impossible de répondre immédiatement d'une manière générale, et dont nous allons chercher la solution dans les développements qui vont suivre.

CHAPITRE I.

EXISTENCE SIMULTANÉE DE PLUSIEURS CAUSES D'ATTÉNUATION DE LA PEINE.

SECTION I.

CONCOURS DES EXCUSES ET DE LA MINORITÉ DE 16 ANS.

Ce premier cas de concours doit être ainsi réglé : on abaissera d'abord la peine à raison de l'excuse, puis, une fois la peine ainsi fixée, on appliquera les règles des articles 67 et 69. Il résulte, en effet, de l'esprit et même du texte de la loi que l'on doit rechercher tout d'abord la peine qui aurait été encourue par un mineur de 16 ans, abstraction faite de son âge, « celle à laquelle il aurait pu être condamné s'il avait eu 16 ans, » dit

l'article 67 », et ensuite seulement tenir compte de sa qualité
de mineur de 16 ans.

La Cour de cassation décide qu'en cas de concours des
circonstances atténuantes et de la minorité de 16 ans, on ne
doit tenir compte de la minorité qu'en dernier lieu ; nous verrons, dans la section suivante, des arrêts en ce sens : or il y a,
dans notre hypothèse actuelle, les mêmes raisons de décider.

SECTION II.

CONCOURS DES CIRCONSTANCES ATTÉNUANTES ET DE LA MINORITÉ DE 16 ANS.

Si le jury a reconnu des circonstances atténuantes en faveur
d'un mineur de 16 ans reconnu coupable et déclaré avoir agi
avec discernement, celui-ci doit jouir de la double atténuation
prescrite par les articles 67 et 463 du Code pénal. Pour régler
les effets de cette double atténuation, la Cour doit d'abord fixer
la peine, eu égard à tous les éléments de la déclaration du
jury, et tenir compte ensuite de la minorité de 16 ans, pour la
modifier suivant l'article 67 (1).

En effet, ce mode de procéder, qui s'accorde avec les règles
relatives à l'application de l'article 463, soit que l'on considère
ses conséquences, soit que l'on considère l'esprit de la loi, s'appuie d'ailleurs sur le texte même de l'article 67, lequel pose
pour base de l'atténuation de peine dérivant de la minorité de
l'accusé qui agit avec discernement, la détermination préalable
de la peine *par lui encourue*, indépendamment de la qualité de
mineur ; de même qu'il se concilie avec les termes de l'article 69, qui mesure la peine applicable au mineur sur « *celle à
laquelle il aurait pu être condamné s'il avait eu 16 ans* ». Ces dispositions indiquent d'abord le pouvoir accordé aux juges d'admettre, en faveur de l'accusé ou du prévenu âgé de moins de
16 ans, des circonstances atténuantes, indépendamment de
l'excuse résultant du jeune âge. Elles établissent en même
temps, du moins virtuellement, dans quel ordre doit agir la

_____

(1) Cass., 6 juin 1840 ; 27 mai 1852 ; 24 mars 1853 ; 10 août 1866. Ce dernier
arrêt, qui consacre formellement la règle en cette matière, a jugé qu'on avait
fait une exacte application des articles 463 et 67 du Code pénal en condamnant
à dix ans d'emprisonnement un mineur de 16 ans déclaré coupable, avec circonstances atténuantes, d'un crime entraînant la peine de mort.

double atténuation motivée par la réunion simultanée de l'excuse de la minorité et des circonstances atténuantes.

Il faut donc fixer d'abord la peine légalement applicable, en
appréciant le fait principal, avec toutes les circonstances qui
l'aggravent ou l'atténuent, par conséquent eu égard à la modification résultant de l'article 463, avant de la réduire encore
en vue de la minorité, conformément aux dispositions des articles 67 et 69.

Des auteurs, contrairement à cette jurisprudence de la Cour
de cassation, n'admettent pas que, dans le calcul de la peine,
l'effet des circonstances atténuantes précède l'atténuation de la
minorité (1). La conséquence que l'on tire de cette opinion, c'est
que, l'excuse de la minorité devant fonctionner avant les circonstances atténuantes, celles-ci ne peuvent être déclarées, au
profit du mineur de 16 ans traduit en Cour d'assises par application de l'article 68 du Code pénal, que par la Cour seule, et
non le jury, puisque la déclaration de culpabilité ne fera, aux
termes de l'article 67, encourir à l'agent qu'une peine correctionnelle.

Au contraire, dans le système qui applique l'atténuation des
circonstances atténuantes avant celle de la minorité, on réserve
au jury le droit de les déclarer (Cass., 10 août 1866), et on rai-
sonne ainsi : pour déterminer la pénalité à appliquer au mineur
de 16 ans, il faut savoir quelle eût été la pénalité applicable si
le crime eût été commis par un majeur. Or, la pénalité applicable
au majeur varierait selon que les circonstances atténuantes
seraient admises ou rejetées. Le jury doit donc statuer hypothé-
tiquement comme s'il avait affaire à un majeur, et, sur cette
position ainsi faite au majeur, la Cour d'assises mesurera l'influence de la minorité.

SECTION III.

CONCOURS DES CIRCONSTANCES ATTÉNUANTES
ET DES EXCUSES.

Souvent il arrive que les jurés, vivement impressionnés par
les circonstances particulières dans lesquelles l'accusé a agi,

---

(1) Blanche, t. VI, n° 691 ; Bertauld, p. 417. — Ces auteurs prétendent à tort
que la Cour de cassation a consacré la doctrine qu'ils adoptent, par son arrêt
du 10 août 1866, que nous avons déjà cité, et qui consacre la doctrine contraire
à la leur.

hésitent néanmoins à l'acquitter complètement, mais ne se décident à le déclarer coupable qu'en se réservant non seulement d'admettre l'excuse proposée, mais encore d'accorder le bénéfice des circonstances atténuantes, pour abaisser la peine dans la plus grande proportion possible.

Comment doit-on alors combiner ces deux causes d'atténuation ? Nous prenons pour exemple le cas qui se présente le plus souvent, celui d'un meurtre commis avec l'excuse de la provocation.

Un fait de meurtre reconnu excusable ne constitue plus en réalité l'homicide volontaire prévu et puni des travaux forcés à perpétuité par l'article 304 du Code pénal *in fine,* mais un *crime excusable,* qui consiste dans deux circonstances devenues *indivisibles*; le meurtre et l'excuse ne forment plus ensemble que le *meurtre excusable*, dont les éléments ne peuvent être scindés, pour autoriser une première modification de la peine du crime de meurtre pur et simple en vertu de l'article 463, et soumettre ensuite ce crime descendu à la peine des travaux forcés à temps ou de la réclusion, à une seconde atténuation qui procéderait de l'excuse, conformément à l'article 326.

Il faut, au contraire, déterminer d'abord la peine du *meurtre excusable* déclaré par le jury d'après l'article 326, et appliquer ensuite les dispositions de l'article 463 (1).

En effet, si le bénéfice des circonstances atténuantes est de faire réduire les peines encourues pour un fait qualifié crime ou délit, dans la mesure que prescrivent les dispositions de l'article 463 du Code pénal, cette règle ne doit s'entendre que de l'application des peines, et ne saurait exercer aucune influence sur le *caractère* et la *nature du fait lui-même*, tel que le jury l'a reconnu à la charge de l'accusé, lequel doit servir de base pour la fixation de la peine.

C'est ici qu'il faut particulièrement remarquer que, le crime dont le jury n'a admis l'existence qu'en le déclarant *excusable* n'étant plus passible, suivant l'article 326, que d'une peine correctionnelle, il y a lieu, dans ce cas, d'appliquer la règle que « le jury, lorsque ses réponses réduisent le fait incriminé aux proportions d'un délit, cesse d'être compétent pour statuer sur les circonstances atténuantes, et que s'il a fait une déclaration

(1) Cass., 20 juin 1867.

13

à cet égard, la Cour n'a pas à en tenir compte dans l'application de la peine (1) ».

CHAPITRE II.

CONCOURS DE CAUSES D'ATTÉNUATION ET DE CIR-CONSTANCES AGGRAVANTES.

SECTION I.

CONCOURS DE CAUSES D'ATTÉNUATION ET DE CIRCONSTANCES AGGRAVANTES AUTRES QUE LA RÉCIDIVE.

Il peut se rencontrer à la fois, dans le même crime ou délit, des causes d'adoucissement de peine résultant soit d'excuses, comme la provocation, soit de circonstances atténuantes, et des causes d'aggravation de peine, telles que des circonstances aggravantes résultant des faits particuliers de l'infraction, ou la qualité de fonctionnaire (art. 198 C. pen.). Le principe est qu'il faut tenir compte de chacune des circonstances qui ont précédé ou accompagné l'infraction, en lui conservant son caractère atténuant ou aggravant, sans que l'une soit exclusive de l'autre. Mais comment, dans quel ordre, le juge doit-il combiner, pour prononcer la peine, ces causes d'aggravation et d'atténuation ?

La règle à suivre, dans l'application des peines, est que le juge détermine d'abord *la peine légale* qui frappe l'infraction en ayant égard aux éléments constitutifs et aux circonstances aggravantes, puis il réduit la peine en faisant bénéficier l'agent des excuses ou des circonstances atténuantes que celui-ci peut invoquer.

---

(1) Cass., 20 juin 1867, déjà cité, et jurisprudence constante, affirmée en dernier lieu par un arrêt de cass. du 23 décembre 1880.

SECTION II.

CONCOURS DES CIRCONSTANCES ATTÉNUANTES
ET DE LA RÉCIDIVE.

Le législateur a formellement décidé, dans les articles 463 et 483 du Code pénal et dans l'article 341 du Code d'instruction criminelle, que le bénéfice des circonstances atténuantes pourrait être appliqué « *même en cas de récidive* ».

Mais, lorsqu'un récidiviste obtient des circonstances atténuantes, les juges doivent-ils aggraver la peine pour cause de récidive avant de l'atténuer pour cause de circonstances atténuantes, ou, au contraire, l'atténuer avant de l'aggraver.

La question a un immense intérêt, car la peine prononcée est bien différente suivant que la Cour, chargée d'appliquer la peine en conséquence du verdict du jury qui a accordé des circonstances atténuantes à un récidiviste, commence par l'aggraver avant de l'atténuer ou par l'atténuer avant de l'aggraver.

La jurisprudence de la Cour de cassation paraît arrêtée en ce sens que, dans le calcul de la peine, l'aggravation pour cause de récidive doit précéder l'atténuation pour cause de circonstances atténuantes. Cette jurisprudence ne s'est assise qu'après bien des hésitations, quoiqu'elle nous paraisse entièrement conforme aux textes des articles que nous venons de citer et aux principes du droit.

En effet, aux termes de l'article 463 du Code pénal, les modifications apportées à la condamnation par les circonstances atténuantes s'appliquent aux « *peines prononcées par la loi* »; or, la peine prononcée par la loi et qu'il s'agit d'atténuer est celle qu'emporte le fait reconnu constant, aggravé par l'état de récidive, qui est une circonstance influant *sur la culpabilité pénale*. C'est bien ainsi que le législateur l'a entendu, et l'article 341 du Code d'instruction criminelle indique clairement que l'aggravation de la récidive *précède* l'atténuation des circonstances atténuantes, quand il dit : «En toute matière criminelle, *même en cas de récidive*, le président... avertit le jury que s'il pense, à la majorité, qu'il existe, en faveur d'un ou de plusieurs accusés reconnus coupables, des circonstances atténuantes, il doit en faire la déclaration... » L'article 463 du Code pénal *in fine* n'est pas moins explicite quand il dit : « Dans tous les cas où la peine de l'emprisonnement et celle de l'amende sont prononcées par le Code pénal, si les circonstances paraissent atténuantes, les tribunaux sont autorisés, même en cas de récidive... » La solution de la jurisprudence nous paraît également conforme aux principes qui ont inspiré le législateur dans l'organisation des circonstances atténuantes.

Il en pourrait être autrement si les circonstances atténuantes avaient conservé dans notre Code leur fonction normale, qui est de permettre aux juges de tenir compte des éléments matériels ou moraux qui influent sur la culpabilité individuelle, ce qui pourrait rendre rationnel de calculer d'abord, dans l'application des peines, l'atténuation due à ces circonstances. Mais le but nouveau des circonstances atténuantes indique au contraire qu'elles ne doivent opérer qu'après que la pénalité a été fixée d'une manière *abstraite* et *légale*, puisque, dans la pensée du législateur de 1832, elles ont été surtout destinées à corriger par une appréciation de conscience les imperfections de la loi, *notamment en matière de récidive* (1). Par conséquent, les circonstances atténuantes peuvent précisément être accordées pour amener une atténuation des peines établies *a priori par la loi* contre le *crime* et contre le *récidiviste*; leur effet doit donc se produire en dernier lieu.

Les hésitations de la Cour de cassation ont eu leur source dans la rédaction trop peu explicite des articles 57 et 58 du Code pénal révisés par la loi du 13 mai 1863, et dans l'interprétation de ces articles.

Dans le Code pénal de 1810, révisé en 1832, l'article 56 édictait les aggravations de peines, différentes selon les cas, qui devaient résulter de la récidive de crime à crime; l'article 57 traitait de l'aggravation de peine en cas de récidive de crime à délit, et l'article 58 prévoyait le cas de récidive de délit à délit, quand le premier fait avait été assez grave pour motiver un emprisonnement de plus d'une année. Le dernier cas possible, celui de récidive de délit à crime, n'était pas et ne devait pas être l'objet d'une aggravation légale de la peine, attendu que la latitude laissée au juge par la loi en matière de grand criminel est assez considérable pour lui permettre d'élever la peine au

(1) Rapport de M. Dumon à la Chambre des députés, sur la loi du 28 avril 1832.

niveau de la criminalité du nouvel acte coupable reproché à l'accusé.

La question s'était présentée de savoir s'il y avait récidive de *délit à délit*, et par conséquent s'il y avait lieu à l'aggravation de la peine, dans le cas où le second fait, *qualifié crime* par la loi, ne devenait passible que d'une *peine correctionnelle*, soit parce qu'il était *excusable*, soit parce que les circonstances aggravantes avaient été écartées, soit parce que le jury avait admis des *circonstances atténuantes;* ou bien s'il y avait récidive de délit à crime, ce qui n'eût pas permis d'appliquer au récidiviste une peine aggravée. La Cour de cassation jugeait qu'il y avait récidive de délit à crime, attendu que la loi ne s'attachait pas à la peine appliquée, mais à la qualification du second fait, et que par conséquent il n'y avait pas lieu à l'aggravation de la peine (1). Mais cette jurisprudence n'était pas admise sans contestation.

Pour faire cesser ces controverses, la loi du 13 mai 1863 a complété ainsi qu'il suit les articles 57 et 58; mais malheureusement elle n'a fait que créer de nouvelles incertitudes.

L'article 57 prévoyait seulement le cas où un individu condamné pour *un crime* aurait commis *un délit de nature à être puni correctionnellement.* Le nouvel article 57 a ajouté : Quiconque ayant été condamné, *pour crime, à une peine supérieure à une année d'emprisonnement,* aura commis un délit, *ou un crime qui devra n'être puni que de peines correctionnelles,* sera condamné au maximum de la peine portée par la loi, et cette peine pourra être élevée jusqu'au double. *Le condamné sera, de plus, mis sous la surveillance de la haute police* de cinq à dix ans.

L'article 58 portait : Les coupables condamnés correctionnellement à un emprisonnement de plus d'une année seront aussi, en cas de nouveau délit, condamnés au maximum de la peine portée par la loi.... Le nouvel article 58 a ajouté à ces termes « seront aussi, en cas de nouveau délit, *ou de crime, qui devra n'être puni que de peines correctionnelles,* condamnés au maximum.... »

On voit que, d'après cette modification, le nouvel article 57 du Code pénal diffère de l'ancien : 1° en ce que la première condamnation pour crime doit s'être élevée à une peine de plus d'une année d'emprisonnement pour que le coupable soit traité

(1) Cass., 27 juin 1833; 29 juin 1837; 1f avril 1839 ; 2 juin 1842 ; 4 janvier 1856.

comme récidiviste ; 2° en assimilant la récidive de crime à *crime puni de peines correctionnelles* à la récidive de crime à délit. Le nouvel article 58 diffère de l'ancien par l'adjonction de ces mots : *ou de crime qui devra n'être puni que de peines correctionnelles.* Par là le législateur, contrairement à la jurisprudence de la Cour de cassation que nous avons rappelée, considère, non la qualification légale du second fait, mais la peine qu'il devra encourir, pour l'application de la théorie de la récidive, et crée un cas de récidive nouveau, celui *de délit à crime,* quand la peine de ce crime devra subir une diminution qui la réduise à une peine correctionnelle, car alors il y a véritablement récidive de délit à délit. « C'est le résultat qu'il faut considérer, a dit le rapporteur ; ce n'est pas la poursuite, ce n'est pas l'incrimination ni l'accusation, c'est la déclaration du jury, c'est la condamnation. »

C'est sur la portée de ces mots ajoutés à l'article 58 : *ou de crime qui devra n'être puni que des peines correctionnelles,* que s'est élevée bientôt une difficulté, résolue pour la première fois par la Cour d'assises de Saône-et-Loire, laquelle, par arrêt du 7 décembre 1863, a décidé que lorsqu'un accusé, précédemment condamné à un emprisonnement de plus d'une année, est reconnu coupable d'un crime, mais qui, à raison de *circonstances atténuantes* admises en sa faveur, n'est passible que de peines correctionnelles, il n'y a pas lieu de faire l'application de l'article 58 du Code pénal sur la récidive tel qu'il a été modifié par la loi du 13 mars 1863. Ses motifs étaient que les expressions: « crime qui devra n'être puni que des peines correctionnelles,» employées dans les articles 57 et 58 du Code pénal modifiés, ne doivent s'entendre que des cas où, *indépendamment de l'application de l'article 463,* les crimes deviennent passibles de peines correctionnelles; que l'article 463 est général et absolu dans les hypothèses et les limites qu'il prévoit, et statue même sur les cas de récidive, ainsi que cela résulte soit de son texte, soit des discussions qui ont eu lieu au moment des modifications du Code pénal; que s'il en était autrement, il faudrait arriver à cette conséquence que les condamnés pour crime ou pour délit à un emprisonnement de plus d'une année se trouveraient, en cas de condamnation pour un second crime passible de la réclusion, dans une position plus fâcheuse que s'ils avaient été condamnés précédemment à une peine afflictive et infamante, puisque, dans ce second cas, le minimum de la peine encourue pourrait être de deux années de prison (art. 56 n° 3), tandis que dans le premier cas la peine ne pourrait être abaissée au-dessous de 5 ans de prison et 5 ans de surveillance (art. 57); qu'une telle anomalie dans l'échelle des peines ne peut avoir été dans l'intention du législateur ; qu'il résulte de ces considérations que l'article 58 n'est pas applicable en pareil cas, et que la Cour reste alors dans les limites fixées par les articles 463 et 401.

La Cour de cassation, appelée à se prononcer sur cette question, a adopté la solution contraire. Elle a décidé, par un premier arrêt du 26 mars 1864, puis les 26 mai et 15 septembre de la même année, que l'article 58 du Code pénal, modifié par la loi du 13 mai 1863, en plaçant parmi les cas de récidive punissables celui de la perpétration, après une condamnation à plus d'un an d'emprisonnement, d'un crime « qui devra n'être puni que de peines correctionnelles », a entendu comprendre dans les prévisions de cette disposition toutes les situations dans lesquelles le fait qualifié crime par l'accusation ne devient passible, d'après la déclaration du jury, que de peines correctionnelles, soit que ce résultat ait été produit par l'admission d'un fait d'excuse ou par le rejet des circonstances aggravantes, soit qu'il ait été produit par la déclaration des circonstances atténuantes. La loi, a dit la Cour de cassation, ne fait aucune distinction entre les causes d'atténuation de la peine, et n'a eu l'intention de considérer que le résultat de la poursuite.

Il résultait donc de cette décision que l'aggravation de la récidive n'opérait qu'après l'atténuation des circonstances atténuantes.

Cette théorie, contraire aux conclusions remarquables de M. l'avocat général Savary (1), a été approuvée par quelques auteurs qui ont considéré qu'elle s'accorde avec le texte nouveau plus que toute autre interprétation. « La pensée dominante, disent-ils, a été d'introduire l'aggravation pour récidive partout où on pourrait voir une variété de récidive *de délit à délit*, et spécialement dans les cas où la peine du crime se *correctionnaliserait par l'effet des circonstances atténuantes* (2).

D'autre part, ce système a été fortement combattu par d'autres

(1) Conclusions reproduites dans Dalloz, 1864, 1, 198, sur l'arrêt du 16 mars 1864.

(2) Faustin-Hélie, *Théorie du Code pénal*, 5e édition. — Morin, *Journal de Droit crim.*, 1864.

auteurs (1), et a trouvé généralement d'énergiques contra-
dictions.

Il n'y a point de difficulté lorsque le second fait qualifié
crime par la loi n'est puni que de peines correctionnelles,
quand le coupable a commis le crime dans un des cas où la loi
le déclare *excusable* (C. pén., art. 65), ou quand une circonstance aggravante a été écartée. Il n'y a de difficulté sur l'état
de récidive que quand le fait qualifié crime n'est passible que
de peines correctionnelles par l'effet de l'admission des circonstances atténuantes.

Il paraît certain que, dans la pensée du législateur de 1863,
l'admission de circonstances atténuantes, en rendant un fait
qualifié crime passible seulement de peines correctionnelles,
devait le soumettre à la nouvelle théorie de la récidive écrite
dans les articles 57 et 58. L'exposé des motifs met expressément la déclaration de circonstances atténuantes au même
rang que l'admission d'un fait d'excuse ou le rejet d'une circonstance aggravante, et le rapport présenté au Corps legis-
latif expose « que la modification de l'article 58 a été introduite
pour le cas où le fait poursuivi comme crime et passible, par
conséquent, d'une peine afflictive et infamante, n'est puni que
d'une peine correctionnelle, soit parce qu'il se dépouille
aux débats de quelque circonstance aggravante, soit parce
qu'il est modifié par l'admission d'un cas d'excuse, ou l'application de circonstances atténuantes »; d'où la conséquence que,
les articles 57 et 58 devant s'appliquer au cas où le crime n'est
puni que de peines correctionnelles par suite de l'admission de
circonstances atténuantes, il faudrait faire fonctionner ces circonstances avant la récidive. D'un autre côté cependant, si
l'on admet que la déclaration de circonstances atténuantes
donne lieu à l'application du nouvel article 58; si le coupable
que le jury a admis au bénéfice des circonstances atténuantes
doit être puni néanmoins comme récidiviste, on arrive à des
conséquences inadmissibles et à une véritable anomalie, que les
législateurs n'ont pas prévues, parce qu'ils touchaient à une
matière régie non seulement par les principes de la récidive,

(1) Dalloz, 1864, 1, 197, et 2, 73, notes sur l'arrêt du 7 décembre 1863, et sur
ceux de Cass. des 26 mars et 26 mai 1863. — Sirey 1864, 1, 146, et 2, 41, notes
sur les mêmes arrêts. — Bertauld, *Cours de Code pénal*. — Labbé, *Revue
critique de législation et de jurisprudence*, t. XXIV, p. 298.

mais par ces principes combinés avec ceux formulés relativement à l'atténuation des peines dans l'article 463 (1).

Il se présente en effet des cas où l'aggravation de la peine, par l'effet de la récidive, est moindre que la diminution de peine dont peut profiter le coupable en faveur duquel le jury aura reconnu l'existence de circonstances atténuantes; de sorte que, dans ces cas, la déclaration de circonstances atténuantes tournera contre celui qui les aura obtenues, si bien que mieux eût valu pour lui ne s'être montré digne d'aucune commisération que d'avoir mérité un verdict mitigé.

Nous pensons donc, avec les derniers criminalistes qui ont combattu l'arrêt de 1864, qu'il y a lieu de faire cette distinction : quand le fait de récidive *qualifié crime* s'abaisse aux *proportions d'un délit* parce qu'une circonstance aggravante a été écartée, ou une excuse reconnue, le fait du délit simple et l'aggravation de récidive s'additionnent, et c'est sur ce fait aggravé que s'exercera l'effet des circonstances atténuantes.

Quand, au contraire, le fait à punir a toujours été et *reste un crime*, ce fait et les circonstances de la récidive ne s'additionnent pas, puisque la récidive n'a pas lieu *de délit à crime*. C'est donc sur le crime simple que s'exercent les circonstances atténuantes.

Tous les auteurs reconnaissent que l'aggravation, de quelque cause qu'elle résulte, étant de droit commun, s'incorpore avec la peine simple, et que cette peine aggravée est la matière sur laquelle s'exerce la déclaration des circonstances atténuantes. C'est avec ces principes que l'exposé des motifs et le rapport de la loi de 1863 se sont mis en contradiction. L'erreur de la doctrine que nous combattons tient donc à ce que ses partisans considèrent à tort que l'aggravation résultant de la récidive s'ajoute au fait punissable *après la déclaration des circonstances atténuantes*, tandis qu'elle doit s'y ajouter avant (2).

En résumé, la solution qui précède fait éviter des inconséquences absolument impossibles à justifier, et elle est seule conforme aux principes généraux du droit pénal. Quant à l'ob-

---

(1) M. Faustin-Hélie, en abordant le commentaire des nouveaux articles 57 et 58, exprime ainsi son opinion : « Il y a à craindre que cette nouvelle rédaction, que des légistes exercés n'auraient peut-être pas acceptée, ne suscite à la jurisprudence un véritable embarras. »
Dans une circulaire du 30 mai 1863, relative à l'interprétation de la loi nouvelle, le ministre de la justice n'a pas cru pouvoir taire ses doutes sur la portée de cette loi.

(2) C'est l'erreur que n'ont pas commise et que signalent M. Bertauld, *Cours de Code pénal*, p. 414 et suiv., et M. Labbé dans la remarquable dissertation déjà citée.

jection tirée des documents législatifs, nous ne nous y arrêtons pas, parce qu'ils n'ont pas prévu la difficulté qui nous occupe, et qu'au dessus de la lettre morte, il y a l'intérêt de la loi et son application rationnelle, alors surtout que ce qui paraît avoir été la pensée des législateurs ne s'est pas incorporé dans un texte formel.

Au surplus, cette question, qui a tant exercé les criminalistes après les arrêts de 1864, a été définitivement tranchée par la Cour de cassation elle-même, qui n'a pas hésité à revenir sur sa jurisprudence.

En effet, la Cour de cassation, dès le 5 avril 1866, modifiant ses décisions antérieures, a jugé implicitement que l'aggravation de la récidive devait précéder l'application de l'article 463, en décidant que lorsqu'à raison de la récidive légale, la peine encourue est le maximum des travaux forcés à temps, l'admission des circonstances atténuantes la réduit forcément au minimum de 5 ans.

C'est surtout dans un arrêt du 24 janvier 1867, que la Cour suprême a affirmé définitivement et en termes formels que, dans le cas où l'admission des circonstances atténuantes concourt avec la déclaration de l'état de récidive, le juge doit *d'abord* rechercher quelle peine emporte *le fait aggravé par l'état de récidive*, et faire subir *ensuite* à la peine ainsi déterminée les modifications autorisées par l'article 463. Cet arrêt proclame le principe général résultant des termes de l'article 463 du Code pénal, à savoir que les modifications apportées à la condamnation par l'effet des circonstances atténuantes s'appliquent à « *la peine prononcée par la loi* », et il déclare qu'en pareil cas la peine *prononcée par la loi* est celle qu'emporte le fait reconnu constant, *aggravé par l'état de récidive* ; que dès lors, avant d'attribuer à l'accusé le bénéfice des circonstances atténuantes, il faut d'abord examiner, d'une part, s'il y a récidive, d'autre part quelles en sont les conséquences légales, et que la modification résultant des circonsiances atténuantes ne s'applique qu'à la peine ainsi déterminée.

Depuis ce dernier arrêt, la Cour régulatrice n'a plus varié dans sa jurisprudence, et nous considérons le système qu'elle a consacré comme étant le seul juridique (1).

On a objecté que la récidive n'est pas une cause d'*aggravation*

(1) Cass., arrêts conformes des 4 juin 1869 ; 15 mai 1874 ; 17 février 1877 ; 9 juin 1877 ; 6 novembre 1879 ; 29 avril 1880 ; 29 juillet 1880. Note de M. Villey, professeur à Caen. Sirey 1878, 1, 281, sous l'arrêt du 9 juin 1877.

de la peine prise dans les *faits mêmes du délit*, qu'elle est motivée par les antécédents judiciaires du condamné, et qu'il semble qu'avant d'aggraver la peine pour cause de récidive, les juges soient obligés de la fixer telle qu'elle résulte des faits principaux ou accessoires du délit, et par conséquent des circonstances qui s'y rattachent pour l'aggraver ou l'atténuer.

Mais on doit répondre que la récidive est la circonstance *générale* qui plane sur toute la vie du condamné ; les circonstances atténuantes sont des circonstances *spéciales* au fait incriminé. On peut appliquer l'adage : *specialia generalibus derogant*. Les circonstances particulières peuvent demander une atténuation de la peine établie *a priori* par la loi contre le crime et contre la récidive ; et leur but indique manifestement qu'elles ne doivent opérer qu'après que la pénalité a été déterminée d'une manière générale et *in abstracto*. L'aggravation pour récidive ne résulte que d'une présomption légale, et cette présomption peut être reconnue fausse dans un cas déterminé ; les circonstances atténuantes ont précisément pour but, non seulement de suivre les nuances de la culpabilité individuelle, mais encore de corriger les imperfections inévitables de la loi, notamment *en matière de récidive*, comme nous l'avons déjà fait remarquer en rappelant les termes du rapport sur la loi de 1832. « Qu'importe, ajoutait spécialement le rapporteur, que la récidive ne procède pas toujours d'un progrès d'immoralité, et, par conséquent, ne mérite pas toujours une aggravation de peine, si, dans les cas privilégiés, *l'admission des circonstances atténuantes écarte cette aggravation.* »

Or, pour que le vœu du législateur soit atteint, pour que les circonstances atténuantes puissent remplir le but qui leur est assigné, il est évident que leur effet ne doit s'appliquer que lorsque la récidive légale a produit le sien.

CHAPITRE III.

CONCOURS DE PLUSIEURS CAUSES D'ATTÉNUATION ET DE PLUSIEURS CAUSES D'AGGRAVATION DE LA PEINE.

On peut supposer que dans une même affaire les causes d'atténuation et d'aggravation de la peine ne se trouvent plus réunies deux par deux, comme nous l'avons supposé dans les deux chapitres précédents, mais se trouvent réunies par trois ou par quatre. On pourrait même aller jusqu'à supposer que dans une même affaire, ce qui est du reste une hypothèse qui se présentera bien difficilement dans la pratique, se rencontrent à la fois une excuse légale, la minorité de 16 ans, les circonstances atténuantes, des circonstances aggravantes spéciales et la récidive. Dans quel ordre devra-t-on tenir compte de toutes ces circonstances pour la détermination de la peine?

Nous pouvons dire, et cela résulte des principes posés dans les sections précédentes, que l'on devra toujours tenir compte des causes d'atténuation ou d'aggravation de la peine dans l'ordre suivant:

1° Les circonstances aggravantes spéciales ou la qualité de fonctionnaire ; 2° les excuses légales ; 3° la récidive; 4° les circonstances atténuantes; 5° la minorité de 16 ans.

SECONDE PARTIE

LÉGISLATIONS ÉTRANGÈRES COMPARÉES [1]

———◦◦◦———

ESPAGNE.

C'est en 1822 que parut le premier Code pénal ; il tenait à la fois des *Partidas*, qui composaient encore la législation criminelle de la péninsule, et des lois spéciales, nécessitées par le temps (2) ; ses rédacteurs s'inspirèrent des grands principes du Code français.

La rédaction de 1823 le supprima, et on lui substitua les ordonnances de Philippe V. Mais ce changement ne pouvait suffire. Un nouveau projet fut préparé en 1840, sans être présenté aux Cortès.

C'est en 1848 que le gouvernement provisoire s'occupa sérieusement de la réforme pénale et de la revision d'un nouveau Code. Une commission composée d'hommes éminents se livra avec enthousiasme à ce grand travail, qui, adopté par le gouvernement et les Cortès, fut promulgué par ordonnance royale du

---

(1) Pour cette revue comparative des législations étrangères, nous avons consulté les codes eux-mêmes dont la traduction existe en français ; les documents contenus dans les *Annuaires de législation étrangère* publiés par la Société de législation comparée, les *Bulletins* de cette Société ; les commentaires spéciaux et les renseignements que nous avons pu nous procurer. Nous devons à l'obligeance de M. Amiaud, secrétaire du comité de législation étrangère établi au ministère de la justice, des extraits du texte des Codes dont nous n'avons pu trouver la traduction française dans le commerce.

(2) Les *Partidas*, publiées au xiii⁰ siècle, furent l'encyclopédie de l'époque ; elles embrassaient la morale, la philosophie, le droit pénal, l'instruction criminelle, la procédure, le droit canon et la politique. La plupart de leurs dispositions pour les crimes ou délits communs appartiennent au Code Justinien ; les autres sont tirées des coutumes locales des villes. Les *Partidas* furent donc la base des lois pénales et civiles qui régirent la péninsule jusqu'à l'ère moderne. (M. Pacheco, ancien ministre de la justice, membre de la commission de rédaction du Code, *Introduction au droit pénal*.)

19 mars 1848. Cependant ce Code fut de nouveau modifié dans certaines de ses dispositions, et sa promulgation définitive eut lieu le 30 juin 1850 (1).

Enfin, le Code pénal espagnol a subi une dernière réforme en 1870, et c'est celui qui est en vigueur (2).

Une première différence dans le système pénal des deux Codes, français et espagnol, c'est que le Code espagnol, contrairement au Code français, n'admet que deux catégories d'actions punissables : les *délits* et les *fautes* (art. 1). Les délits sont toutefois divisés en délits graves et en délits moins graves. « Sont réputés délits *graves* ceux que la loi punit de peines afflictives. Sont réputés délits *moins graves* ceux que la loi punit de peines correctionnelles. Les fautes sont les infractions que la loi punit de peines légères (art. 6) (3). On voit néanmoins que ces trois catégories de peines, dont l'article 24 donne « *l'échelle* », semblent reconnaitre qu'il y a véritablement trois classes de faits punissables.

I. **Excuses.** — Le Code pénal espagnol, après avoir défini, dans le chapitre I du titre I, les délits et les fautes, consacre le chapitre II du même titre à l'énumération des *circonstances qui exemptent de la responsabilité criminelle*, et il indique treize cas (art. 8). Sont exempts de responsabilité criminelle : 1° le fou et l'individu en démence, à moins qu'il n'ait agi dans un intervalle de raison ; mais le tribunal peut ordonner que le fou ou l'individu en démence, s'il a commis un délit grave, sera enfermé dans un hôpital destiné aux malades de cette catégorie, et il ne pourra en sortir sans l'autorisation préalable du même tribunal ;

2° Le mineur de 9 ans ;

3° Le majeur de 9 ans mais mineur de 15 ans, à moins qu'il n'ait agi avec discernement, point sur lequel le tribunal doit se prononcer expressément pour le condamner ou le déclarer irresponsable ;

4° Celui qui agit pour la défense de sa personne *ou de ses droits*, s'il y a simultanément agression illégitime, nécessité rationnelle

---

(1) *Théorie du Code pénal espagnol comparé avec la législation française*, par Louis Laget, sénateur, et Laget-Valdeson. Paris. 2ᵉ édition, 1881.

(2) Un décret royal du 16 octobre 1879 a approuvé le Code de procédure criminelle formé en vertu de l'autorisation donnée au gouvernement par la loi du 30 décembre 1878.

(3) Traduction française du Code espagnol. Paris, 1881.

du moyen employé pour empêcher ou repousser cette agression et absence de provocation suffisante de la part de celui qui se défend ;

5° Celui qui agit pour la défense de la personne ou des droits de ses ascendants, descendants de son conjoint ou de ses frères, de ses alliés aux mêmes degrés, et de ses consanguins jusqu'au 4e degré (d'après la loi civile, qui compte les degrés comme la loi française), moyennant le concours des deux premières circonstances énumérées dans le numéro précédent, et à condition que si la provocation provient de la personne attaquée, le défenseur n'y ait pas participé ;

6° Celui qui agit pour la défense de la personne d'un tiers, moyennant le concours d'une agression illégitime et de la nécessité rationnelle du moyen employé, et à condition que le défenseur ne soit pas poussé par vengeance, ressentiment ou autre motif illégitime ;

7° Celui qui, pour éviter un mal, commet un fait qui cause un dommage à la propriété d'autrui, moyennant qu'il y ait : réalité du mal qu'il s'agit d'éviter, que ce mal soit plus considérable que celui qui est causé pour l'éviter, et qu'il n'y eût pas d'autre moyen praticable et moins préjudiciable de l'empêcher ;

8° Celui qui, dans l'exécution d'un acte licite, avec le soin voulu, cause un mal par pur accident, sans la moindre faute et sans l'intention de le causer ;

9° Celui qui agit, entraîné par une force irrésistible ;

10° Celui qui agit, poussé par la crainte insurmontable d'un mal plus considérable ;

11° Celui qui agit dans l'accomplissement d'un devoir, ou dans l'exercice légitime d'un droit, d'une autorité, d'une fonction ou d'un emploi ;

12° Celui qui agit en vertu de l'obéissance à laquelle il est tenu ;

13° Celui qui commet une omission quelconque, se trouvant empêché pour une cause légitime ou insurmontable.

Le Code espagnol comprend aussi, comme rentrant dans l'article 8, le *monomane* et le *somnambule* ; cela résulte des termes de l'article 1 du Code, qui déclare qu'il ne peut y avoir délit que s'il y a *une action volontaire* (1).

_____

(1) Francisco Pacheco, *Commentaire du Code pénal espagnol*, t. I, p. 145, n° 23, cité par M. Laget.

Le Code pénal espagnol admet comme le nôtre l'exemption de responsabilité résultant de l'âge du coupable, en tant que l'âge implique le défaut de discernement, car, pas plus que l'homme dont la raison est égarée, l'enfant sans discernement n'a la conscience de ses actes. Mais, au lieu de suivre la loi française, qui pose la règle générale que jusqu'à 16 ans les enfants peuvent être déclarés irresponsables, le Code espagnol établit trois catégories : jusqu'à 9 ans, l'enfant est *nécessairement irresponsable :* la loi nie jusqu'à cet âge l'existence du discernement ; de 9 à 15 ans, la loi *ne suppose pas le discernement,* mais reconnaît qu'il peut exister : l'enfant peut être déclaré responsable ; de 15 à 18 ans, la loi *suppose le discernement,* mais *incomplet,* et fait de cette circonstance une circonstance atténuante (art. 9, § 2).

Laquelle des deux manières de procéder est la meilleure ?

C'est une grave question. D'abord il est délicat de constater l'existence du discernement, parce que discerner ce n'est pas seulement apprécier ce qui est bien ou ce qui est mal au point de vue général, c'est juger un fait non seulement dans l'ordre matériel, mais encore dans l'ordre moral et dans ses conséquences, ce qui indique une force d'intelligence que l'éducation et l'expérience de la vie peuvent seules donner. D'un autre côté, il est très difficile de préciser avec certitude l'âge auquel le discernement commence à exister et est plus ou moins complet, parce que, suivant l'instruction, le genre de vie et les facultés naturelles, le développement intellectuel et moral ne se produit pas à un âge uniforme. C'est pourquoi le législateur français a fixé un âge assez avancé, jusqu'auquel l'accusé peut avoir agi sans discernement, laissant aux tribunaux à apprécier, d'après les circonstances du fait et les réponses de l'accusé, quel est son développement intellectuel et son état moral.

Cependant il faut reconnaître que les périodes admises par le Code espagnol sont très rationnelles. On ne saurait admettre au-dessous de 9 ans la possibilité du discernement, et, en admettant que le discernement puisse commencer à cet âge, on peut considérer qu'il n'est complet qu'à 18 ans, époque à laquelle commence, d'après la loi espagnole, la majorité absolue pour la responsabilité pénale.

Les paragraphes 4, 5 et 6 de l'article 8 s'occupent du cas de légitime défense de sa personne *et de ses droits,* ou de la personne et des droits de parents ou d'un étranger.

Le Code pénal français admet la légitime défense de soi-même ou d'autrui comme cas d'exemption de responsabilité criminelle, mais il ne définit pas la légitime défense. Le juré et le juge apprécient arbitrairement les circonstances dans lesquelles l'accusé peut être admis au bénéfice de cette exemption.

Le Code pénal espagnol, au contraire, indique les conditions constitutives de la légitime défense, non seulement de sa personne, mais encore de ses droits; toutefois les circonstances qu'il considère comme constitutives d'une légitime défense nous paraissent manquer de précision et de clarté, et elles ont surtout l'inconvénient de lier le juge et de l'enfermer dans un cercle dont il ne peut sortir, au grand détriment de l'accusé. Enfin exiger toujours le concours *simultané* et complet des trois circonstances indiquées, c'est refuser le bénéfice de la légitime défense, alors que, pour des cas identiques, la conscience et la raison du juge devraient l'admettre en toute justice.

On remarque que le Code espagnol n'a pas parlé des deux cas prévus et définis dans l'article 329 du Code pénal français.

Remarquons encore ici que les articles 100, 108, 138, 144 et 213 de notre Code pénal, qui exemptent sinon de la responsabilité pénale, du moins de toute peine corporelle ou pécuniaire (car ils permettent la surveillance), n'ont pas d'articles correspondants dans le Code espagnol, comme constituant une excuse, une circonstance atténuante.

Quant aux cas spécifiés dans les articles 321, 322, 324 de notre Code pénal français comme constituant les *excuses légales* proprement dites, ils sont prévus par les nos 4 et 5 de l'article 9 du Code pénal espagnol, mais sont considérés comme des *circonstances atténuantes*. La loi espagnole n'admet pas l'*excuse*, qui, dans le système de la loi française, tient le milieu entre l'exemption et l'atténuation de la culpabilité; elle ne l'admet du moins que dans un seul cas, celui où le mari, trouvant sa femme en flagrant délit d'adultère, la tue ou tue son complice. L'article 348 porte que « le mari qui, trouvant sa femme en adultère, tuera *sur le moment* celle-ci ou son complice, ou leur causera quelques lésions graves, sera puni de la peine de l'interdiction de lieux. S'il leur cause des lésions d'une autre classe, il sera exempt de toute peine. »

Ces règles sont applicables, pour les mêmes circonstances, aux pères, relativement à leurs filles mineures de 23 ans et à leurs corrupteurs, tant qu'elles demeureront dans la maison paternelle.

Mais le bénéfice de cet article ne profite pas à ceux qui au-

16

raient procuré ou facilité la prostitution de leurs femmes ou filles.

Pour tous les autres cas, il y a, dans les circonstances qui ont accompagné le fait, ou exemption de responsabilité, ou circonstance atténuante, mais non une excuse.

C'est ainsi qu'après le chapitre II indiquant les circonstances qui *exemptent* de la responsabilité criminelle, le chapitre III est consacré aux circonstances qui *atténuent* cette responsabilité ; et en ce qui concerne certains cas constitutifs d'excuses légales dans notre droit, nous les retrouvons dans l'article 9 qui porte : Sont *circonstances atténuantes* : .... 4° « celle qu'il y ait eu *provocation* ou *menaces immédiates* de la part de l'offensé ; » 5° « celle d'avoir commis le fait pour venger *tout de suite* une *offense grave* faite au prévenu, ses ascendants, descendants, son conjoint, ses frères ou alliés au même degré. »

Quant au parricide, ce n'est pas seulement un meurtre commis avec la circonstance aggravante prévue dans l'article 10 n° 1, que l'offensé est l'ascendant de l'offenseur ; c'est un crime spécial, mais pour lequel le Code espagnol, au lieu de déclarer qu'il ne comporte aucune excuse ou atténuation, fait au contraire des différences dans la peine, selon la circonstance de préméditation ou la cruauté du moyen employé. L'article 322, qui ne prévoit pas uniquement le parricide, porte : « Celui qui tuerait son père, sa mère ou son enfant légitime (l'infanticide est le meurtre d'un enfant âgé de moins de 3 jours), naturel ou adoptif, ou un autre de ses ascendants, descendants légitimes, ou son conjoint, sera puni comme parricide : 1° de la peine de mort, s'il y a concours de la circonstance de préméditation reconnue ou d'actes de cruauté qui auraient eu pour but d'augmenter sciemment les souffrances du blessé ; 2° de la chaîne perpétuelle, s'il ne se rencontre aucune de ces deux circonstances.

II. Circonstances atténuantes. — Le Code espagnol admet, lui aussi, l'influence des circonstances atténuantes sur la peine ; il autorise le juge à accorder le bénéfice des circonstances atténuantes à tous les crimes ou délits. Il consacre la division de la peine en trois degrés : *minimum, degré moyen,* et *maximum ;* mais, par esprit de réaction contre l'omnipotence du juge, dont l'Espagne a souffert plus longtemps que nous, on remarque dans la loi une tendance qui consiste à restreindre le plus possible l'arbitraire du juge, tendance qui se fait surtout sentir dans la manière dont procède ce Code pour les circonstances atténuantes. Au lieu de suivre le système de la loi française. de laisser au juge, comme le fait celle-ci, la faculté de reconnaître et d'admettre les circonstances atténuantes, dans les cas où il le croira juste, et selon qu'il les aperçoit, il dresse une énumération de circonstances atténuantes.

Mais ne voit-on pas que ces circonstances ne peuvent être l'objet d'une énumération systématique. Elles résultent non seulement des actes qui ont précédé et accompagné la perpétration du fait criminel, mais aussi de mille nuances matérielles, morales et intentionnelles, variables suivant l'individu, son caractère, son éducation, ses habitudes. Vouloir déterminer et préciser *a priori* toutes ces nuances, toutes ces circonstances infinies, c'est tenter l'impossible.

C'est cependant ce qu'a fait le Code espagnol, qui, dans le chapitre III, intitulé *Des circonstances qui atténuent la responsabilité criminelle*, a consacré l'article 9 à l'énumération de ces circonstances.

D'après cet article, sont circonstances atténuantes, indépendamment de celles que j'ai citées plus haut et qui sont comprises sous les numéros 4 et 5 comme correspondant à nos excuses légales, c'est-à-dire la provocation ou les menaces immédiates et la vengeance instantanée d'une offense grave, les circonstances ci-après :

1° Celles qui sont exprimées dans l'article 8 plus haut cité, quand manque le concours de toutes les circonstances requises nécessaires pour exempter, dans les cas respectifs, de la responsabilité criminelle;

2° Celle que le coupable est âgé de moins de 18 ans;

3° Celle que le délinquant n'ait pas eu l'intention de causer tout le mal qu'il a fait;

6° Celle de commettre le délit en état d'ivresse, pourvu que l'état d'ivresse ne soit pas habituel ou postérieur au projet de commettre le délit;

7° Celle d'agir sous l'empire d'une excitation si forte qu'elle ait naturellement produit trouble et aveuglement d'esprit (1).

Et comme le législateur lui-même a compris que l'énuméra-

(1) C'est sans doute à raison de l'hypothèse d'une excitation de semblable nature que l'article 336 punit seulement de la peine de la prison mineure la mère qui tue son enfant âgé de moins de 3 jours, *pour cacher son déshonneur*, et de la prison majeure les ascendants de la mère qui, pour cacher le déshonneur de celle-ci, commettraient ce délit.

tion qu'il tentait était nécessairement incomplète, et n'a pas voulu, d'autre part, enfermer le juge, qui n'aurait pu procéder par analogie d'un cas à un autre, dans une impasse sans issue, au grand détriment de l'accusé et de la justice, il a ajouté lui-même, pour que l'article 9 ne fût pas limitatif :

8° Et enfin *toute autre circonstance de même valeur*, et *analogue* aux circonstances précédentes.

C'est qu'en effet l'énumération donnée dans cet article 9 est très incomplète (1).

Le Code espagnol de 1822, lui-même, contenait d'autres circonstances atténuantes dans son article 107, et portait :

« Seront aussi considérés comme circonstances de nature à amoindrir le délit : ..... 2° l'indigence, l'amour, l'amitié, la reconnaissance, la légèreté ou l'entrainement d'une passion, qui auraient influé dans la perpétration du délit; ..... 4° cette circonstance que le délit est le premier, et que la conduite antérieure du délinquant avait été constamment bonne, ou que celui-ci a rendu des services importants à l'État. »

Si cette disposition n'a pas été reproduite textuellement, du moins le législateur espagnol moderne a-t-il reconnu qu'à côté des circonstances qu'il avait soin d'énumérer, on pouvait en placer bien d'autres, et c'est pour cela que, par une précaution excellente, mais qui est la condamnation de son système, il a ajouté à la suite de son énumération le paragraphe 8 de son article 9, par lequel il laisse au juge la faculté d'admettre *d'autres circonstances atténuantes* que celles qu'il indique.

Ce qui mérite, surtout, de fixer l'attention, c'est la circonstance atténuante résultant de l'âge du délinquant. Le Code espagnol limite à 18 ans la période pendant laquelle l'âge de l'accusé lui attire, de droit, le bénéfice des circonstances atténuantes (2).

Les articles 67 à 75, formant la 2ᵉ section du chapitre IV,

---

(1) Le Code autrichien, qui a adopté, lui aussi, le système d'énumération, indique, dans ses §§ 39 et 40 (Code de 1803), 46 et 67 (Code de 1852, reproduisant le précédent), un grand nombre de circonstances atténuantes, soit relatives à la personne, soit résultant du fait, que le Code espagnol a omises, et qui, aux yeux du jury, peuvent avoir une valeur égale, sinon supérieure, à celles qu'il a cru devoir admettre.

(2) Le Code pénal autrichien dispose dans son § 46 : « Les circonstances atténuantes relatives à la personne sont les suivantes : 1° si le coupable n'a pas accompli sa 20ᵉ année. » (Mais le nouveau projet de Code pénal, § 64, a abaissé cet âge à 18 ans accomplis.)

Le Code pénal brésilien statue, article 18 : « Il y a circonstances atténuantes pour les crimes : « 1° quand le délinquant est mineur de 21 ans. »

contiennent les règles pour diminuer (ou augmenter) la peine en considération des circonstances atténuantes (ou aggravantes).

Nous citerons particulièrement les dispositions de l'article 72, relatives aux mineurs : « Le mineur de 15 ans, et majeur de 9 ans, qui ne sera pas exempté de responsabilité, comme ayant agi avec discernement, sera puni d'une peine discrétionnaire, mais toujours inférieure de deux degrés au moins à celle édictée par la loi pour le délit qu'il aura commis. »

« Au majeur de 15 ans et mineur de 18 ans s'appliquera toujours la peine, dans son degré correspondant à la peine immédiatement inférieure à celle qui est édictée par la loi ».

Le jury, pour les délits communs, fut établi, pour la première fois en Espagne, par la loi provisoire de procédure criminelle du 22 décembre 1872, mise en vigueur le 15 février 1873 ; mais après le rétablissement de la monarchie des Bourbons, et depuis le 3 janvier 1875, le jury a cessé de fonctionner. Cependant on prépare une législation nouvelle sur le jury pour les délits communs, comprenant les délits les plus graves, les crimes et les délits de la presse (1).

PORTUGAL.

I. **Excuses**. — Le Code pénal portugais, approuvé par décret du 10 décembre 1852 (2), distingue deux catégories de circonstances: les unes provenant de l'âge et de l'état physique et moral de la personne, et correspondant à nos cas d'irresponsabilité ; les autres provenant particulièrement des conditions dans lesquelles le fait s'est produit, et correspondant aux causes de justification de notre Code, et ayant pour effet d'exclure la peine.

_____

(1) Le jury avait commencé à fonctionner en Espagne, en 1820, pour les délits de presse. Une loi du 10 avril 1844 réduisit le nombre des délits dont il devait connaître ; puis il cessa d'exister, d'après une loi du 6 juillet 1845 qui remplaça, pour la connaissance des délits de presse, le jury par un tribunal spécial. Le jury fut établi, pour la presse, en 1854, et supprimé de nouveau en 1856 ; de sorte que les délits de presse sont soumis aux tribunaux ordinaires.

(2) Extraits du Code portugais fournis par M. Amiaud, secrétaire du comité de législation étrangère au ministère de la justice.

D'après l'article 23 du Code portugais, *enlèvent au fait le caractère de crime ou de délit:*

1° La démence, excepté dans les intervalles lucides: 2° la minorité jusqu'à 7 ans; 3° la minorité de 7 à 14 ans, si les coupables ont agi sans discernement; 4° l'ivresse complète et casuelle, et non postérieure au projet de commettre le crime; 5° l'obéissance en exécution d'un ordre donné par la loi.

D'après l'article 14, *le crime ou délit disparaît* : 1° quand l'auteur, au moment de le commettre, était complètement privé de l'intelligence du mal qu'il faisait; 2° s'il a été contraint par une force irrésistible; 3° s'il a été forcé par la nécessité actuelle de la légitime défense de soi-même ou d'autrui ; 4° si le fait est la conséquence accidentelle d'un fait licite ; 5° si le fait est autorisé par la loi et accompli par une personne compétente avec les formalités légales.

L'article 377, développant le principe de la nécessité actuelle de la légitime défense posé dans l'article 14, n° 3, reproduit textuellement notre article 329 (1).

Indépendamment de ces excuses absolues, le Code reconnaît des excuses seulement atténuantes et n'entraînant qu'une reduction de peine.

C'est d'abord la minorité de moins de 14 ans, lorsque l'accusé a agi avec discernement, auquel cas les peines, en matière criminelle, sont réduites à l'emprisonnement ne pouvant excéder dix ans, et, en matière correctionnelle, ne pouvant excéder la moitié de celle à laquelle le coupable aurait pu être condamné en ayant plus de 14 ans. Si l'accusé a agi sans discernement, il est ou remis à ses parents ou conduit dans une maison de correction pour un nombre d'années que le jugement détermine.

Les articles 370, relatif à l'excuse de la provocation, et 371, pour celle résultant du fait de repousser, pendant le jour, l'escalade ou l'effraction des clôtures ou entrées des maisons habitées, reproduisent, en termes identiques, les articles 321 et 322 de notre Code.

De même, l'article 372 déclare excusable, dans les termes de notre article 324, § 2, le meurtre commis par l'époux sur son épouse, ainsi que sur le complice, à l'instant où il les surprend en flagrant délit d'adultère dans la maison conjugale; mais il declare que les mêmes dispositions sont appliquées à la femme qui tue la concubine entretenue dans la maison conjugale,

(1) Ces articles 14 et 23 correspondent à l'article 8 du Code espagnol.

ou le mari. L'article 372 prévoit, indépendamment du meurtre, les blessures et les coups dans les mêmes circonstances ; enfin cet article est aussi applicable aux parents qui tuent les filles mineures de 25 ans et leurs corrupteurs, si les filles vivent sous la puissance paternelle : sont excusables le meurtre, les blessures et les coups, si le parent les surprend en flagrant délit.

La castration est également excusable, si le crime a été immédiatement provoqué par un violent outrage à la pudeur (art. 373).

Quant au parricide, l'article 375 déclare qu'il n'est pas excusable selon l'article 370; mais s'il n'y a pas préméditation et s'il y a provocation, et si la vie de l'accusé a été mise en péril dans le moment même du crime, par les violences de l'ascendant, la peine est atténuée d'après les règles générales.

II. **Circonstances atténuantes.** — En dehors des excuses proprement dites, il existe des circonstances atténuantes dont le système est distinct.

Ces circonstances, comme dans le Code de l'Espagne, sont déterminées et énumérées par la loi.

D'après l'article 20, sont circonstances atténuantes :

1° La minorité, jusqu'à 20 ans accomplis ; 2° la provocation d'une manière quelconque; 3° la violence et la menace; 4° l'intention et la nécessité d'éviter un mal; 5° le manque de pleine connaissance du mal que le crime doit produire ; 6° l'ignorance que le fait soit criminel ; 7° la présentation volontaire aux autorités; 8° l'ivresse non complète, si elle est casuelle et non postérieure au projet de commettre le crime ; 9° la réparation spontanée du dommage; 10° l'obéissance au supérieur dans l'ordre hiérarchique, dans les cas où l'inférieur n'est pas, d'après la loi, exempt de la peine par l'obéissance; 11° en général, les circonstances qui précèdent, accompagnent ou suivent le crime, et affaiblissent la culpabilité de l'accusé, ou diminuent de quelque manière les effets du crime, sont circonstances atténuantes.

On voit que dans cet article, comme dans l'article 9 du Code espagnol, auquel il correspond, le législateur, comprenant l'impossibilité, en raison de l'infinie variété des faits dans chaque cause, de prévoir toutes les circonstances atténuantes possibles dans une disposition entièrement limitative, a laissé, en définitive, au jury du fait un pouvoir illimité d'appréciation.

S'il y a simultanément circonstances aggravantes et atténuantes, la peine est aggravée ou atténuée selon celles des circonstances qui prédominent (art. 84).

Les circonstances atténuantes sont admises et déclarées par les jurés.

Les questions sur le crime et sur les circonstances aggravantes et atténuantes sont posées au jury par le juge unique de première instance qui préside les assises. La formule des questions est réglée par la loi, et le jury répond : *Est prouvé*, ou bien : *Il n'est pas prouvé* (1).

D'après la loi du 18 juillet 1855, article 14 paragraphe 1, le jury peut déclarer l'existence de quelque circonstance modificative de la culpabilité, laquelle, selon la loi, doit diminuer la peine, quand même cette circonstance n'a pas été comprise dans les questions posées par le juge.

Le nombre des jurés de jugement est de 9, plus un suppléant, en cas d'empêchement d'un juré.

Pour la solution affirmative de la question de culpabilité, la majorité des deux tiers est exigée. La réponse doit déclarer si sa décision a été prise à l'*unanimité* ou à la *majorité*. Cette déclaration n'est pas nécessaire dans les questions relatives aux circonstances aggravantes ou atténuantes.

ANGLETERRE.

Il n'y a pas de Code criminel en Angleterre, sauf quelques cas particuliers qui sont réglés par des lois ; c'est la tradition qui fait la règle et ce que nous appelons la jurisprudence, tradition qui est monumentée dans les œuvres des jurisconsultes qui ont publié et rapproché les décisions judiciaires.

I. — LÉGISLATION ACTUELLE.

I. **Excuses**. — Ce qui correspond à peu près à nos excuses péremptoires ou absolutoires, c'est le principe que là où il n'y

(1) Le Portugal n'a pas encore de Code d'instruction criminelle; c'est un recueil qui, sous le nom de Nouvelle réforme judiciaire, règle la procédure criminelle. (M. Henri Midosi, avocat et professeur à l'Institut industriel et commercial de Lisbonne, *Notice sur la législation portugaise. — Annuaire de législation étrangère*, 1875, p. 162.)

a pas volonté, il n'y a pas de crime (1). Il y a quatre cas d'excuses absolutoires : l'enfance, la démence, la contrainte, l'ignorance.

Au-dessous de l'âge de 7 ans, l'enfant est censé être incapable de prévoir les suites de ses actions, et il est hors d'atteinte de la pénalité criminelle. Depuis l'âge de 7 ans jusqu'à l'âge de 14 ans, on est supposé être également incapable d'un crime (*felony*), mais seulement jusqu'à ce que le contraire soit constaté, car si les faits prouvent l'existence chez le coupable d'une intelligence suffisante pour bien saisir la portée de l'action, on applique le châtiment. Ce sont les jurés qui prononcent sur le degré d'intelligence, c'est-à-dire sur le discernement.

Suivant l'expression du statut anglais, l'enfant, depuis 7 ans jusqu'à 14 ans, est *prima facie doli incapax*, mais il est sujet à la maxime *malitia supplet œtatem ;* néanmoins les peines sont moins rigoureuses à son égard.

De l'âge de 7 ans jusqu'à celui de 14, c'est donc une question de capacité individuelle plutôt que d'âge ; ainsi on a vu un enfant de 8 à 9 ans pendu pour avoir mis le feu à une maison, et, dans un autre cas, pour meurtre. Il y a cependant des exceptions à ce principe, par exemple en cas de viol : la loi considère, d'une manière absolue, qu'un garçon âgé de moins de 14 ans est incapable de commettre un viol, et elle n'admet pas de témoignages contre, tout en admettant l'intention comme possible (2).

Après l'âge de 14 ans, l'enfant perd le bienfait de la présomption qui le couvrait, il est censé avoir acquis toute sa raison ; il est dès lors responsable de ses actes comme tout autre, et devient passible des mêmes peines que le majeur. La loi n'a introduit une exception à cette règle, jusqu'à l'âge de 21 ans, qu'à l'égard de certaines contraventions qui consistent dans des omissions de faire, parce que le mineur de 21 ans, n'ayant pas la disposition de ses biens, ne pourrait satisfaire à l'amende (3).

Les idiots et les lunatiques ne sont sujets à aucune poursuite pour leurs actes, pas même pour le fait de haute trahison.

Comme pour le discernement à l'égard des enfants, c'est le jury qui doit être consulté sur la question de savoir si l'accusé jouissait de sa raison à l'époque où le crime a été commis.

Mais celui qui commet un crime en état d'ivresse volontaire

---

(1) Blackstone, *Commentaire sur la lég. crim. d'Angleterre.*
(2) Renseignements de M. Edward Cutler, avocat à la chancellerie anglaise.
(3) Blackstone, *Comment. sur la lég. crim.*, t. I, p. 29.

peut en être déclaré coupable, comme s'il était en pleine raison.

Nous avons dit qu'en Angleterre, comme en France, la contrainte est une cause d'irresponsabilité en matière criminelle. Si une femme commet une escroquerie, un vol, ou un attentat aux mœurs, à l'instigation ou même en compagnie de son mari, ce qui est une présomption de contrainte, elle peut ne pas être jugée coupable de ces crimes ; mais ces exceptions ou excuses ne s'étendent pas jusqu'aux crimes de haute trahison, de meurtre ou d'homicide par imprudence.

Si, en principe, les personnes qui commettent un crime par accident, cas fortuit, ignorance, erreur de fait (mais non ignorance de la loi), ou par contrainte, ne sont pas soumises aux lois pénales, chacune de ces circonstances doit toutefois être l'objet d'un examen tout particulier des faits.

« C'est l'ignorance du fait, et non celle de la loi, qui excuse, » est une maxime de droit (1).

La législation anglaise reconnaît aussi des faits justificatifs et des excuses proprement dites.

Ainsi l'homicide est *justifiable*, ou *excusable*, ou *crime capital*. Le premier n'est pas un crime ; la loi pénale est indulgente pour le second, mais le troisième est jugé le plus grand des crimes.

L'homicide *justifiable* est celui qui est commis dans des circonstances inévitables qui conduisent un homme à en tuer un autre, sans qu'on puisse lui imputer ni blâme ni imprudence, comme celui qui est commis dans l'accomplissement d'un acte légal, et en cas de nécessité reelle et apparente, par exemple : dans le cas où un délinquant ne pourrait pas être arrêté, une émeute réprimée ; ou des effets volés ne pourraient pas être repris, sans la nécessité de commettre un homicide. L'homicide est encore justifiable lorsqu'il est commis pour empêcher un crime capital ; lorsqu'une femme tue celui qui tente de l'enlever ; si un mari ou un père tue celui qui tente de violer sa femme ou sa fille ; mais il ne serait pas justifiable dans le cas où il surprendrait un homme avec sa femme ou sa fille qui serait

(1) Les *maximes de la loi* (maxims in law) ont, dans le droit, presque autant d'autorité que les actes du Parlement. Elles font partie des coutumes générales ou de la loi commune du pays. On peut citer, parmi ces maximes, celles-ci : « Dans les cas d'extrême nécessité, tout devient commun. — Dans les cas criminels, la preuve doit être aussi claire que le jour. — Un juge doit toujours pencher vers l'équité. — Le juge c'est la loi parlante. » (Alexandre Laya, *Résumé de la législation anglaise*.)

consentante, car alors il n'y aurait pas violence exercée. De même, ce ne serait pas un homicide justifiable que de tuer celui qui commet un crime sans être coupable de violence, tel que celui qui vole dans les poches ou qui, *de jour*, enfonce la porte d'une maison pour y entrer, et ne fait aucune tentative de vol.

L'homicide *excusable* est celui que l'on commet *par accident* ou pour *sa propre défense*.

On va jusqu'à assimiler à l'homicide par *accident*, c'est-à-dire sans intention de tuer, le cas où la correction qu'un parent inflige avec modération à un enfant, un maître à son apprenti ou à son élève, ou la punition qu'un officier fait subir à un coupable est suivie de mort. Mais si l'on dépasse les bornes de la modération, et si la mort est le résultat de la manière, de l'instrument, de la longueur ou de la sévérité de la punition, il y a alors au moins homicide, et il peut même y avoir meurtre, car toute correction immodérée est illégale.

L'homicide commis pour sa propre défense, et par suite d'une rixe ou d'une querelle soudaine, est plutôt *excusable* que *justifiable*, d'après la loi anglaise. Mais, pour que l'homicide de cette espèce soit excusable, il faut qu'il paraisse que l'auteur de l'homicide n'avait aucun moyen, soit par la fuite, soit autrement, d'échapper à son assaillant.

La législation anglaise admet aussi, d'une façon expresse, l'excuse de la *provocation*.

Si un homme en tue un autre sans provocation, la loi suppose l'intention criminelle, et il y a meurtre; mais si l'individu provoqué tue le provocateur en le battant, de manière à montrer qu'il voulait seulement se défendre et non tuer, la loi prend en considération la provocation excitée par la conduite outrageante du défunt, et déclare qu'il y a là homicide par imprudence, et non meurtre.

De même aussi, il y aurait seulement homicide, c'est-à-dire action de tuer dans un mouvement de colère, mais sans intention préméditée, expresse ou implicite, ce qui caractérise le meurtre (1), si, un homme étant gravement provoqué, ou ayant surpris un autre homme commettant un adultère avec sa femme,

(1) Il y a en Angleterre le *meurtre* (murder), dont le caractère distinctif est la préméditation ou haine préméditée, avec intention destructive contre la victime, qui correspond à l'assassinat du Code pénal français; et l'*homicide simple* (manslaughter) ou l'action de tuer volontairement, mais dans un mouvement instantané de colère.

il tuait sur-le-champ celui qui l'outrage (1). Mais dans tous les cas d'homicide *par provocation*, s'il s'est écoulé assez de temps pour que la colère se soit apaisée et que la raison soit revenue, et que néanmoins la personne provoquée tue le provocateur, il y a alors une vengeance de propos délibéré qui convertit cet acte en un meurtre.

II. **Circonstances atténuantes.** — Les circonstances atténuantes de la nature de celles du droit pénal français sont exclues de la législation britannique.

L'*unanimité* des 12 jurés pour la condamnation ou l'acquittement est exigée par la loi (2). Aucune liste de questions écrites n'est remise au jury, et le verdict (*conclusion*) prononcé verbalement à l'audience, est ainsi conçu: Coupable (ou non coupable), c'est l'avis de nous toùs (*Guilty, and so say all*).

Si l'accusé *plaide coupable*, la sentence est prononcée sans la participation du jury, et sans instruction ni débats d'audience permettant d'apprécier le degré de perversion morale de celui qui renonce à se défendre; le crime est tenu pour constant, et le juge applique la peine sans connaître les circonstances particulières du fait condamnable.

Si l'accusé a proposé une exception de droit ou de forme, le juge statue.

L'écart entre le maximum et le minimum de la peine que le juge est autorisé à infliger est très grand ; puis le souverain a le droit de modifier ou de remettre la peine.

Bien que la loi ne reconnaisse pas de circonstances atténuantes, si le juge pense qu'il existe de telles circonstances, il peut joindre une recommandation à son verdict de « coupable », et il ne peut pas être nié que lorsque le jury invoque la clemence du tribunal, ou de la reine, en faveur de l'accusé, cette démarche n'est pas sans une certaine influence; mais il n'en est pas moins vrai que la loi ne reconnaît aucunement cette fonction du jury, et que sa décision est, en théorie, restreinte dans les limites ci-dessus indiquées : aussi l'avis du jury invo-

(1) L'adultère (*criminal conversation*) n'est qu'une injure civile ne donnant lieu qu'à des dommages-intérêts, à condition que le mari n'ait pas favorisé son propre déshonneur, mais ne faisant pas encourir de prison. (Laya, *Droit anglais*, II, p. 189)

(2) Un bill avait été préparé en 1873, par lord Colderidge, tendant à réduire à 7 le nombre des jurés devant la Cour d'assises, et à substituer la simple majorité à l'unanimité pour la condamnation.

quant la clémence modifie rarement, dans la pratique, la peine prononcée par le juge ; c'est tout au plus s'il entraine quelquefois une mitigation venant de la part du souverain (1).

II. — PROJET D'UN CODE CRIMINEL.

Les inconvénients résultant du système anglais et du défaut de codification de leurs statuts et de leurs lois ne pouvaient manquer d'appeler une innovation considérable.

Un projet de *Code criminel*, correspondant à la fois à notre Code pénal et à notre Code d'instruction criminelle, et ne comprenant pas moins de 499 articles, a été déposé par le gouvernement en 1878 et aussi en 1879. L'année s'étant écoulée sans qu'il ait pu être mis en discussion, l'attorney général l'a présenté de nouveau le 6 février 1880, et le 23 il a été renvoyé à l'examen d'une commission; mais il n'a pu être examiné par la nouvelle chambre, d'autres préoccupations entraînant l'esprit des législateurs.

Ce projet de Code criminel et de procédure criminelle (*Criminal Code bill*) ne vise que les faits qui peuvent donner lieu à un *indictment*, c'est-à-dire à une *mise en accusation* devant le jury. Il a pour titre, selon sa traduction littérale:

Projet de loi pour établir un Code criminel pour l'Angleterre et l'Irlande et prescrire la procédure, après un acte d'accusation, pour la condamnation des coupables (2).

La deuxième partie s'occupe des peines. Après avoir, dans l'article 8, énuméré leurs diverses natures (3), le projet, dans l'article 13, détermine la discrétion laissée à la Cour pour l'application de la peine (*discretion of Court as to punishment*). Cette disposition est très importante, parce qu'elle permet de tenir compte des *excuses* et des *circonstances atténuantes* qui peuvent se présenter. Voici la latitude qu'elle donne aux juges : « Toute

(1) Si le juge n'est pas d'avis de tenir compte de la recommandation du jury, celle-ci n'a aucun effet sur sa sentence; mais il transmet cette recommandation au Secrétaire d'Etat, qui, s'il le juge opportun, propose à la couronne de modifier la sentence.

(2) Bill to establish a Code of offences for England and Ireland and to pre cribe the procedure by indictment for the punishment of offenders.

(3) La mort, la servitude pénale (travaux forcés), l'emprisonnement, le fouet (50 coups au maximum), la verge (25 coups), ou une amende.

personne passible de servitude pénale (travaux forcés) pour la vie, et pour n'importe quel nombre d'années, peut être condamnée à n'importe quelle durée· plus courte de servitude pénale, dont le minimum est de 3 ans, ou, au lieu de cela, à une durée d'emprisonnement n'excédant pas 2 ans, avec ou sans travail forcé. Toute personne passible d'emprisonnement pour n'importe quelle durée peut être condamnée à un emprisonnement plus court, et toute personne passible d'emprisonnement avec travail forcé peut être condamnée à payer une amende en plus, ou une amende en place de l'emprisonnement. »

Mais l'article 14, avec ce titre : *Renvoi sans verdict* (*Descharge without verdict*), propose une innovation qui semble difficile à admettre, et qui est contraire à tous les principes, surtout eu égard à la compétence du jury en matière de crimes. D'après cet article, « dans le cas où la Cour considère que l'offense ne mérite *pas plus qu'un châtiment nominal* (*no more than a nominal punishment*) (1), la Cour peut, à sa discrétion, requérir le renvoi de la personne accusée, sans rendre de verdict, et ce renvoi aura tous les effets d'un acquittement. »

La seule faculté qu'a le juge, c'est que si quelqu'un se trouve coupable d'un délit (mais non d'un crime) pour lequel le juge pense qu'il n'y a pas de punition méritée, le juge, au lieu de prononcer une sentence, peut mettre le prisonnier en liberté, sous la garantie qu'il se représentera pour recevoir sa sentence si plus tard il est appelé à le faire.

La troisième partie du projet porte ce titre : *Matières de justification ou d'excuses* (art. 20 à 71) (*Matters of justification or excuses*). Chaque article a son titre spécial indiquant son objet. La plupart de ces dispositions reproduisent d'ailleurs des principes qu'on trouve en partie, actuellement, dans les divers actes du Parlement et dans la jurisprudence.

Le premier article qui soit à noter est l'article 21 : Enfant au-dessous de 7 ans : « Nul ne peut être poursuivi, à raison d'un acte ou d'une omission, lorsque la personne est âgée de moins de 7 ans. » — « Nulle personne, ajoute l'article 22, ne sera convaincue de culpabilité, à raison d'un acte ou d'une omission, au-dessus de l'âge de 7 ans, mais au-dessous de 14, à moins qu'il ne fût capable de comprendre la nature et les conséquences de sa conduite et d'apprécier ce qui était mal. »

---

(1) Comme un blâme, une réprimande.

Ainsi, au-dessous de 7 ans, pas d'imputabilité pénale ; de 7 à 14 ans, pas d'imputabilité, à moins de discernement.

La démence absolue exclut l'imputabilité ; mais la démence spéciale, bornée à certaines circonstances, quand la personne est saine d'esprit pour le reste, n'exclut l'imputabilité que si le crime a eu un rapport avec l'idée fixe de l'aliéné (art. 33). — Sous le titre *Contrainte*, l'article 24 porte que toute personne obligée par menaces, et avec la croyance de la réalisation de ces menaces, à commettre un crime ou délit, ne sera pas considérée comme coupable, à moins qu'elle ne fasse partie d'une association ou d'un complot qui pouvait l'exposer à cette contrainte. Mais une femme ne sera pas considérée comme agissant sous contrainte par cela seul qu'elle commettrait le délit en présence de son mari.

Le fait qu'un coupable ignore la loi n'est pas une excuse pour les fautes qu'il commet (art. 25).

Suivent plusieurs articles contenant des causes de justification en faveur des fonctionnaires dans l'exercice de leurs fonctions, ainsi que des particuliers appelés à les aider en empêchant des accusés de se soustraire à la justice.

La légitime défense a été aussi l'objet d'une série de dispositions soit pour la défense de sa personne, soit pour la défense de sa propriété.

L'article 55 établit le principe « que toute personne a droit d'employer telle force qu'elle jugera *raisonnablement nécessaire* pour prévenir l'accomplissement de toute offense pouvant causer une *injure* immédiate et sérieuse à la personne ou à la propriété de quelqu'un.

Les articles suivants prévoient les divers cas de défense personnelle contre une attaque non provoquée, la résistance à l'insulte, et la défense de la propriété mobilière contre celui qui veut la ravir ou apporter du trouble à sa possession légitime.

Ainsi, toute personne attaquée illégitimement, *sans provocation de sa part*, dit l'article 56, a le droit de *repousser la force par la force*, si la force dont il se sert ne tend pas à causer la mort ou des blessures dangereuses, et si l'emploi de cette force ne dépasse pas la nécessité de la défense personnelle ; et toute personne ainsi attaquée est *justifiée* si elle cause la mort ou des blessures graves, dans le cas où elle craint pour elle-même la mort ou des blessures dangereuses, d'après la violence avec laquelle l'attaque a eu lieu, ou avec laquelle l'assaillant poursuit son action, et si elle a des raisons sérieuses de croire qu'elle ne peut autrement se défendre de la mort ou des blessures. On est également justifié (art. 58) de se servir de la force pour défendre sa propre personne ou celle d'un autre placé sous sa protection, contre une attaque accompagnée d'insulte, pourvu qu'on n'emploie pas plus de force qu'il est nécessaire pour empêcher l'attaque de sa réputation, à condition que cette défense ne cause pas plus de mal que l'injure que faisait l'agresseur.

Toute personne, aux termes de l'article 59, en paisible possession de *propriété meuble*, et toute personne l'assistant légalement, a le droit de résister à l'enlèvement de ces objets contre tout individu cherchant à s'en emparer, et de la reprendre de celui qui s'en était emparé, sans frapper ni blesser, dans l'un ou l'autre cas, le coupable; mais si le spoliateur persiste à chercher à la reprendre du possesseur qui a recouvré sa propriété, le coupable sera considéré comme commettant une attaque sans justification ou provocation. Et d'après l'article 60, il y aurait exemption de responsabilité criminelle, dans le cas même de la défense d'un meuble dont on serait en possession paisible, mais dont la propriété serait contestée ou en litige; et si la personne ayant réellement droit à la possession cherche à l'enlever, son attaque sera considérée comme étant sans justification ou provocation.

La défense des maisons d'habitation fait aussi l'objet de dispositions spéciales, et les articles 62 et 63, correspondant à nos articles 322 et 329, font une distinction rationnelle, selon qu'on est pendant le jour ou pendant la nuit. Ils portent : Toute personne en paisible possession d'une maison d'habitation, et toute personne l'assistant légalement ou agissant sous son autorité, est *justifiable* d'employer telle force nécessaire pour empêcher d'entrer par effraction dans cette habitation, la *nuit* ou le *jour*, contre toute personne *ayant l'intention* de commettre un délit prévu par la loi (art. 62) ; et si c'est pendant la *nuit* (art. 63), on sera justifiable d'employer la force contre n'importe qui voulant entrer par effraction dans sa maison, si on est *convaincu*, d'après des *présomptions raisonnables* et *probables*, qu'une telle effraction et introduction est tentée dans l'intention d'y commettre des délits prévus par la loi.

Pendant la nuit, l'effroi est plus légitime et la crainte mieux fondée, et cette crainte de la perpétration d'un délit suffit pour justifier la défense au moyen de la force qu'on croit nécessaire.

La défense de la propriété immobilière ne se borne pas à la

protection de sa maison d'habitation : l'article 64 déclare encore justifiable celui qui emploie la force pour empêcher toute personne de s'introduire sur un champ ou toute autre propriété immobilière ou foncière, ou pour l'en chasser, s'il ne frappe ou ne blesse ledit délinquant ; et si ce dernier résiste, il sera considéré comme commettant une attaque sans justification ou provocation.

Mais un cas de justification qui froisse nos mœurs et notre civilisation moderne, c'est celui que prévoit l'article 67 en matière de discipline domestique. *Il est permis*, dit cet article, à tout père et mère, ou personne agissant en leur lieu, aux maîtres d'écoles, aux patrons, d'employer *la force*, par manière de correction, envers tout enfant, élève ou apprenti confié à leurs soins, pourvu que cette violence soit raisonnable et proportionnée à la faute. Malgré ce dernier correctif, qui suppose qu'il y aurait délit en cas d'excès, nous considérons ce droit d'user de *violence*, apparemment *du fouet* ou *des verges*, comme arbitraire et exorbitant.

L'excuse spéciale de la provocation a été particulièrement défini avec soin par le législateur anglais dans le projet de nouveau Code criminel. C'est dans l'article 172 (au chapitre XVII, *Meurtre*, *homicide*, etc.) qu'est spécifiée cette excuse tirée de la provocation : « Un homicide, qui autrement serait un meurtre, peut être considéré comme réduit à un homicide simple, si la personne qui cause la mort agit *au fort de la colère* causée par *une provocation soudaine* (1). »

« Tout acte *injurieux* ou *insulte* d'une nature telle qu'elle prive une personne ordinaire du pouvoir de se maîtriser, peut être considéré comme provocation, si le coupable a agi en conséquence de cette injure et soudainement, avant d'avoir laissé passer du temps pour que sa colère puisse se calmer. »

« *Si oui ou non* un acte injurieux ou une insulte équivaut à une provocation, ou si la personne provoquée était actuellement privée d'empire sur elle-même par la provocation reçue, seront des questions de fait. »

« Personne ne sera considéré comme en ayant provoqué un autre pour avoir fait ce qu'il avait légalement le droit de faire, ou pour avoir fait ce que le coupable l'a excité à faire, afin de se créer une excuse pour avoir tué ou blessé une personne. »

(1) Ce serait, d'après notre droit, l'assassinat dégénérant en meurtre.

17

Une arrestation ne réduira pas nécessairement le crime de meurtre à celui d'homicide (*from murder to manslaughter*), parce que l'arrestation était illégale ; mais si l'illégalité était connue du coupable, cela peut être une preuve de provocation.

On voit que cet article est plus explicite que notre article 321, et qu'il contient une disposition générique qui permet de résoudre tous les cas où peut être invoquée une excuse dérivant d'une provocation.

Disons en terminant que le projet de Code criminel n'a rien innové en ce qui concerne le fonctionnement du jury, et la nécessité de l'unanimité pour le verdict. L'article 476, prévoyant le cas où les jurés sont incapables de s'accorder sur leur verdict, porte que si la Cour est convaincue qu'il serait inutile de les retenir plus longtemps, elle pourra, *à sa discrétion*, les tenir quitte de leur charge et ordonner qu'un nouveau jury soit nommé au cours de la session des assises, ou renvoyer le jugement à une époque telle que la justice pourrait l'exiger (1).

BELGIQUE.

Le Code pénal français de 1810 a longtemps régi la Belgique, sauf les modifications qu'il avait dû recevoir soit des dispositions constitutionnelles, soit de diverses lois particulières.

(1) Nous croyons devoir mentionner une loi d'une importance exceptionnelle à nos yeux, celle du 3 juillet 1879, exécutoire à partir du 1er janvier 1880, créant un *directeur des poursuites publiques* ayant mission d'entreprendre ou conduire des procédures criminelles, de donner aux officiers de justice engagés dans un procès criminel les avis et l'assistance convenables à la conduite de la procédure, même de prendre en main l'action dans les cas qui paraîtront présenter de l'importance ou de la difficulté, ou dans lesquels des circonstances spéciales, le refus ou l'impuissance d'une partie poursuivante paraîtront rendre l'action du directeur nécessaire pour assurer la poursuite d'un délinquant (art. 2). Le ministre peut nommer six assistants au plus au directeur, et l'*attorney* général peut, avec l'assentiment du ministre, nommer, en nombre nécessaire, des *clerks*, messagers et serviteurs (art. 3). Ce n'est pas la création de l'*institution du ministère public* en Angleterre, c'est-à-dire l'établissement, dans chaque district, d'un *public prosecutor*, comme l'avaient proposé des bills de 1855 et 1870, et, en 1871, le rapport de la commission royale sur la réforme de la justice criminelle de lord Blackburn, aboutissant comme conclusion à l'organisation d'un réseau d'agents du ministère public ; mais c'est un premier pas, il faut l'espérer, vers une réforme plus complète, car, au cours de la discussion de la loi actuelle, le ministre Cross, à la Chambre des communes, a pleinement admis, comme point de départ, que l'État *est responsable de la répression des crimes*, et qu'il doit être chargé de procurer à tous ses sujets sécurité et protection, pour leurs personnes et pour leurs biens. En

C'est en 1848 que la Belgique est entrée complètement dans la voie d'une réformation d'ensemble. Le 1er mai de cette année, fut instituée, par arrêté royal, une commission composée de magistrats et de professeurs éminents, particulièrement versés dans l'étude du droit criminel, et auxquels fut confié le soin de préparer la revision du Code pénal.

Les divers chapitres du projet furent successivement soumis aux Chambres et votés par elles, et, après une élaboration consciencieuse qui a duré près de vingt années, il ne restait plus à obtenir, à la session de 1867, que le vote définitif du Sénat. A la séance du 17 mai, le nouveau Code y fut adopté à l'unanimité. Il a été promulgué le 8 juin, et un arrêté royal en date du même jour en a fixé la mise en exécution au 15 octobre 1867.

« Dans ce Code, nulle disposition ne semble inspirée par les nécessités temporaires d'une situation politique; tout s'appuie sur les besoins généraux et permanents de la société; tout a été fait, par ceux qui ont pris part à la réforme, de bonne foi, avec le calme et l'impartialité qui convenaient à une œuvre durable. De là ce caractère scientifique qui explique l'unanimité des votes, après des discussions longues et approfondies. La tendance générale de la loi en elle-même, c'est d'ailleurs la modération dans la pénalité : le législateur a pris à tâche de ne jamais dépasser la mesure nécessaire à la sécurité sociale (1). »

I. **Excuses**. — Le chapitre VIII du livre I a pour titre : *Des causes de justification et d'excuse* (2).

Les articles 70 et 71 posent ce principe : qu'il n'y a pas d'*infraction* lorsque le fait était ordonné par la loi et commandé par l'autorité; lorsque l'accusé ou le prévenu était en état de démence au moment du fait, ou lorsqu'il a été contraint par une force à laquelle il n'a pu résister. C'est, on le voit, la reproduction de nos articles 327 et 64, avec cette remarque qu'au lieu d'em-

attendant, le ministre, dans une circulaire du mois de janvier 1880, pour concilier toutes les susceptibilités, a répété que le nouveau système était destiné, non à *supplanter*, mais à *suppléer* l'ancien système des membres du barreau, seuls chargés jusqu'alors, à titre de *solicitors*, des poursuites privées. (Ch. Babinet, conseiller à la Cour de cassation, loi du 3 juillet 1879. Traduction et notice, *Annuaire* de 1879, p. 13.)

(1) M. Léopold Thézard, doyen de la Faculté de droit de Poitiers, *De la revision du Code pénal en Belgique* (*Revue critique de législation et de jurisprudence*, années 1867 et 1868).

(2) *Code pénal de la Belgique*, 2e édition, publiée à Bruxelles, en 1867, d'après le *Moniteur belge*.

ployer les mots *il n'y a ni crime ni délit,* la loi belge dit : *il n'y a pas d'infraction,* expression plus générale et plus exacte ; car l'ordre légitime, la démence et la contrainte sont exclusifs de culpabilité, même en matière de *contravention.*

Le Code n'a point placé dans ce chapitre la *légitime défense,* cause de justification de notre article 328. Cette cause de justification, spéciale aux actes contre les personnes, a été ajoutée au chapitre I du titre VIII : *De l'homicide et des lésions corporelles volontaires ;* mais, pour ne pas confondre les faits excusables et les faits justificatifs, et pour maintenir la distinction juridique qui existe entre les uns et les autres, le Code belge, après avoir statué, dans la section III du même chapitre, sur l'homicide, les blessures et les coups *excusables,* a établi une section spéciale, section IV (art. 416 et 417), qu'il a intitulée : *De l'homicide, des blessures et des coups* JUSTIFIÉS.

Pour suivre notre plan, nous devons mentionner ici l'article 416, qui est, au surplus, la reproduction textuelle de notre article 328 et se borne, comme lui, à exiger que l'homicide, les blessures et les coups, pour être justifiés, aient été commandés par la nécessité actuelle de la *légitime défense de soi-même* ou *d'autrui.* Le législateur belge n'a pas voulu assimiler à la légitime défense de sa vie les faits commandés par la nécessité de la défense de sa *pudeur* ou de sa *propriété,* comme l'a fait le nouveau Code de la Hollande.

L'article 417 étend la nécessité actuelle de la défense aux deux cas de notre article 329 qu'il reproduit. Cependant l'article belge ajoute pour le premier cas de justification : « à moins qu'il ne soit établi que l'agent n'a pas pu croire à un attentat contre les personnes, soit comme but direct de celui qui tente l'escalade ou l'effraction , soit comme conséquence de la résistance que rencontreraient les desseins de celui-ci. » Cette dernière disposition est très prévoyante et elle consacre explicitement le principe, reconnu d'ailleurs, que la défense n'est légitime et ne peut être une cause de justification qu'autant qu'elle ne dépasse pas l'absolue nécessité.

Après avoir énoncé dans les articles 70 et 71 les causes générales de justification et d'excuse, la loi belge s'occupe des mineurs de 16 ans et de la question de discernement.

Elle a fixé, comme le Code de 1810, l'âge de 16 ans comme la limite au-dessus de laquelle commence la pleine responsabilité pénale. Elle a cependant décidé que la peine de mort ne sera prononcée contre aucun individu âgé de moins de 18 ans accomplis au moment du crime, et qu'elle sera remplacée, en pareil cas, par celle des travaux forcés à perpétuité (art. 77).

Quant au mineur de 16 ans, le système de la loi belge est à peu près le même que celui de la loi française :

S'il y a déclaration de non-culpabilité, il y a acquittement pure et simple.

Si l'accusé ou le prévenu, âgé de moins de 16 ans accomplis au moment du fait, est reconnu coupable, mais s'il est décidé qu'il a agi sans dicernement, il sera encore acquitté ; cependant l'enfant peut, d'après les circonstances, être mis à la disposition du gouvernement pour un temps qui ne dépassera pas l'époque où il aura *accompli sa vingt et unième année*. Dans ce cas, il sera placé dans un des établissements spéciaux de réforme ou dans un établissement de charité (art. 72).

La détention dans une maison de correction peut donc durer jusqu'à un âge plus avancé d'une année que celui qu'indique notre article 66. Il est vrai que le même article 72 belge ajoute que le gouvernement peut renvoyer l'enfant à ses parents, si, dans la suite, il présente des garanties suffisantes de moralité.

Eufin, s'il est décidé que le mineur de 16 ans, reconnu coupable, a agi avec discernement, il ne faut plus prendre envers lui de simples mesures d'éducation, il faut appliquer une peine ; mais le jeune âge du coupable doit, en ce cas même, être une cause d'atténuation, à raison du développement moins complet de l'intelligence, et de la pitié qu'inspire la faiblesse. La loi belge (art. 73 et 74), sauf des différences peu importantes qui résultent des modifications introduites dans l'échelle des peines (1) est calquée sur nos articles 67 et 69.

Il faut signaler encore une modification importante de notre article 67 apportée par l'article 75, aux termes duquel l'accusé ou le prévenu âgé de moins de 16 ans accomplis ne peut, en aucun cas, être placé sous *la surveillance spéciale de la police*, ni condamné à l'interdiction des droits énumérés à l'article 31, — interdiction qui, d'après cet article, est prononcée à perpétuité. Cette disposition ne peut, suivant nous, qu'être approuvée : « Il est désirable, dit le rapport de la commission du Sénat (2),

---

(1) La loi belge, qui a substitué la dénomination de *peine criminelle* à celle de peine *afflictive* ou *infamante* de notre article 1er, a rejeté nos deux peines infamantes du *bannissement* et de la *dégradation civique*, de même qu'elle n'a pas dû admettre la *déportation*, faute de colonies.

(2) Rapport à la séance du 20 décembre 1862.

qu'après la peine subie, toute trace de la condamnation dispa-
raisse, et que le condamné libéré puisse reprendre dans la société la position qu'il serait trop rigoureux de lui enlever pour
un écart de jeunesse. »

Notre article 67 n'indique bien la surveillance de la haute
police que comme facultative, mais on peut dire que c'est encore trop ; car cette peine accessoire, qui pèse si lourdement sur
l'avenir du condamné et qui forme souvent un obstacle à son
amendement, est plus grave encore pour un enfant qui a devant
lui de longues années, que pour un coupable ordinaire.

Le Code pénal belge a introduit une innovation considérable
en plaçant le sourd-muet âgé de plus de 16 ans sur la même
ligne que l'enfant âgé de moins de 16 ans. Pour l'un comme
pour l'autre, la question de discernement doit être posée.

D'après l'article 76, lorsqu'un sourd-muet, âgé de plus de
16 ans accomplis a commis un crime ou un délit, s'il est décidé
qu'il a agi sans discernement, il est acquitté, mais il peut être
placé dans un établissement déterminé par la loi pour y être
détenu et instruit pendant un nombre d'années qui n'excédera
pas cinq ans ; s'il est décidé qu'il a agi avec discernement, les
peines sont modérées de la même manière que pour le mineur
de 16 ans, et il ne peut non plus être placé sous la surveillance.
L'intelligence, ou plutôt la connaissance incomplète des
choses, de ces déshérités de la nature, justifie cette appréciation spéciale et complexe de la culpabilité, et cette atténuation
dans les peines, quand elles doivent être prononcées. La loi
belge n'a point, comme d'autres législations qui ont édicté des
dispositions spéciales en faveur des sourds-muets, établi des
différences selon l'instruction qu'ils ont reçue ; mais son esprit est
le même, puisqu'elle exige, pour établir la responsabilité ou la
culpabilité relative, qu'on décide d'abord s'il y a eu ou non *discernement* de la part du sourd-muet qui a commis le crime ou
le délit.

Telles sont les causes générales de justification et d'excuse
énumérées dans le chapitre VIII, qui se termine en renvoyant,
quant aux autres excuses, aux dispositions spéciales : « Nul
crime ou délit ne peut être excusé, si ce n'est dans les cas déterminés par la loi » (art. 78).

Le nouveau Code belge, comme celui de 1810, a renvoyé au
titre *Des crimes et des délits contre les personnes* (liv. II, tit. VIII)
ce qui concerne les excuses légales atténuantes, lesquelles

forment la section III, intitulée *De l'homicide, des blessures et des coups excusables.*

Ces excuses présentent avec celles admises par notre Code des différences qu'il importe de signaler.

L'article 411 précise mieux que notre article 321 la provocation quant au temps où elle a dû être produite, disant que l'homicide, les blessures et les coups sont excusables s'ils ont été *immédiatement* provoqués par des violences graves envers les personnes.

L'article 412, qui reproduit notre article 322, limite cependant l'excuse, lorsque les crimes et délits qui précèdent ont été commis en repoussant pendant le jour l'escalade ou l'effraction des clôtures ou entrées des maisons habitées, au cas où il est établi que l'agent *a pu croire à un attentat contre les personnes,* soit comme but direct de celui qui tente l'escalade ou l'effraction, soit comme conséquence de la résistance que rencontreraient les desseins de celui-ci.

C'est encore sur les points suivants que nos Codes diffèrent d'une façon importante.

Le parricide n'est jamais excusable, dit notre article 323. Cette disposition exclut seulement l'admission des excuses légales, mais non pas les causes de non-imputabilité ou d'excuse péremptoire, comme la démence, ou les causes de justification, comme la légitime défense, ni les circonstances atténuantes. D'autre part, elle s'applique seulement au crime spécial de parricide (art. 299), mais non aux coups et blessures volontaires porté à des ascendants, pas même à ceux qui auraient occasionné la mort, sans intention de la donner.

Le législateur belge, à ce dernier point de vue, a généralisé la disposition : il a refusé le bénéfice des excuses de provocation ou autres, non seulement au parricide, mais encore aux coups et blessures portés à des ascendants. Cependant la commission du Sénat (1) avait conclu à l'admission des excuses, et paraissait même disposée à l'étendre au crime de parricide lui-même ; mais cette opinion n'a pas prévalu ; on a refusé l'excuse dans tous les cas, et, d'après l'article 415, les excuses énumérées dans cette section ne sont pas admissibles si le coupable a commis le crime ou le délit envers un père, une mère ou autres ascendants légitimes ; mais, pour les ascendants naturels, la

(1) Rapport à la séance du 10 février 1866.

prohibition des excuses ne s'applique qu'à l'égard du père et de la mère (1).

Quant au crime de *castration* (spécialement prévu par notre article 316), le Code belge a jugé inutile de l'ériger en infraction distincte, ce fait devant constituer, suivant les circonstances, ou un meurtre, ou une prévention de coups ou blessures ayant occasionné la mort sans intention de la donner, ou des blessures ayant causé une mutilation grave ou la perte absolue de l'usage d'un organe. Par les mêmes raisons, la castration, dans les circonstances de notre article 325, constituerait un fait couvert ou par une *cause de justification* résultant de la légitime défense, ou une *excuse légale* par provocation (2).

C'est surtout la modification apportée à notre article 324 qui doit fixer l'attention. D'après le premier paragraphe de cet article, le meurtre commis par un époux sur son conjoint n'est excusable que si la vie du conjoint a été mise en péril dans le moment même où le meurtre a eu lieu. On a étendu cette disposition en reconnaissant une cause légale d'atténuation dans toute provocation par violences graves envers la personne du conjoint coupable.

Enfin, la loi belge a fait droit aux deux critiques désignées, avec raison, contre le § 2 de notre article 324, qui, en cas de surprise en flagrant délit d'adultère, n'excuse le meurtre commis par le mari sur sa femme et sur son complice que si l'adultère a lieu *dans la maison conjugale*, et qui, d'un autre côté, n'admet l'excuse qu'en faveur *du mari* et la refuse à la femme qui surprend son mari. En effet, quand il s'agit d'apprécier l'irritation excusable du mari, c'est le fait même légitimant cette irritation qu'il faut considérer, peu importe le lieu où il se produit; et, d'autre part, pourquoi ne pas admettre l'excuse aussi bien en faveur de la femme qu'en faveur du mari? Il n'y a pas à faire ici les mêmes distinctions que quand il s'agit de punir l'adultère de l'un ou de l'autre des époux, à raison des conséquences plus graves que peut avoir la faute de la femme au point de vue de la famille; quand il s'agit du trouble moral causé par l'outrage qu'on subit, et qu'on s'attache seulement à comprendre l'indi-

---

(1) La paternité adoptive n'est pas prise en considération, soit dans le cas de meurtre, soit dans celui de coups et blessures. Les législateurs ont dit avec raison qu'il ne pouvait y avoir de parricide *fictif*.

(2) M. Léonce Limelette, substitut à Dinant (Belgique), *Étude sur le Code pénal français comparé au Code belge* (*Bulletin de la Société de législation comparée*, n° 5, mai 1882, p. 347).

gnation qu'a pu ressentir l'un des époux de l'infidélité flagrante de l'autre, la mesure doit être la même.

La loi belge dispose donc d'une manière générale : « L'homicide, les blessures et les coups sont excusables lorsque le crime ou le délit est commis par *l'un des époux* sur *l'autre époux* et *son complice*, à l'instant où il les surprend en flagrant délit d'adultère (art. 413).

Les autres cas particuliers d'atténuation de la culpabilité de notre loi considère également comme excuses légales, au point de vue de la modification de la peine, sont à peu près identiquement reproduits dans le Code belge. Ainsi ou retrouve l'article 135, § 2, dans l'article 170 belge, et l'article 343 dans l'article 434. On retrouve également nos articles 100, 108, 138, 144, 213 dans les articles 134, 136, 192, 273 qui prononcent, dans ces divers cas, des exemptions ou suppressions de peine. Ajoutons que l'article 301 exempte de la peine encourue les distributeurs de billets de loterie non autorisée légalement, et les afficheurs d'avis annonçant ces loteries, qui en auront fait connaître les auteurs.

II. **Circonstances atténuantes.** — Après la séparation de la Belgique et de la France, le prince souverain rendit deux arrêtés appelés *bienfaisants*, pour corriger la trop grande rigueur du Code français de 1810 relativement aux crimes les plus fréquents. Le premier, du 9 septembre 1814, autorisait les Cours, lorsque la peine était celle de la réclusion, *si les circonstances étaient atténuantes*, et le préjudice causé inférieur à 50 francs, à dispenser de l'exposition publique, et même à réduire la peine à un emprisonnement de huit jours au minimum. Le second, du 20 janvier 1815, permettait aux Cours, dans le cas où la peine encourue était celle des travaux forcés à temps, de substituer à cette peine celle de la réclusion, avec ou sans exposition publique, *en exprimant les circonstances atténuantes* qui auraient motivé cette commutation (1).

Ces deux arrêtés furent remplacés par l'article 3 de la loi du 15 mai 1849, aux termes duquel, dans tous les cas où le Code pénal prononçait la peine des travaux forcés à temps ou celle de la réclusion, la Cour d'assises pouvait, *si les circons-*

_____

(1) Timmermans, juge au tribunal de Gand, *Commentaire de la loi du 4 octobre* 1867, Introduction, page vi, note 1.

tances étaient atténuantes, et *en exprimant ces circonstances*, exempter le coupable de l'exposition publique, ou même commuer les travaux forcés soit en réclusion, soit en un emprisonnement de 6 mois au minimum, et la réclusion en un emprisonnement pouvant descendre jusqu'à 8 jours. L'article 6 de la même loi modifiait aussi la disposition finale de l'article 463 du Code de 1810, en appliquant la réduction de peine, en matière de délits, *si les circonstances sont atténuantes*, à *tous les cas* où le Code pénal prononçait l'emprisonnement ou l'amende, sans tenir compte de la valeur du préjudice causé, et sans qu'il fût nécessaire d'indiquer les circonstances atténuantes.

Le système des circonstances atténuantes du nouveau Code belge de 1867 présente la plus grande analogie avec celui qui a été établi en France par la loi de revision de 1832. Les circonstances atténuantes ne sont pas déterminées par la loi. Les articles 79 à 86, correspondant à notre article 463, contienent les dispositions suivant lesquelles les peines sont réduites ou modifiées, s'il existe des circonstances atténuantes.

Ainsi, en matière de crimes, la règle est l'abaissement de la peine de un ou de deux degrés, au choix de la Cour, et, en matière correctionnelle, , les peines d'emprisonnement et d'amende peuvent respectivement être réduites, sans qu'elles puissent être inférieures aux peines de police. Les juges peuvent aussi appliquer séparément l'une ou l'autre de ces peines. Si l'emprisonnement est porté seul, les juges peuvent y substituer une amende, qui n'excédera pas 500 francs.

Lorsqu'un individu n'est condamné pour crime qu'à une peine correctionnelle, par suite de l'admission des circonstances atténuantes ou d'une excuse, il est censé n'avoir commis qu'un délit, et il faut lui appliquer toutes les règles relatives à cette dernière catégorie d'infractions.

En ce qui concerne la question de savoir en quelles matières les circonstances atténuantes peuvent être appliquées, il faut répondre que les juges peuvent admettre des circonstances atténuantes pour tous les crimes, délits et contraventions prévus par le Code pénal. Les dispositions des articles 79, 85 et 466 ne font pas en effet de distinction.

En ce qui concerne les faits prévus par des lois spéciales, les peines, quand il s'agit de crimes, peuvent être réduites à raison des circonstances atténuantes, à moins qu'il n'y ait dans la loi spéciale une disposition qui le défende. Cela résulte de l'article 100 du Code pénal belge, qui n'excepte du chapitre IX, ayant pour objet les circonstances atténuantes, que l'article 85, lequel n'est applicable qu'aux délits.

Au contraire, les peines, quand il s'agit des délits prévus par des lois spéciales, ne peuvent être réduites, à raison des circonstances atténuantes, que si la loi spéciale renferme une disposition autorisant *expressément* cette réduction. C'est ce qui résulte de l'article 100 du Code pénal belge, qui dit qu'à défaut de dispositions contraires, l'article 85 n'est pas applicable aux délits prévus par les lois spéciales.

Enfin, les peines du chef des contraventions prévues par des lois spéciales ne peuvent être abaissées, à raison des circonstances atténuantes, que lorsque ces lois spéciales autorisant cette réduction.

Mais le Code du 8 juin 1867 avait réservé pour une loi spéciale la grave question de savoir à qui, en matière de crimes, il appartiendrait de déclarer l'existence des circonstances atténuantes : serait-ce au jury, serait-ce à la Cour ?

Une loi du 4 octobre 1867 a tranché cette question fondamentale ; son article 1ᵉʳ attribue aux Cours et Tribunaux l'appréciation des circonstances atténuantes.

La commission de la chambre des représentants, à la majorité de 6 voix contre 1, avait été d'avis sur le fond de la question, que la déclaration des circonstances atténuantes devait appartenir à la Cour : « La Cour est chargée, a-t-on dit, d'apprécier l'intensité de la peine que mérite le fait constaté par le jury ; elle a ainsi à tenir compte des circonstances qui ont accompagné l'infraction. » C'est l'idée qui a prévalu ; ce qu'on a paru craindre, c'est l'abus des circonstances atténuantes accordées par le jury (1). En France, au contraire, non seulement le jury n'a pas été l'objet des mêmes défiances, mais encore la nature de ses attributions a été autrement appréciée. Le jury est, en effet, le juge de tous les éléments matériels et moraux de l'accusation ; l'élément légal seul lui échappe ; or, quelle appréciation plus intimement liée aux faits de la cause que celle des circonstances atténuantes.

(1) Le jury belge, composé de 12 membres, ne juge que les affaires criminelles, politiques ou de presse. Il est intéressant de noter que lorsque l'accusé n'est déclaré coupable du fait principal qu'à la simple majorité de 7 voix, les juges doivent délibérer sur le même point, et l'acquittement est prononcé si la majorité de la Cour ne se réunit à l'avis de la majorité du jury.

La loi du 4 octobre 1867 ne se borne pas à déclarer que l'appréciation des circonstances atténuantes, dans les cas prévus par le chapitre IX, livre I du Code pénal, est réservée aux Cours et Tribunaux ; elle ajoute que ces circonstances *seront indiquées* dans leurs arrêts et jugements (art. 1er) (1).

La loi du 4 octobre 1867 a encore réglé, à raison de l'effet, des *excuses et des circonstances* atténuantes sur la peine, les plus graves questions de compétence juridictionnelle, notamment la *correctionnalisation*, en donnant aux *chambres* ou *juridictions d'instruction* des pouvoirs particuliers et très étendus (2).

D'après l'article 2 de cette loi, dans tous les cas où il y aurait lieu de ne prononcer qu'une peine correctionnelle, à raison *soit d'une excuse*, *soit de circonstances atténuantes*, et dans tous les cas où il y aurait lieu d'appliquer les articles 72, 73, 76 du Code pénal (c'est-à-dire quand il s'agit d'un mineur de seize ans ou d'un sourd-muet), la chambre du conseil *pourra*, *à l'unanimité* de ses membres, et par une ordonnance *motivée*, renvoyer l'individu prévenu d'un crime de la compétence de la Cour d'assises au tribunal de police correctionnelle.

Le tribunal correctionnel devant lequel le prévenu est renvoyé ne peut décliner sa compétence. La déclaration des chambres d'instruction en cette matière est attributive de juridiction. Le tribunal, dans ce cas, peut prononcer un emprisonnement qui ne sera pas au-dessous des minimum fixés par les deux derniers paragraphes de l'article 80, sans préjudice des autres peines prévues par l'article 84. Toutefois, dans les cas prévus par les articles 72, 73, 76 et 414 du Code pénal, il doit statuer conformément à ces dispositions (art. 3).

Du reste, la loi du 4 octobre ne fait pas une obligation pour les chambres d'instruction de renvoyer, dans ce cas, devant le tribunal correctionnel : elle leur en laisse la faculté.

De même, lorsque le fait imputé sera punissable de l'emprisonnement ou de l'amende, et que, sur le réquisitoire du ministère public ou sur le rapport fait à la chambre du conseil, les juges sont *unanimement* d'accord qu'il y a lieu de réduire ces

(1) La Cour de cassation de Bruxelles a décidé qu'on constatait suffisamment leur existence en déclarant « qu'elles résultent de la cause même ». (Arrêt du 14 juillet 1879, *Belgique judiciaire*, t. XXXVII, p. 1162.)

(2) Cette loi n'est, du reste, que transitoire en attendant la revision du Code de procédure pénale, et un courant très prononcé demande sa suppression ou tout au moins de sérieuses restrictions aux facultés qu'elle concède. (Nypels, professeur à l'université de Liège, *La législation criminelle de Belgique*.)

peines aux taux des peines de police, ils peuvent renvoyer le prévenu devant le juge de paix compétent, en exprimant les circonstances atténuantes (art. 4). C'est ce qu'on appelle *contraventionnaliser* un délit, et, dans ce cas, le tribunal de police ne peut décliner sa compétence en ce qui concerne les circonstances atténuantes.

Il faut remarquer, toutefois, que la loi du 4 octobre 1867 ne confère pas aux juges la faculté de convertir en délit un fait qualifié crime; elle leur attribue seulement le droit d'en enlever la connaissance à la Cour d'assises pour la déférer au tribunal correctionnel, ou au tribunal correctionnel pour la déférer au tribunal de police ; mais la *correctionnalisation* et la *contraventionnalisation* n'affectent à aucun degré le régime des pénalités, mais uniquement l'ordre des juridictions; elles engagent non une question de répression, mais bien une question de procédure et de compétence (1).

L'article 6 porte que, dans les cas prévus par les articles 2 et 4, la chambre des mises en accusation peut, *à la simple majorité*, exercer la même faculté, c'est-à-dire correctionnaliser certains crimes et contraventionnaliser certains délits.

Cependant le *ministère public* et la *partie civile* peuvent former opposition à l'ordonnance de la chambre du conseil, mais le *prévenu* n'a pas ce droit. Cela résulte des termes exclusifs du § 2, article 6, ainsi que de la discussion de la loi et de la jurisprudence (2).

Il résulte de ce qui précède, qu'en règle générale, l'appréciation des circonstances atténuantes est confiée, en toute matière, aux Cours et aux Tribunaux, c'est-à-dire aux juges de l'application de la peine ; que cependant, d'après la loi du 4 octobre 1867, ce même pouvoir appartient, dans certaines limites, aux juridictions d'instruction (3); mais que le jury ne peut pas être

(1) Timmermans, *Commentaire de la loi du 4 octobre 1867*, p. 10.

(2) Gand, 30 mars 1861 ; Liège, 16 mai 1872. Cass., 21 décembre 1877.— Arrêts cités dans le *Commentaire* de M. Timmermans, n° 120, p. 174.

(3) Le principe de la correctionnalisation par les chambres d'instruction est encore adopté par l'Italie (Code de procédure pénale du 1er janvier 1866, article 452, reproduisant une loi du royaume de Sardaigne du 24 juin 1854) ; — par le grand-duché de Luxembourg (loi du 18 juin 1879, remplaçant les lois antérieures des 9 décembre 1862 et du 10 janvier 1863, et qui n'est pour ainsi dire que la copie de la loi du 4 octobre 1867); — par la Saxe, dès 1855. — La législation de l'empire d'Allemagne n'a pas maintenu la correctionnalisation, mais la loi sur

interrogé sur les circonstances atténuantes, et qu'il n'a pas le droit de les vérifier de son propre mouvement.

Au contraire, pour les *excuses* et la *surdi-mutité*, la règle générale est qu'elles sont constatées par le juge de la culpabilité, c'est-à-dire, en matière criminelle ou de presse, par le jury, auquel il appartient également de constater l'âge de l'inculpé, lorsque, par suite du défaut de production de l'acte de naissance, l'âge doit être établi par une enquête ou tous autres moyens de preuve, car la question d'âge se rattache aux éléments constitutifs de la culpabilité (1).

En Belgique, comme en France, les peines prononcées en cas d'excuse peuvent encore être réduites pour cause de circonstances atténuantes, dont l'appréciation est abandonnée à la conscience des juges, et ces causes d'atténuation se combinent de la même manière. M. Haus, professeur à Gand (*Principes du droit pénal belge*, 3e édit., 1879, t, II, n° 855), enseigne que, lorsqu'il s'agit d'un mineur de 16 ans, le juge doit réduire d'abord la peine normale du chef des circonstances atténuantes, et abaisser ensuite cette peine à raison de l'âge ; il enseigne, au contraire, que, lorsque des circonstances atténuantes se combinent avec une excuse fondée sur la provocation, le juge doit opérer dans l'ordre inverse, en diminuant d'abord la peine du chef de l'excuse, par application de l'article 414 du Code pénal, et en réduisant ensuite, à raison des circonstances atténuantes et conformément à l'article 85, la peine mitigée par la loi à raison de l'excuse (2).

GRAND DUCHÉ DE LUXEMBOURG.

Jusqu'en 1879, le Luxembourg avait été régi par le Code pénal français de 1810. La loi de revision du Code pénal, et celle concernant les circonstances atténuantes, toutes deux en date du 18 juin 1879, ont été mises à exécution en vertu d'un

l'organisation judiciaire du 27 janvier 1877 admet la contraventionnalisation des délits (§ 75 de cette loi citée dans le *Commentaire* de M. Timmermans, Appendice, p. 200).

(1) Haus, *Principes du droit pénal belge*, 3e édit., 1879, n°s 656, 657, 658 ; et Nypels, *Code pénal interprété*, t. Ier, p. 159. — Timmermans, *Commentaire de la loi du 4 octobre 1867*, p. 11 et 12.

(2) Timmermans, p. 121.

arrêté royal grand-ducal, daté du même jour, à partir du 15 octobre 1879.

Cette revision s'est bornée à une copie presque littérale du Code pénal belge de 1867 (1).

I. Excuses. — L'article 78, reproduisant le principe de notre article 65, porte que nul crime ou délit ne peut être excusé si ce n'est dans les cas déterminés par la loi.

Le chapitre VIII du livre I est intitulé comme le même chapitre du Code belge : *Des causes de justification et d'excuse*, et les articles 70 à 78 déterminant ces causes sont, quant à leurs numéros et leur contexte, la reproduction identique des articles correspondants du Code de Belgique que nous venons d'analyser.

La seule différence consiste dans une assimilation plus complète faite par l'article 76 luxembourgeois entre le sourd-muet âgé de plus de 16 ans accomplis qui a commis un crime ou un délit sans discernement, avec le mineur de moins de 16 ans qui a agi aussi sans discernement. Le sourd-muet, dans ce cas, acquitté comme ce dernier, peut, comme lui, être placé dans une maison de correction ou dans un établissement spécial de réforme ou de charité pour y être détenu et instruit pendant un temps qui ne dépassera pas 5 ans; mais le gouvernement, ajoute cet article 76, peut le renvoyer à ses parents si, dans la suite, avant l'expiration du terme fixé, il présente des garanties suffisantes de moralité, faculté que le Code belge n'a exprimée qu'en ce qui concerne le mineur de 16 ans (art. 72); et l'article luxembourgeois a ajouté encore que, pour ces deux catégories de délinquants, le gouvernement pourrait également autoriser *la mise en apprentissage*, conformément aux dispositions de l'arrêté royal grand-ducal du 14 mars 1855 (2).

Il faut remarquer que, pour l'excuse tirée de l'âge, le Luxembourg, comme la Belgique, a copié le système du Code pénal français, en ce qu'il ne reconnaît pas de période d'irresponsabilité absolue, et fixé à 16 ans l'âge en deçà duquel il y a lieu de rechercher si l'accusé ou le prévenu a agi sans discerne-

---

(1) *Code pénal luxembourgeois*, avec la référence aux articles du Code pénal français, par M. Ruppert, greffier de la Chambre des députés. Luxembourg, 1879.

(2) Léonce Limelette, *Étude sur le Code du grand-duché de Luxembourg* (*Bulletin de la Société de législation comparée*, n° 5, mai 1882).

ment ou avec discernement, mais au delà duquel le discernement est toujours présumé et la responsabilité entière,
excepté en ce qui concerne les sourds-muets, comme nous
l'avons vu.

Les mineurs de 16 ans et les sourds-muets ne peuvent, non
plus qu'en Belgique, être placés sous la surveillance spéciale
de la police (art. 75 et 76).

Comme dans le Code belge, c'est dans les articles 416 et 417,
placés dans la section spéciale intitulée *De l'homicide, des blessures et des coups* JUSTIFIÉS, que sont prévus les cas de légitime
défense, et l'article 417 porte, comme le même article belge, la
restriction que nous avons signalée en cas où l'on repousse,
pendant la nuit, l'escalade ou l'effraction des clôtures ou entrées
des maisons habitées, comme la seule différence qui existe avec
nos articles 328 et 329, et d'après laquelle il n'y a pas nécessité
actuelle de la défense si l'agent n'a pas pu croire à un attentat
contre les personnes soit comme but direct de celui qui tente l'escalade ou l'effraction, soit comme conséquence de la résistance
qu'il rencontrerait.

Les cas d'excuses légales et ceux où les excuses ne sont pas
admissibles, correspondant à nos articles 321 à 325, sont prévus
dans les articles 411 à 415, qui sont la reproduction textuelle
des mêmes articles dans le Code belge, avec la seule différence
que, dans les articles 411 et 413, au mot *homicide* a été substitué
celui de *meurtre*, expression plus précise et qui signifie l'*homicide
volontaire*.

Les autres cas d'excuses légales de nos articles 135 § 2, 313,
100, 108, 138, 144 et 213, sont reproduits presque identiquement
dans des articles portant les mêmes numéros que ceux du Code
belge que nous avons indiqués.

II. Circonstances atténuantes.

— Le Code luxem-
bourgeois a réglé dans le chapitre IX (art. 79 à 85), à l'exemple
de notre article 463, l'effet des circonstances atténuantes, qui
avaient déjà fait l'objet d'une loi du 9 décembre 1862.

L'article 79 porte que s'il existe des circonstances atténuantes,
les peines criminelles sont réduites ou modifiées conformément
aux dispositions qui suivent, dispositions qui sont encore identiquement les mêmes que celles du Code belge et qui s'inspirent
de notre échelle des peines, en ce cas.

La loi spéciale du 18 juin 1879 porte que l'appréciation des
circonstances atténuantes, dans les cas prévus par le chapitre IX,

livre I du Code pénal, est réservée aux Cours et aux Tribunaux et que ces circonstances doivent être indiquées dans leurs arrêts et jugements.

Le duché de Luxembourg ne possède le jury ni en matière criminelle, ni en matière correctionnelle. L'institution du jury a été abolie par un arrêté du 6 novembre 1814, sous le gouvernement des Pays-Bas, et, depuis lors, elle n'a pas été rétablie, quoique le projet en ait été présenté à plusieurs reprises.

Depuis 1814, l'organisation judiciaire de ce pays a subi des modifications, comme sa situation politique, et aujourd'hui il se trouve, en matière de grand criminel, sous un régime bâtard où la Cour d'assises agit *d'abord* comme *juge du fait* et *ensuite* comme juge du droit. Ce système est organisé par la loi du 21 janvier 1864.

L'établissement du jury rencontre une difficulté presque insurmontable : c'est le recrutement des jurés dans un petit État qui compte à peine 200,000 habitants, à moins de prendre toujours les mêmes.

La loi du 18 juin 1879 ne s'est pas bornée à copier la loi belge du 4 octobre 1867 dans son article 1er, en ce qu'elle a réservé aux Cours et aux Tribunaux l'appréciation des circonstances atténuantes ; elle s'est encore approprié textuellement toutes les autres dispositions de cette loi en ce qui concerne le pouvoir accordé aux chambres d'instruction.

HOLLANDE.

Le Code pénal français de 1810 est resté en vigueur dans la Hollande, et il n'a été modifié ultérieurement que sur certains points, par quelques lois spéciales.

Ce n'est qu'en 1879 que le ministre de la justice invita la seconde chambre à se vouer à l'étude d'un nouveau Code pénal destiné à prendre la place conservée jusqu'alors par le Code pénal français, et une loi du 3 mars 1881 est devenue le « *Code pénal des Pays-Bas* ». Seulement cette dernière loi attend encore une loi nouvelle qui la déclare exécutoire (1). Par conséquent,

---

(1) On attend, pour rendre la loi de mise en vigueur du nouveau Code, le règlement définitif du système pénitentiaire.

on peut dire que le droit pénal *actuellement* en vigueur en Hollande est le même qu'en France, sauf modification des peines (abolition de la peine de mort, de la déportation, des travaux forcés).

I. — LÉGISLATION ENCORE EN VIGUEUR.

I. Excuses. — Les cas d'excuses péremptoires, cas de non-imputabilité ou faits justificatifs, faisant disparaître le crime ou le délit, sont ceux qui sont prévus par notre Code pénal français (art. 64, 66, 327, 328 et 329).

Les excuses légales proprement dites, entrainant seulement une *réduction* de la peine, sont aussi les mêmes qu'en France (art. 67 et 69, 321 et suiv.), y compris les excuses qui donnent lieu à la *modification* et même à l'*exemption* de la peine, et sont spécifiées dans certains articles de notre Code pénal. L'effet de l'admission des excuses sur l'application de la peine est celui qui est réglé par notre Code.

II. Circonstances atténuantes. — Il existe aussi en Hollande un système de circonstances atténuantes. L'article 9 de la loi du 29 juin 1851 donne une nomenclature des circonstances atténuantes, par exemple : violence, ordre, intimidation, séduction ; mais la même loi ajoute : *ou autre circonstance atténuante*, ce qui prouve que la nomenclature précédente n'est pas *limitative*, mais est seulement *énonciative*, de sorte qu'on peut dire que ces circonstances ne sont pas déterminées par la loi et sont, comme dans la législation française, confiées à l'appréciation du juge.

Leur effet est de permettre d'abaisser la peine soit en matière criminelle, soit en matière correctionnelle, dans les conditions de l'article 463, et elles peuvent être admises, sans aucune restriction, pour tous les crimes et les délits, même pour les contraventions, pour lesquelles la peine d'emprisonnement n'est plus obligatoire (art. 20, loi du 29 juin 1854).

Les crimes sont bien jugés par les Cours d'assises, mais le jury n'existe pas en Hollande.

II. — NOUVEAU CODE PÉNAL DES PAYS-BAS (1).

Le Code pénal du 3 mars 1881 étant évidemment destiné à devenir exécutoire dans un temps prochain, il convient de porter l'attention, notamment, sur le titre III, livre I, qui a pour titre : *Des personnes excusables*, et des personnes auxquelles il peut être appliqué une *réduction de peine*, d'autant plus que nous y trouvons des dispositions spéciales.

I. **Excuses.** — D'après l'article 37, n'est pas punissable celui qui commet un fait dont il ne peut être rendu responsable par suite du développement défectueux ou du trouble de ses facultés intellectuelles ; s'il est décidé que le prévenu se trouve dans ce cas, *le juge* peut ordonner qu'il soit placé dans un hospice d'aliénés pendant une période d'épreuve ne pouvant excéder une année.

En ce qui concerne l'enfance, l'article 38 décide qu'un enfant *ne peut être poursuivi judiciairement* pour un fait commis avant qu'il n'ait atteint sa 10e année.

Cependant, si le fait emporte l'emprisonnement ou constitue la mendicité en public, le juge peut ordonner, sur la réquisition du ministère public, le placement de l'enfant dans une maison de correction jusqu'à ce qu'il ait accompli sa 18e année au maximum. Le même juge peut, en tout temps, ordonner sa mise en liberté.

En cas de poursuite judiciaire d'un enfant pour un fait commis avant qu'il n'ait atteint sa 16e année, le juge examine s'il a agi *avec* discernement.

S'il n'est pas décidé qu'il a agi avec discernement, l'enfant n'encourt aucune peine. Mais si le fait emporte l'emprisonnement ou constitue la mendicité en public, le juge peut ordonner, sur la réquisition du ministère public, que l'enfant soit placé dans une maison de correction jusqu'à ce qu'il ait accompli sa 18e année au maximum.

Le même juge peut, en tout temps, ordonner sa mise en liberté.

S'il est décidé que l'enfant a agi *avec* discernement, le maximum des peines principales encourues est alors diminué d'un

(1) Extraits de la nouvelle loi pénale des Pays-Bas, du 3 mars 1881, communiqués par M. Amiaud.

tiers. Si l'infraction emporte la peine de l'emprisonnement à perpétuité, la peine sera réduite à 15 ans au plus.

Il n'est pas fait application à l'enfant des peines accessoires mentionnées à l'article 9 : privation de droits déterminés, envoi dans un établissement de travail pénitentiaire, confiscation d'objets déterminés, et publication des arrêts ou sentences (art. 39).

La loi ajoute : N'est pas punissable celui qui commet un fait auquel il a été contraint par la force, ou qui était commandé par la loi ou par l'autorité compétente (art. 40, 42, 48), ou un fait commandé par la nécessité de la défense *de sa vie, de sa pudeur* ou *de sa propriété*, ou de celle d'autrui, contre une attaque actuelle et illégale. N'est pas punissable le fait de dépasser les bornes de la nécessité de la défense, lorsqu'il est le résultat d'une vive surexcitation causée par l'attaque (art. 41).

Quoique ne figurant pas dans le titre III, consacré aux personnes excusables et bénéficiant d'une réduction de peine, il faut citer les dispositions suivantes comme se rapportant à des cas d'excuse, plutôt que de circonstances atténuantes.

D'après l'article 259, la peine est réduite jusqu'à la moitié pour la mère qui expose ou délaisse son enfant, *sous l'empire de la crainte que sa grossesse ne soit découverte.* De même, la mère qui donne la mort à son enfant, *pour la même cause*, n'est punie que de la réclusion pendant six ans (art. 290).

Il faut remarquer encore l'article 27 de la nouvelle loi, portant que le juge peut imputer, soit totalement, soit en partie, sur la réclusion ou sur l'amende, le temps d'arrestation subi provisoirement avant l'exécution de la peine. Le juge peut ainsi, de nouveau, atténuer la peine, et même décider si l'arrestation provisoire peut être considérée comme une *peine suffisante.*

II. **Circonstances atténuantes.** — Quant aux circonstances atténuantes, elles ont été abolies par la nouvelle loi, en ce sens que le juge n'aura plus à motiver sa décision concernant ces circonstances. La loi contient, comme disposition générale, que le minimum de toute peine de réclusion (c'est-à-dire de détention) peut être *d'un jour* (art. 10, 18) ; de sorte que le juge décidera, selon son libre arbitre, sur le degré de la culpabilité, et abaissera la peine selon la latitude laissée par la loi, et d'après les circonstances de chaque affaire.

Le jury n'a point été apporté par la nouvelle loi, qui ne con-

tient pas, au surplus, de règles de procédure ; mais la très grande
majorité des jurisconsultes de la Hollande paraît être défavo-
rable à cette institution.

SUÈDE.

Le Code suédois a été promulgué, sous le nom de *Loi pénale de
la Suède* (1), par une ordonnance royale du 16 février 1864, qui
a fixé sa mise en vigueur au 1er janvier 1865 ; certaines modifications y ont été apportées par des ordonnances royales des
20 mai et 19 juillet 1872, 31 octobre 1873, 16 juin 1875, 10 août 1877
et 1er mars 1878.

D'après ce Code, les actions coupables ne sont point distin-
guées sous les dénominations de crimes, délits et contraventions ;
on emploie, pour les qualifier, le terme général d'*infraction*
(l'attentat contre le roi, seul, est qualifié de crime de lèse-
majesté).

Le Code pénal de 1864 a voulu surtout introduire dans la
législation des réformes basées sur les principes de la justice
et de l'humanité. Les motifs du nouveau Code, conformes à la
proposition du roi aux États du royaume, du 17 novembre 1862,
proclament que « la peine ne doit pas être seulement un acte de
justice, mais que, tout en intimidant, elle doit aussi avoir pour
but d'agir sur *la réformation morale du co   ble* (2) ».

I. **Excuses.** — Le chapitre V a pour titre : *Des causes diverses qui* EXCLUENT, DIMINUENT *ou* SUPPRIMENT *la culpabilité*, et il
les énumère ainsi :

L'action, d'ailleurs punissable, est exempte de punition si elle
a été commise par un enfant au-dessous de 15 ans accomplis ;
toutefois le tribunal peut, selon les circonstances , ordonner
que l'enfant sera corrigé à domicile par ses parents ou par une

---

(1) Loi pénale du royaume de Suède, traduite en français. Stockholm,
1866.

(2) Étude remarquable sur les causes de la récidive et les moyens d'en restreindre les effets, sur l'amélioration du système pénitentiaire et la nécessité de
l'éducation morale des jeunes délinquants, par M. d'Olivecrona, conseiller à la
Cour suprême du royaume de Suède, membre correspondant de l'Institut de
France et de la Société de législation comparée de Paris, p. 2, 17.

autre personne à la direction et à l'autorité de laquelle il est
soumis, ou qu'il sera envoyé dans un établissement public d'é-
ducation, *s'il y en a* (§ 1).

Malheureusement la Suède manque pour ainsi dire totalement, jusqu'à présent, d'institution de ce genre. Le seul moyen
répressif qui reste est donc, en général, la *correction domestique*,
moyen qui manque le but qu'on devrait atteindre, car il n'a
d'effet que sur le corps, risque d'ailleurs de devenir excessif, et
ne peut avoir pour conséquence la régénération morale que le
législateur a eue en vue, surtout à l'égard des enfants (1).

Quoique le paragraphe 1 chapitre V fixe à l'âge de 15 ans
accomplis l'époque à laquelle se présume le discernement, le
paragraphe 2 établit une exception d'après laquelle, si une
action généralement passible de la peine de mort ou des travaux
forcés au-dessus de deux ans a été commise par celui qui a accompli ses 14 ans, mais qui n'a pas atteint l'âge de 15 ans, et
s'il est jugé avoir eu assez de discernement pour comprendre
la criminalité de l'action, il est puni, au plus, de 4 ans de travaux forcés si la peine était la mort, et de 2 ans de travaux
forcés si la peine était celle des travaux forcés pour un temps
plus long, sans être soumis à la dégradation civique, ni à l'aug-
mentation de peine en cas de récidive (2).

Si un individu, après 15 ans, mais avant 18 ans accomplis, a
commis une infraction emportant la peine de mort, ou des travaux forcés à perpétuité, cette peine est réduite à celle des travaux forcés pendant 6 à 10 ans (§ 3).

L'action commise par celui qui est en état de *démence*, ou
qui, par *maladie* ou *décrépitude*, est privé de l'usage de la raison,
est exempte de punition (§ 4).

Mais s'il se trouve qu'un individu, au temps de l'action, ne
jouissait pas de l'*usage entier* de la raison par suite de maladie
de corps ou d'esprit, de décrépitude ou autre égarement sur-
venu sans sa propre faute, et que toutefois il ne puisse être
considéré comme exempt de punition, il est procédé, pour ce
qui regarde la peine de mort, comme pour le mineur de 15 à
18 ans, et, pour les autres peines, elles peuvent également,
suivant les circonstances, être réduites au-dessous de celles que
l'action en général aurait dû entraîner (§ 6).

(1) Étude de M. d'Olivecrona, précitée.
(2) La peine des travaux forcés à temps peut être prononcée de 2 mois à
10 ans (chap. II, § 5).
Le maximum de l'emprisonnement simple est de 2 ans.

Celui qui est attaqué par des violences ou des menaces de nature à constituer un danger *imminent* est placé dans le cas de la *nécessité actuelle* de *la légitime défense* et n'est pas responsable des blessures faites par lui pour détourner le danger qui le menace (§ 7) ou le danger qui menacerait autrui (§ 11).

Il y a également cas de nécessité actuelle de défense, si un individu, à l'aide d'effraction ou autrement, s'introduit sans permission, *pendant la nuit*, dans les appartements, maisons, cours ou navires d'autrui, ou *s'il fait résistance, de jour* ou *de nuit*, à celui qui veut soit défendre ses propriétés, soit les reprendre à celui qui est pris sur le fait (§ 8).

Cette disposition reproduit notre article 329, mais elle ne prévoit pas le cas de simple excuse où, d'après l'article 322, le meurtre ainsi que les blessures et les coups ont été commis en repoussant *pendant le jour* l'escalade ou l'effraction des clôtures ou maisons, même sans qu'il soit fait résistance.

Bien que le Code suédois ne consacre pas la dénomination *d'excuse* et n'établisse pas une catégorie spéciale pour les faits classés dans nos articles 321 et suivants comme *crimes et délits excusables*, il s'en préoccupe néanmoins pour prononcer une réduction de peine.

Pour le meurtre, qu'il définit : « l'homicide commis dans le dessein de tuer, mais dans un moment d'emportement » (à la différence de l'assassinat, qu'il caractérise par la préméditation), il admet, comme véritable excuse atténuant la peine, la *provocation* résultant non seulement d'actes de violences graves, mais encore *d'offenses grossières*. Si le fait a été commis, dit le § 3 du chapitre XIV, « dans *les transports d'un courroux provoqué*, sans qu'il y ait de la faute de l'auteur, par des offenses grossières ou des actes de violence d'une nature grave de la part de la victime, *ou si autrement les circonstances* sont *très atténuantes*, la durée de la peine des travaux forcés, au lieu d'être à perpétuité ou pendant 10 ans, peut être descendue à 6 ans ».

Le § 5 admet aussi comme excuse, ayant pour effet de pouvoir faire descendre la peine de 4 ans de travaux forcés à 2 ans, dans le cas où un individu a été tué par des actes de violence volontaires et exercés dans un moment d'emportement, mais sans intention de donner la mort, que le fait ait été commis dans « les transports d'un courroux *provoqué* par la victime, sans qu'il y ait de la faute de l'auteur, ainsi qu'il est dit au § 3 ; comme dans ce dernier paragraphe, le § 5 ajoute comme cause pouvant faire descendre à la même peine: « *ou s'il existe d'ailleurs des circonstances très atténuantes,* » ce qui montre que, dans sa pensée, le législateur a fait une différence entre ces circonstances et l'excuse de la provocation, quoique l'effet soit le même.

Mais la provocation n'est admise que pour les coups et blessures ayant occasionné la mort. Du moins elle n'est pas indiquée dans le Code pénal comme excuse légale, pour les coups ou blessures ordinaires. Cependant la jurisprudence admet la provocation, dans ce cas, comme circonstance atténuante.

La règle de notre Code, que le parricide est un crime spécial, *sui generis*, et qu'il n'est jamais excusable, n'existe pas dans le Code suédois. D'après ce Code, le parricide est un assassinat ou un homicide commis sous l'empire de *circonstances très aggravantes.*

Le meurtre commis par l'époux sur son épouse est, de même, considéré comme un meurtre commis sous l'empire de circonstances très aggravantes.

Quant au parricide ou au meurtre entre époux, on ne trouve, dans le Code, que cette disposition : « Le fait que l'assassinat ou le meurtre dont s'est rendu coupable un individu a été commis sur son ascendant, sur son conjoint, sur son beau-père ou sa belle-mère, sur ses parents adoptifs, sur son tuteur, sur son maître ou sur celui à l'autorité duquel il est soumis, sera considéré comme *circonstance aggravante* » (chap. XIV, § 35).

Mais si le mari a tué sa femme, ou la femme son mari, *in flagranti adulterio*, le cas est considéré comme meurtre commis sous l'empire de *circonstances atténuantes* ou *très atténuantes*, bien qu'il n'y ait pas, dans le Code, de disposition spéciale pour le meurtre, en cas de flagrant délit d'adultère.

Le fait de notre article 325 n'a pas non plus été prévu. Il y aurait sans doute lieu, selon les cas, de faire application des principes cités plus haut pour la nécessité actuelle de la légitime défense (§§ 7 et 10).

II. **Circonstances atténuantes.** — La législation suédoise reconnait les *circonstances atténuantes*. Elles ne sont pas déterminées par la loi, et sont laissées à l'appréciation du juge, ainsi que leur effet légal concernant les peines. Le juge n'est pas obligé de les faire connaître dans sa sentence.

Les circonstances atténuantes peuvent être admises pour toutes les infractions mentionnées dans le Code pénal. L'effet de leur existence est de permettre au juge non seulement d'abaisser la peine de un ou plusieurs degrés, mais aussi de substituer, conformément aux prescriptions du Code, une autre peine, dans tous les cas où le Code laisse au choix du juge d'appliquer des peines différentes, par exemple de substituer les travaux forcés à la peine de mort, ou l'emprisonnement aux travaux forcés, comme on le permet dans le chapitre XIV.

Nous avons déjà fait ressortir, pour les paragraphes 3 et 5 du chapitre XIV, cités plus haut, qu'indépendamment des excuses atténuant dans certains cas la culpabilité et motivant une très grande différence dans la gravité de la peine, la loi reconnaît l'existence de *circonstances très atténuantes.*

L'existence de circonstances *très atténuantes,* comme une cause pouvant faire *descendre* la peine dans une proportion considérable (même l'emprisonnement à une simple amende, § 5, chap. X), est encore mentionnée dans un très grand nombre de paragraphes, en diverses matières.

De là peut naître cette question : y a-t-il une différence entre les circonstances *très* atténuantes, mentionnées dans ces divers paragraphes spécialement déterminés, et les circonstances *simplement atténuantes* générales ? Les unes seraient-elles *spéciales* à certaines infractions, et les autres *générales* et applicables à toutes les infractions du Code?

Une différence existe naturellement entre ces deux termes de circonstances atténuantes et circonstances très atténuantes ; mais le second n'est pas spécial à certaines infractions ; il peut être appliqué, comme le premier, à toutes les infractions du Code. Le législateur a laissé au juge la latitude de considérer toutes les circonstances, et de déterminer si elles sont aggravantes ou très aggravantes, atténuantes ou très atténuantes.

En Suède, le jury n'existe pas, sauf pour les délits de presse. Les infractions de toute espèce, puisque la distinction entre crimes et délits n'existe pas, sont jugées par les tribunaux de première instance ; les circonstances atténuantes sont toujours reconnues et admises par les magistrats des tribunaux.

Le jury, pour les délits de presse, se compose de 9 membres. Ces 9 jurés décident, à la majorité des deux tiers, sans appel, et sans prononcer de motifs, si l'accusé est coupable. Dans ce cas, le tribunal prononce la peine.

NORWÈGE.

Le Code criminel de la Norwège date du 20 août 1842, mais il a subi des modifications en 1874 et en 1879.

On ne trouve dans ce Code, comme dans celui de la Suède, avec lequel il a naturellement beaucoup de rapport, aucune distinction entre les crimes et les délits, et tous les faits coupables qu'il prévoit sont désignés par le même mot : *infraction*.

I. **Excuses.** — Le Code norwégien ne fait pas de distinction, comme le Code français, entre excuses et circonstances atténuantes. On trouve sans doute des infractions déterminées dont les conditions correspondent à nos excuses et font réduire la peine, mais la loi n'a pas voulu en faire un groupe spécial.

Le Code pénal de Norwège a surtout adopté pour système de laisser au juge une grande latitude dans le choix de la peine, et, pour ce choix, celui-ci doit tenir compte de toutes les circonstances.

Le Code indique, au chapitre VII, les circonstances qui *empêchent l'application de la peine* ; ce sont : l'âge, la faiblesse cérébrale, la défense légitime.

1° Les enfants au-dessous de 10 ans ne peuvent être punis. De 10 à 15 ans, ils ne peuvent être punis que s'ils ont compris la nature délictueuse de leur action.

2° Les actions commises par des aliénés ou par des personnes qui, par suite de maladie ou de leur âge, ont perdu la raison, ne peuvent donner lieu à un délit ; cependant il peut arriver qu'un délit commis par une personne qui, sans être *complètement* privée de la raison, n'en a pas l'entière possession, tombe sous le coup de la loi.

3° L'inconscience que l'on n'a pas provoquée délivre de la peine.

4° Les sourds-muets sont exempts de peines lorsque, par suite du manque d'éducation ou de connaissances, ils n'ont pas compris la nature répréhensible de leur action. Dans ce cas encore, on peut accepter jusqu'à un certain point l'excuse de faiblesse cérébrale et ne punir que légèrement le délit.

5° La défense légitime personnelle est exempte de peine. Mais la transgression de la défense légitime est légèrement punie; c'est véritablement une excuse qui existe dans ce cas. La loi ajoute (chap. VII, § 6) que l'anéantissement de la propriété d'autrui est exempt de peine quand il s'agit de sauver sa vie.

II. **Circonstances atténuantes.**—Comme nous l'avons déjà dit, on ne trouve, dans la législation pénale de la Norwège, ni notre système d'excuses légales, ni notre système de circonstances atténuantes distinct. La loi a défini des faits particuliers pour lesquels elle a édicté des peines plus ou moins sévères selon leur gravité, et les circonstances dans lesquelles ils ont été commis, lesquelles rentrent soit dans nos excuses proprement dites ou atténuantes, soit dans nos circonstances atténuantes, mais sans que ces dénominations aient été employées, et qu'il ait été fait de différence.

Cependant le Code norwégien contient les expressions de circonstances atténuantes dans le § 4, chapitre VI, qui établit que « si, dans un paragraphe, sont indiqués deux degrés de peine, le juge doit appliquer la peine qui est la première nommée, pourvu qu'il n'y ait pas de circonstances *très atténuantes*, si la première nommée est la plus dure, et, réciproquement, qu'il n'y ait pas de circonstances très aggravantes, si elle est la moins dure ». Mais il n'y a pas de paragraphes qui spécifient les circonstances atténuantes ou aggravantes.

Le Code a, du reste, donné certaines règles générales que le juge doit suivre pour l'application de la peine, et on peut dire que la grande latitude que possède le juge dans le choix de la peine comprend le système français.

Le chapitre VI, § 1, commence par cette règle très sage et excellente : « Pour le choix des peines, dans les limites mises à celles-ci par la loi, on aura surtout égard à la gravité du crime, selon qu'il a eu pour résultat un dommage plus ou moins grand, ou a été d'une nature plus ou moins scandaleuse; à l'imputabilité plus ou moins grande de l'agent; à l'énergie et la fermeté plus ou moins grande dans la volonté criminelle du délinquant, et aux motifs plus ou moins condamnables qui l'ont fait agir. On aura aussi égard à son âge, son éducation, sa vie précédente, sa relation spéciale avec l'offensé pour ce qui est en rapport avec le crime, à sa conduite prouvée après l'achèvement de celui-ci. »

Parmi les circonstances prévues se rapportant à des excuses ou des circonstances atténuantes, se trouvent particulièrement les conditions d'âge.

D'après le chapitre VI, § 8, les délits commis par des enfants de dix à quinze ans doivent être punis, quand il s'agit de certains crimes désignés par la loi (assassinat, vol, incendie), et que de plus l'enfant a compris la nature délictueuse de son action; mais, dans ce cas, les enfants sont bien moins sévèrement punis, et la loi désigne quelles sont les punitions qu'il faut leur infliger au lieu des peines ordinaires. Les enfants jusqu'à quinze ans peuvent, par suite d'une condamnation, être placés dans un *pénitencier*, mais ils ne peuvent y rester au delà de leur seizième année.

Il est ordonné, au § 9, que, pour les individus âgés de quinze à dix-huit ans, on réduise les peines les plus sévères : peines de mort, des travaux forcés à perpétuité ou pour douze ans.

Il n'y a rien, dans le Code pénal norwégien, qui corresponde aux excuses légales de nos articles 321 à 325. De pareilles circonstances comptent seulement pour beaucoup dans l'application de la peine, au point de vue de son atténuation.

Ainsi, il est spécifié au chapitre XV que si l'on a donné des coups à quelqu'un *sans provocation*, ayant lieu sur-le-champ, la peine doit être de l'emprisonnement (sauf à la faire descendre jusqu'à l'amende), et qu'en cas de blessures ou coups plus graves, ce sera une circonstance aggravante que le blessé n'ait pas *provoqué*.

Une ancienne loi avait spécialement prévu le cas de notre article 324, mais la loi actuelle n'en parle pas. Ce sera une circonstance atténuante, et, d'après les paragraphes 1 et 4, chapitre VI, le juge fera choix de la peine moindre.

Le jury n'existe point en Norwège, pas même pour les délits de presse, comme en Suède. Cependant, lorsque l'accusation peut entrainer la peine de mort, le juge s'adjoint, comme assesseurs, quatre citoyens pris sur une liste dressée dans chaque commune. Ces citoyens prennent part à la délibération et à la décision, et ont la même compétence que le juge. La décision est rendue à la majorité de 3 sur 5, de sorte que 3 citoyens peuvent faire la décision contrairement au juge et à l'autre citoyen.

DANEMARK

Le Code pénal danois a été promulgué le 10 février 1866 (1).

Ce Code ne fait pas de distinction entre crimes et délits, ce qui frappe et ce qui le distingue de ceux des deux autres États scandinaves, la Suède et la Norwège, c'est qu'indépendamment des peines généralement usitées, il admet les peines corporelles du *rotin* et des *verges*, qu'il réserve précisément pour les adultes et pour les enfants.

I. Excuses. — Le chapitre troisième a pour titre : *De la responsabilité, des cas de légitime défense et de force majeure.* Il s'occupe d'abord des enfants.

Les délits commis par des enfants âgés de moins de 10 ans n'entraînent aucune peine. Toutefois l'autorité administrative, si elle le juge nécessaire, peut prendre contre ces enfants des mesures de correction ou de sûreté (§ 35).

Si un délit a été commis par un enfant âgé de plus de 10 ans, mais au-dessous de 15, celui-ci ne sera puni que lorsque, d'après la nature du délit (meurtre, lésions graves, vol avec ou sans violence, incendie), ou d'après son développement intellectuel et son éducation, on doit supposer qu'il a agi avec discernement, et lorsqu'il aurait encouru une peine plus forte que celle de l'amende ou de l'emprisonnement simple s'il avait accompli sa 18e année (§ 36). La peine ne doit pas dépasser 2 ans de travaux forcés dans une maison de correction.

Si un délit a été commis par une personne âgée de 15 à 18 ans, la peine établie par la loi sera, suivant les circonstances réduite jusqu'à la moitié, sans toutefois que la peine puisse dépasser 8 ans de travaux forcés (§ 37).

C'est aux hommes âgés de 15 à 18 ans, en tant qu'il est certifié par un médecin qu'ils peuvent la supporter, que s'applique la peine *du rotin*, qui consiste en coups portés avec un jonc d'un demi-pouce de circonférence. Le nombre des coups, qui ne peut être au-dessous de 10 ni dépasser 25, est fixé par l'arrêt.

Les verges se donnent, sous la surveillance du magistrat, à

(1) Traduction du Code danois en français. Copenhague, 1874.

des garçons de 10 à 15 ans (notamment en cas de vol), et même à des filles de 10 à 12 ans, et le nombre des coups, qui est de 10 à 25, est également fixé par l'arrêt. Les enfants dont la perversité est très grande peuvent être condamnés jusqu'à 2 fois 25 coups de verges à recevoir en 2 jours (chap. II, § 29).

Une loi très importante du 24 mai 1879 a déclaré (art. 3) que, dans toutes les affaires concernant des délits commis par des enfants de moins de 15 ans, le juge peut, suivant les circonstances, se borner à donner acte aux parents, ou aux personnes qui en tiennent lieu, de l'engagement qu'ils prennent d'infliger à l'enfant un châtiment corporel à domicile. Il peut même prescrire, au besoin, que ce châtiment sera subi sous les yeux d'un agent délégué à cet effet (1).

Une innovation si moderne a lieu de nous étonner, aujourd'hui que les idées qui prévalent tendent à la moralisation des jeunes coupables ; or, pour produire chez l'homme des *effets moraux*, il faut aussi des *moyens moraux*.

Ne sont pas punissables les actes commis par des personnes en état de démence, ou dont la raison est si peu développée ou si affaiblie et dérangée, qu'elles ne peuvent être considérées comme ayant eu conscience de la criminalité de leur action. Il en est de même si, au moment d'agir, le prévenu était privé de l'usage de ses facultés (§ 38).

Sont punis d'une peine moindre que celle qui est établie par la loi, les idiots ou autres personnes qui, tout en ayant jusqu'à un certain point la conscience de leurs actes, ne peuvent cependant, par suite d'un état particulier qui influe sur leur libre arbitre, être considérées comme ayant eu, au moment de l'action, le discernement des personnes adultes et saines d'esprit (§ 39).

Le Code danois contient une disposition particulièrement juridique et complète pour la légitime défense. Les actes provoqués par la légitime défense sont *justifiables* s'ils ont été nécessaires pour repousser ou détourner une attaque injuste, commencée ou imminente, dirigée contre la personne, *l'honneur* ou *les biens* de soi-même ou d'autrui. Toutefois ce n'est que pour la défense de la vie, de la santé, ou s'il s'agit d'un intérêt suprême, qu'il est permis d'employer des moyens qui mettent en péril la vie de l'agresseur.

---

(1) Toutes les affaires concernant des délits commis par des enfants de moins de 15 ans doivent être jugées à *huis clos*. Les parents ou les personnes qui en tiennent lieu peuvent être autorisés à y assister. (Art. 2, loi du 24 mai 1879.)

Si quelqu'un a excédé les limites de la légitime défense, on décide, suivant les circonstances, s'il doit en porter la responsabilité, ou si, par suite du trouble causé par le saisissement et l'effroi, il peut être considéré comme *justifié*. Dans le premier cas, on peut ne lui appliquer qu'une peine amoindrie, suivant la gravité de l'excès (§ 40).

Si quelqu'un s'est emparé de la propriété d'autrui ou y a causé un dommage pour conjurer un danger imminent qui menaçait sa vie ou sa santé, ou celles d'autres personnes, il ne sera passible d'aucune peine, en tant qu'il n'a pas eu d'autre moyen de salut à sa disposition (§ 41).

L'ignorance de la loi, l'opinion fausse qu'un acte interdit par la loi est permis ou même commandé par la conscience ou la religion, ou, réciproquement, qu'un acte commandé par la loi n'est pas permis par la même raison, ou bien encore la nature des motifs et du but du coupable, n'excluent pas la peine (§ 42).

Le Code danois admet encore de nombreuses exceptions qui, sans avoir le caractère d'excuse, dénomination qu'on ne trouve point d'ailleurs dans ce Code, et sans être non plus qualifiées de circonstances atténuantes, sont néanmoins des causes d'exemption ou de réduction de peine.

Ainsi, lorsqu'une femme vivant avec son mari, par suite de sa dépendance de ce dernier, se sera laissé entraîner à participer avec lui à un délit, la peine pourra être réduite, et, s'il y a lieu de supposer que, par un refus, elle se serait exposée à de mauvais traitements, ou aurait été forcée de quitter le domicile conjugal, elle pourra même, suivant les circonstances, être exemptée de toute peine.

Cela s'applique également aux enfants au-dessous de 15 ans que des personnes plus âgées, auxquelles, suivant leurs rapports réciproques, il y a tout lieu d'attribuer une influence particulière sur eux, auront déterminés à leur prêter assistance dans l'exécution d'un délit. Les enfants âgés de moins de 15 ans ne sont pas punis pour avoir participé à la jouissance de l'avantage illégalement acquis par un délit (§ 56).

En matière de délits commis par des fonctionnaires, comptables de deniers publics, si le déficit constaté dans une caisse a été couvert dans les 3 fois 24 heures, et qu'il y ait d'ailleurs des circonstances atténuantes, les poursuites pourront être abandonnées avec le consentement du ministère compétent (§ 135, chap. XIII).

En ce qui concerne les faits correspondant à nos excuses légales des articles 321 et suivants, la *provocation* est formellement relevée, et elle est même étendue quant à ses caractères. La peine pourra être réduite, dit-on dans les paragraphes 187 et 189, chapitre XVII, si le meurtrier ou celui qui, par des coups ou blessures volontaires, a occasionné la mort, a agi sous l'empire *d'une irritation provoquée* par de mauvais traitements ou des insultes grossières faites par la victime à lui ou *à ses proches.* La même *provocation* peut exister comme cause de réduction de la peine en faveur de celui qui, sous l'empire de cette provocation, exercée dans les mêmes conditions que précédemment, aura mutilé ou blessé une autre personne de manière à la priver d'un membre ou d'un organe important, ou à affaiblir tellement ses forces physiques ou morales qu'elle est devenue incapable de tout travail (§§ 204, 205, chap. XVIII). Dans ce cas rentrerait la castration provoquée par un violent outrage à la pudeur, considérée comme meurtre ou blessures excusables par notre srticle 325. Mais la provocation n'est pas admise pour les blessures simples; la peine, dans ce cas, n'est réduite que s'il y a des circonstances atténuantes (§ 203, chap. XVIII) (1).

Le § 191, chapitre XVII, correspond en même temps à nos articles 323 et 324, mais ses dispositions sont bien différentes.

D'après ce paragraphe, quiconque aura tué volontairement *son ascendant* ou *son conjoint*, avec lequel il cohabitait, est puni de mort ou des travaux forcés à perpétuité. Toutefois, en cas de circonstances *particulièrement atténuantes*, la peine peut être réduite à 8 ans de travaux forcés dans une maison de force, et même à 2 ans, dans le cas prévu par le § 187, c'est-à-dire si l'action a eu lieu sous l'empire d'une irritation *provoquée* par de *mauvais traitements,* ou même des *insultes grossières faites par la victime.*

Il résulte de là que l'excuse ou circonstance atténuante, résultant de la *provocation*, peut exister même en cas de parricide.

De plus, le meurtre de l'époux sur l'épouse, ou de celle-ci sur son époux, est excusable à raison de la provocation, même

_____

(1) Le § 196, chap. XVII, a tranché la question de la complicité du suicide en portant : « Quiconque aura aidé une autre personne à *se suicider* sera puni de la peine de l'emprisonnement.» Il punit même de la peine des travaux forcés dans une maison de correction quiconque aura tué une autre personne sur la demande formelle de celle-ci.

lorsque la vie de l'époux ou de l'épouse qui a commis le meurtre n'a pas été mise en péril, contrairement à notre article 324, n° 1.

Enfin, le meurtre commis en cas de flagrant délit d'adultère est évidemment excusable comme prévu dans cet article, car le fait de l'adultère pendant lequel on est surpris est bien une insulte grossière faite par la victime et ayant *provoqué l'irritation* sous l'empire de laquelle le conjoint a agi. Il faut même conclure des termes du § 191 : « quiconque aura tué *son conjoint*, » que l'excuse existe dans ce cas au profit de la femme aussi bien qu'au profit du mari.

II. **Circonstances atténuantes.** — Le Code danois, dans son chapitre sixième, pose les règles pour « *le degré de la peine, et sa réduction en certains cas* », et il établit le principe des circonstances atténuantes.

Dans la détermination du degré de la peine, entre des limites fixées par la loi, est-il dit au § 57, on prendra surtout en considération, d'une part, le caractère plus ou moins dangereux du délit, notamment eu égard au temps, au lieu et au mode d'exécution, l'importance de l'objet, l'étendue et la grandeur du dommage, et, d'autre part, le plus ou moins d'énergie et de fermeté dans la volonté du coupable, les motifs de son action, son éducation, son âge et ses antécédents, sa situation particulière vis-à-vis de la victime, et sa conduite après le délit. Dans la détermination du chiffre des amendes, on aura surtout égard à l'état de fortune du coupable.

Puis, dans les paragraphes suivants, on détermine l'effet des circonstances atténuantes.

D'abord, lorsque le coupable aura subi une longue détention, sans l'avoir provoquée par sa conduite pendant l'instruction de l'affaire, elle sera comptée comme *une circonstance atténuante* lors de la détermination de la peine. S'il n'a encouru qu'un emprisonnement de courte durée, soit simple, soit au régime ordinaire des prisons, la détention subie par lui pourra même, suivant la décision du tribunal, *tenir lieu de la peine* (§ 58).

C'est particulièrement le § 60 qui pose le principe des circonstances atténuantes et en détermine les effets, en disant : « Si le coupable, après que le délit a été exécuté, s'est efforcé d'en écarter ou du moins d'en atténuer autant que possible les suites fâcheuses, et qu'il y ait d'ailleurs *d'autres circonstances atténuantes*, les tribunaux pourront *réduire* la peine *au-dessous*

19

du *minimum, établi par la loi,* mais pas au-dessous de la moitié. On procédera de la même manière à l'égard de quiconque se sera spontanément dénoncé soi-même comme coupable ou complice d'un délit, et aura fait des révélations complètes.

Quant aux faits qui constituent des circonstances atténuantes, ils ne sont pas déterminés formellement par la loi, et, malgré la règle posée plus haut dans le § 57, pour mesurer le degré de la peine, on peut dire qu'ils sont laissés à l'appréciation et à l'arbitraire du juge, qui ne peut cependant, en règle générale, fixer la peine qu'entre le maximum et le minimum de la loi. Toutefois, pour quelques délits, la loi fait mention de certaines circonstances qui doivent être prises en considération comme circonstances atténuantes (1), et qui donnent alors au juge le droit de réduire la peine normale au-dessous du minimum.

Une remarque très importante, c'est que la loi norwégienne distingue, dans certains articles, entre l'existence de circonstances *atténuantes* et celle de circonstances particulièrement atténuantes (2).

Entre les circonstances *atténuantes* et les circonstances *particulièrement atténuantes,* il y a cette différence que la loi demande, pour qu'une diminution de peine soit admissible, une plus grande force de circonstances atténuantes dans les cas où elle a ajouté le mot *particulièrement,* que dans les cas où elle demande seulement des circonstauces atténuantes. Mais les circonstances atténuantes et les circonstances particulièrement atténuantes n'ont jamais d'autre effet que celui qui est déterminé dans chaque cas par l'article en question ; le juge n'a pas le droit de réduire le minimum fixé par la loi pour tel crime, si ce droit n'est pas expressément concédé par la loi elle-même, et il doit toujours rester dans les limites fixées pour la réduction.

Si la loi a demandé des circonstances *particulièrement* atténuantes pour que la peine normale puisse être réduite, le juge est tenu à appliquer la peine normale, s'il ne trouve pas consciencieusement que les circonstances de la cause ont ce caractère.

(1) Par exemple, d'après le § 102, en cas de violences, menaces ou injures envers un fonctionnaire dans l'exercice ou à l'occasion de l'exercice de ses fonctions, le fait que le fonctionnaire a, par sa propre faute, occasionné le délit.

(2) Le Code prévoit de même, dans certains cas, l'existence de circontances *aggravantes* ou *particulièrement aggravantes.*

Le Danemark ne possède pas l'institution du jury. La distinction entre crimes et délits n'existant pas, les tribunaux jugent tous les faits coupables autres que les contraventions de police.

ALLEMAGNE.

Le Code pénal allemand a été promulgué le 31 mai 1870; mais il ne régissait primitivement que la confédération du Nord, où il est entré en vigueur le 1er janvier 1871. La date que lui assignent aujourd'hui les actes officiels est celle de la loi du 15 mai 1871 sur la nouvelle rédaction du Code pénal de l'Allemagne du Nord *rendu applicable à tout l'empire allemand* (1).

La loi d'introduction du Code pénal de l'empire d'Allemagne en Alsace-Lorraine est du 30 août 1871, le rendant applicable à dater du 1er octobre 1871. D'autres lois d'introduction l'ont successivement prescrit dans les divers États de l'empire, et ce n'est qu'à partir du 1er janvier 1872 qu'il a été appliqué dans toute l'Allemagne.

Ce code a été lui-même modifié et complété par la loi du 26 février 1876 (2). Cette dernière loi constitue une véritable revision du Code de 1871, qui peut être comparé à notre loi du 28 avril 1832; mais elle est loin d'avoir été édictée sous l'empire des mêmes idées. Tandis que notre loi de 1832 est le résultat d'une réaction humanitaire contre l'excessive rigueur du Code de 1810, la loi allemande du 26 février 1876 a principalement pour but, dans la plupart de ses articles, de renforcer, dans le sens de la répression, les dispositions du Code pénal de 1870. Les peines édictées par le Code pénal allemand sont cependant encore, en général, moins sévères que celles que le Code pénal français édicte pour des faits analogues (3).

I. **Excuses.** — La 4e section de la 1re partie du Code pénal est intitulée : *Des circonstances qui excluent ou atténuent la peine* (art. 51 à 72).

---

(1) Voir *Annuaire de législation étrangère* de 1872, p. 80 et suiv.; traduction et notes de M. Alexandre Ribot.— Le Code contient 370 articles, subdivisés en 34 titres. Voir également page 231.

(2) Voir *Annuaire de législation étrangère* de 1876.

(3) La peine de mort existe en Allemagne ; mais elle n'est que très rarement appliquée, les souverains faisant un très large usage du droit de grâce. Les travaux forcés et la déportation n'existent pas, faute de colonies.

Le principe général de la responsabilité est posé en ces termes dans l'article 51 : « Il n'y a pas d'acte punissable lorsque l'agent était, au temps de l'action, privé de connaissance ou dans un état maladif de trouble mental qui excluait le libre exercice de sa volonté. » Comme application de ce principe, le Code déclare qu'il n'y a pas d'acte punissable : 1° lorsque l'agent a été contraint par une violence irrésistible ou par une menace accompagnée d'un danger actuel pour sa personne ou pour sa vie, ou pour celle d'un de ses proches, et qu'il n'a pu détourner autrement : sont considérés comme proches les parents et alliés, descendants et ascendants, les pères, mères et enfants adoptifs et *nourriciers*, les conjoints, les pères, sœurs et leurs conjoints et les *fiancés* (art. 52) ; 2° quand l'action était commandée par la légitime défense, c'est-à-dire celle qui est nécessaire pour détourner de soi-même ou d'autrui une attaque présente et illégale, sans qu'on soit punissable si, dans le trouble, la crainte ou la terreur, on a dépasssé les bornes de la légitime défense (art. 53); — 3° lorsque l'agent, en dehors du cas de légitime défense, a commis l'action pour sauver sa personne ou sa vie, ou celle d'un des siens, d'un péril actuel dont il n'était pas la cause et qu'il ne pouvait détourner autrement (art. 54), ce qui légitime la violence envers un compagnon d'infortune dont on sacrifle la vie pour sauver la sienne.

Les articles 55 et suivants sont consacrés à la responsabilité à raison de l'âge. Le Code prussien, quant à l'excuse tirée de l'âge, s'en était tenu au système du Code français de 1810 et n'admettait que deux périodes, l'une avant l'autre après 16 ans, la question de discernement devant se poser pour la première. Les autres Codes de l'Allemagne admettaient au contraire une première période d'irresponsabilité absolue, puis un échelonnement plus ou moins long, suivant que l'agent avait agi avec plus ou moins de discernement ou sans discernement. C'est ce dernier système qu'a adopté le Code actuel de l'empire d'Allemagne. *Ne peut être poursuivi* celui qui, au moment de l'infraction, n'avait pas accompli sa 12ᵉ année. L'ancien article 55 se bornait là, et il avait été entendu que les divers États étaient en droit de prescrire tels moyens de correction qu'ils jugeraient convenables; mais, pour faire cesser les doutes résultant du silence de la loi et donner à l'enfance des garanties relativement à la plus grave de ces mesures, l'envoi dans une maison d'éducation correctionnelle, la loi modificative du 26 février 1870 a ajouté ce paragraphe: « Seront néanmoins

appliquées les mesures propres à assurer la garde et l'amendement de l'enfant, établies par les lois des divers États.« En particulier, l'enfant pourra être placé dans une maison d'éducation
ou de correction, lorsque les autorités chargées du contrôle des
tutelles auront déclaré le fait constant et autorisé la détention. »

L'individu poursuivi pour un fait commis par lui après
avoir accompli sa 12ᵉ année, mais avant d'avoir 18 ans révolus,
est acquitté lorsqu'il est reconnu avoir agi sans discernement.
En ce cas, le jugement décide s'il sera rendu à sa famille ou
placé dans une maison d'éducation correctionnelle pour un
temps qui ne peut dépasser la 20ᵉ année révolue (art. 56).

Lorsque l'individu âgé de plus de 12 ans et de moins de 18
est condamné pour avoir commis, dans cet intervalle, un acte
punissable avec le discernement nécessaire pour en comprendre
le caractère délictueux, on lui applique les peines réduites et
atténuées qu'indique l'article 57, qui prohibe la privation des
droits civiques et le renvoi sous la surveillance de la police.

Ce n'est donc qu'à dix-huit ans accomplis qu'on subit l'application des peines ordinaires.

Quant au sourd-muet, s'il est dépourvu de l'intelligence
nécessaire pour comprendre le caractère délictueux de l'acte
qu'il a commis, il est acquitté (art. 58).

Une cause d'atténuation peut résulter, aux termes de l'article 59, de ce que l'auteur d'un acte punissable ignorait
l'existence des circonstances qui en constituent le caractère
délictueux ou qui en aggravent la criminalité ; ces circonstances ne lui sont point imputées. Et à l'égard des actes
involontaires commis par négligence ou imprudence, cette
disposition n'est applicable qu'autant que l'ignorance n'est pas
elle-même le résultat d'une négligence ou d'une imprudence.

Comme en Autriche et dans beaucoup d'États, la détention
préventive peut être imputée, en tout ou en partie, par le jugement de condamnation sur la peine prononcée (art. 60).

On peut dire que dans le Code allemand il n'y a guère qu'une
seule *excuse légale* proprement dite, entraînant une *réduction
de la peine* : c'est l'âge, entre 12 et 18 ans, accompagné du discernement au temps de l'action, car les autres cas que nous
avons cités constituent véritablement des excuses péremptoires
ou absolutoires.

La provocation a toutefois préoccupé le législateur allemand,
car l'article 213 du Code de 1870 admet comme cause de réduction de peine, et par conséquent comme excuse atténuante, les

violences ou *offenses graves.* Cette disposition va même plus loin que notre article 321 , qui n'admet comme excuse que la provocation par des coups ou violences graves. Mais il existe en outre, comme dans le Code pénal français, un grand nombre de cas de réduction ou d'exemption complète de la peine, auxquels la jurisprudence allemande ne donne pas le caractère d'*excuses légales*: par exemple, l'incendiaire qui a éteint l'incendie allumé par lui, avant que le feu ait été découvert et avant qu'il en soit résulté un dommage autre que celui de la première combustion, est exempt de toute peine. Dans d'autres cas, au contraire, il y aura seulement lieu à réduction de la peine encourue : par exemple en cas de compensation partielle des injures et des voies de fait (art. 199 et 233), en cas d'homicide commis sur les instances expresses et réitérées de la victime (art. 216); lorsque l'individu qui cause volontairement une inondation mettant les propriétés en danger a eu pour but de protéger sa propriété personnelle (art. 313).

II. Circonstances atténuantes. — Comme dans le droit français, il existe un système de circonstances atténuantes; mais leur admissibilité n'est pas autorisée pour tous les crimes, elle ne l'est que pour certains crimes et délits, d'ailleurs très nombreux, expressément déterminés par la loi, et dans les cas spécifiés par elle.

Ce système s'explique par la considération qu'en général le minimum des peines est maintenu dans des limites suffisamment clémentes pour rendre l'admission des circonstances atténuantes inutile ou moins dangereuse au point de vue d'une juste répression.

Le même principe qui a conduit le législateur allemand à inindiquer spécialement les cas où les circonstances atténuantes seraient admissibles, l'a amené nécessairement à fixer, dans chaque cas isolé, les conséquences de leur admission par le juge. Les circonstances atténuantes ne sont pas, du reste, déterminées par la loi; elles sont laissées, comme en France, à l'arbitraire du juge.

Il est donc impossible d'indiquer, d'une manière générale, les règles d'après lesquelles la réduction de la peine s'opère ; celle-ci varie suivant les cas et dans la mesure fixée par la loi. Nous ne pouvons pas non plus énumérer ici tous les articles qui permettent l'admission des circonstances atténuantes, nous en avons compté 56 (1). Remarquons seulement que la loi allemande n'admet pas de circonstances atténuantes en cas d'*assassinat* ; c'est là une anomalie bien singulière, étant donné qu'en général la répression est moins énergique qu'en France. Cette anomalie ne s'explique guère que par l'intention qu'a eue le législateur de laisser au droit de grâce du souverain une action plus étendue.

L'institution du jury n'existe pas pour le jugement de tous les crimes ; sont exceptés, par exemple, ceux de haute trahison, ceux de personnes ayant moins de 18 ans, tous les crimes dont la peine n'excède pas 5 ans de maison correctionnelle, et un nombre d'autres. Ceux-là reviennent soit à la Cour de l'empire allemand à Leipsick, soit aux tribunaux correctionnels.

La question des circonstances atténuantes est adressée aux jurés, si le procureur général ou l'accusé le demandent, ou si la Cour le trouve convenable. Le bénéfice des circonstances atténuantes peut être accordé d'office par le jury lui-même (loi du 27 janvier 1877, tit. X).

Le nombre des jurés est de 12. Pour la condamnation, il faut une majorité des deux tiers des voix ; pour l'admission des circonstances atténuantes, 7 voix suffisent.

Le Code d'instruction criminelle du 1er février 1877, entré en vigueur le 1er octobre 1879, est, comme le Code pénal du 15 mai 1871, appliqué dans toutes les parties de l'empire, et ces Codes dérogent aux lois particulières (2).

SUISSE.

Chaque canton a une législation distincte ; quelques petits cantons n'ont encore qu'une série de lois ou d'ordonnances spéciales, mais la plupart des cantons possèdent des Codes très complets et basés sur des principes peu divergents. Il existe, en outre, un *Code pénal fédéral*, qui ne s'applique qu'aux délits politiques commis par ou contre les fonctionnaires fédéraux, et prévoit aussi quelques délits d'une nature spéciale (enrôlements

(1) Code pénal de l'empire d'Allemagne ; édition française publiée à Strasbourg, 1878.

(2) Ce Code a été analysé, ainsi que la loi d'organisation judiciaire, entrée en même temps en vigueur, dans l'*Annuaire* de 1878, p. 82, 87 et 98.

pour le service étranger, dommages aux télégraphes, chemins de fer...) (1).

Nous ne pouvons entreprendre de rechercher toutes les législations cantonales ; nous nous bornerons à prendre le Code fédéral et les législations cantonales les plus importantes et les plus récentes (2). (La Suisse comprend vingt-cinq cantons et demi-cantons, ayant chacun, au point de vue du droit pénal, conservé toute leur autonomie et possédant leur législation particulière.)

CODE PÉNAL FÉDÉRAL.—Le Code pénal fédéral du 4 février 1853 est entré en vigueur le 1er mai suivant. Comme beaucoup de Codes cantonaux, il ne distingue pas les crimes, délits et contraventions, et, s'il parle parfois de « crimes et délits », il ne fait pas de catégories distinctes pour ces infractions.

I. **Excuses**. — Les causes d'irresponsabilité et les faits justificatifs sont énumérés dans les articles 27 à 30.

N'est pas *punissable* (art. 27) « l'individu accusé, lorsqu'au moment de l'acte il était, sans qu'il y eût de sa faute, privé de l'usage de sa raison ou de sa libre volonté ».

Ne sont pas non plus *punissables* (art. 30) les enfants âgés de moins de 12 ans, et ceux âgés de 12 à 16, que le jury déclare avoir agi sans discernement.

Ne sont pas, également, *punissables* (comme justifiés) : 1° l'acte, d'ailleurs illicite, qui a été commis par un fonctionnaire ou un employé par suite d'un ordre formel et compétent relatif à des fonctions ou à un service publics émanant de l'autorité ou du fonctionnaire qui lui est supérieur (art. 28) ; 2° l'acte commis en état de légitime défense pour protéger sa propre personne, sa vie, sa propriété, sa liberté, ou la personne, la vie, la propriété, la liberté de son prochain (art. 29).

Le Code fédéral ne reconnaît pas d'*excuses légales* entraînant une diminution, une remise ou une commutation de peine.

II. **Circonstances atténuantes**. — L'article 32 prévoit des circonstances atténuantes ; mais on ne pose aux jurés ni question spéciale sur l'existence de l'une ou l'autre de ces circonstances, ni question générale, et le jury ne peut pas davan-

(1) Le texte de la Constitution fédérale suisse du 29 mai 1874 se trouve dans l'*Annuaire de législation étrangère* de 1875, p. 443.
(2) Textes des Codes principaux de la Suisse, transmis par M. Amiaud.

tage ajouter à son verdict une déclaration quelconque sur ces circonstances. L'article 98 du Code de procédure pénale fédérale du 27 août 1851 réserve exclusivement à la Cour cette appréciation, et, dans l'application de la peine, le juge ne peut descendre au-dessous du minimum fixé par la loi.

L'article 32 cite comme pouvant être prises en considération par le juge les circonstances suivantes : le repentir, les actes destinés à prévenir les suites du délit, le dédommagement, la dénonciation spontanée, le fait que l'accusé ne jouissait pas complètement de sa libre volonté, l'âge de 12 à 16 ans lorsqu'il y a discernement. Cet article prend soin de dire que « l'ivresse, quand elle est résultée de la faute de l'accusé, n'est, dans la règle, pas envisagée comme circonstance atténuante».

En matière fédérale, les jurés sont au nombre de 12, et toutes leurs déclarations doivent être rendues à la majorité de 10 voix.

CANTON DE GENÈVE. — Le Code pénal du canton de Genève est du 21 octobre 1874, et il est entré en vigueur le 30 du même mois.

Le canton de Genève avait conservé, depuis la domination française, notre Code de 1810, modifié par quelques nouvelles lois. En 1874, eut lieu une refonte complète, mais on y sent encore l'empreinte de la législation française. — La division en crimes, délits et contraventions a été conservée.

I. **Excuses.** — Le titre V du livre I comprend ce qui concerne les excuses. La section I s'occupe de l'âge.

Aucune condamnation ne peut être prononcée, dit l'article 48, à raison de crimes ou délits, contre les enfants de l'un ou l'autre sexe âgés de moins de 10 ans. Cependant, s'ils ne sont pas réclamés par leurs parents ou tuteurs, l'autorité administrative peut, sur les conclusions conformes du ministère public, les placer dans une maison de correction ou une colonie agricole pour un temps qui ne pourra excéder 10 ans.

L'article 49 porte que l'accusé ou le prévenu âgé de moins de 16 ans accomplis au moment de l'infraction sera *acquitté*, s'il est décidé par le jury qu'il a agi sans discernement ; mais, dans ce cas, du consentement des parents ou tuteurs, l'autorité administrative peut procéder à son égard comme pour les enfants de moins de 10 ans, et cela pour un temps qui ne dépassera pas l'époque où il aura atteint sa 20e année.

Lorsqu'il est décidé qu'un accusé ou un prévenu âgé de moins de 16 ans au temps de l'infraction a agi avec discernement, l'âge ne constitue plus qu'une excuse atténuante, et la peine est modifiée dans sa nature et dans sa durée, s'il a commis un crime, conformément à l'article 50. Si le fait est un délit, la peine, comme d'après notre article 69, ne peut s'élever au dessus de la moitié (1).

Dans la section II, l'article 52, reproduisant notre article 64, déclare *qu'il n'y a pas d'infraction* lorsque l'accusé ou le prévenu était en état d'*aliénation mentale* au moment du fait incriminé, ou s'il a été contraint par une force à laquelle il n'a pu résister.

La section III consacre, comme notre Code, des motifs de justification, et porte qu'il n'y a pas *d'infraction* en cas d'ordre de la loi ou de l'autorité et de légitime défense. Les articles 53, 54 et 55 sont la reproduction textuelle de nos articles 327, 328 et 329.

La section IV prévoit spécialement les excuses légales correspondant à celles de nos articles 321 et suivants.

L'article 56, comme notre article 65, pose le principe que nul crime ou délit ne peut être excusé que dans les cas déterminés par la loi.

L'article 57, relatif à la provocation, est plus explicite et plus complet que notre article 321. Non seulement il précise que *l'homicide* et les *lésions corporelles*, pour être excusables, doivent avoir été *immédiatement* provoqués par des coups ou violences graves, il ajoute encore cette disposition nouvelle que les coups et violences légères sont excusables s'ils ont été *immédiatement* provoqués par des injures ou diffamations graves envers les personnes.

L'article 58 reproduit textuellement notre article 322.

De même, l'article 59 est la reproduction textuelle de notre article 325.

L'article 61, correspondant à notre article 323, en diffère cependant en ce qu'au lieu de déclarer inexcusable le *parricide* seulement, il étend cette exclusion à l'homicide et aux lésions corporelles (coups et blessures), en disant que « les excuses

(1) Le Code genevois (art. 51), comme le nôtre (art. 68), a voulu épargner au mineur de 16 ans la honte de la Cour d'assises. S'il n'a pas de complice audessus de cet âge, et s'il est prévenu de crimes autres que ceux que la loi punit de la réclusion à perpétuité ou du bannissement, il est jugé par les tribunaux correctionnels.

énumérées dans la présente section ne sont pas admissibles, si
le coupable a commis le crime ou le délit envers ses père,
mère ou autres ascendants légitimes, ou envers ses père et
mère naturels ou adoptifs.

Quant à notre article 324, relatif à l'excuse tirée du flagrant
délit d'adultère, il n'a pas été reproduit dans le Code genevois,
sans doute parce que l'adultère n'est pas puni comme constituant un délit.

L'effet des excuses est considérable, et l'article 60 indique la
réduction que subit la peine en pareil cas. Elle peut être abaissée jusqu'à un emprisonnement de 6 mois pour certains crimes,
et à un emprisonnement de 1 jour à 6 mois ou à une amende
de 10 à 100 francs pour tous les délits (1).

II. **Circonstances atténuantes.** — Le jury, qui existe
en matière criminelle et correctionnelle, a le droit d'ajouter à
sa déclaration, des circonstances *atténuantes* ou des circonstances *très atténuantes,* qui sont laissées complètement à son
appréciation. Ces circonstances ne sont limitées d'aucune
manière, ni même indiquées à titre d'exemple dans le Code.
C'est aussi le jury qui statue sur les excuses. Genève est le seul
canton qui connaisse des circonstances *très atténuantes.*

Disons ici d'une manière générale que c'est le jury, partout
où il existe, qui statue sur les questions d'excuses péremptoires
ou légales prévues par les différentes législations. Dans le cas
de circonstances atténuantes, la réclusion perpétuelle est trans-
formée en réclusion de 3 à 15 ans, la réclusion à temps en un
emprisonnement correctionnel de 1 à 5 ans, les peines correctionnelles sont réduites de moitié. Dans le cas de circonstances
très atténuantes, la réclusion perpétuelle se transforme en
emprisonnement de 4 ans au maximum, la réclusion à temps
en emprisonnement de 2 ans au maximum; les peines correctionnelles ne peuvent dépasser le quart du maximum. Dans tous
ces cas, lorsqu'il y a à la fois emprisonnement et amende, le
tribunal peut ne prononcer que l'une de ces peines, et même
substituer l'amende à l'emprisonnement (art. 40, 41, 42).

---

(1) Une loi du 11 octobre 1879, modifiant quelques points de l'instruction criminelle, notamment pour la liberté provisoire, a introduit, pour le canton de
Genève, une importante innovation en accordant au prévenu la faculté de se
faire assister d'un conseil devant la *chambre d'instruction* et d'obtenir com-
munication de la procédure.

Le nombre des jurés de jugement est de 12 au criminel et de 6 au correctionnel. La majorité nécessaire pour toutes les questions est la majorité simple.

CANTON DE BERNE. — Le Code pénal du canton de Berne est entré en vigueur le 1ᵉʳ janvier 1867.

I. **Excuses.** — Le titre IV du livre II détermine les « circonstances qui excluent ou atténuent la culpabilité ».

Il n'y a ni crime, ni délit, ni contravention, dit l'article 43, lorsque l'inculpé, au moment de l'acte, se trouvait, sans qu'il y ait eu de sa faute, dans un état où il ne pouvait avoir conscience de son action ou de la criminalité d'icelle, ou lorsque, par suite de contrainte, *menaces graves* ou *autres causes*, il était privé de son libre arbitre. Mais si l'inculpé n'a pas perdu entièrement la conscience de la culpabilité de son action et si elle n'est qu'affaiblie, ou s'il n'est pas entièrement privé de son libre arbitre, les peines sont *seulement modifiées*, conformément aux articles 43 et 31.

Le Code de Berne, contrairement à celui de Genève, repousse jusqu'à l'âge de 12 ans la limite de l'irresponsabilité. D'après l'article 41, nul enfant âgé de moins de 12 ans révolus au moment de la perpétration d'un acte punissable « ne pourra être l'objet de *poursuites* pénales ».

Lorsque l'inculpé a moins de 16 ans révolus au moment de l'acte punissable, il est préalablement décidé s'il a agi avec ou sans discernement. S'il est reconnu avoir agi *sans discernement*, il est acquitté. Cependant, si la sécurité publique exige qu'il soit pris des mesures de sûreté à son encontre, l'autorité saisie de l'affaire fait au Conseil exécutif, mais seulement si elle le juge nécessaire, telle proposition qu'il appartient (art. 45), et le Conseil exécutif prend les mesures exigées par la sûreté publique.

S'il est décidé que l'inculpé de moins de 16 ans a agi *avec discernement*, il subit les peines modifiées par l'article 46, c'est-à-dire la détention *dans un pénitencier spécial* destiné aux jeunes condamnés.

Le Code, sans établir d'excuse générale ou de circonstance atténuante en faveur des individus âgés de 16 à 18 ans, comme l'ont fait certaines législations, statue néanmoins, dans l'article 48, que lorsqu'un criminel n'avait pas encore 18 ans révolus au moment de la perpétration d'un acte emportant la peine de mort ou la réclusion à perpétuité, ces dernières peines seront remplacées par 20 années de réclusion (1).

II. **Circonstances atténuantes.** — La législation du canton de Berne ne prohibe pas l'admission de circonstances atténuantes générales, mais il n'appartient au jury de les déclarer que lorsqu'une question lui est posée à ce sujet, ce qui n'a lieu que dans le cas où la peine encourue est perpétuelle.

Il n'y a de jurés qu'au criminel ; ils sont au nombre de 12, qui statuent à la majorité simple.

Après avoir réglé, en les groupant, les excuses absolues ou relatives résultant de l'âge, le Code bernois définit avec soin le cas où on n'est *passible d'aucune peine* à raison de la légitime défense. C'est le cas où on a commis un acte, d'ailleurs punissable, en usant du droit de légitime défense, pour protéger contre une attaque injuste et violente, actuelle ou imminente, son corps, sa vie, sa propriété, sa possession ou sa liberté, ou le corps, la vie, la propriété, la possession ou la liberté d'autrui, si le danger ne pouvait être détourné par d'autres moyens à soi connus (art. 52).

En dehors de ces dispositions, on ne trouve aucun exemple d'excuses légales semblables à celles prévues dans les articles 321 et suivants du Code français.

CANTON DE VAUD. — Le Code pénal du canton de Vaud est du 18 février 1843, et il est entré en vigueur le 1er janvier 1844 (2).

I. **Excuses.** — Est irresponsable l'accusé qui, au moment du délit, était en état de démence et atteint d'une maladie ou d'une infirmité le mettant hors d'état d'apprécier les conséquences et la moralité de ses actions (art. 51, § 3) ; et aussi celui qui a été contraint par une force à laquelle il n'a pu résister (art. 51, § 4).

L'enfant de moins de 14 ans et celui de 14 à 18 qui a agi sans discernement ne peuvent être condamnés à une peine. Le premier, reconnu auteur ou complice d'un délit par le tribunal

(1) La peine de mort est remplacée par la réclusion à perpétuité à l'égard des vieillards de 70 ans au moment du jugement.

(2) Renseignements de M. Favey, procureur de la République à Lausanne, membre correspondant de la Société de législation comparée.

d'accusation (notre chambre des mises en accusation), est renvoyé aux autorités administratives, qui peuvent le placer dans une maison de correction jusqu'à l'âge de 21 ans. L'enfant de 14 à 18 ans, qui a agi sans discernement est renvoyé aux mêmes autorités par ordonnance du tribunal saisi de l'affaire. La question de discernement est tranchée par le jury devant les juridictions criminelle et correctionnelle, et par les juges devant le tribunal de police (art. 51, §§ 1 et 2).

L'article 56 *permet* de considérer comme un fait justificatif l'ordre d'un magistrat ou d'un fonctionnaire ayant pouvoir de donner un pareil ordre.

Est considérée comme un fait justificatif la légitime défense de soi-même ou d'autrui, dans le but de protéger la personne, le domicile ou la propriété de celui qui est attaqué, lorsque la personne attaquée n'a pu obtenir protection de l'autorité ou un autre secours suffisant , lorsqu'il y a urgence, et que les moyens de défense ont été proportionnés au danger (art. 57). L'article 341 admet au bénéfice de la légitime défense l'agent de la force publique qui est obligé de se livrer à des voies de fait pour repousser l'agression de la personne dont il a la garde.

Ce Code admet aussi des excuses, correspondant à nos causes légales et qui, comme elles, ont seulement pour effet d'entraîner une réduction de la peine.

A l'égard du délinquant de 14 à 18 ans qui a agi avec discernement, la réclusion perpétuelle peut descendre jusqu'à 6 ans au minimum (le maximum de la réclusion à temps est de 30 ans) ; dans les autres cas, la peine descend à la moitié du maximum (art. 55).

Les violences, les menaces, la *violente provocation* ont pour effet de faire réduire la réclusion perpétuelle à une réclusion de 10 ans au maximum, et, dans les autres cas, la peine ne doit pas excéder le quart du maximum, et la loi ne fixe plus de minimum.

A côté de ces dispositions générales, on prévoit quelques excuses spéciales.

Peuvent être *libérés de la peine* ceux qui, participant à un attroupement séditieux, s'en retirent sur sommations légales, ou s'efforcent d'empêcher les atteintes aux personnes ou aux autorités (art. 116). — En matière de fausse monnaie, la peine est réduite si la monnaie est coulée dans un moule au lieu d'être frappée, ou s'il s'agit de monnaies n'ayant pas cours légal (art. 157 à 160). — La contrefaçon des sceaux officiels, sans participation à l'usage fruduleux et sans but dolosif, n'est punie que d'une amende (art. 170). — Le faux en écriture, *sans imitation* d'écriture, permet de diminuer la peine jusqu'à la moitié du minimum (art. 181).

Dans *les batteries* et *le duel* (qui est considéré comme un délit spécial), peuvent être libérés de toute peine ceux qui, tout en participant à la rixe, ont fait leurs efforts pour l'arrêter, et ceux qui sont suffisamment punis par les blessures qu'ils ont reçues (art. 246 et 247). Les témoins d'un duel ne sont punissables que s'ils ont envenimé la querelle, empêché une réconciliation ou aggravé les conditions du combat.

Enfin, dans quelques délits de vol, d'escroquerie, d'abus de confiance..., la restitution volontaire des objets soustraits a pour effet de faire descendre le minimum jusqu'à la moitié (art. 307).

Le Code vaudois, à côté de l'âge, de la légitime défense, de la provocation, n'a rien de correspondant aux articles 322, 323, 324 et 325 de notre Code; mais, en l'absence de dispositions formelles, ces cas rentrent dans ceux de *provocation* ou de *légitime défense*, et c'est ainsi que la question a été résolue particulièrement pour le cas prévu au 2e alinéa de l'article 324. — La définition de la provocation du Code vaudois comprend, il faut le dire aussi, les simples menaces, et non pas seulement les coups et violences graves, comme notre article 321. Il n'est nulle part question de l'article 325. Quant aux cas de nos articles 322 et 329, on les considère comme cas de légitime défense, d'autant plus que si on excède les bornes de la légitime défense, il existe une peine très mitigée.

Toutes les excuses *doivent être posées*, si elles résultent de l'acte d'accusation ou des débats, par des questions séparées et distinctes, au jury. Les questions de culpabilité et de discernement doivent être résolues à la majorité des deux tiers des voix (soit 8 voix sur 12 en matière criminelle, et 6 sur 9 en matière correctionnelle); toutes les autres questions sont résolues à la simple majorité (7 ou 5 voix). Dans les autres cantons, la majorité nécessaire pour toutes les questions est la majorité simple. Il est à remarquer que le chef du jury doit indiquer le nombre de *oui* et de *non*, et ne pas se borner, comme en France, à affirmer la majorité.

II. **Circonstances atténuantes.** — Les circonstances

atténuantes, lesquelles ne sont pas prévues expressément, sont prises en considération par le juge, qui en tient compte, dans la détermination de la peine, entre le maximum et le minimum. Le jury ne s'en occupe pas; il ne peut rien ajouter aux questions qui lui sont soumises. On ne lui pose une question générale de circonstances atténuantes que dans un seul cas : celui où la peine applicable au délit entraîne la réclusion perpétuelle, qui a remplacé, dès 1873, la peine de mort(1); l'admission des circonstances atténuantes a alors pour effet de réduire la peine à une réclusion de 15 à 30 ans (art. 61).

D'après le projet de modification du Code pénal qui sera prochainement discuté, le Code nouveau accorde au juge une plus grande latitude dans l'application de la peine que le Code actuel. Tandis que ce dernier fixe pour chaque délit le minimum et le maximum de la peine, et ne permet guère de substituer une peine à une autre, le projet supprime l'échelle des peines basée sur la durée de l'incapacité de travail, pour les délits contre les personnes, et sur la valeur des objets pour les délits contre la propriété; puis, il autorise plus fréquemment la substitution d'une peine à un autre. Enfin, et c'est là la grande modification, il supprime les *minima*, à part quelques cas spéciaux, et augmente le plus souvent les *maxima*. La suppression des *minima* soulèvera peut-être des objections. La commission a préféré admettre ce système, qui laisse toute latitude au juge, que d'adhérer, comme on l'avait pensé, au système des circonstances atténuantes à soumettre au jury.

CANTON DE FRIBOURG.— Le Code pénal du canton de Fribourg, qui est de 1868, n'est entré en vigueur que le 1er janvier 1874, en même temps qu'une loi d'organisation judiciaire de 1869 et un Code de procédure pénale de 1873.

I. **Excuses.**— Ce Code admet, comme motifs d'exclusion de peine, les mêmes cas que les autres cantons. — L'âge de l'irresponsabilité est de moins de 12 ans, et l'âge de 12 à 16 ans, ou la surdi-mutité, quand il n'y a pas eu de discernement (art. 60, 61). Il faut remarquer cependant l'article 19, qui porte : « Celui qui, dans une extrême nécessité, et pour y subvenir,

(1) A Neuchâtel, au contraire, on doit toujours poser la question des circonstances atténuantes aux jurés. Le canton de Neuchâtel, comme ceux de Vaud et de Genève, a aussi un jury correctionnel qui est composé de 6 membres. Ces trois cantons sont les seuls qui aient le jury *en matière correctionnelle*.

commet un vol de comestibles, *peut* n'être ni recherché ni puni par la justice. » On s'étonne de trouver cette dernière disposition établie dans un Code. Que la misère ou une nécessité pressante, comme disent certains Codes, soit une circonstance très atténuante, l'humanité l'indique ; on comprendrait même que, pour certains larcins d'une valeur inappréciable, les magistrats eussent la liberté de s'abstenir de poursuivre; mais il y a, à notre avis, imprudence et même danger à inscrire dans un Code que la *faim* peut *justifier un vol,* quel qu'il soit.

Ce Code reconnait aussi des excuses légales qui, sans exclure la peine, permettent de la commuer.

L'enfant de 12 à 16 ans qui a agi avec discernement ne peut être condamné à plus de 15 ans de réclusion, si la peine est la réclusion perpétuelle, et, si c'est la réclusion à temps, on ne peut appliquer plus du tiers du maximum.— Les autres peines ne peuvent excéder la moitié de celle prévue par la loi (art. 62) (1).

Les mêmes dispositions sont applicables au sourd-muet qui a agi avec discernement (art 65).

Les délinquants de moins de 20 ans ne peuvent être condamnés à la réclusion perpétuelle, qui est remplacée par une réclusion de 20 ans (art. 63).

Les menaces qui n'excluent pas complètement la liberté, et la violente provocation, permettent au juge de commuer arbitrairement la peine (art. 56).

Le Code de Fribourg renferme comme excuses la provocation et la légitime défense; son article 129 assimile à la provocation l'homicide commis par un des époux, *mari* ou *femme, sur l'autre* et sur son complice, surpris en flagrant délit d'adultère, et l'homicide commis par le père ou la mère sur leur fille, et sur son complice, surpris dans la maison paternelle et « commettant adultère ou fornication ». C'est, on le voit, une extension de l'article 324 du Code français.

II. **Circonstances atténuantes.** — L'article 67 dit que le juge prend en considération, dans l'application entre les *maxima* et les *minima* prévus, les circonstances atténuantes. Si un crime entraine la réclusion perpétuelle, les circonstances atténuantes permettent de la remplacer par la réclusion à temps.

(1) Le Code du canton de Zurich admet les mêmes périodes d'âge pour la responsabilité des enfants.

20

L'article 57 statue que l'ivresse n'exclut pas l'imputabilité, mais que le juge peut avoir égard aux circonstances de fait et puiser dans l'ivresse un motif d'atténuation.

Il n'y a de jury qu'en matière criminelle. Comme dans le canton de Vaud et ceux de Zurich et de Berne, il ne peut rien ajouter aux questions qui lui sont posées, et on ne lui pose la question des circonstances atténuantes que lorsque le fait entraine la peine de la réclusion à perpétuité.

CANTON DU VALAIS. — Le Code pénal du canton du Valais est du 26 mai 1858, et il est entré en vigueur le 1er janvier 1859.

I. **Excuses.** — L'irresponsabilité s'étend jusqu'à 14 ans, et jusqu'à l'âge de 14 à 18 ans quand il n'y a pas de discernement (art. 89 et 90). Est aussi une cause d'irresponsabilité l'état du sourd-muet qui ne sait ni lire ni écrire et qui est reconnu avoir agi sans discernement; celui-ci est alors assimilé au mineur de 14 à 18 ans se trouvant dans la même position de non-discernement (art. 93).

Comme excuses légales, il faut relever les cas suivants :

Le délinquant de 14 à 18 ans qui a agi avec discernement jouit d'une commutation de peine. La réclusion perpétuelle est commuée en réclusion de 10 ans au maximum, et la réclusion à temps en un emprisonnement qui n'excède pas la moitié du temps fixé pour la réclusion. Les autres peines sont réduites de moitié (art. 91).

Le sourd-muet qui ne sait ni lire ni écrire et qui a agi avec discernement jouit de la même commutation que ci-dessus. Mais le sourd-muet qui sait lire et écrire voit réduire de moitié la peine qui lui serait applicable sans cette infirmité (art. 93). Le sourd-muet sachant lire et écrire est donc supposé responsable; pour celui qui ne sait ni lire ni écrire, on doit préalablement décider s'il y a discernement.

Le délinquant de 18 à 23 ans jouit encore d'une commutation : la réclusion perpétuelle est commuée en réclusion de 20 ans au maximum. Les autres peines ne peuvent excéder les trois quarts de la peine prévue pour le délit (art. 92).

L'altération des facultés intellectuelles ou la contrainte qui n'éloignent pas l'imputabilité, permettent au juge de réduire arbitrairement la peine (art. 86).

L'article 225 punit d'un emprisonnement qui peut descendre jusqu'à six mois: 1° l'époux, *mari* ou *femme*, ayant tué l'autre époux et le complice surpris en flagrant délit d'adultère ; 2° le père ou la mère ayant tué leur fille surprise dans la maison paternelle « en état d'adultère ou de fornication » ; 3° celui qui a tué dans un moment de colère, ou après avoir été gravement provoqué ; 4° celui qui a excédé les bornes de la légitime défense pour repousser un attentat à la vie, à la pudeur, ou en repoussant, *de jour*, une effraction ou escalade.

II. **Circonstances atténuantes.** — L'article 96 enjoint au juge d'avoir égard, dans l'application de la peine entre le maximum et le minimum, aux circonstances qui peuvent diminuer (ou augmenter) la culpabilité du délinquant, tant sous le rapport du mal matériel causé par le délit, que sous le rapport de la perversité de l'agent, et l'article 99 cite, *à titre d'exemple*, plusieurs de ces circonstances.

Mais comme une énumération des circonstances de cette nature ne saurait être complète et aurait l'inconvénient de lier le juge, quelquefois au préjudice de la justice, l'article 100 ajoute : « Les *circonstances atténuantes* (et aggravantes, art. 97 et 98) énumérées *par forme d'exemples* dans les articles précédents, *n'excluent pas les autres cas* qui peuvent se présenter et que le juge doit aussi prendre en considération.

Le Valais ne connaît pas l'institution du jury.

ITALIE.

Il n'existe pas encore, en Italie, de Code pénal unique pour toute l'étendue du royaume. Dès l'année 1865, l'unité a été apportée dans la législation civile et commerciale, et même dans la procédure criminelle (1), mais il n'en a pas été malheureusement ainsi en matière pénale.

En vertu d'une ordonnance royale du 20 novembre 1859, quelques mois seulement après qu'un drapeau allemand eut cessé de flotter sur la Lombardie, le Code sarde du 26 octobre 1839, dit Code Albertin, qu'on destinait à devenir le Code de toute l'Italie, avait été rendu applicable, à partir du 1er mai 1860, aux diverses parties du nouvel État, sous le titre de « Code pénal pour les États de Sa Majesté le Roi de Sardaigne ». L'Émilie, régie par les Codes de Parme et de Modène de 1821

(1) Le Code de « *procédure pénale* » porte la date du 26 novembre 1865.

et de 1856. et la Romagne, qui en était encore au règlement des délits et des peines de Grégoire XVI, de 1832, accueillirent avec joie une législation plus conforme aux idées modernes. Mais il n'en fut pas de même des provinces méridionales, quand, en octobre 1860, elles vinrent, elles aussi, se réunir au reste de la péninsule. Sans parler des résistances d'un esprit local très prononcé, l'Italie méridionale avait, en droit pénal, ses principes particuliers, et jouissait, depuis le 1er septembre 1819, d'un Code auquel M. Dupin, lors de notre revision de 1832, avait rendu cet hommage « qu'il n'existait pas une amélioration discutée à la Chambre des députés qu'il n'ait mis en vigueur, et sur des bases plus étendues et plus solides ». Aussi, pour donner satisfaction à ces sentiments particularistes, une commission de jurisconsultes fut instituée pour examiner comparativement les Codes de 1859 et de 1819, et donner son avis sur l'opportunité de maintenir, au moins provisoirement, un certain nombre de dispositions de la législation napolitaine. Cette commission réclama énergiquement le maintien de ce Code sur les principaux points, et son travail fut simplement homologué par un décret *(dit décret lieutenanciel)* du 17 février 1861 du prince Eugène de Savoie Carignan qui, sous le titre de lieutenant général des provinces napolitaines, gouvernait provisoirement les Deux-Siciles.

Tandis que le Midi exigeait ce compromis, le centre faisait à l'unification pénale une opposition plus irréconciliable encore. La Toscane se refusa à plier sous une loi unique et à accepter le Code du 20 novembre 1859, et il fallut lui laisser son Code de Léopold II du 20 juin 1853, revisé par la loi du 8 avril 1856.

Ainsi, dans un pays où l'unification existait déjà à tous autres égards, on laissa subsister 3 législations pénales distinctes.

Ces résistances locales démontraient la nécessité de s'acheminer résolument vers une législation uniforme, et de soumettre à la même loi les citoyens d'une même nation. Un projet fut présenté au nom du gouvernement par le garde des sceaux Vigliani, en 1874, et discuté par la chambre haute en 1875. Ce projet, qui maintenait la peine de mort, fut voté par le Sénat, et présenté le 9 mars 1875 à la Chambre des députés, qui nomma pour l'examiner une commisssion composée d'une majorité abolitionniste. Le ministère Vigliani tomba, et alors M. Mancini, qui en 1865 avait fait abolir la peine de mort en Toscane, devint ministre de la justice le 18 mai 1876; il nomma une commission composée de criminalistes distingués, qui s'empressa de réformer le premier livre du projet approuvé par le Sénat, en abolissant la peine de mort et en introduisant quelques changements.

Avant qu'elle eût achevé la revision du deuxième livre, M. Mancini présenta, le 25 novembre 1876, à la nouvelle Chambre des députés, un projet définitif sous le titre de « Code pénal pour le royaume d'Italie », dont le premier livre fut voté presque sans discussion par la Chambre le 7 décembre 1877.

Mais ce projet devait échouer au Sénat, qui montra son hostilité en nommant une commission dont la majorité était opposée au projet et surtout à l'abolition de la peine de mort. Alors M. Mancini, voyant qu'il courait à un échec certain, laissa tomber le projet de 1877. Malheureusement, depuis la chute de M. Mancini, dans la crainte d'un conflit certain entre les deux chambres, le projet voté par la Chambre des députés n'a point été présenté au Sénat; de sorte qu'il y a toujours coexistence dans une même nation de 3 législations différentes : en Piémont, en Lombardie, dans l'Émilie, en Romagne, à Rome, dans la Vénitie, le Code pénal sarde ou subalpin de 1859 ; à Naples et en Sicile, le Code napolitain, avec le compromis du décret lieutenancier de 1861 ; en Toscane, le Code toscan.

Le Code pénal du royaume de Sardaigne étant celui qui régit la plus grande partie du territoire du royaume d'Italie, c'est de lui que nous nous occuperons d'abord.

I. **Excuses.** — Le Code sarde reconnait une première catégorie d'excuses qui enlèvent toute responsabilité et font disparaître le crime : elle ne présente rien de particulier.

La seconde catégorie comprend les excuses qui n'excluent pas la culpabilité, mais réduisent la peine. Ce sont notamment celles qui sont comprises dans le chapitre II (art. 87-95) : *De l'influence de l'âge et du degré de discernement du coupable sur l'application et la durée de la peine* (1).

L'article 87 pose d'abord le principe qu'il faut avoir 21 ans accomplis au moment de l'infraction pour être soumis *à la peine ordinaire*.

Le mineur âgé de moins de 14 ans n'est soumis à aucune peine s'il a agi sans discernement; cependant, dans le cas où il a commis un crime ou un délit, les Cours et Tribunaux peuvent

soit le remettre à ses parents qui doivent passer soumission de
bien l'élever et de veiller sur sa conduite, sous peine des dommages et même, selon les circonstances, d'une amende pouvant
être portée à 150 livres, soit ordonner qu'il sera conduit dans
une maison de travail jusqu'à un âge qui ne pourra dépasser
18 ans (art. 88).

S'il est constant, au contraire, que le mineur de 14 ans a agi
avec discernement, on lui applique les peines réduites de l'article 89.

Le coupable âgé de plus de 14 ans et de moins de 18 est condamné, d'après l'article 90, à 15 ans de réclusion s'il a encouru la
mort, à 10 ans s'il a encouru les travaux forcés à vie. S'il a
encouru d'autres peines criminelles, il y est soumis moyennant
une diminution de deux degrés, et il en est de même s'il a
encouru des peines correctionnelles.

Enfin le coupable âgé de plus de 18 ans et de moins de 21 ans
est passible des peines ordinaires, diminuées d'un seul degré,
excepté pour les crimes de parricide, d'empoisonnement, d'homicide commis proditoirement, d'homicide sur la personne d'un
fonctionnaire public dans l'exercice de ses fonctions, de vol à
force ouverte ou d'incendie volontaire, accompagnés d'homicide consommé (art. 91).

Les sourds-muets sont l'objet de dispositions toutes spéciales : le sourd-muet de naissance, ayant agi [avec discernement, est soumis, quel que soit son âge, aux peines des mineurs
de moins de 14 ans ; néanmoins, s'il a 21 ans accomplis, il peut,
eu égard aux circonstances aggravantes et à la perversité dont
il a fait preuve, être soumis aux peines des mineurs de plus de
14 ans et de moins de 18.

Les sourds-muets n'ayant pas 14 ans accomplis sont assimilés aux mineurs de moins de 14 ans qui ont agi sans discernement de l'article 88 (art. 92).

L'article 93 place dans une catégorie spéciale le sourd-muet
qui sait lire et écrire : s'il n'avait pas 18 ans accomplis au
moment de l'infraction, il est puni comme les mineurs âgés de
moins de 14 ans ; s'il avait 18 ans révolus, on lui applique les
mêmes peines qu'aux mineurs de plus de 14 ans et de moins de
18 ; s'il était majeur, on le punit comme les mineurs de plus de
18 ans et de moins de 21.

Le Code, après avoir admis, dans l'article 94, qu'il n'y avait
pas d'infraction lorsque l'accusé était, à l'époque du fait, dans
un état d'imbécillité absolue, ou de démence, de fureur ou de

contrainte, déclare, dans l'article 95, que lorsqu'il est reconnu que ces différents etats n'avaient pas atteint le *degré voulu* pour que l'action ne fût pas imputable à celui qui l'a commise, les juges peuvent, suivant les circonstances, lui appliquer l'emprisonnement, même pour 10 ans, ou le condamner à la détention, même pour 20 ans. Et le même article ajoute que, lorsque l'infraction a été commise dans un état complet d'ivresse par un individu qui ne s'y serait pas soumis de propos délibéré et qui n'a pas l'habitude de s'enivrer, les juges peuvent appliquer même 10 ans d'emprisonnement, selon les circonstances. Toutefois, dans les cas où la loi punit l'infraction de peines correctionnelles autres que l'emprisonnement ou la détention, ou de peines de police, les juges appliquent la peine prescrite par la loi, avec la diminution d'un à trois degrés.

Indépendamment de ces causes indiquées comme *influant* sur l'application de la peine, et auxquelles la loi n'accorde la dénomination ni d'excuses, ni de circonstances atténuantes, le Code sarde reconnaît des cas particuliers répondant plus particulièrement à nos excuses légales.

Ainsi la peine est diminuée si l'homicide ou les blessures ont lieu « dans l'emportement de la colère, à la suite de provocation », et la diminution est plus ou moins grande selon que la provocation a été grave ou légère (art. 562 et 567).

La peine « est diminuée », d'après l'article 561 : 1° si l'homicide volontaire a été commis par *le conjoint* sur la personne de *l'autre conjoint* ou du complice, ou de tous les deux, à l'instant même où ils sont surpris en flagrant délit d'adultère; 2° s'il a été commis par les père ou mère, dans leur maison, sur la personne de leur fille ou du complice, ou de tous les deux, à l'instant même où ils sont surpris dans l'acte de l'attentat ou de l'adultère flagrant.

La peine est également réduite en faveur du ravisseur d'une femme qui, avant toute dénonciation ou poursuite, la remet volontairement en liberté ou la restitue à sa famille sans l'avoir offensée (art. 497). Elle est celle de l'exil local ou du *confino*, envoi à la frontière, ou de l'emprisonnement, selon les circonstances.

Il en est de même à l'égard de celui qui, dans l'intention seulement de frapper ou blesser, commet un crime plus grave et qui dépasse dans ses conséquences le but proposé, à moins qu'il n'ait pu facilement prévoir les conséquences de son acte (art. 569); la diminution est de un à deux degrés.

En cas d'incendie volontaire, la peine est diminuée de un à deux degrés si le dommage n'excède pas 500 livres (art. 654).

Enfin, comme dans notre loi française, il y a exemption de peine : 1° pour les coupables de falsification de monnaie ou papiers de crédit public équivalents, qui, avant la consommation du crime de falsification, ou avant qu'aucune émission ait eu lieu, et avant tout acte d'instruction, ont dénoncé les coupables ou procuré leur arrestation, sauf à être mis à vie ou à temps sous la surveillance spéciale de la police (art. 332) ; 2° ceux qui, faisant partie de bandes séditieuses, complices ou recéleurs, en auront fait opérer la dispersion, ou procureront l'arrestation des chefs et commandants, aussitôt qu'ils en auront l'intimation des autorités civiles et militaires (art. 165) ; 3° ceux qui, faisant partie desdites bandes, se retirent à la première intimation de l'autorité (art. 166).

II. **Circonstances atténuantes.** — Le titre XI a pour titre :« *Des circonstances atténuantes dans les* CRIMES *et les* DÉLITS. » D'après l'article 682, dans tous les crimes ou délits contre la propriété, quand il y a des circonstances atténuantes, et selon la valeur du dommage, le juge est autorisé à diminuer les peines dans la proportion qu'indique cet article, c'est-à-dire de un ou de deux degrés pour les peines criminelles.

Dans les cas où les crimes ou délits contre les personnes ou la propriété sont punis d'emprisonnement ou d'une amende correctionnelle, s'il y a des circonstances atténuantes, le juge peut descendre à des peines de police ; si cependant la loi fixe un *minimum* pour la peine d'emprisonnement ou de l'amende correctionnelle, la diminution de la peine ne peut avoir lieu que dans la limite de deux degrés à partir du *minimum* établi (art. 683).

Sans préjudice de la faculté accordée par les deux articles précédents, et des autres diminutions de peines ordonnées ou permises par le Code, *chaque fois* que, dans les infractions prévues par ce Code et punissables de peines *criminelles* ou *correctionnelles*, il y a concours de *circonstances atténuantes*, les Cours et les Tribunaux doivent diminuer la peine d'un degré. Telle est la règle générale que pose l'article 684.

En matière criminelle, c'est toujours aux jurés, et jamais à la Cour d'assises, qu'il appartient de statuer sur les excuses et sur l'admission des circonstances atténuantes. Les juges de la Cour n'ont compétence que pour l'application de la peine.

Pour les excuses, il faut poser aux jurés des questions expresses. Pour les circonstances atténuantes, les jurés sont tenus
d'en déclarer l'existence si elle est reconnue par la majorité.

Le nombre des jurés de jugement est de 12. Il faut une majorité de 7 voix au moins pour la déclaration de culpabilité. Le
jury est entré en vigueur en Italie avec la nouvelle organisation judiciaire de 1862. Il connait de tous les crimes, excepté
dans les cas où la section d'accusation de la Cour d'appel, en
vue des circonstances atténuantes, renvoie le jugement d'un
crime au tribunal correctionnel. Les délits politiques et de
presse lui sont aussi attribués ; mais il n'existe pas de jury en
matière correctionnelle ordinaire.

PROJET D'UN CODE PÉNAL DU ROYAUME D'ITALIE.

Nous avons exposé plus haut les péripéties qu'a traversées le
projet d'un nouveau Code pénal uniforme pour tout le royaume.
Des événements politiques survenus depuis 1878 ont empêché
tout retour à la question ; cependant le besoin de l'unification
des lois et la réforme de la législation pénale sont devenus ur-
gents ; aussi, il y a quelques mois seulement, M. Zanardelli,
garde des sceaux, a commencé à s'occuper d'un projet définitif
de Code pénal (1).

Quel que soit le sort qui soit réservé à ce projet, qui ne semble pas devoir aboutir prochainement, celui qui a été voté par la
Chambre en 1877, et auquel le garde des sceaux Mancini a attaché
son nom, n'en garde pas moins sa valeur scientifique et son autorité relative. Cette œuvre remarquable est évidemment destinée,
surtout dans les parties que nous avons à étudier, à inspirer le
code de l'avenir, et il est intéressant d'examiner ce projet,
consacré déjà par un vote, en rapprochant ses dispositions
principales des codes restés en vigueur.

I. **Excuses.** — Le chapitre I du titre II s'occupe « des
causes d'exclusion ou de diminution d'imputabilité ».

Les causes d'exclusion d'imputabilité sont :

1° La démence. — On lui assimile formellement « tout état d'esprit qui enlève la conscience de commettre un délit » (art. 53),
ce qui comprend les délires produits par les maladies, mais

(1) *Bulletin de la Société de législation comparée*, n° 2 ; février 1883.

non « l'aveuglement causé par le fanatisme religieux ou politique » (1).

2° La contrainte physique, consistant en des violences matérielles, et la contrainte morale, consistant en des menaces d'un caractère grave.

Le Code autrichien de 1852, qui régissait alors une partie de l'Italie, mettait sur la même ligne les impétuosités irrésistibles de la passion. « Il n'y a pas de délit, disait-il dans son article 2, quand l'acte a été commis en un état de trouble des sens, dans lequel l'agent n'a pas eu conscience de sa propre action. » Pour mettre fin à toute controverse, que permettait la rédaction des autres Codes italiens, notamment le Code toscan (art. 34), qui ne reconnaissait pas comme excuse l'impétuosité des passions sensuelles, de même que les Codes de Parme et de Modène, le projet voté par le Sénat en 1875 avait admis une rédaction sans équivoque : l'article 62 accordait l'exemption d'imputabilité à la seule « contrainte extérieure ». Le projet nouveau, au contraire, en revient à la théorie du Code autrichien : « N'est pas coupable, dit l'article 53, celui qui, au moment de l'action, y fut contraint par une force à laquelle il n'a pu résister (2). »

3° L'âge. — L'irresponsabilité de l'enfance n'est pas, comme chez nous, subordonnée à l'appréciation faite par le juge du défaut de discernement. Comme dans le Code des Deux-Siciles, suivi par la plupart des autres législations italiennes, et dans le projet de 1874, elle a lieu de plein droit, d'après le projet, jusqu'à l'âge de 9 ans (art. 56). Le Code pénal toscan reporte cet âge à 12 ans.

4° La surdi-mutité. — Elle est mise sur la même ligne que l'enfance, et elle jouit de plus de faveur. Le sourd-muet, mineur de 14 ans profite de l'irresponsabilité absolue comme le mineur de 9 ans (art. 60). Le Code toscan, le Code de Modène et le projet sénatorial contenaient déjà cette disposition ; mais le Code de Naples n'établit aucune immunité au profit du sourd-muet.

5° L'ivresse complète. — En ce qui concerne l'ivresse, le projet voté par la Chambre repousse et le système anglais,

____

(1) A. Pierre de Borville, avocat général à Douai : « Le droit pénal italien et le projet de Code pénal voté par la Chambre des députés en 1877. »

(2) Cette thèse est chère à beaucoup de criminalistes italiens, et elle a été notamment soutenue par l'éminent professeur à l'université de Pise, M. Carrara.

français, toscan, napolitain, qui refuse d'en tenir compte, et le système du projet sénatorial, qui, suivant la voie ouverte par le Code autrichien de 1859 et le Code subalpin, faisait les distinctions suivantes : « Accidentelle, l'ivresse complète excluait absolument l'imputabilité du crime ou délit commis sous son empire ; — préméditée, contractée par le coupable pour s'exciter à commettre un crime ou un délit, elle laissait subsister pleinement l'imputabilité propre du crime ou du délit ; — volontaire ou habituelle, elle ne laissait pas subsister l'imputabilité du crime ou du délit, mais était elle-même frappée d'un emprisonnement de 1 an à 5 ans en cas de crime, de 4 mois à 1 an en cas de délit.

Le projet voté par la Chambre, sans rechercher la cause de l'ivresse, sans distinguer si elle était accidentelle ou volontaire, lui demande seulement d'avoir été complète et d'avoir eu pour résultat l'entier anéantissement de la raison et de la liberté. L'article 55 du projet la met sur la même ligne que la démence. Il n'exclut même pas le cas où le coupable s'est enivré à dessein, pour avoir le courage de commettre son crime, bien que la culpabilité soit alors aggravée par l'ivresse.

6° L'ignorance ou l'erreur relativement aux circonstances essentielles du délit, mais non l'ignorance de la loi.

7° La légitime défense. — La défense légitime de l'honneur jouit des mêmes droits que la légitime défense de la vie. Ainsi, il y a légitime défense non seulement lorsqu'on défend son existence et celle d'autrui, mais aussi quand on défend la pudeur d'une femme contre de violentes entreprises. C'était déjà une disposition du Code de 1859.

Les causes de *diminution d'imputabilité*, ou excuses, sont : 1° la démence partielle ; 2° la contrainte partielle ; 3° l'ivresse partielle ; 4° l'âge ; 5° la surdi-mutité ; 6° l'ignorance ; 7° la légitime défense.

1° Entre l'inconscience absolue qui exclut l'imputabilité, et la pleine conscience qui comporte l'imputabilité complète, un état intermédiaire peut exister : les facultés mentales n'ont subi qu'une altération partielle ; pour être amoindries, l'intelligence et la volonté subsistent pourtant encore. L'article 54 voit un cas d'excuse dans cette sorte de demi-démence. Elle entraînera diminution d'un à trois degrés. Le juge peut en outre dire que la peine sera subie dans une maison de *custodia*, maison d'éducation plutôt que de répression, organisée à l'origine par les seuls mineurs, mais ouverte à d'autres condamnés.

2° Même décision pour la contrainte qui, sans faire disparaître entièrement la liberté, a lourdement pesé sur elle (même article 54).

3° Même solution encore pour l'ivresse partielle ; elle entraîne diminution d'un à trois degrés. Si elle est habituelle, la diminution n'est plus que d'un degré ; si elle a été contractée intentionnellement, elle n'entraîne aucune diminution de peine. Ainsi, sans influence, nous l'avons vu, sur l'ivresse complète, ne l'empêchant pas de constituer une cause absolue de justification, la préméditation enlève au contraire à l'ivresse partielle le bénéfice de l'excuse. C'est une inconséquence flagrante qui mérite d'être critiquée.

4° En ce qui concerne l'âge, le projet nouveau, suivant les mêmes errements que les précédentes législations italiennes, marque en quatre périodes les diverses gradations de la conscience, et par suite de la responsabilité (art. 57, 58, 59) : 1° De 9 à 14 ans, imputabilité douteuse ; elle est subordonnée à l'appréciation par le juge de l'existence ou de l'inexistence du discernement de l'enfant. C'est la période qui correspond à la minorité de 16 ans de notre article 66. S'il y a eu discernement, il y a imputabilité, mais la peine est diminuée de trois à quatre degrés; la peine restrictive de la liberté est subie dans une maison de *custodia*; s'il n'y a pas eu discernement, l'enfant est placé dans une maison d'éducation et de correction pour un temps qui ne peut excéder sa majorité, ou remis à ses parents ou à son tuteur, sur l'engagement pris par eux de le surveiller. — 2° De 14 à 18 ans, imputabilité certaine, mais à un moindre degré que l'imputabilité ordinaire. La peine sera abaissée de deux à trois degrés. L'interdiction des droits civils et politiques n'est pas applicable. — 3° De 18 à 21 ans, imputabilité moindre que l'imputabilité ordinaire, mais plus grande que dans la précédente période. La peine sera abaissée d'un seul degré. — 4° A 21 ans, majorité, imputabilité entière, application ordinaire de la loi. Le Code toscan, toutefois, considère le mineur de plus de 18 ans à l'égal du majeur pour la pénalité à appliquer.

5° La surdi-mutité est l'objet d'une graduation analogue à l'âge. Depuis 14 ans, et *pendant toute la vie*, imputabilité douteuse, subordonnée à la constatation par le juge du discernement; et s'il y a eu discernement, la diminution de la peine varie avec l'âge :— 1° de 14 à 18 ans, diminution de trois à quatre degrés; — 2° de 18 à 21, diminution de deux à trois degrés; — 3° depuis

21 ans, diminution d'un degré. S'il n'y a pas eu discernement, remise aux parents ou envoi dans une maison de correction.

6° L'ignorance de la loi n'est pas plus une cause de diminution que d'exclusion d'imputabilité. L'ignorance ou erreur de fait la constitue, au contraire. Si l'agent a ignoré la circonstance accessoire qui augmente la criminalité du fait principal, on ne peut lui imputer que le fait principal dépouillé de la circonstance aggravante.

7° Pour la légitime défense, comme pour la démence, la contrainte et l'ivresse partielles, le projet (art. 385 du 2e livre) admet une situation intermédiaire non entièrement exclusive d'imputabilité, mais comportant une pénalité amoindrie. Cette solution existe en faveur de la légitime défense qui, dans l'ardeur de la lutte, a excédé les limites de son droit.

II. Circonstances atténuantes. — En ce qui concerne les circonstances atténuantes, les législateurs italiens se sont montrés hésitants entre les deux systèmes des circonstances exclusivement laissées à la prudence du juge, ou bien déterminées à l'avance.

Contrairement au projet, mais conformément à l'avis de la commission, les circonstances atténuantes ont gardé le caractère qu'elles ont chez nous : le juge demeure absolument libre de les voir dans toute circonstance quelconque de la cause, et il n'est pas tenu de les énoncer.

La déclaration de leur existence entraine diminution d'un à deux degrés; pour les délits, on peut même descendre aux peines de simple police (art. 79).

Des diverses *circonstances atténuantes* énumérées par le projet du Garde des Sceaux, il en est une seule qui a été retenue par la commission et la Chambre et dont elle a fait une cause spéciale de diminution d'imputabilité : « Quand un crime ou délit puni de la réclusion ou de l'emprisonnement, dit l'article 78, a été l'effet *d'une impulsion non dépravée*, le juge substituera le même degré de réclusion à la relégation, d'emprisonnement à la détention. » C'est l'extension à tous les crimes et délits du principe posé par l'article 387 du Code des Deux-Siciles en faveur de l'infanticide commis dans le but de sauver son honneur, et appliqué successivement par les autres législations italiennes à l'avortement et à l'homicide ou aux coups et blessures provoqués par un flagrant délit d'adultère ou de relations charnelles dans la maison de la famille.

Malgrè les termes généraux de cette excuse ou circonstance atténuante de l'article 78, l'article 385 précité prévoit spécialement divers cas d'excuses atténuantes. Contrairement à notre loi française, cet article 385 fait jouir de l'excuse du flagrant délit d'adultère *l'un et l'autre* des conjoints ; il ne l'admet plus après la séparation de corps, ni en faveur du mari qui aurait favorisé la prostitution de sa femme. Le flagrant délit de relations charnelles de la fille ou de la sœur, constaté dans la maison paternelle par le père, le frère ou la sœur, est mis sur la même ligne. Il en serait autrement s'il y avait eu excitation à la prostitution (art. 385 5°). L'article 385 6° contient des dispositions analogues pour le meurtre commis sur un enfant non inscrit sur les registres de l'état civil, dans les deux premiers jours de sa naissance, et *dans le but bien constant de sauver son propre honneur* ou celui de sa femme, mère, fille ou sœur. Mêmes dispositions pour la suppression d'état (art. 369) et l'avortement (art. 367).

Ces dispositions nous paraissent dépasser les limites de la part qu'il convient de faire aux entrainements du cœur humain et à l'indulgence, surtout pour en faire des cas fixes et constants d'excuses, et alors que, d'une manière générale, le juge reste toujours libre de reconnaître, dans chaque espèce, les circonstances que sa conscience peut lui permettre d'apprécier comme étant atténuantes.

En résumé, le texte italien présente plus de précision, plus de clarté, qu'on n'en trouve dans nos codes répressifs : rien n'y donne lieu à interprétation, et la jurisprudence a moins à suppléer aux lacunes de la loi ou à en dissiper les incertitudes (1).

AUTRICHE.

I. — LÉGISLATION ACTUELLE.

La loi pénale du 27 mai 1852, qui n'est guère qu'une reproduction sous une nouvelle forme du Code de 1803, mis à exécution le 1er janvier 1804, n'est en vigueur qu'en Autriche, c'est-à-dire dans les pays qui relèvent directement de l'empire;

(1) M. de Montera, avocat général à Bastia, *Étude sur la législation pénale de l'Italie.*

la Hongrie ayant, comme il sera expliqué plus loin, une législation indépendante, a aussi un Code particulier.

Le Code pénal autrichien de 1852 est divisé en deux parties. La première traite des crimes (§§ 1 à 232) ; la seconde, des délits et contraventions (§§ 233 à 532).

I. **Excuses.** — Le paragraphe premier établit : Pour qu'il y ait *crime*, il faut qu'il y ait *préméditation (dolus)*.

Paragraphe deuxième : Par suite, l'acte ou l'omission de l'acte n'est pas imputé comme crime : 1° quand celui qui l'a commis est tout à fait privé de l'usage de la raison ; 2° quand l'action a été accomplie dans une intermittence de folie et dans le temps où la folie durait encore ; 3° dans un cas d'ivresse complète contractée sans l'intention criminelle et directe de commettre l'action (§§ 236 et 523), ou durant un autre trouble des sens qui ôtait au coupable la conscience de son acte ; 4° lorsque le coupable n'a pas encore dépassé l'âge de 14 ans ; 5° quand il y a eu une de ces erreurs qui ne permettaient pas de voir un crime dans l'action ; 6° lorsque le mal a été accompli par accident, par négligence, ou par ignorance des suites de l'action ; 7° lorsque l'action a été accomplie dans un cas de contrainte absolue ou de légitime défense.

La légitime défense n'est acceptable que lorsque l'état des personnes, du temps, du lieu, la nature de l'attaque ou d'autres circonstances témoignent d'une façon concluante que le coupable ne s'est défendu *qu'autant qu'il lui était utile* pour repousser une attaque illégitime contre sa vie, sa liberté ou ses biens ; ou qu'il a seulement dépassé les bornes d'une semblable défense par trouble, crainte ou effroi.

Dans la deuxième partie, qui traite des délits et contraventions, il est dit :

§ 237 : Les actions passibles de peine, commises par des enfants n'ayant pas 10 ans accomplis, sont abandonnées au châtiment de la famille ; mais, à partir du commencement de la 11e année jusqu'à 14 ans accomplis, les actions qui ne sont pas imputées comme crimes, seulement à cause de la minorité du coupable (§ 2, n° 4), sont punies comme délits (§§ 269 et 270).

Différents des motifs qui viennent d'être examinés, et qui excluent l'imputabilité et avec elle la notion réfléchie d'une action passible de peine, sont des motifs d'*amortissement de la peine*, c'est-à-dire des circonstances qui, résultant d'actes *consécutifs* au crime, font disparaître la pénalité encourue et excluent com-

plètement la peine. Comme circonstances telles, le Code pénal
en vigueur en Autriche reconnait particulièrement ce qu'il
appelle *repentirs effectifs*.

La loi autrichienne distingue les motifs de *non-imputabilité*
et les motifs d'*amortissement* de la peine. Dans le premier cas, il
n'y pas de crime, il y a seulement une action extérieure man-
quant du « *dolus* » que le § 1 du Code exige comme élément
essentiel de tout crime. Dans le second cas, le crime est consommé, « *perfectum*; » mais il n'y a pas de peine, il y a *remise* de
la peine. Par des raisons politiques, ou, dans d'autres cas, pour
encourager le coupable à réparer sa faute, le législateur n'a
pas voulu qu'il y eût de peine. Au lieu de punir, dans l'intérêt
général de la société, il lui a paru plus important que les conséquences funestes du crime consommé soient empêchées par le
criminel lui même, ou que la *réparation du dommage* effectué
soit faite entièrement par l'auteur du crime. C'est le point de
vue *objectif* du droit criminel allemand (1).

L'application de ce principe ressort quand on considère le
repentir effectif et ses conséquences, dans les cas prévus par les
§§ 62, 168, 187, 188 et 466 (crimes de haute trahison, d'incendie,
de vol et de détournement).

Ainsi, celui qui, ayant participé à un complot de haute
trahison, *poussé par repentir*, dénonce les membres du complot,
leurs intentions et entreprises à un moment où le secret a été
encore conservé et le dommage pouvait encore être empêché,
est assuré de la *remise de la peine entière* et *du secret* de la dénonciation qu'il a faite (§ 62).

L'auteur d'un incendie qui, lui-même, *poussé par repentir*, et
encore à temps, a agi de telle sorte que tout dommage a été
empêché, doit être dispensé de peine (§ 168).

Tout vol et détournement (l'abus de confiance du Code français) cesse d'être punissable quand l'auteur, *poussé par repentir
effectif*, même sur l'insistance du lésé (mais non d'un tiers pour
lui), fait restitution du dommage entier causé par son crime,
avant que l'autorité ait connaissance de sa culpabilité. Il en est
de même pour le coauteur qui restitue seulement ce dont il a
profité (§ 187).

Mais cet article n'est pas applicable au voleur qui rend ou
rejette les objets volés après avoir été arrêté dans sa fuite, ou

(1) Renseignements sur la loi pénale de l'Autriche, de M. S. Mayer, membre
correspondant de la Société de législation comparée de Paris.

qui est dénoncé après n'avoir pas tenu sa promesse de restituer au lésé dans un temps fixé, ou qui ne fait restitution que d'une partie et offre, pour le reste, un accord que le lésé refuse (§ 188).

Il n'y a pas, d'après le Code pénal autrichien en vigueur, d'*excuses légales*, dans le *sens* du droit français, entraînant seulement une réduction de la peine.

Dans la législation autrichienne, les *excuses* et les *circonstances atténuantes* se confondent, en ce sens que, sans employer de dénomination spéciale pour certains cas constituant des *excuses*, le législateur a prévu et déterminé certaines *circonstances* qu'il a déclarées lui-même être de nature à *atténuer* la culpabilité, et par suite la peine, circonstances atténuantes déterminees, qui rentrent par là même dans la catégorie de ce que, dans le langage juridique, on qualifie d'excuses atténuantes, par opposition aux excuses absolutoires qui effacent complètement la culpabilité.

Mais les *excuses légales* n'existant pas dans le sens du droit français, surtout sous la dénomination d'excuses, dans quelle catégorie le Code autrichien place-t-il les faits qui constituent chez nous les excuses légales des articles 321 et suivants? Le Code autrichien ne contenant pas de circonstances atténuantes *spéciales*, tous les cas prévus par le Code pénal français, articles 321 et suivants, se confondent avec les circonstances atténuantes *générales* prévues par les §§ 46 et 47 du Code, ou plutôt sont absorbés par elles. Ainsi, quand il sera prouvé que le meurtre, les blessures ou les coups ont été *provoqués* par des coups ou violences graves (cas de notre art. 321), le juge établira la circonstance atténuante du § 46 n° 4, provocation ou entraînement au délit par suite d'une émotion violente venant d'un sentiment naturel à l'homme. Les circonstances atténuantes mentionnées dans les §§ 46 et 47 sont très élastiques, et on peut faire rentrer dans leurs prévisions tous les cas où une atténuation de la peine est indiquée.

II. **Circonstances atténuantes.** — La loi autrichienne ne laisse pas les circonstances atténuantes illimitées, et elle prend soin de les déterminer.

Les circonstances atténuantes générales sont énumérées, comme nous l'avons déjà dit, dans les §§ 46 et 47, qui sont une reproduction exacte des §§ 39 et 40 du Code pénal de 1803. Elles se divisent en deux catégories: 1° celles concernant la personne du coupable ; 2° celles qui sont tirées du fait.

Les circonstances atténuantes concernant les personnes sont (§ 46) :

1° Si le coupable n'a pas encore accompli sa vingtième année ; s'il est faible d'esprit, ou si son éducation a été négligée ;

2° Si sa conduite antérieure au délit a été sans reproche (1) ;

3° S'il a commis le délit à l'instigation d'un autre ou par crainte ou par obéissance ;

4° S'il s'est laissé entraîner au délit dans l'état d'une violente commotion d'esprit venant d'un sentiment naturel à l'homme ;

5° S'il a été poussé au délit par l'occasion qui lui en était offerte par suite de la négligence d'autrui, plutôt que par l'intention criminelle de le commettre ;

6° S'il a été poussé au délit par une misère accablante ;

7° S'il a cherché, avec un zèle actif, à réparer le dommage causé, ou s'il a empêché des conséquences pernicieuses ultérieures ;

8° Si, pouvant se soustraire facilement par la fuite, ou se tenir caché, il s'est dénoncé et a avoué le délit ;

9° S'il a découvert d'autres coupables, alors bien cachés, et s'il a suggéré l'occasion et les moyens de les arrêter ;

10° Si l'instruction l'a fait rester, sans sa faute, trop longtemps en prison.

Les circonstances atténuantes tirées du fait sont (§ 47) :

1° Si l'acte est demeuré dans les limites d'une tentative, et suivant qu'il a été plus ou moins près du délit accompli ;

2° Si le coupable s'est volontairement abstenu, dans l'exécution du délit, de causer un dommage plus grand, bien qu'il en fût libre ;

3° Si le dommage causé a été minime, ou si la partie lésée a obtenu du coupable une pleine indemnité ou réparation. Ces mêmes circonstances sont appliquées pour les délits et contraventions (§ 264).

Le Code, dans les §§ 54 et 55, établit encore ces cas exceptionnels de circonstances atténuantes : pour les crimes dont la peine ne dépasse pas 5 ans, la nature de la prison peut être *adoucie*, et la durée réduite même au dessous de 6 mois quand il y a un concours de circonstances atténuantes telles qu'elles autorisent à attendre l'*amélioration* du criminel, ou si *la famille*

---

(1) La dénomination de délit est ici plus générale que dans notre droit et comprend même les crimes.

innocente devait éprouver de la durée de la peine un *tort impor-*
tant dans son travail, sauf, dans ce cas, à *aggraver la prison.*

Le Code précise ensuite les conséquences de l'application des
circonstances atténuantes pour déterminer la peine.

La règle posée dans le § 48 est que le juge n'a à tenir compte
des circonstances atténuantes qu'autant qu'elles ne sont pas
contrariées par des circonstances aggravantes. Suivant que les
uns ou les autres prévalent, il faudra en faire usage pour l'atténuation ou l'aggravation de la peine.

Dans l'admission des circonstances atténuantes, le juge, au
lieu de déclarer simplement *qu'il existe* des circonstances atténuantes, doit *établir,* c'est-à-dire *préciser,* en quoi ces circonstances consistent, et ces juges des circonstances atténuantes
sont, comme on le dit, les juges *jurisconsultes,* c'est-à-dire les
magistrats, qu'il s'agisse d'affaires correctionnelles ou de
crimes incombant au jugement du jury.

C'est donc la Cour d'assises qui doit établir les circonstances
atténuantes. Il n'appartient qu'à elle de mesurer la peine
d'après les circonstances, sans sortir du cadre légal. Il ne lui
est permis de sortir de ce cadre que dans des cas exceptionnels,
quand il y a concurrence de plusieurs circonstances atténuantes (§ 54). Le jury n'a qu'à décider sur les questions des faits, et
aussi du droit ou de la culpabilité, suivant la loi. Il a à déclarer
si les faits incriminés existent et sont prouvés, et si, étant
prouvés, ils contiennent le crime imputé, avec tous ses éléments prévus par la loi. La question de la peine est enlevée au
jury; il n'a pas le droit de s'y mêler, et de s'ingérer dans la
mesure de la peine légale, qui est exclusivement dans les attributions des magistrats.

Si le jury déclare l'accusé coupable, alors commencent les
débats entre l'accusateur et l'accusé sur la mesure de la peine
légale, d'après les circonstances aggravantes (art. 43, 45) ou
les circonstances atténuantes (art. 46-47), et la Cour mesure
ensuite la peine suivant ces circonstances et d'après les règles
prescrites par les articles 48 et 52-55.

Ainsi, par suite de circonstances atténuantes, ni la nature de
la peine ni la durée légale de celle-ci ne peuvent être modifiées,
et le temps de la peine ne peut être réduit que dans les limites
fixées par la loi.

Il y a exception à cette règle lorsque le criminel n'a pas
encore dépassé, au moment du crime, l'âge de 20 ans ; alors,

au lieu de la peine de mort, il est passible de la prison à perpétuité, ou des fers pendant 10 à 20 ans (loi pénale, § 52).

Quoique le Code autrichien ne contienne pas, comme le Code
français, une catégorie de crimes et délits excusables, et des
circonstances constituant des excuses sur lesquelles le jury
doit se prononcer, cependant cette lacune n'est pas aussi
grande, car le jury, ayant à se préoccuper non seulement de
l'existence des faits imputés, mais aussi de leur criminalité
légale, tient compte évidemment, dans son verdict, des circonstances constituant nos excuses ; si elles se rencontrent, il pourra
aller jusqu'à acquitter, car il no relève que de sa conscience et
n'est pas obligé de motiver son verdict, s'il constate, par
exemple, comme cause de l'action, la provocation, ou le flagrant délit d'adultère, et s'il considère que, dans le premier cas,
il y a eu légitime défense, ou, dans le second, démence ou
trouble ayant ôté à l'accusé la conscience de son acte, et que
par conséquent il n'y a pas de crime ou de culpabilité, suivant
la loi. Si, au contraire, le jury trouve l'accusé coupable, le
juge diminuera la peine et la fixera dans le cadre légal, s'il y a
des circonstances atténuantes prouvées, en suivant les règles
des articles 48 et suivants.

Il existe, d'après le § 338 de la *loi de procédure pénale* du
23 mai 1873 (formant le Code d'instr. crim.), un *droit extraordinaire d'atténuation* de la peine, qui est attribué seulement à la
Cour d'assises. Elle a le droit, en cas de concurrence de plusieurs circonstances atténuantes *très importantes* et *prévalentes*,
de faire une réduction de la peine, si légalement elle est perpétuelle ou de 10 à 20 années, non dans sa qualité, mais dans
sa durée, et de l'abaisser jusqu'à 3 années. Dans le cas où la loi
a fixé la peine entre 5 et 10 ans, la Cour, vu la concurrence de
plusieurs circonstances atténuantes *très importantes* et *prévalentes*, peut réduire la peine légale jusqu'à une année, en changeant même, dans ce cas, la nature de la peine, ainsi en substituant une peine qui soit plus douce, comme la réclusion aux
travaux forcés, ou la réclusion du second degré au premier.

Mais ce droit de la Cour d'assises est un droit extraordinaire
qui comble la lacune laissée par les §§ 46 et 47, 52-55 de la loi
pénale, qui règlent la mesure de la peine dans les cas ordinaires où il y a des circonstances atténuantes. Il se rapproche,
on le voit, de notre système français permettant de substituer
une peine à une autre (art. 463 C. pén.).

La loi de procédure pénale du 23 mai 1873 a assigné à la compétence du jury des crimes et délits déterminés ; ce sont les crimes les plus graves, et ceux qui, d'après la loi, peuvent donner lieu à une peine criminelle excédant cinq années, ou pour lesquels l'accusateur, vu les circonstances très aggravantes du cas, demande dans l'acte d'accusation une peine excédant cinq années.

La règle, comme nous l'avons dit, c'est que le jury est juge du fait et du droit, c'est-à-dire de la culpabilité légale, mais n'est pas, en même temps, juge des circonstances aggravantes ou atténuantes qui peuvent la modifier, et des questions sur ces circonstances ne lui sont pas soumises. Toutefois, il y a exception lorsque l'existence d'une de ces circonstances motive, d'après le Code, le changement de *la nature* de la peine, ou *la mesure* de celle-ci (§ 322 C. P. P.). C'est alors au jury à décider s'il y a de ces circonstances très aggravantes. Il en est de même pour les circonstances atténuantes, par exemple en cas d'incendie. C'est une circonstance atténuante que l'incendie ait été commis *en plein jour* et sans péril extraordinaire, que le feu mis soit éteint sans enflammer les objets et sans faire de dommage. Dans ces cas, où la peine n'est plus que de 1 an à 5 ans de réclusion du second degré, au lieu de 5 à 10 ans de 1er degré, l'accusé a le droit de demander qu'on interroge le jury sur ces questions : « L'incendie a-t-il été commis en plein jour et sans péril ? ou avec les autres circonstances ?

Il s'agit, dans de tels cas exceptionnels, de circonstances atténuantes *spéciales* appartenant à certains crimes, et non des circonstances atténuantes *générales* des paragraphes 46 et 47.

Le jury, dans ces cas, n'a pas plus à statuer sur la peine qu'à décider si certains éléments du crime seront modifiés ou affaiblis par ces circonstances atténuantes.

Le jury est composé de 12 jurés (1). Il faut une majorité des *deux tiers* des jures (§ 329 C. P. P.) pour un verdict affirmatif sur la question de *culpabilité* et des circonstances *aggravantes* (dans le cas du § 322 C. P. P. cité plus haut, où les circonstances aggravantes changent la nature de la peine). Il faut, de même, 8 voix au moins pour un verdict affirmatif de culpabilité sur une question *subsidiaire* éventuelle.

La *simple majorité* est suffisante (en cas de partage, c'est

(1) La Cour d'assises est composée de 3 juges, y compris le président.
Les tribunaux de 1re instance (chambre correctionnelle composée de 4 juges) connaissent de tous les délits, et *des crimes non assignés au jury.*

l'opinion la plus favorable à l'accusé qui décide) dans les autres cas, c'est-à-dire pour les questions admises sur des circonstances excluant l'imputabilité, comme la démence, la défense légitime, en un mot les questions concernant les actes qui, d'après le § 2 du Code pénal, ne sont pas imputées comme crimes; sur des circonstances d'*amortissement* de la peine, c'est-à-dire des circonstances qui, résultant d'actes consécutifs au crime, font disparaître la pénalité encourue; enfin sur des circonstances *atténuantes,* dans le sens du § 322 C. P. P. dont nous avons parlé (celles qui ont pour effet de changer la nature de la peine).

Dans le cas où, dans une affaire capitale, la question de culpabilité a été répondue affirmativement contre l'accusé, les jurés de la minorité peuvent s'abstenir de voter sur la question additionnelle aggravante ou atténuante posée, conformément au § 322 C. P. P.; car, dans ces deux cas, il faut toujours admettre la culpabilité, et, d'après l'opinion du législateur, ce serait une contradiction que de forcer à voter sur l'une ou l'autre question le juré qui n'a pu trouver l'accusé coupable, ou croit que le crime lui-même n'existe pas. Les voix des jurés de la minorité s'abstenant ainsi sont alors comptées comme favorables à l'accusé.

II. — PROJET D'UNE NOUVELLE LOI PÉNALE.

La loi pénale de 1852 n'étant plus en rapport avec les progrès de la jurisprudence, le 7 novembre 1874, le gouvernement a présenté à la Chambre des députés de l'empire le projet d'un nouveau Code pénal pour l'Autriche, relatif aux crimes, délits et contraventions. La Chambre des députés nomma pour l'examen de ce projet une commission, qui termina son travail le 26 juillet 1877 (1). Le gouvernement, tenant compte des modifications proposées par cette commission, revisa le projet de 1874, et le présenta de nouveau à la session de 1881 de la Chambre des députés (2).

(1) Elle a consacré 108 séances à des délibérations consciencieuses.—Voir, dans l'*Annuaire de législation étrangère* de 1878, la notice générale sur les travaux du Reichsrath autrichien en 1877 et 1878, par M. Charles Lyon-Caen, professeur à la Faculté de droit de Paris.
(2) Texte du projet (traduction du chap. V).

Ce projet étant destiné à devenir, avec plus ou moins de modifications, le Code pénal de l'Autriche, il est intéressant de faire ressortir les principales différences qui existent entre ce nouveau projet et la loi pénale actuelle.

Le chapitre V de la première partie a pour titre : « Motifs qui *excluent, atténuent* ou *font disparaître* la peine. »

Des différences importantes ont trait particulièrement à l'âge de la responsabilité pénale et aux peines infligées aux jeunes criminels.

Le projet, à l'exemple de la loi allemande, a fixé comme limite du manque absolu présumé de discernement l'âge de 12 ans accomplis : « La loi n'est pas applicable pour les mineurs qui n'ont pas encore 12 ans accomplis ; » mais si l'acte qu'ils ont commis est passible d'une peine comme crime ou délit, le tribunal veillera à la punition de l'acte par les parents, ou prononcera la réclusion dans une maison de correction (§ 61). Le paragraphe 62 fixe comme période de transition celle qui s'écoule depuis le commencement de la treizième année jusqu'à l'accomplissement de la dix-huitième, tandis qu'aujourd'hui cette limite est à 20 ans. Les actes qui ont été accomplis dans cette dernière période de l'âge ne sont pas punis lorsqu'il est reconnu que le coupable manquait du jugement nécessaire pour la connaissance de sa culpabilité, sauf au tribunal à appliquer les dispositions du § 61. Dans le cas contraire où le mineur, ayant 12 ans accomplis mais pas encore 18, a commis un acte coupable *en connaissance de cause*, il y a peine, mais elle est plus douce que celle dont cet acte est généralement passible, et le § 64 détermine les peines à prononcer en pareil cas (1).

Pour la plupart des délits contre la propriété, *la réparation* du dommage fait disparaître la peine : « Si le coupable a *réparé volontairement*, et avant d'être livré aux mains de la justice, le tort causé par lui ou par un tiers envers la partie lésée, il *cesse* d'après le projet, *d'encourir une peine* (§ 66), et cela a lieu en cas de vols, détournements, escroqueries, dégradations, recels (quand ce n'est pas un métier), et même en cas de préjudice de l'usufruitier, du créancier hypothécaire.... » (§ 309). Cette disposition est déjà en vigueur en Autriche depuis 1803, relativement aux vols et détournements et à leur participation.

_____

(1) D'après le § 63, dans le cas où le jeune coupable aurait été poussé par *d'autres* à commettre un acte dont la peine ne lui est pas applicable d'après les §§ 61 et 62, *les autres* doivent être punis comme s'ils avaient commis l'acte.

Une nouvelle cause d'atténuation de la peine consiste à tenir compte à un coupable, dans la peine d'emprisonnement ou d'amende portée contre lui, du temps de prison ou de detention *préventive* qu'il a supporté. Elle n'est pas *obligatoire*, mais facultative et abandonnée à l'appréciation du juge (elle était obligatoire d'après le premier projet de 1874). La peine peut même être complètement compensée par le temps de la prison préventive (§ 65).

Une circonstance d'atténuation également nouvelle a été admise par le paragraphe 67 du dernier projet : c'est la *compensation* des injures et des coups, idée qui complète celle de la provocation, considérée seulement au regard de celui qui est attaqué et comme une excuse en sa faveur. D'après ce paragraphe 67, si la personne attaquée a répondu *sur-le-champ*, de la même manière, aux injures ou aux coups de l'agresseur, le juge peut condamner *les deux coupables*, ou le moins coupable des deux, au minimum de la peine encourue.

Pour ce qui est des dispositions relatives à l'estimation et à la mesure des peines, le projet actuel diffère essentiellement du Code pénal en vigueur.

Le Code pénal de 1852 établit une série de motifs pour l'estimation de la peine, qui se confondent avec les motifs d'aggravation ou d'atténuation de celle-ci, et le juge doit prononcer la peine d'après la mesure qui en est donnée par la loi. Au contraire, le projet n'a pas établi de règle pour l'estimation des peines d'après une mesure fixe. Il suppose au juge la rectitude nécessaire pour l'appréciation de la peine d'après les raisons objectives et subjectives. Par suite, les fixations des peines laissent plus de latitude au juge que dans le Code actuel. Le nouveau projet a fixé la mesure des peines dans des limites telles que chaque cas particulier puisse être apprécié selon sa valeur, sans sortir de ces mesures. Dans beaucoup de cas, le minimum de la peine n'est pas du tout fixé, et on laisse ainsi à l'appréciation du juge la latitude la plus grande.

Mais le projet n'a point introduit d'excuses légales, ni le système des circonstances atténuantes du droit français. Cependant, et c'est là un changement considérable, il a renoncé à définir légalement et à déterminer les circonstances atténuantes comme elles le sont aujourd'hui dans les §§ 46 et 47. La fixation et la valeur de ces circonstances sont laissées à l'appréciation du juge dans chaque affaire particulière ; mais le juge sera obligé de les établir et de les préciser dans son jugement, comme aujourd'hui.

D'après le projet, le soin de mesurer la peine incombe toujours au juge, et les jurés n'ont point le droit de reconnaître des circonstances atténuantes. Ce sera seulement la tâche du Tribunal et de la Cour d'assises d'établir ces circonstances, qui ne peuvent avoir d'influence que sur *la mesure* de la *peine légale*, sans qu'il soit permis de descendre au-dessous de son minimum.

HONGRIE.

Le Code pénal hongrois a été promulgué le 29 mai 1878 (1). C'est le premier qu'ait eu la Hongrie, car des projets antérieurs de 1837 et de 1843 n'avaient pu recevoir force de loi. C'était dans le *Corpus juris hungarici*, dans les coutumes, les décisions judiciaires et les compilations des jurisconsultes, qu'il fallait chercher jusqu'alors les règles applicables aux différents cas.

Le Code pénal du 29 mai 1878 ne comprenait que les crimes et les délits. Il a été complété, le 4 juin 1879, par un Code pénal des contraventions, et ces deux Codes ne sont entrés en vigueur que le 1er septembre 1880 (2).

I. **Excuses.** — Le chapitre VII de la première partie est consacré aux *causes d'exclusion ou d'atténuation de l'imputabilité* (art. 76-94).

Le premier principe qui est posé, c'est que l'acte commis, même intentionnellement, n'est imputable que si la volonté est libre et n'a pas été viciée. Ainsi l'acte n'est pas imputable à celui qui l'a commis dans un état d'inconscience, ou dont les facultés intellectuelles étaient troublées au point de le rendre

(1) Le Code pénal est désigné ainsi : Loi V de 1878, c'est-à-dire loi cinquième, dans l'ordre des lois de l'année 1878, de même que le Code des contraventions est la loi XL de 1879.

(2) Après les événements de 1848 qui vinrent modifier les rapports établis entre l'Autriche et la Hongrie, le Code pénal autrichien du 27 mai 1852 et le Code d'instruction criminelle du 29 juillet 1853 furent déclarés applicables à cette dernière aussi bien qu'aux autres parties de l'empire. Mais, dès 1861, la Hongrie proprement dite recouvra ses lois criminelles. (Notice de M Martinet, substitut au tribunal de la Seine, *Annuaire de législation étrangère* de 1878.)

incapable d'une libre détermination de sa volonté (art. 76).
L'acte n'est pas non plus imputable lorsque celui qui l'a commis
y a été contraint par une force irrésistible, ou par des menaces
de nature à lui faire craindre un péril immédiat pour sa vie ou
pour sa personne, ou celles de quelqu'un de ses proches, et que
ce péril ne peut d'ailleurs être autrement évité (art. 77). L'article 78, qui détermine ceux qui sont considérés comme proches,
assimile même les *fiancés* aux conjoints.

L'imputabilité pénale est particulièrement exclue par la légitime défense, et la légitime défense est définie : celle qui est
nécessaire pour repousser une attaque illégitime et immediate,
ayant pour objet et mettant en péril la personne ou les biens de
celui qui est attaqué, ou d'un autre.

Le Code hongrois, comme les Codes allemand et autrichien,
considère comme une cause d'impunité la force majeure résultant d'un acte commis au préjudice d'autrui pour sauver sa vie.
L'acte n'est pas puni, dit l'article 80, s'il a été commis en cas
de *nécessité absolue* pour *sauver la vie* de l'auteur ou de ses proches d'un danger immediat, provenant d'une cause indépendante de sa volonté et ne pouvant être autrement evité.

L'âge de l'agent, au point de vue de la responsabilité pénale,
a aussi fixé la préoccupation du législateur.

Celui qui, au moment de la perpétration du crime ou du délit,
n'avait pas accompli sa 12e année, *ne peut être l'objet d'aucune
poursuite* (art. 83.)

Celui qui, au moment où il a commis le crime ou le délit,
avait dépassé sa 12e année mais n'avait pas accompli sa 16e,
n'est soumis pour ce fait à aucune peine s'il n'avait pas le discernement nécessaire de la culpabilité de l'acte ; toutefois il
peut être condamné à être envoyé dans une maison de correction, mais pas au delà de sa 20e année (art. 84). S'il etait capable,
au contraire, au moment de l'acte, d'en discerner la culpabilité, il sera puni d'une peine réduite, à raison de l'excuse tirée
de son âge, mais sans qu'on puisse prononcer la destitution
d'emploi et la suspension temporaire de l'exercice des droits
politiques (art. 85).

Les sourds-muets qui n'ont pas le discernement nécessaire
pour comprendre la culpabilité de leurs actes ne peuvent être
soumis à aucune peine pour crime ni pour délit (art. 88). Ils
sont par conséquent assimilés aux mineurs de 16 ans.

De plus, par une sorte d'excuse spéciale, celui qui, au moment
de la perpétration du crime, n'avait pas dépassé sa 20e année,

ne peut être condamné à mort, ni à la maison de force à perpétuité (art. 87).

Nos excuses légales, du moins en ce qui concerne la provocation, en cas de meurtre et de lésions corporelles, rencontrent des dispositions analogues.

Si le dessein a été pris et exécuté *sur-le-champ*, sous l'empire d'une *violente surexcitation*, le meurtre est puni de 10 ans de maison de force au maximum, au lieu de la peine perpétuelle. Et si le dessein a été conçu à raison de ce que la personne tuée *outrageait ou violentait gravement* et sans droit l'*auteur* ou *ses proches*, et si le meurtre a été commis sur-le-champ, sous l'empire de cette surexcitation, la peine est de 5 ans de réclusion au maximum.

Le meurtre commis sous l'empire d'une violente surexcitation sur un parent en ligne ascendante ou descendante ou sur le conjoint est puni de 5 à 10 ans de maison de force (art. 281).

Lorsque, dans le cas où les lésions corporelles ont causé la mort, l'auteur a agi sous l'empire d'une violente surexcitation, la peine sera de 1 à 5 ans de réclusion, au lieu de 10 ans de maison de force. Et si cette surexcitation violente a été motivée sur ce que la personne morte des suites de ses lésions *violentait gravement* et sans droit l'auteur ou *ses proches*, et que l'acte ait été commis sur-le-champ, sous l'empire de cette surexcitation, la peine sera de 3 ans de réclusion au maximum.

Mais les dispositions de cet article sont inapplicables si les lésions corporelles ayant occasionné la mort ont été commises sur des parents en ligne ascendante de l'auteur (article 307).

On voit que les dispositions qui précèdent ne correspondent pas seulement à l'excuse de l'article 321 de notre Code pénal, mais qu'elles peuvent encore trouver leur application dans la plupart des cas prévus dans les articles suivants, notamment en cas de meurtre motivé par le flagrant délit d'adultère, et de castration (art. 324 et 325).

Il faut encore remarquer que l'excuse existe alors même que les outrages ou les violences graves ayant causé la surexcitation sous l'empire de laquelle on a agi, ont été dirigées non seulement sur l'auteur de l'action, mais encore sur *ses proches* (1).

_____

(1) S. Mayer, professeur de droit pénal à l'université de Vienne, *Le Code pénal hongrois des crimes et des délits, exposé dans ses principes*. Vienne, 1878.

II. **Circonstances atténuantes.** — Le Code hongrois
(art. 89) (1) prescrit de tenir compte, pour la fixation des peines,
des circonstances aggravantes ou *atténuantes de nature à influer
sur le degré de culpabilité.*

L'application de ce principe est que si les circonstances aggravantes l'emportent en nombre et en importance, la peine devra
approcher ou atteindre le maximum prononcé par la loi contre
l'infraction. Si, au contraire, les circonstances atténuantes
l'emportent, la peine devra approcher ou atteindre le minimum.
En ce cas, la peine de mort sera convertie en maison de force
à perpétuité, et la maison de force à perpétuité en 15 ans de la
même peine (art. 90, 91).

Les circonstances atténuantes dont parlent les articles 89 et
suivants du Code pénal hongrois sont, comme dans le droit
français, indeterminées et laissées à la libre appreciation du
juge. et elles ne sont même pas precisees d'une manière plus ou
moins limitative comme dans le Code de l'Autriche. Cependant
il y a des cas où la loi elle-même détermine et definit certaines
circonstances atténuantes, mais, dans ces cas, le crime ou le
délit est *sui generis;* c'est, du reste, un trait commun à tous les
Codes du monde que, pour beaucoup de crimes ou de delits en
particulier, la loi établisse plusieurs degrés, suivant l'absence
ou la présence de telles ou telles circonstances.

Si les circonstances atténuantes sont *tellement prépondérantes*
ou *si nombreuses,* que le minimum établi pour l'infraction se
trouve encore hors de proportion avec l'infraction, le même
genre de peine peut être abaisse jusqu'au *minimum de cette peine;*
et si ce minimum est encore trop sévère, la maison de force à
temps peut être remplacée par la réclusion, la reclusion par
l'emprisonnement, et l'emprisonnement par l'amende, jusqu'au
minimum de chacune de ces peines (art. 92). Toutefois la peine
de mort ne peut être remplacée, dans le cas de cet article, par
une peine inférieure à 15 ans de maison de force, ni la maison
de force à perpétuité par moins de 10 ans de la même peine.

Ce Code, comme la plupart des Codes modernes étrangers,
veut qu'on impute, sur la peine privative de la liberté ou sur
l'amende, la durée de la détention préventive, lorsqu'elle ne

(1) *Traduction du nouveau Code pénal hongrois,* par MM. Pierre Dareste,
avocat au conseil d'État et à la Cour de cassation, et Martinet, substitut à
Paris.

s'est pas prolongée par la faute de l'accusé, et le jugement doit toujours énoncer jusqu'à quel degré la peine doit être considérée comme subie (art. 94).

On a aussi prévu le cas où la nature et l'humanité réclament leurs droits, et, suivant la pensée qui a inspiré nos articles 70 et 71, l'article 93 hongrois porte qu'outre les cas prévus par les articles précedents, la maison de force à temps sera remplacée par la reclusion, si cette peine se trouve trop rigoureuse, eu égard à l'âge ou à la faiblesse physique du coupable.

La loi 37 de 1880 sur la mise à exécution des lois pénales hongroises de 1878 et de 1879 a tracé quelques règles de procédure pour l'application de ces lois, en attendant qu'un Code d'instruction criminelle ait été voté (1), car jusqu'à présent la procédure criminelle ne repose que sur la tradition et quelques textes spéciaux. Cette loi porte : « Seront de la compétence des cours royales de justice les crimes, et ceux des délits qui ne sont pas attribués aux tribunaux royaux de district.

» Les crimes et les délits commis par la voie de la presse continueront d'être jugés par les tribunaux spéciaux de la presse et par le jury » (art. 39).

L'institution du jury n'existe en Hongrie qu'en matière de presse. Le jury, pour juger les crimes commis par la voie de la presse, est composé de 12 jurés, qui ne peuvent prononcer une condamnation qu'à la majorité absolue. Mais les jurés ne statuent que sur la culpabilité ; c'est à la Cour, composée de 3 juges, formant une section de la Cour royale, qu'il appartient de déclarer s'il existe des circonstances atténuantes et de mesurer la peine.

D'après le projet du nouveau Code d'instruction criminelle, qui est déjà publié, ce sont les tribunaux de district et les Cours royales qui jugeraient, sans intervention du jury, les délits et les crimes, excepté ceux commis par la voie de la presse qui coutinueraient d'être attribués à la compétence du jury (2).

RUSSIE.

On se figure trop généralement qu'en Russie le système pénal forme une législation barbare où un arbitraire sans

(1) *Annuaire de législation étrangère* de 1880.
(2) Renseignements de M. Nagy, avocat à Budapest, correspondant de la Société de législation comparée.

contre-poids dans l'appréciation des délits s'allie, pour leur répression, à des châtiments inhumains.

Il est certain que si l'on remonte jusqu'au Code de 1649, on frémit de la cruauté de ses dispositions ; mais une série d'ukases, dus à Pierre le Grand, à l'impératrice Élisabeth et à Catherine I, vinrent apporter des tempéraments à ce Code. C'est à l'empereur Nicolas qu'est dû l'honneur de la réforme de la législation pénale de la Russie.

Après avoir, par un ukase du 9 février 1827, aboli complètement l'emploi de la torture, il apporta successivement divers adoucissements dans la mesure des peines, et enfin il fit proceder, en 1845, à la refonte de tout le droit pénal. Non seulement des peines corporelles empreintes de cruauté furent supprimées, mais, dans le nouveau Code de l'empereur Nicolas, promulgué le 27 août 1845 et mis en vigueur le 1er mai 1846, on s'est efforcé de prévoir les différents crimes et délits ; les punitions sont graduées, et varient pour chaque cas, entre un *maximum* et un *minimum*, suivant que les circonstances de la cause seront aggravantes ou atténuantes.

Il était réservé à l'empereur Alexandre II de mettre la dernière main à l'œuvre de rénovation entreprise par son père.

C'est en 1866 (1) que la législation criminelle russe a été complétée par un nouveau Code pénal, dont celui de 1845, revu en 1857, forme la base, mais où il a été tenu compte des principes d'humanité qui ont prévalu partout dans le choix et la mesure des pénalités ; de sorte qu'on peut dire que le droit pénal russe est, aujourd'hui, au niveau de celui des nations les plus avancées, et, s'il s'en distingue, c'est par une plus minutieuse détermination des éléments du délit et de la culpabilité, et parfois par plus de modération dans le châtiment (2).

I. **Excuses.** — La nouvelle législation pénale de la Russie admet, comme la nôtre, des circonstances particulières et déterminées dont l'effet est, quand elles existent dans la cause, soit d'exclure l'application d'une peine, soit de diminuer la

(1) Texte de la traduction française du Code russe du 5 mai 1866, communiqué par M. Amiaud ; il a été promulgué le 5 mai 1866. Il contient 1,711 articles divisés en douze titres.

(2) M. Ernest Lehr, professeur de législation comparée à l'Académie de Lausanne, *La nouvelle législation pénale de la Russie, considérée en elle-même et dans ses rapports avec les Codes pénaux de France et d'Allemagne.* Thorin, éditeur. Paris, 1876.

sévérité de la peine encourue et correspondant en réalité à nos
excuses péremptoires ou absolutoires, ou à nos excuses atténuantes; mais elle donne à ces dernières la dénomination
unique de *circonstances atténuant la faute* (art. 135), car elle ne
reconnaît pas de circonstances atténuantes générales en dehors
des cas qu'elle a prévus.

Les circonstances que le Code russe considère comme excluant
toute peine sont (art. 92): 1° celle que le fait dont les suites
accidentelles et imprévues ont causé un dommage était en
lui-même licite et exempt de négligence ou d'imprudence ;
2° un âge assez peu avancé pour que l'accusé fût encore hors
d'état de comprendre la portée de ses actes : « Les enfants qui,
n'ayant pas encore 7 ans révolus, ne peuvent pas avoir conscience de leurs actes, ne sont passibles d'aucune peine pour
les délits qu'ils commettent: ils sont remis à leurs père et mère,
tuteurs ou proches parents, pour être ultérieurement *instruits
par eux des conséquences pénales attachées à des actes semblables,* »
dit l'article 94 ; 3° l'imbecillité, la démence, ou une maladie
amenant un état de fureur ou d'absence complète de la possession de soi-même: cette disposition s'applique, par analogie, aux
individus dont les facultés ont été obliterées par l'âge ou les
infirmités, ainsi qu'aux somnambules pour les actes commis
pendant la durée de leur accès, et aussi aux sourds-muets de
naissance ou par maladie, s'il est avéré qu'ils n'ont acquis ni
par l'éducation, ni par leur commerce avec d'autres personnes,
aucune notion des obligations et des lois; 4° une erreur accidentelle ou provenant d'une méprise ; 5° une contrainte
imposée par une force majeure irrésistible ; 6° la légitime
défense. Dans ce cas, l'emploi de la force et de moyens quelconques pour repousser une attaque, ainsi que les blessures,
les mutilations, ou même le meurtre de l'agresseur, ne sont
pas punissables, alors que la vie, la santé ou la liberté du
prévenu se trouvant en danger, il lui était impossible de se
mettre efficacement sous la protection de l'autorité, ou que
l'attaque avait pour auteur un voleur ou un malfaiteur oppo-
sant une résistance violente, ou que l'agresseur avait pénétré
de force dans le domicile du prévenu. Mais il faut que celui qui
. a usé du droit de défense n'ait pas excédé son droit et fait
inutilement du mal à l'agresseur, et qu'il ait immédiatement
informé ses voisins et, aussitôt que possible, l'autorité
(art. 101). La loi déclare également en état de légitime défense
la femme qui défend son honneur et sa pudeur contre une

attaque violente (art. 102). Ces deux dispositions s'appliquent aussi bien aux cas où l'on prête assistance à autrui qu'à ceux où l'on se défend soi-même (art. 103).

Dans la législation russe, l'ivresse n'est point une excuse, comme en Italie et en Autriche ; elle est, au contraire, une circonstance aggravante. En principe, tout crime commis avec préméditation est passible de la peine la plus forte édictée par la loi. Il en est de même pour un crime commis en état d'ivresse, s'il est prouvé que le coupable s'est volontairement enivré pour le commettre. Si cela n'est pas prouvé, la peine encourue se mesure d'après les autres éléments de la cause (art. 100). C'est une excellente solution donnée par cet article au problème si complexe de l'influence de l'ivresse sur la culpabilité.

Les circonstances seulement atténuantes font l'objet du chapitre V, qui a pour titre : *Des circonstances diminuant la faute et la peine*. L'article 134, le premier de ce chapitre, définit et détermine en même temps ces circonstances en disant :

« Comme circonstances *diminuant la faute* dans une mesure plus ou moins grande et en même temps la sévérité *de la peine encourue*, on admet les suivantes : »

1° Quand le coupable, volontairement et avant qu'aucun soupçon ne soit tombé sur lui, comparaît devant le tribunal ou l'autorité, et, en toute sincérité et avec regrets, avoue le crime commis ;

2° Si le coupable, bien que commencé à être soupçonné, mais immédiatement après, sans persister dans des dénégations à l'une des premières questions ou exhortations de l'interrogatoire, fait avec repentir un aveu complet du crime ;

3° Si le coupable, sans retard, en temps utile et également avec une entière sincérité, a fait connaître tous ses complices ;

4° Si le crime a été commis par lui par crédulité ou par faiblesse d'esprit, par stupidité ou par extrême ignorance dont les autres ont abusé pour l'entraîner à ce crime ;

5° Si le crime a été commis par lui par suite d'une forte surexcitation provoquée par des offenses, des insultes ou d'autres actes de la personne à laquelle il a fait ou tenté de faire du mal (1);

6° S'il a été entraîné à ce crime par la persuasion, des ordres, ◂

_____

(1) Cette circonstance atténuante s'applique non seulement au cas de l'excuse légale de la provocation prévue par notre article 321, mais encore au cas de notre article 324, n° 2.

ou par l'exemple nuisible de la part des gens qui avaient sur lui, par la nature ou par la loi, une autorité supérieure ;

7° S'il a commis le crime exclusivement par misère et parce qu'il n'avait absolument aucun moyen de se nourrir et de travailler ;

8° Si, au moment de l'accomplissement du crime, il a éprouvé un remords et des regrets pour la victime du crime et, par ce motif, il n'a pas accompli tout le mal qu'il avait prémédité, et spécialement s'il a détourné de commettre ce crime ses propres complices ;

9° Si le coupable, dans l'accomplissement du crime, s'est efforcé, pour le moins, de détourner même quelques-unes de ses funestes conséquences et de désintéresser du mal ou du dommage causé par lui.

« En cas de circonstances atténuant la faute du prévenu, énoncées dans l'article 134, le tribunal a le droit de réduire la mesure de la peine encourue dans les limites du degré fixé par la loi ou de l'abaisser d'un ou de deux degrés » (art. 135).

Enfin le Code russe s'occupe avec sollicitude de l'influence de l'âge sur la responsabilité pénale, et son système mérite particulièrement l'attention.

« L'*enfance* et la *minorité* du prévenu, dit l'article 136, sont admises comme *circonstances atténuant* la faute et la sévérité de la peine; » et les articles 137 à 146 spécifient les distinctions établies en faveur des enfants et des mineurs.

Les enfants entre 7 et 10 ans ne sont pas passibles des peines édictées par le Code, mais remis à leurs père et mère ou autres parents dignes de confiance, pour une correction domestique. Il en est de même pour les enfants entre 10 et 14 ans, lorsque le tribunal reconnait qu'ils ont agi sans discernement.

Lorsqu'un délit a été commis par un mineur âgé de plus de 14 ans et de moins de 17, et que le tribunal estime qu'il a agi sans un complet discernement, il est ou bien soumis aux peines portées en l'article 138, ou bien, si le tribunal le juge à propos, enfermé soit dans une colonie correctionnelle, soit même dans une prison, pour un temps ne dépassant pas 16 mois, mais sans aucun contact avec les condamnés majeurs (art. 137). Suivent cinq articles qui spécifient les peines atténuées à appliquer tant aux mineurs de 10 à 14 ans qui seraient reconnus avoir agi avec discernement (art. 138), qu'aux mineurs de 14 à 21 ans (art. 139-142.

Quand il est prouvé que le mineur a été entrainé au crime

22

par un individu majeur, la peine qui lui est appliquée peut, au gré du tribunal, être abaissée d'un ou de deux degrés (art. 113).

Pour des crimes par imprudence, les mineurs de 14 à 21 ans sont soumis seulement à une correction domestique à la disposition des père et mère ou tuteurs (art. 114).

Mais, par une appréciation morale très juste, si le mineur persévère dans le mal et, malgré l'avertissement qu'il a reçu, retombe dans des fautes dont il ne peut plus ignorer la culpabilité et la portée, il est alors privé des faveurs accordées à l'inexpérience de l'âge. L'article 146 porte : « Les enfants de 10 à 14 ans, et les autres mineurs qui, après avoir été juges et condamnés pour un crime (ou un délit), sont convaincus pour la seconde fois d'un crime semblable ou même plus grave, sont punis, pour ce nouveau crime, de la même peine que celle fixée par la loi pour les individus majeurs. »

Le système du Code russe se résume donc ainsi :

Jusqu'à l'âge de 7 ans, ni imputabilité ni peine quelconque : de 7 à 10 ans, point de peine publique, mais l'enfant est remis à ses parents en vue d'une correction domestique ; de 10 à 14 ans, même disposition si l'enfant a agi sans discernement, peine très atténuée dans le cas contraire ; de 14 à 21 ans, peine atténuée, avec faculté pour le tribunal, si le coupable n'a pas 17 ans révolus, de l'envoyer simplement dans un asile de correction ; en cas de récidive, suppression de toutes les faveurs accordées à l'âge.

Ce système est, on le voit bien, plus équitable et plus humain que le nôtre, qui n'admet au profit de l'enfant, quel que soit son âge, aucune présomption d'irresponsabilité, et établit une limite unique, celle de 16 ans accomplis ; d'où seulement deux périodes : l'une au-dessous, pour laquelle la question de discernement et de responsabilité se pose toujours ; l'autre au-dessus de cet âge, pour laquelle elle ne se pose jamais, et où commence, bien avant la majorité civile, l'application de la pénalité ordinaire dans toute sa rigueur.

Le législateur russe a incontestablement adopté une solution très rationnelle du problème en procédant suivant les périodes physiologiques du développement septennal : 1° depuis la naissance jusqu'à 7 ans accomplis, *non imputabilité* ; 2° de 7 à 14 ans, *imputabilité douteuse*, et, dans tous les cas, culpabilité moindre ; 3° de 14 à 21 ans, *imputabilité certaine* et culpabilité plus élevée, mais non encore au niveau commun ; 4° à 21 ans accomplis, culpabilité au niveau commun, application des peines ordinaires.

Les circonstances énumérées ci-dessus, et que le législateur russe déclare lui-même être de nature à *atténuer la culpabilité*, rentrent pour la plupart dans la catégorie de ce que, dans le langage juridique, on qualifie d'excuses, excuses atténuantes, par opposition aux excuses absolutoires qui effacent complètement la culpabilité.

Les circonstances dont il s'agit remplacent à la fois nos excuses et nos circonstances atténuantes. Elles ont même la dénomination de ces dernières et des effets analogues, avec cette différence qu'elles sont prévues et définies par la loi.

Si, à part certaines excuses spéciales à tel ou tel délit particulier, la loi française reconnaît un moins grand nombre d'excuses générales, c'est qu'elle autorise les juges du fait à tenir compte non seulement des excuses légales, mais encore de toutes autres circonstances atténuantes, qu'elle laisse à sa libre appréciation.

En principe, les tribunaux russes ne peuvent appliquer d'autres peines que celles qui sont inscrites dans la loi pour chaque espèce de délits, sauf la faculté de les augmenter ou de les mitiger dans les cas prévus par le Code, à raison des circonstances aggravantes ou atténuantes qui existent dans la cause, en observant les règles tracées dans les articles 147 à 150. Cependant, « lorsque l'acte délictueux déféré au tribunal n'est pas expressément puni par la loi, le tribunal prononce contre le coupable une des peines édictées contre les délits de nature et de gravité analogues » (art. 151). C'est absolument l'inverse du principe qui a prévalu en France, où le juge criminel ne peut suppléer par voie d'analogie aux lacunes du Code pénal et est tenu de prononcer *l'absolution* d'un individu dont l'acte délictueux ne tomberait sous le coup d'aucune disposition expresse de la loi (art. 69, 229, 364 Inst. crim.).

II. **Circonstances atténuantes.** — Le Code russe, comme nous l'avons déjà indiqué, n'autorise point, à l'exemple du Code français, les juges du fait à tenir compte non seulement des excuses, lorsqu'elles existent, mais encore des circonstances atténuantes, dans le sens que nous donnons à ce mot, c'est-à-dire de circonstances qu'elle ne les oblige même pas à préciser et à formuler, mais qui, se dégageant à leurs yeux de l'ensemble

de l'affaire, leur paraissent de nature à justifier un adoucissement de la peine.

Le législateur s'en est donc tenu aux excuses ou circonstances
atténuantes qu'il a déterminées, et n'a pas voulu placer le juge
du fait sur la pente glissante de circonstances atténuantes non
définies.

Toutefois les peines édictées par la loi peuvent être mitigées,
non seulement dans leur mesure et leur degré, ainsi qu'il est
dit dans l'article 135 cité plus haut, mais encore, pour certaines
causes extraordinaires, dans une plus grande proportion, qui,
elle, excède les limites de la compétence du juge et dépend du
droit attribué au souverain.

L'article 153 détermine, au surplus, ces cas extraordinaires,
sans cependant être limitatif. Les peines édictées par la loi,
dit-il, peuvent encore être mitigées dans une proportion qui
excède les limites de la compétence du juge : 1° lorsque le coupable, comparaissant volontairement ou non devant la justice et
avouant son crime, fait un aveu complet et sincère, révèle ses
complices et empêche, par ses révélations opportunes, l'accomplissement d'un autre projet criminel qui menaçait soit des
personnes, soit l'état de la société tout entière; 2° lorsque le
coupable, en dehors des cas d'aveu, mérite de l'indulgence, à
raison de longs et loyaux services, de quelque acte particulièrement honorable, ou de ses qualités éminentes; 3° lorsqu'un
non-chrétien se convertit, pendant l'instruction, à la religion
orthodoxe ou à une autre des confessions chrétiennes tolérées
dans l'empire et légalement reconnues; 4° lorsque, les faits à
punir n'entrainant pas privation de tous les droits civiques, le
coupable a subi une longue détention préventive.

Dans ces cas, et autres analogues, porte l'article 154, le tribunal a le droit de se pourvoir en adoucissement de la peine,
conformément à l'article 775 du Code de procédure pénale, c'est-
à-dire auprès de l'Empereur, par l'entremise du Ministre de la
Justice ; mais il ne peut en tenir compte lui-même.

La nouvelle législation russe, malgré ses progrès, n'a point
adopté l'institution du jury de jugement, qui est devenue, chez
presque toutes les législations de l'Europe, un des principes
essentiels de la justice criminelle (1).

(1) Le Code pénal russe est destiné à de prochaines modifications qui en
diminueront encore la sévérité. Une décision du Conseil de l'empire, sanction-
née par l'Empereur le 11 décembre 1879, a été rendue pour établir les principes généraux qui doivent servir de base à la réorganisation des prisons et à
la réforme du Code pénal. (Annuaire de législation étrangère de 1879.)

ROUMANIE.

La Roumanie, constituée en royaume depuis le 26 mars 1881, se compose de la Valachie (ou Valaquie) et de la Moldavie, vastes provinces qui formèrent deux principautés distinctes jusqu'en 1859, époque à laquelle les deux pays roumains n'ont plus formé qu'une seule principauté, placée sous la suzeraineté de la Sublime-Porte, mais dont le traité de Berlin du 13 juillet 1878 a reconnu l'indépendance.

Le Code pénal de la Roumanie date de 1864. On a pris pour modèle le Code pénal français de 1810, modifié en 1832, mais en y introduisant des changements assez importants. Depuis 1864, ce Code a été revisé en 1874, et cette revision a eu pour principal but la correctionnalisation de certains crimes, par exemple le faux en écriture privée et la banqueroute frauduleuse, qui ne sont plus punis que par le maximum de l'emprisonnement correctionnel (5 ans). Comme esprit général, on peut dire que, dans la législation roumaine, les peines sont plus douces qu'en France. D'abord la peine de mort n'existe pas (1); on n'a pas non plus la surveillance de la haute police (2).

I. **Excuses.** — Le Code pénal de la Roumanie admet, comme le Code français, des cas de non-imputabilité, des faits justificatifs faisant disparaître le crime ou le délit, et des excuses légales proprement dites.

Les cas de non-imputabilité ou d'irresponsabilité sont: 1° la démence, ou la contrainte résultant d'une force à laquelle on n'a pu résister (l'article 57 roumain reproduit identiquement notre article 64); 2° l'âge: d'après l'article 61, qui supplée à une lacune de notre Code, « l'infraction commise par un enfant de moins de 8 ans *n'est pas punissable.* »

L'article 62, qui complète cet article et correspond à notre article 66, déclare encore irresponsable l'enfant de moins de

1) La peine de mort ne figure que dans le Code militaire, et encore seulement *en cas de guerre et pendant la guerre.*

(2) Documents fournis par M. Grégoire Pétroni, docteur en droit de la Faculté de Paris, membre correspondant et collaborateur de la Société de législation comparée.

15 ans, s'il a agi sans discernement, quoique, dans ce cas, il puisse être élevé et détenu dans une maison de correction jusqu'à 20 ans.

Ainsi, d'après cet article, c'est à 15 ans, au lieu de 16, qu'est la limite au-dessous de laquelle il est permis d'admettre le défaut complet de discernement.

Les faits justificatifs sont, comme en droit français: 1° l'ordre donné par la loi ou par l'autorité légitime, et 2° la légitime défense.

L'article 255 roumain est identiquement le même que notre article 327.

Quant à la légitime défense, l'article 58 roumain reproduit, mais avec bien plus de précision, le sens de notre article 328, en disant : « La défense est légitime quand elle est *nécessaire* pour repousser une attaque *matérielle*, actuelle et injuste, contre soi-même ou autrui. »

De plus, l'article 257 roumain reproduit notre article 329, en ajoutant toutefois, aux deux cas de nécessité actuelle de défense que cet article prévoit, ce troisième cas : « si l'homicide, les coups ou les blessures commis par une femme ont été provoqués immédiatement par un viol exercé sur sa personne. »

En ce qui concerne les *excuses légales* proprement dites, la ressemblance entre nos deux législations est plus grande encore.

1° *Age.* — La première excuse est l'*âge* de moins de 15 ans (et plus de 8), si l'inculpé a agi avec discernement, et, toujours, l'âge entre 15 et 20 ans. D'après la loi roumaine, l'inculpé qui a plus de 15 ans et *moins de 20* n'est pas assimilé au majeur, comme en France ; il jouit encore *d'une excuse légale* ; seulement, à partir de 15 ans, la loi ne demande plus s'il agit avec discernement, elle présume le discernement, et, si le Code pénal a établi cet âge de 20 ans, ce n'est pas que la majorité civile soit fixée à cet âge, car elle l'est à 21 ans.

L'article 63 roumain, correspondant à notre article 67 et à l'article 69, mais qui contient des dispositions plus indulgentes, règle ainsi les cas et les effets de cette excuse légale tirée de l'âge : « S'il est décidé que l'auteur du crime ou du délit, âgé de plus de 8 ans et de moins de 15, a agi *avec discernement*, ou si l'agent, âgé de plus de 15 ans, *n'a pas encore 20 ans révolus*, les peines seront prononcées ainsi qu'il suit : Si l'infraction est punie des travaux forcés à perpétuité, ou des travaux forcés à temps, l'accusé sera condamné à la peine de 3 à 15 ans d'emprisonnement correctionnel. Dans tous les autres cas, le juge est autorisé à appliquer la peine de l'emprisonnement pour un temps égal au tiers au moins et à la moitié au plus de celui auquel il aurait pu être condamné à l'une des peines correspondant au cas dont il s'agit. »

2° *Provocation.* — La provocation est prévue comme cause d'excuse par l'article 250 roumain, qui reproduit identiquement notre article 321.

3° Crimes et délits commis en repoussant *pendant le jour* l'escalade ou l'effraction des clôture. — L'article 251 du Code roumain, relatif à ces cas d'excuse légale, est conçu dans les mêmes termes que notre article 322.

L'article suivant, 252, déclare, comme notre article 323, que le parricide n'est jamais excusable.

4° *Flagrant délit d'adultère.* — L'article 253 roumain reproduit textuellement le premier alinéa de notre article 324 pour le meurtre commis, en cas ordinaire, par un époux sur l'autre époux; mais, au lieu d'imiter notre article dans le 2e alinéa, relatif au cas d'*adultère*, et de ne déclarer excusable que le meurtre commis *par l'époux* sur son épouse, il a introduit cette modification, équitable, d'accorder la même excuse à l'épouse qui, surprenant son mari en flagrant délit d'adultère, ressent le même outrage et subit le même trouble moral que celui qu'aurait éprouvé son époux en semblable occurrence; aussi l'article 253 porte-t-il dans sa seconde partie : « néanmoins dans le cas d'*adultère*, le meurtre commis par l'époux sur son épouse, ainsi que sur le complice, *ou par l'épouse sur l'époux, ainsi que sur le complice,* à l'instant où il les surprend en flagrant délit, dans la maison conjugale, est excusable. »

5° *Castration.* — L'article 325 français n'a pas de correspondant dans le Code romain. Le législateur n'a pas prévu le crime de castration, sans doute parce que les mœurs et l'expérience ne lui ont pas révélé la possibilité d'un si étrange méfait. Dans tous les cas, s'il venait à se produire, dans les conditions de notre article 325, il serait plus qu'excusable, et il rentrerait dans le cas de légitime défense ajouté à ceux prévus dans notre article 329, par le n° 3 de l'article 257 cité plus haut.

En outre de ces divers cas que la loi qualifie nommément d'*excuses*, il existe d'autres cas de réduction et même d'exemption complete de la peine, auxquels la jurisprudence donne également, comme chez nous, le caractère d'*excuses légales*. Ainsi, sauf pour ce qui est relatif à la surveillance, l'article 100 de notre loi de 1832 sur les circonstances atténuantes.

de ce qu'en Roumanie la mort, la déportation et le bannissement ne figurent pas parmi les peines criminelles.

La Roumanie n'a pas trouvé seulement, dans le traité de
Berlin du 13 juillet 1878, la reconnaissance de son indépendance, sous certaines réserves : tandis que ce même traité lui
retranchait la partie de la Bessarabie qu'elle avait reçue en
1856, il lui accordait, d'autre part, la province turque de la Dobrodja (1).

Une loi promulguée le 9 mars 1880 a fixé l'organisation judiciaire de cette province.

D'après l'article 62 de cette loi organique, « l'institution du
jury criminel est *suspendue* pour la Dobrodja ; les crimes et les
délits politiques et de presse sont jugés par les tribunaux ordinaires. »

TURQUIE.

Le Code pénal ottoman, puisé presque tout entier dans le Code
pénal français, mais beaucoup moins complet que. lui, a été
promulgué le 28 *zil-hidjdjé* 1274 de l'hégire (10 août 1858).

Il reconnaît, comme le Code français, des cas d'irresponsabilité ou d'*exemption* de peine, des causes de justification ou
d'excuse', *ne rendant passible* d'aucune peine, et des *excuses*
proprement dites ou atténuantes ; mais il n'a pas admis notre
système de circonstances atténuantes.

I. **Excuses.** — La démence et la contrainte sont des causes
d'irresponsabilité.

Pour qu'un enfant *ne soit pas passible* de la peine portée contre
l'acte dont il s'est rendu coupable, d'après l'article 40, il faut
que le prévenu n'ait pas atteint l'*âge de puberté*, qui est, en
général, 15 ans, et qu'il manque encore de discernement ; il
est remis à ses père, mère ou autres parents, après que ceux-ci
ont fourni caution ; faute par ces derniers de fournir cette caution, il subit, par les soins de la police, un emprisonnement
correctionnel pendant un temps convenable.

Le Code pénal ottoman a aussi prévu les causes de justifica-

(1) Notice de M. Grégoire Pétroni (*Annuaire de législation étrangère* de
1878, p. 655)

tion de nos articles 327 et 328, dont il fait des cas d'excuses absolues, et pour lesquels il a des prescriptions toutes particulières, notamment en ce qui concerne l'exécution des ordres de l'autorité.

D'après l'article 181, « si un homicide est commis par l'ordre d'un supérieur disposant de moyens de contrainte pour faire exécuter sa volonté, c'est le supérieur qui sera puni comme meurtrier. » Par les mots *disposer de moyens de contrainte*, on entend avoir le pouvoir de mettre à mort celui qui refuserait d'exécuter l'ordre reçu. Hors ce cas, l'inférieur qui a exécuté un pareil ordre *n'est pas excusable*, et il est puni comme meurtrier. Il en est de même s'il n'est coupable que de coups ou de blessures.

Notre article 328, relatif à la légitime défense, a été reproduit par l'article 186 du Code pénal turc, avec les modifications suivantes : « N'est passible d'aucune peine celui qui a commis un homicide ou fait des blessures pour se défendre, pour sauver sa vie, ou pour se garantir d'un outrage à la pudeur ou à l'honneur. » Ce texte ne semble pas parler, comme le texte français, de la défense de *soi-même* ou d'*autrui*. Ce n'est pas à dire que le texte turc ait formellement exclu la défense d'*autrui* (1).

L'article 187 reproduit notre article 329. Il faut surtout remarquer qu'il pose le principe des *excuses atténuantes*, en disant : « Si le fait est arrivé pendant *le jour*, l'homicide, les blessures et les coups ne sont pas *complètement exempts de peine*, et l'auteur, déclaré *excusable*, est traité d'après les dispositions de l'article 190. »

L'excusabilité, reconnue dans le cas qui précède, article 187, est plus formellement encore consacrée dans les articles 188, 189 et 190, qui correspondent à nos articles 321, 321 et 326 (pour suivre l'ordre du Code turc).

Le meurtre commis par l'époux sur l'épouse adultère et sur son complice (mais non le meurtre commis, en pareil cas, par l'épouse sur son mari) est déclaré excusable par l'article 188, ainsi conçu : « L'individu qui, ayant surpris en flagrant délit d'adultère son épouse, *ou une de ses proches parentes*, la tue, ainsi que son complice, est également *excusable*. »

(1) Notice sur le Code pénal ottoman, par M. Servicen, Vitchen avocat à Constantinople, membre correspondant de la Société de législation comparée de Paris.

« Le meurtre, ainsi que les blessures et les coups, dit l'article 189, sont également *excusables* s'ils ont été *provoqués* par des actes semblables » et cet article, plus prévoyant que le nôtre, ajoute : « Mais il y a exception pour les agents de la force publique, lesquels n'encourent aucune responsabilité pour les meurtres commis, les blessures faites et les coups portés par eux dans l'exercice de leurs fonctions, lorsqu'ils ont agi dans les limites des règlements relatifs à leur service; et ceux qui useront de représailles envers eux ne pourront être en aucun cas excusables. »

Les articles 323, 324 n° 1 et 325 français n'ont pas été reproduits par le Code pénal turc.

Le cas de notre article 325, s'il se présentait, rentrerait évidemment dans les prévisions de l'article 186 précité. Il y aurait exemption complète de peine parce qu'on aurait commis des blessures pour *se garantir d'un outrage à sa pudeur,* ce qui est un des cas de la légitime défense.

Enfin, l'effet des excuses est déterminé par l'article 190, ainsi conçu : « Les auteurs de meurtre, de blessures ou de coups dont l'*excusabilité* aura été prouvée, seront punis d'un emprisonnement de 3 mois à 3 ans. »

Pour ne pas interrompre l'enchaînement des faits et des idées qui précèdent, nous avons remis à parler ici de l'*excuse* tirée de l'*âge.*

En ce qui concerne la minorité (de 16 ans chez nous) au point de vue de la responsabilité pénale, elle est la même que la minorité générale, laquelle, en Turquie, finit à l'âge de 15 ans, et même avant, si le mineur *est pubère* avant sa 15e année (1). Le législateur ottoman a fondu, en les modifiant, les articles 66, 67 et 68 du Code pénal français en un seul article 40.

Nous avons déjà exposé ce qui concernait l'irresponsabilité ou l'exemption de peine du *mineur impubère* qui agit *sans discernement,* et qui est ou remis à sa famille, sans caution, ou détenu, par les soins de la police, dans une maison de correction. Le même article 40 porte : « Si, au contraire, le prévenu est un *impubère* qui a agi *avec* discernement, c'est-à-dire avec conscience de la culpabilité de l'acte commis par lui ; s'il a encouru la peine de mort, des travaux forcés à perpétuité, de la détention à perpétuité, ou de l'exil à perpétuité, il sera puni

(1) Notice de M. Servicen.

d'un emprisonnement correctionnel de 5 à 10 ans ; et s'il a encouru la peine des travaux forcés à temps, de la détention à temps, ou de l'exil à temps, il sera puni d'un emprisonnement correctionnel pour un temps égal au quart au moins et au tiers au plus de celui pour lequel il aurait dû être condamné. »

II. **Circonstances atténuantes.** — Quant aux *circonstances atténuantes*, elles n'existent pas en droit ottoman avec le caractère que leur a donné l'article 463 de notre Code pénal.

Le tribunal est toujours obligé de se mouvoir entre le *maximum* et le *minimum* établi par chaque article pour chaque délit, suivant la gravité des cas.

Le jury n'existe point en Turquie.

GRÈCE.

Le Code pénal actuellement en vigueur en Grèce (contenant 780 articles) a été promulgué le 30 décembre 1833, et déclaré exécutoire à dater du 1er mai 1834. Presque toutes les dispositions de ce Code ont été puisées dans la législation pénale de la Bavière, parce qu'il a été élaboré sous la surveillance du sénateur Georges Maurer, l'un des jurisconsultes les plus distingués de l'Allemagne et membre de la régence en Grèce pendant la minorité du premier roi Othon (1).

I. **Excuses.** — Le Code pénal hellénique, en ce qui concerne les causes de l'atténuation des peines, a suivi un système ressemblant fort peu à celui du Code pénal français.

Dans le cinquième chapitre, on trouve en premier lieu la règle générale qui exige, pour l'application de la peine portée par la loi, l'*imputabilité* du fait qualifié par la loi d'infraction (art. 81).

A cette règle sont joints les cas dans lesquels l'imputabilité est totalement ou partiellement exclue ; ce sont les suivants :

1° *L'âge.* Jusqu'à l'âge de 10 ans, les infractions ne sont pas imputables : la loi présume l'absence complète du discernement ;

(1) Renseignements de M. Costi, membre correspondant de la Société de législation comparée de Paris.

l'agent de l'infraction n'est passible d'aucune peine (art. 82). Depuis l'âge de 10 ans accomplis jusqu'à 14 ans, le juge doit examiner si l'agent a agi avec ou sans discernement. Dans le premier cas, le prévenu est déclaré non coupable; dans le second cas, il est déclaré coupable, mais puni de la peine d'un degré inférieur à celle qui est destinée à la punition de l'infraction (art. 83).

2º Les affections mentales qui suppriment l'exercice des facultés intellectuelles. Ces affections comprennent : le trouble passager, mais complet, de la raison ou des sens, qui empêche l'individu d'avoir la conscience de la valeur de ses actions ou de leur pénalité (art. 86). A cette dernière catégorie appartiennent les passions véhémentes, l'état de torpeur somnolente, le somnambulisme, et enfin l'ivresse complète et sans la faute de l'agent.

Dans le cas des altérations mentales mentionnées ci-dessus, s'il est constaté que les facultés de l'agent étaient affectées, mais à un moindre degré, sans être de nature à exclure complètement l'imputabilité, le juge peut déclarer le prévenu coupable; mais il doit appliquer la peine inférieure d'un degré, s'il s'agit d'un crime, ou diminuer simplement la peine légale jusqu'à la moitié, s'il s'agit de la punition d'un délit (art. 87, 49, 50).

3º La surdi-mutité. — Les sourds-muets qui n'ont pas été instruits sont considérés comme incapables d'avoir la conscience de leurs actes, et leurs infractions ne sont pas punies. Aux sourds-muets qui ont reçu de l'instruction, on applique les mêmes dispositions de la loi que pour les individus de l'âge de 10 à 14 ans, lorsqu'il est prouvé qu'ils ont agi avec discernement (art. 84, 88).

4º L'erreur ou l'ignorance *des faits matériels* qui constituent une action punissable, mais seulement dans les cas où on ne peut pas reprocher à l'agent une faute proprement dite (*culpa*). Si son erreur ou son ignorance est le résultat de sa faute, il est puni de la peine applicable aux infractions commises par négligence (art. 92-94).

« La seule ignorance *de la loi* ne suffit pas pour exclure l'imputabilité » (art. 91).

5º La contrainte physique ou morale suivie de menaces accompagnées d'un danger inévitable de la vie, l'intégrité du corps, la chasteté ou la liberté d'un individu ou de ses ascendants, de ses frères ou de son conjoint (art. 96).

6° L'ordre donné à un fonctionnaire par ses supérieurs, pour des objets du ressort de ceux-ci et qui constitue une infraction punie par la loi, comme crime ou délit des fonctionnaires publics dans l'exercice de leurs fonctions. Dans ce cas, le subordonné qui a exécuté l'ordre est exempt de toute peine (art. 97).

7° Le consentement exprès ou tacite de la personne lésée, mais seulement dans le cas où la soustraction ou le dommage atteint la propriété d'autrui, sans danger public (art. 98).

8° La légitime défense. — Elle est permise toute les fois que l'absence de l'autorité publique enlève à une personne l'espoir qu'on lui portera secours contre une attaque illégale. Ainsi la personne illégalement attaquée a le droit de se défendre contre toute attaque qui menace sa vie, sa liberté, sa chasteté ; contre les violences qui ont pour but de causer du dommage, de détruire ou d'enlever des propriétés mobilières ou immobilières ; contre un voleur surpris en flagrant délit ; contre ceux qui, par violence, cherchent à envahir la propriété d'autrui ou à y entrer au moyen d'effraction, ou par tout autre moyen illégal (art. 99).

Dans tous les cas ci-dessus, l'homicide et les actes de violence exercés *sont justifiés* non seulement lorsque l'agent a agi pour sa propre défense, mais encore lorsqu'il a agi pour la défense de la personne d'un tiers (art. 100, 101).

La légitime défense ne doit pas dépasser les limites nécessaires pour repousser l'attaque illégale, car, dans le cas contraire, on ne peut pas invoquer l'impunité.

9° La nécessité absolue, hors les cas de la légitime défense. Elle existe lorsqu'un individu est poussé à commettre une infraction pour arracher d'un péril imminent et inévitable sa propre vie ou la vie d'un tiers (art. 106.)

En résumant ce qui précède, on voit que les quatre premières circonstances, c'est-à-dire l'âge, les affections mentales, la surdi-mutité et l'erreur des faits, peuvent servir tantôt comme excuses péremptoires excluant l'application de la peine, tantôt comme excuses qui *atténuent* la peine infligée par la loi, lorsque l'imputabilité n'est pas complète.

On remarque que le Code pénal hellénique ne contient pas d'article spécial correspondant à l'article 324 n° 2 du Code pénal français, pour le flagrant délit d'adultère ; mais, dans ce cas, on peut appliquer la disposition de l'article 86, § 4, aux termes duquel l'imputabilité est totalement ou partiellement exclue pour

« ceux qui ont exécuté l'acte coupable dans un état non imputable de trouble des sens ou de l'intelligence durant lequel ils ne pouvaient pas avoir conscience de l'acte ou de sa culpabilité ». Or, sous ce paragraphe sont compris les cas de passions véhémentes, et on peut considérer comme telles la colère et la vengeance, dans le cas où un mari surprend sa femme en flagrant délit d'adultère et la tue ainsi que son amant.

La portée de cet article 86, §.4, quoique considérable, ne doit pas cependant être exagérée, et on n'irait pas jusqu'à appliquer sa disposition à l'emportement des désirs sensuels, pour servir d'excuse, par exemple, à un viol ou un attentat à la pudeur : l'emportement des désirs sensuels ne peut pas être considéré comme un trouble *non imputable* de la raison, ce qu'exige la loi. Celui qui se laisse entraîner par ses désirs se montre incapable de mettre un frein à ses mauvais penchants, à dominer les vices de la nature humaine ; mais jamais il ne pourra paraître devant les juges comme la victime *d'un trouble involontaire* et *non imputable*. Il faut bien distinguer le trouble involontaire et non imputable *de la raison* ou *des sens* et les *vices* et les *mauvais penchants* (1).

Le chapitre VII du Code pénal hellénique traite des causes ou circonstances qui exemptent de la peine. Ces causes sont :

1ᵉ Le repentir de l'agent, quand, dans l'accomplissement d'un acte punissable, il a, de sa propre volonté et spontanément, avant la réalisation du résultat qu'il a poursuivi et avant toute poursuite de l'autorité, annihile par un acte contraire les conséquences dudit acte, ou il a manifesté d'une manière incontestable avoir renoncé à son but criminel. Celui-là, dit l'article 113, est exempt de toute peine, si l'exécution de l'acte n'a produit aucun dommage.

2º La réparation du dommage causé par le délit. D'après l'article 114, l'indemnité du dommage, accordée par l'auteur volontairement et spontanément, et avant toute poursuite de l'autorité, n'exclut pas la pénalité, sauf les cas spécialement déterminés par la loi. Ces cas concernent les crimes et délits suivants: 1º le vol et la soustraction, si l'agent, avant toute poursuite, volontairement et spontanément, a restitué à son propriétaire la chose soustraite ou volée (art. 370, 393, 605) ; 2º l'escroquerie, sous les mêmes conditions (art. 402, 673).

(1) Kant, *Anthropologie*, § 64.

Le repentir est encore admis comme cause d'exemption de peine par l'article 168, en faveur des inculpés d'un rassemblement public, et par l'article 169 en faveur des inculpés de rébellion simple et de rebellion proprement dite. Dans ces cas, tous ceux qui ont obéi à l'ordre de l'autorité de se disperser restent impunis. On retrouve ici les dispositions des articles 100 et 213 du Code pénal français.

Ainsi encore, l'article 291 déclare exempt de toute peine celui qui, par négligence, a administré à une autre personne du poison. — Les articles 415 et 418, qui traitent de l'incendie, excluent ou atténuent la peine de celui qui, après avoir mis le feu, enlève ou détruit les matériaux incendiaires avant l'explosion de l'incendie, ou, si l'explosion de l'incendie a déja eu lieu, éteint immédiatement lui-même le feu.

II. — **Circonstances atténuantes.** — Les circonstances atténuantes du droit pénal français ne sont pas admises par la législation hellénique. Il n'y a qu'une exception introduite par l'article 2 de la loi du 27 juin 1850, d'après lequel « la peine de la réclusion dont sont menacés ceux qui sont coupables d'outrages envers la personne du roi ou de la reine est convertie en un simple emprisonnement, si les jurés, dans leur verdict, déclarent qu'il y a *circonstances atténuantes* ».

Quant à la compétence pour l'admission des excuses, elle résulte tout naturellement de l'organisation judiciaire (1).

Les tribunaux de simple police et de police correctionnelle décident les questions d'excuses. Mais lorsqu'une accusation est portée devant la Cour d'assises, il faut préciser les limites de la compétence de la Cour et de celle des jurés. D'après la jurisprudence, les jurés sont compétents pour décider les excuses péremptoires, ou les excuses légales relatives à l'âge de l'inculpé, les affections mentales, la surdi-mutité, l'erreur de fait, la contrainte, l'ordre donné par l'autorité supérieure à un subordonné, le consentement de la partie lésée, la légitime défense, la nécessité absolue, le repentir de l'accusé, la réparation, la dénonciation des complices, etc.

Au contraire, il appartient à la Cour de connaitre de toutes les questions dont l'admission a pour résultat l'extinction de

(1) L'organisation judiciaire de la Grèce ainsi que le Code de procédure criminelle, promulgué le 22 mars 1834, ressemblent à l'organisation et à la procédure française, qui ont servi de modèles.

l'action publique. Telles sont les questions sur la renonciation à la plainte, la chose jugée, la prescription, l'amnistie, etc.

Les jurés sont compétents pour statuer sur les excuses, même dans le cas où elles peuvent modifier la qualification du fait incriminé, ou quand, par suite de la réponse affirmative à une question subsidiaire, le crime dégénère en délit.

Pour les excuses, comme sur les autres questions, les décisions du jury sont prises à la simple majorité ; le nombre des jurés est de 12.

CONCLUSION.

Il ressort pour nous, de l'étude comparative à laquelle nous venons de nous livrer, que, si notre Code pénal de 1810 a donné l'exemple et a servi de modèle à la plupart des autres nations de l'Europe, celles-ci ont su lui apporter des améliorations utiles qui rendent en définitive, sur plusieurs points, leur loi pénale supérieure à la nôtre.

Au terme de ce travail déjà long, il nous suffira de quelques observations principales pour justifier cette conclusion.

D'abord, en ce qui concerne la responsabilité pénale, n'est-il pas un âge, celui de la première enfance, où l'agent doit être réputé absolument inconscient de ses actes, sans qu'il soit même besoin de rechercher s'il a pu avoir une volonté libre et réfléchie, et discerner le bien du mal? Nos lois pénales ne le disent pas et nous paraissent, sur ce point, moins humaines et moins morales que les législations étrangères, qui, presque toutes, fixent un âge jusqu'auquel l'enfant, complétement irresponsable et innocent, ne doit pas être livré à la justice et soumis à un jugement public. C'est la pensée qui a inspiré la circulaire de la chancellerie du 11 mars 1876, que nous avons citée, laquelle invite les Parquets à s'abstenir de poursuites à l'égard des enfants au-dessous de 8 ans ; mais alors pourquoi la loi ne le dirait-elle pas elle-même : elle aurait l'assentiment de la conscience publique.

D'un autre côté, dans notre droit, lorsque le coupable a accompli sa 16e année, il tombe immédiatement sous la loi commune. Presque toutes les législations étrangères reconnaissent, au contraire, qu'après l'âge qui oblige à résoudre la question encore douteuse du discernement, il existe une période pendant laquelle, le discernement étant présumé, il y a lieu, néanmoins, de tenir compte de ce que l'intelligence, se développant graduellement, n'a pas atteint sa maturité complète. Les unes ont admis de droit l'application des circonstances atténuantes, les autres ont fixé des pénalités particulières pendant cette période, dont elles étendent la limite à 18, 20 et 21 ans. Il nous paraît que, la notion du bien et du mal se développant avant l'âge de la majorité civile, il y aurait lieu d'appliquer les pénalités ordinaires avant 21 ans, mais non dès l'âge de 16 ans, et nous

comprendrions que la loi déclarât qu'à 18 ans seulement commence la plénitude de l'intelligence, et par suite de la responsabilité. Pendant cette période de 16 à 18 ans, il y aurait toujours
discernement, mais les magistrats pourraient être autorisés à
appliquer les dispositions indulgentes des articles 67 et 69, ou,
tout au moins, seraient obligés de faire bénéficier le coupable
des dispositions de l'article 463.

Ne pourrait-on pas, même pour le mineur de 21 ans, édicter,
dans certains cas, une peine moins rigoureuse, comme notre
Code l'a fait dans l'article 356, en cas d'enlèvement de mineure.

La solution comparative de ces diverses questions relatives
à l'influence de l'âge ressort du tableau ci-contre qu'il nous a
paru intéressant de dresser.

LÉGISLATIONS des DIVERSES NATIONS de L'EUROPE.	Âge au dessous duquel l'irresponsabilité est absolue.	PÉRIODE de responsabilité, selon qu'il y a eu ou non discernement.	PÉRIODE pendant laquelle le discernement est présumé et l'âge est cependant une circonstance atténuant la peine.	Âge auquel commence la responsabilité pénale complète.
	ans.			ans.
France.	»	Moins de 16 ans	»	16
Espagne.	9	De 9 à 15 ans..	De 15 à 18 ans.	18
Portugal.	7	De 7 à 14 ans.	De 14 à 21 ans.	20
Belgique.	»	Moins de 16 ans.	»	16
Luxembourg.	»	Moins de 16 ans.	»	16
Hollande.	10	De 10 à 16 ans.	»	16
Angleterre.	7	De 7 à 14 ans.	»	14
Suède.	»	Moins de 15 ans.	De 15 à 18 ans.	18
Norwège.	10	De 10 à 15 ans.	De 15 à 18 ans.	18
Danemark.	10	De 10 à 15 ans.	De 15 à 18 ans.	18
Allemagne.	12	De 12 à 18 ans.	»	18
Suisse, Code fédéral	12	De 12 à 16 ans.	»	16
C^on de Genève.	10	De 10 à 16 ans.	»	16
— de Berne.	12	De 12 à 16 ans.	»	16
— de Vaud.	14	De 14 à 18 ans.	»	18
— de Fribourg.	12	De 12 à 16 ans.	»	16
— du Valais.	14	De 14 à 18 ans.	De 18 à 23 ans.	23
Italie.	»	Moins de 14 ans.	De 14 à 18 et de 18 à 21	21
Autriche.	10	De 10 à 14 ans.	De 14 à 20 ans.	20
Hongrie.	12	De 12 à 16 ans.	»	16
Russie.	7	De 7 à 14 ans.	De 14 à 21 ans.	21
Roumanie.	8	De 8 à 15 ans.	De 15 à 20 ans.	20
Turquie.	»	Moins de 15 ans.	»	15
Grèce.	10	De 10 à 14 ans.	»	14

Il est surtout une disposition inscrite dans l'article 67 que
nous voudrions voir disparaître : c'est la faculté laissée par cet

article de placer sous la *surveillance de la haute police* l'enfant de moins de 16 ans qui a agi avec discernement. La surveillance est une mesure dont les conséquences sont terribles ; elle est presque toujours illusoire, et souvent un obstacle à l'amendement du condamné en le rendant un objet de défiance et de répulsion, et elle est particulièrement grave pour l'enfant, dont elle peut compromettre tout l'avenir. La surveillance de la haute police le dénoncera partout et pourra lui interdire le contact des personnes honnêtes au milieu desquelles il trouverait une source de régénération morale. « La surveillance ne doit être prononcée qu'en désespoir de cause, et comme une mesure de sûreté publique, contre un homme jugé incapable de revenir à de meilleurs sentiments. Pour l'enfant, même quand il faut le punir dans le présent, on doit laisser la porte ouverte à l'espérance (1). » La Belgique et l'Allemagne ont compris les inconvénients d'une pareille mesure dans ce cas, et l'ont prohibée d'une manière formelle.

Ne peut-on pas aussi considérer comme une lacune de notre Code de n'avoir pas prévu la *surdi-mutité*, état qui modifie évidemment la responsabilité en matière criminable ? Les sourds-muets, dont la plupart sont dépourvus d'instruction, n'ont qu'un développement incomplet des facultes mentales ; les signes conventionnels, substitues pour eux à la parole, ne leur permettent que difficilement de communiquer avec les autres hommes ; les notions du bien et du mal, les rapports du délit et de la peine n'arrivent que confusément à leur esprit Ceux même que le bienfait d'une merveilleuse éducation a rendus à la société n'atteignent que rarement le degré de développement intellectuel qui permet la perception des idées abstraites et la science des devoirs sociaux. Aussi, il serait juste de poser toujours à l'egard des sourds-muets la question de discernement, comme pour les accusés de moins de 16 ans. Cette sage mesure est prescrite en Belgique, dans le Luxembourg, en Allemagne, en Hongrie, dans divers cantons de la Suisse, en Italie et en Grèce : le défaut de discernement, lié le plus souvent au defaut d'instruction, entraine l'impunité, et, en cas de discernement, la peine est la même que pour le mineur, suivant l'âge fixé pour la responsabilité, ou elle subit une réduction sur la peine ordinaire suivant le degré

(1) M. Thézard, *De la revision du Code pénal en Belgique* (*Revue critique de législation*, t. XXXI, p. 459).

de l'instruction du sourd-muet, ou bien selon qu'il sait lire et écrire, comme en Italie.

En ce qui concerne les crimes et délits déclarés *excusables*, les dispositions de notre Code ne sauraient être considérées comme parfaites, si on les compare, notamment, à celles du Code de la Belgique.

La provocation ne pourrait-elle pas, dans l'article 321, être mieux définie, avec ses caractères légaux, et mieux distinguée d'avec la légitime défense?

L'article 323 déclarant que le parricide n'est *jamais* excusable est évidemment trop absolu ; pourquoi le législateur ne consacrerait-il pas les distinctions faites par les auteurs et la jurisprudence, et que nous avons examinées plus haut, en étudiant cet article?

Pourquoi, surtout, l'article 324 § 2 ne subirait-il pas les modifications qui ont été adoptées par presque toutes les législations de l'Europe, et qui consistent, sans distinction du lieu où l'époux a été *surpris en flagrant délit d'adultère*, à accorder à l'autre époux, c'est-à-dire *à la femme* aussi bien qu'*au mari*, à raison du trouble moral qui est le même pour chacun d'eux et sert de base à l'atténuation de leur culpabilité, *l'excuse légale* que notre Code accorde au mari seul? Cette disposition équitable est aujourd'hui consacrée dans les Codes de la Belgique, du Luxembourg, du Portugal, de la Suède, du Danemark, des cantons de Fribourg et du Valais, de l'Italie, de la Russie et de la Roumanie.

En réalité, les défectuosités de notre Code ne semblent pas avoir échappé à nos législateurs de 1832 quand ils ont généralisé le système des circonstances atténuantes, non seulement pour permettre de mieux mesurer la peine à la culpabilité, mais encore pour obvier *à toutes les imperfections* qu'on pouvait laisser subsister dans la loi criminelle.

Quant à notre système de circonstances atténuantes, il a été l'objet de vives attaques de la part des criminalistes étrangers, à raison de la défiance que leur inspirait le jury (1), et aussi parce que c'est au législateur qu'il appartient, d'après eux, de mesurer la peine au plus ou moins de criminalité du délit (2).

Ces critiques ne sont pas fondées, si l'on considère l'usage

(1) Timmermans, *Commentaire de la loi belge* du 4 octobre 1867, p. 4.
(2) Lehr, p. 58.

qui est fait, dans la pratique, des circonstances atténuantes. D'ailleurs, quelques abus ne sauraient vicier le principe. Et, d'un autre coté, comme il est des nuances de culpabilité, des circonstances de fait qu'un Code ne peut prévoir ; comme aussi la moralité de l'agent doit toujours être appréciée pour la proportionnalité de la répression, on a dû laisser au principe de l'atténuation ce qu'il a de général et d'indéterminé ; le législateur pouvait-il adopter une mesure plus sage que de s'en remettre au juge comme seul en position de faire, en présence de l'infinie variété des espèces, une juste pondération de la peine.

Y aurait-il lieu d'introduire dans notre législation, à l'exemple de la Suède et du canton de Genève, une distinction entre les circonstances *atténuantes* et les circonstances très atténuantes?

Nous ne le pensons pas. L'article 463 donne au juge une latitude telle, qu'elle lui permet d'abaisser plus ou moins la peine, selon qu'il considère les circonstances de la cause comme *plus* ou *moins atténuantes* ; d'un autre côté, dans les affaires soumises au jury, il faudrait que celui-ci déclarât si les circonstances lui paraissent ou *simplement atténuantes* ou *très atténuantes*, et la Cour devrait, en conséquence, faire descendre plus ou moins la peine. Sans doute, nous l'avons déjà dit, il ne parait plus possible, avec l'esprit de la réforme de 1832, d'appliquer dans toute sa rigueur l'article 342 du Code d'instruction criminelle, et d'exiger des jurés qu'ils ne se préoccupent pas des conséquences de leur verdict ; mais il ne faut pas non plus qu'institués pour être les juges *du fait*, ils deviennent les juges *de la peine*, ce qui arriverait nécessairement si, par la déclaration de circonstances soit *atténuantes*, soit *très atténuantes*, ils dictaient, pour ainsi dire, à la Cour la condamnation qu'elle doit prononcer, et lui enlevaient par conséquent sa liberté d'appréciation et la responsabilité qui doit lui appartenir.

Cette division des pouvoirs de la Cour et du jury a été récemment encore proclamée lors de la discussion de la loi du 20 mai 1881, modificative de l'article 336 du Code d'instruction criminelle, dans laquelle on a rejeté le projet d'éclairer les jurés sur les conséquences pénales de leur verdict en terminant les actes d'accusation par la transcription des articles punissant les faits incriminés, et cela, pour ne pas modifier dans son essence l'institution du jury.

En résumé, si notre législation pénale donne des résultats satisfaisants dans la pratique, ce n'est pas à dire qu'elle soit

parfaite en elle-même. Le Garde des Sceaux avait dit en 1832 :
« C'est aux préparations de la science, aux méditations journa-
lières du gouvernement et de la magistrature, qu'il faudra
demander une refonte de la législation. » Bien des années se
sont ecoulées depuis, et le Code pénal est resté à peu près sta-
tionnaire, livrant trop souvent son texte, à défaut de précision
ou de distinctions necessaires, aux incertitudes de l'interprétation et à l'autorité de la jurisprudence. C'est là ce qui appelle
l'œuvre du législateur, laquelle doit être différente de celle du
uge, qui doit pouvoir se borner à appliquer la loi, sans quoi
on en arrive à la violation du principe de la séparation des
pouvoirs. Plus les lois sont *prévoyantes*, *explicites*, moins elles
entendent *laisser à l'arbitraire du juge*, et plus elles se rappro-
chent de la perfection. Ces lois sont les meilleures, au jugement du celèbre chancelier Bacon : « *Optima lex est quæ minimum judicis arbitrio relinquit* (1). »

Disons en terminant qu'après avoir donné aux autres nations
la substance de leurs lois penales, nous ne devons pas hésiter à
profiter, à notre tour, des idées qu'elles ont eu le mérite de
faire prévaloir et du progrès qu'elles ont réalisé. On peut dire
de l'amélioration dans les lois ce que M. Guizot a dit de *l'amélioration sociale* : « Elle doit se communiquer, se répandre, et
devenir la conquête de tous les peuples, par les idées, sur l'aile
des doctrines. Les idées seules se jouent des distances, passent
les mers, se font partout comprendre et accueillir (2). »

(1) Tissot, *Le Droit pénal dans ses principes*, chap. X : *Interprétation des
lois*.
(2) Guizot, *Histoire de la civilisation en France*, t. I, p. 6.

POSITIONS.

—

DROIT ROMAIN.

I. — Les mots « *quadrupedem vel pecudem* » qui se trouvent dans le texte du premier chef de la loi Aquilia tel que le rapporte Gaïus dans la loi 2, Dig., *Ad legem Aquiliam*, doivent être remplacés par ceux-ci : « *quadrupedemve pecudem.* »

II. — Il n'y a pas de contradiction entre les lois 11, § 3, et 51, Dig., *Ad legem Aquiliam.*

III. — Lorsque deux personnes se trouvent liées par un contrat, si l'une d'elles cause un dommage à l'autre en détruisant ou détériorant la chose qui faisait l'objet de ce contrat, celle qui aura à se plaindre du dommage ne pourra exercer l'action Aquilienne que si le délinquant est responsable de sa faute d'après les règles du contrat, qui se substituent, en ce cas, aux règles de la responsabilité édictée par la loi Aquilia..

IV. — Lorsqu'une personne cause un dommage à une autre personne avec laquelle elle était liée par un contrat, de telle sorte que sa faute lui fasse encourir à la fois la responsabilité aquilienne et la responsabilité contractuelle, la victime du délit ne pourra *en principe* exercer cumulativement contre le délinquant les deux actions de la loi Aquilia et du contrat. Cependant, si elle a exercé d'abord l'action dérivant du contrat, elle pourra encore exercer l'action de la loi Aquilia, mais seulement pour ce qu'elle doit lui fournir en plus de la première condamnation.

V. — Les jurisconsultes romains n'ont pas toujours été d'accord sur les règles qu'il convenait d'appliquer en cas de concours de plusieurs actions pénales.

VI. — L'action de la loi Aquilia pouvait être exercée cumulativement avec une action pénale publique.

VII. — Dans le cas où le *damnum* n'était pas *corpori datum*, l'action *in factum* donnée par le préteur était une action *in factum* ordinaire, et non une action *utilis in factum legis Aquiliæ.*

DROIT FRANÇAIS.

DROIT CRIMINEL.

I. — L'homme qui exécute en état d'ivresse le délit en vue duquel il s'est enivré, afin d'avoir l'énergie de le commettre, doit être déclaré responsable.

II. — L'article 66 a eu raison de dire que le mineur de 16 ans ayant agi sans discernement devait être *acquitté* et non *absous*.

III. — D'après l'article 69 du Code pénal, la peine qui doit être prononcée contre un mineur de 16 ans ayant commis un délit avec discernement ne peut s'élever au-dessus de la moitié de celle à laquelle un majeur aurait pu être condamné; mais elle pourra descendre jusqu'à la dernière limite, et même au-dessous du minimum, pour n'être plus, dans certains cas, qu'une peine de simple police.

IV. — L'accusé qui n'a pas produit devant la Cour d'assises la preuve qu'il était âgé de moins de 16 ans au moment de la perpétration du crime est encore recevable à prouver devant la Cour de cassation, par la production de son acte de naissance, qu'il avait moins de 16 ans, et qu'ainsi il y avait lieu de poser à son égard la question de discernement.

V. — L'excuse de provocation n'est admise qu'à l'égard des crimes et délits commis contre les particuliers; elle ne peut l'être au cas de violences envers les agents de la force publique dans l'exercice de leurs fonctions.

VI. — La femme et l'amant, surpris en flagrant délit d'adultère, qui, pour se défendre contre le mari, le blessent ou le tuent, ne peuvent invoquer l'excuse de la provocation.

VII. — Le consentement de la personne qui veut mettre fin à sa vie n'est pas une excuse pour celui qui, volontairement, lui aurait fait des blessures ou lui aurait donné la mort.

VIII. — La provocation, comme excuse du meurtre, doit faire l'objet d'une question posée au jury, dès qu'elle est alléguée par l'accusé, lors même que le meurtre aurait été commis avec préméditation, d'après l'arrêt de renvoi.

IX. — Lorsque les juges, par suite de l'admission de circonstances atténuantes, sont autorisées à ne prononcer qu'une amende au lieu de la peine d'emprisonnement qui était seule prononcée par la loi, cette amende ne peut être supérieure à 16 francs, mais peut être inférieure à 16 francs.

X. — Lorsqu'il y a lieu d'appliquer à la fois l'aggravation de peine résultant de la récidive, et l'atténuation résultant de l'admission des circonstances atténuantes, les magistrats doivent d'abord augmenter la peine ordinaire à raison de la récidive, et ensuite se baser sur cette nouvelle peine pour appliquer la réduction autorisée par l'article 463.

DROIT CIVIL.

I. — Les héritiers et autres débiteurs de legs ne sont pas tenus de les acquitter *ultra vires emolumenti.*

II. — Le droit de préférence que la séparation des patrimoines confère aux créanciers et légataires qui la demandent, ne constitue pas un privilege proprement dit.

PROCÉDURE CIVILE.

I. — Le préliminaire de conciliation est d'ordre public.

II. — Les causes qui intéressent les mineurs émancipés sont toujours dispensées du préliminaire de conciliation.

DROIT COMMERCIAL.

I. — Lorsque les tribunaux civils jugent commercialement (art. 640 C. de commerce), le ministère public doit assister à l'audience, et être entendu dans tous les cas où il le serait devant ces tribunaux jugeant en matière civile.

II. — Le consentement du mari pour habiliter la femme à faire le commerce ne peut être suppléé par l'autorisation de justice.

DROIT ADMINISTRATIF.

I. — La justice n'est, de même que le gouvernement et l'administration, qu'une des trois branches du pouvoir exécutif.

II. — Les édifices publics, nationaux, départementaux et communaux, ne font pas partie du domaine public.

Vu par le président de l'acte public,
E. PETIT.

Vu par le doyen,
Léopold THEZARD.

Permis d'imprimer :
Poitiers, le 3 février 1883.
Le Recteur,
A.-Ed. CHAIGNET.

Les visas exigés par les règlements sont une garantie des principes et des opinions relatives à la religion, à l'ordre public et aux bonnes mœurs (statut du 9 avril 1825, art. 41), mais non des opinions purement juridiques, dont la responsabilité est laissée au candidat.

Le candidat répondra en outre aux questions qui lui seront faites sur les autres matières de l'enseignement.

TABLE DES MATIÈRES

—

DROIT ROMAIN

DE LA LOI AQUILIA

DROIT CRIMINEL

DES CAUSES D'ATTÉNUATION DES PEINES

PREMIÈRE PARTIE

LÉGISLATION FRANÇAISE

TITRE I.

DES EXCUSES LÉGALES

— 371 —

— 371 —

— 371 —

TITRE II.

*DES CIRCONSTANCES ATTÉNUANTES

TITRE III.

EXISTENCE SIMULTANÉE DE PLUSIEURS CAUSES D'ATTÉNUATION DE LA PEINE OU DE CAUSES D'ATTÉNUATION ET D'AGGRAVATION DE LA PEINE.

SECONDE PARTIE

LÉGISLATIONS ÉTRANGÈRES COMPARÉES

Poitiers. — Imprimerie Tolmer et Cie.

www.ingramcontent.com/pod-product-compliance
Lightning Source LLC
Chambersburg PA
CBHW061120220326
41599CB00024B/4109